The Tetraevangelion : A Study in Byzantine Manuscript Illumination

ビザンティン
四福音書写本
挿絵の研究

瀧口美香
Takiguchi Mika

創元社

ビザンティン
四福音書写本
挿絵の研究

樋口美香

鼎元社

大英図書館 add. 39594
マルコは羊皮紙に文字を書き記しながら、同時に顔を上げて上を見ている。その視線の先には、神の手が見える。この神の手は明らかに後世の加筆である。(p52)

ポール・ゲッティ美術館 Ms. 65
1冊の四福音書写本に描かれた4人の福音書記者肖像。上左から右へ、マタイ、マルコ、ルカ、ヨハネ。一見定型に従った図像であるが、よく見ると、各々の福音書記者の間には、クッションの色、椅子の背もたれの有無など、カノン・テーブル（対観表）に対応する共通点がもうけられている。(p74-75)

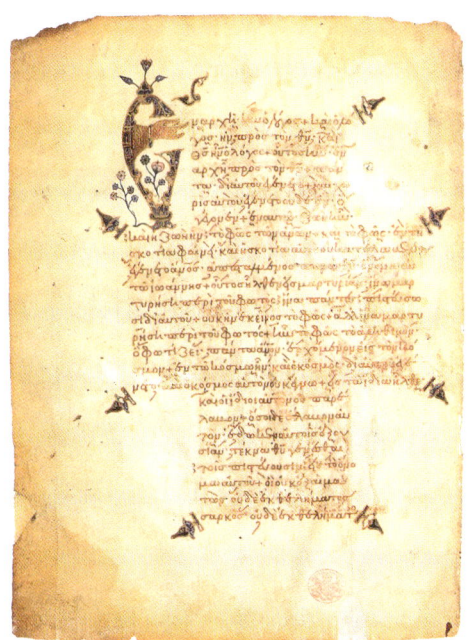

大英図書館 add. 39603
十字架型レイアウトに、典礼用福音書抄本のテキストがおさめられた特殊な作例。あたかも本物の木の十字架が、箱の中におさめられているかのように見える。（p109）

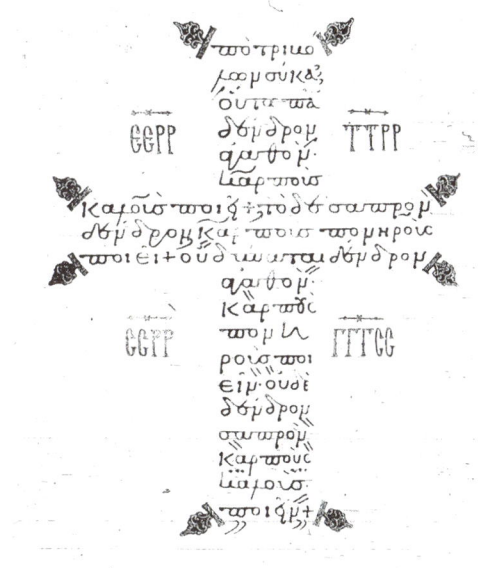

ヴァティカン聖使徒図書館　Vat. gr. 1156
十字架型レイアウトと、その周囲に配された謎のアルファベット文字。これらの隠し文字の解読を試みる。（p112）

ヴァティカン聖使徒図書館 Vat. gr. 1613
公会議の席に集う主教らは、一人ひとりが書物（おそらくは福音書）を手にしている。こうした図像は見る者に何を伝えようとしているのか。（p127）

シナイ山聖エカテリニ修道院イコン
左は武器を手にする騎乗のセルギオスとバッコス。右は書物を手にするアタナシオスとキュリロス。右の2人は、槍ではなく福音書、すなわち神のことばを武器として異端と戦った。(p128)

パリ国立図書館、アルスナル1171
八角形の城壁に囲まれた福音書記者マタイ。福音書記者肖像に組み込まれた特殊な建造物は、何を意味しているのだろうか。(p177)

バイエルン州立図書館 clm4453『オットー3世の福音書』
万歳をするかのように両手を上に掲げる福音書記者マタイ。説明しがたい奇妙な図像は、何を源泉として生み出され、見る者に何を伝えているのか。(p188)

はじめに

　聖書は、全世界で最も多く読まれてきた書物のひとつである。とはいえ、現代日本社会を生きる者にしてみれば、およそ縁もゆかりもない書物であり、一生のうちに一度もこれを繙く機会がなかったとしてもそれほど不思議ではない。しかしながら、聖書はいわば西洋社会の根幹をなすものであり、これを知ることなくその社会を理解することはほぼ不可能に近いと言ってよい。たとえばヨーロッパの美術館を訪れると、必ず福音書に基づくキリストの生涯が描かれた作品と出会うことになる。どこへ行っても同じような主題が繰り返し描かれているために、しまいには飽き飽きしたという声さえ聞こえてくる。それほどまでに聖書（ことに福音書）は彼らにとって重要な主題であり続けた。ヨーロッパの美術館を彩るルネサンスやバロック美術のみならず、近現代のアートにおいてもまた、聖書はたびたび取り上げられる。たとえば日本でも高い人気を誇り、展覧会では万単位の入場者数を数え上げるゴッホ。彼が描いた『聖書のある静物画』という作品をここで見てみよう。

　大型の聖書が画面中央に開かれ、蠟燭とともに描かれている。礼拝堂の祭壇上に置かれているのだろうか。ひとり自室で読む大きさというよりは、礼拝で朗読の時に用いられるような大きさの聖書である。立派な皮の装丁だが、紙はすっかり黄ばんでおり、長く使い続けられてきたものであるらしい。文字は判読しがたいものの、イザヤ書53章の頁が開かれている。イザヤ書53章によれば、「彼は軽蔑され、人々に見捨てられ、多くの痛みを負い、病を知っている」。これは新約のキリストを暗示する旧約のイザヤの預言である。ゴッホは苦しむ自らのすがたをキリストに重ねて（自分はキリストと同じように人々に見捨てられ、多くの痛みと病を負っていると考えて）、この頁をあえて開いたと想像される。

　一方、聖書の傍らに置かれた黄色の表紙の小さな本は、ゾラの『生きる歓び』である。表紙の隅はめくれ上がり、すり切れて、読み古

されていることを示している。小説のタイトルは、実は皮肉がこめられたもので、登場人物には歓びのかけらもない。主人公は常に死に対する恐れにさいなまれ、主人公の父もまた身体的な苦痛を背負っていた。人々の痛みと苦難を描き出すこの小説の中にささやかな慰めがあるとすれば、それは主人公が自らをなげうち、身をささげて尽くすそのすがたであるという。

　ゾラの『生きる歓び』は、聖書に記されたイザヤの預言、それを介して語られる神のことばへの、ゴッホからの返答であるように思われる。聖書において語られる神からの呼びかけに対して、ゴッホは痛み苦しみを負いながらその身を尽くすところの、「生きる歓び」をもって答えている。作品の背景は暗く、タイトルが示すとおり何ひとつ動きのない「静物画」のようにも見える。が、ここには神と人との間で意思を伝え合うそのさまが、ありありと描かれている。

　日本にも聖書をテーマとして作品を制作しているアーティストが存在する。荒木高子の『白い砂の聖書』。頁の表面には活字が並んでいるので、活版印刷が発明される15世紀より前の書物ということはない。とはいえ、書物はとてつもなく長い時間を生き延びてきたものらしく、頁の端はぼろぼろである。多くの手がこの本の頁をめくってきたのだろう。背表紙も裂けてしまい、頁を綴っていた糸もほつれ解けて、今にもばらばらに壊れてしまいそうである。今や書物

フィンセント・ファン・ゴッホ『聖書のある静物画』(1885年、フィンセント・ファン・ゴッホ美術館蔵)

のいのちは尽きようとしている。頁をめくろうとして手を触れたら、本は砂の塊のようにぼろぼろと音をたてて崩れ落ちていくだろう。

　人は土から生まれ、塵芥へと返っていく。この聖書もまた、自分がもともと生まれた地、すなわちパレスチナの荒野へと立ち戻ってゆく、その過程にあるものかもしれない。からからに乾ききった土地で、そこに生きる人々と彼らのたましいもまた飢え乾いていた。乾ききったその地に泉の水が注ぎこむように、神のことばが人々の中へと浸透し、彼らの乾きと苦しみを癒した。そのような場所で、聖書は生まれた。この書物はパレスチナから遠く離れたところで作られ、使われてきたものかもしれない。がしかし、多くの人に読まれてそのいのちが尽きていく今、聖書は生まれた土地に戻り、生まれた地と同化し、その土へと返っていこうとしている。あのからからに乾いたパレスチナの荒野の土へ。そこが、自分が葬られるのに最もふさわしい場所であることを知っているかのように。

　こうした作品はいずれも、聖書をふだん身近に置くことのないわたしたちに対して、「聖書とは何か」ということについて雄弁かつ鮮明な仕方で語ってくれる。それでは、そもそも聖書の始まりとはいったいどこにあり、現代に至るまでいったいどのような形で継承されてきたのだろうか。本書は、こうした問いを出発点としている。とはいえ、もとよりこれほどまでに深遠なテーマに答えるだけの力

荒木高子『白い砂の聖書』(1989年、個人蔵)

量は筆者にはない。本書ではテーマをより限定的なものとし、「ビザンティン帝国における四福音書」について考えてみたい。それによって、現代に至るまで絶えることなく継承されてきた聖書という書物の一端を垣間みることができればと願っている。

　「ビザンティン帝国における四福音書」をテーマとすると述べた。それではなぜビザンティン帝国の福音書をテーマとするのか、それによって何を明らかにしようとするのか。それを説明するためにも、「ビザンティン帝国とは何であったのか」ということから見ていくことにしたい。

ビザンティン四福音書写本挿絵の研究
目次

はじめに……………………………………………………………………………5

序論………………………………………………………………………………13

第1章　研究史と展望…………………………………………………………23

　　1　カタログ……………………………………………………………25
　　　　大学、図書館、修道院の蔵書カタログ……………………………25
　　　　展覧会カタログ………………………………………………………28
　　2　単一の写本を対象とするモノグラフ、ならびに
　　　　複数の写本を対象とする諸研究……………………………………30
　　　　概観………………………………………………………………30
　　　　スパタラキスによる福音書記者肖像研究…………………………32

第2章　大英図書館所蔵の四福音書写本の概観……………………………37

　　1　四福音書写本の外観………………………………………………37
　　　　サイズ………………………………………………………………37
　　　　フォリオ数…………………………………………………………38
　　　　コラム数と行数……………………………………………………39
　　　　巻数…………………………………………………………………40
　　　　ヘッドピース………………………………………………………41
　　2　四福音書写本を構成する諸要素…………………………………42
　　　　対観表とエウセビオスの手紙……………………………………42
　　　　ケファリア…………………………………………………………44
　　　　アンモニアン・セクション………………………………………45
　　　　シナクサリオンとメノロギオン…………………………………45

9

　　　　　序文・結語……………………………………………………………46
　　３　ビザンティン四福音書写本の標準型…………………………………47
　　４　大英図書館所蔵の四福音書写本の来歴………………………………49
　　　　　カーソンの写本コレクション………………………………………49
　　　　　フリーマンの写本コレクション……………………………………53
　　５　バーニー19番……………………………………………………………56
　　６　四福音書記者の肖像……………………………………………………65
　　　　　add. 4949………………………………………………………………66
　　　　　バーニー20番…………………………………………………………68
　　　　　add. 39591……………………………………………………………69
　　　　　add. 22506……………………………………………………………70

第３章　特殊な四福音書写本……………………………………………………77

　　１　連続説話場面を有する四福音書写本…………………………………77
　　　　　大英図書館所蔵四福音書写本ハーリー1810番（ハーリー福音書）……77
　　　　　ウクライナ国立科学アカデミー所蔵ギリシア語写本25番（キエフ福音書）……84
　　　　　アテネ国立図書館所蔵ギリシア語写本93番（アテネ福音書）……89
　　　　　ウィーン国立図書館所蔵ギリシア語写本154番（ウィーン福音書）……93
　　２　特殊なヘッドピース……………………………………………………97
　　　　　ミティリニ福音書のヘッドピース…………………………………99
　　　　　ヘッドピースの図像解釈……………………………………………102
　　　　　「エッサイの木」………………………………………………………105
　　３　ビザンティン写本に見られる十字架挿絵とクリプトグラム………107
　　　　　大英図書館所蔵典礼用福音書抄本（add. 39603）…………………109
　　　　　ゲマトリア……………………………………………………………110
　　　　　ヴァティカン聖使徒図書館所蔵典礼用福音書抄本1156番………112
　　　　　パリ国立図書館ギリシア語写本510番『ナジアンゾスのグレゴリオス説教集』……114

第４章　ビザンティン四福音書写本の画一性と多様性………………………119

　　１　帝国と典礼………………………………………………………………119
　　２　典礼における四福音書写本の役割……………………………………121
　　３　変わりゆく写本…………………………………………………………123
　　４　描かれた福音書…………………………………………………………125

第5章　大英図書館所蔵の典礼用福音書抄本と
　　　　新約聖書写本の概観………………………………………………129

　1　大英図書館所蔵の典礼用福音書抄本………………………………129
　　　典礼用福音書抄本の外観………………………………………………129
　　　典礼用福音書抄本の再利用……………………………………………130
　　　典礼用福音書抄本の挿絵………………………………………………132
　2　大英図書館所蔵の新約聖書写本……………………………………136

第6章　ビザンティン帝国周辺地域に見られる
　　　　四福音書写本挿絵………………………………………………145

　1　アルメニア語の四福音書写本………………………………………147
　　　寄進者の肖像……………………………………………………………149
　　　福音書記者のシンボル…………………………………………………150
　　　福音書記者の肖像と説話場面…………………………………………152
　　　「生命の木」と梯子……………………………………………………155
　2　コプト語、シリア語の四福音書写本と典礼用福音書抄本………156
　3　スラヴ語の四福音書写本……………………………………………161

第7章　西方の福音書記者……………………………………………………169

　1　西方の写本制作………………………………………………………169
　2　福音書記者とシンボル………………………………………………171
　　　『ヴィヴィアンの聖書』…………………………………………………174
　　　『サン・パオロの聖書』…………………………………………………175
　　　『ソワソンの福音書』……………………………………………………176
　　　『サントールの福音書』…………………………………………………176
　　　『エクセター大聖堂の福音書』…………………………………………178
　　　『モスタイン福音書』……………………………………………………179
　　　『レオン大聖堂の聖書』…………………………………………………180
　3　福音書記者の変容……………………………………………………184
　4　東西における四福音書挿絵の相違…………………………………195

結論………………………………………………………………………………199

おわりに……………………………………205

注……………………………………………211

掲載図版出典・所蔵先一覧……………245

主要参考文献一覧………………………251

索引…………………………………………275

ブックデザイン　上野かおる／尾崎閑也（鷺草デザイン事務所）
組版　大石十三夫（はあどわあく）
編集協力　原　章（編集工房レイヴン）

序論

　ビザンティン帝国は330年から1453年という千年以上もの長きにわたって存続し、北アフリカからイタリア、黒海から東地中海まで最大百万平方キロをその支配下におくという、史上まれにみる帝国であった[1]。

　ところが歴史家ギボンをはじめとする18世紀の啓蒙主義者たちによって、ビザンティン帝国は盲信的かつ非合理的な信仰が跋扈するところとみなされ、19世紀に至っては腐敗と堕落、享楽と色欲に溺れた帝国とさえとらえられた。英語でビザンティンといえば「入り組んだ」「ひどく込み入った」「巧みに人を欺く」「融通のきかない」といったネガティブな形容詞として用いられる。確かにビザンティン帝国の歴史は単調で、退屈で、長たらしく、飽き飽きするようなものかもしれない。皇帝や総主教の名前はどれも同じように見えるし、非現実的な描き方のイコンはどれも同じようなものばかり。教会の力が絶大で、皇帝が神の代理人であるという、神権政治がまかり通る帝国は、「理性の時代」を生きる人々にとって理解しがたいものであったとしても不思議ではない。

　ビザンティン帝国は、ギリシア・ローマの古典世界とキリスト教の両方を引き継ぐものでありながら、西洋文化圏の者たちからは長く軽んじられてきた。彼らにとって文明の絶頂はあくまで古典期とルネサンスにあり、ビザンティウムがそこに含まれる余地などあるわけはなかった。理性と合理性を旨とする者たちにとって、それほどまでに帝国のありようは、いわく言いがたい異質なものであった。

　ここであえてビザンティン帝国を端的に言い表す3要素をあげるとすれば、①ローマ帝国を引き継ぐもの、②ヘレニズム文化、③キリスト教を擁する帝国の3点であろう。第1にビザンティン帝国はローマ帝国から多くの制度を相続した（皇帝位、元老院、官職名、軍事制度、税制、管区制ほか）。ビザンティン社会のアイデンティティにかかわる3つの柱の1つが、このローマ理念である。3本柱の2つ目

は、ヘレニズム文化である。ローマ帝国はギリシア世界を属州としておさめ、ヘレニズムの文化を模倣してきたために、ビザンティン帝国もまたそれを引き継いだ。ローマ帝国では、ラテン語とギリシア語の両方が使われていたが、やがてビザンティン帝国ではもっぱらギリシア語が使われるようになった。330年ローマから首都が移された時、新首都のビザンティオンがもともとギリシアの植民都市であったために、帝国の文化はギリシア的なもの、すなわちヘレニズムへとさらに傾いていった。柱の3本目は、キリスト教である。392年帝国の宗教として採用されたのち、キリスト教は帝国の3本の柱の1つとなった。この3柱に基づいて皇帝コンスタンティヌスはビザンティン帝国の礎を築き、以降1453年にオスマン・トルコによって滅亡するまで帝国の長い長い歴史が綴られてゆく。

　便宜上この長い帝国の歴史は3つに区分される。①初期（いわゆる古代末期。330年皇帝コンスタンティヌスによるコンスタンティノポリスへの遷都を始まりとする。）②中期（始まりをどこに設定するかという点については、いくつかの異なる見解が出されている。565年〈皇帝ユスティニアヌスの没年〉、610年〈皇帝ヘラクレイオスの即位〉、717年〈イサウリア朝の開始〉、848年〈イコノクラスムの終焉〉など。一方、中期の終わりは、1071年〈セルジューク・トルコの侵攻によるビザンティン帝国軍敗退〉、あるいは1204年〈第4回十字軍によるコンスタンティノポリス陥落〉とされる。）③後期（1204年〈第4回十字軍によるコンスタンティノポリス陥落〉、または1261年〈十字軍からの首都奪還〉から、1453年〈オスマントルコによる帝国陥落〉まで。）

　ただし、こうした時代区分はあくまで便宜上のものでしかなく、初期、中期、後期の各々の区切りにおいて帝国が一夜にして劇的な変化をとげたというわけでは決してない。しかも帝国では西暦ではなく世界暦（天地創造を始まりとする暦で、天地創造は紀元前5508年に当たる）が用いられていた。この世界暦に基づき、天地創造から7000年（または8000年）にこの世の終末がおとずれるものと信じられていた。したがって、ここにわたしたちの時間感覚をあてはめ、帝国史を理解しようとすれば、自ずから無理が生ずることになる。

　ビザンティン帝国の地図を描き出すことは、時代区分の設定以上に難しい。どこまでが帝国の中に含まれ、どこからは帝国の外とみなされるのか。皇帝に税金をおさめていれば、その地は帝国の一部といえるのか、帝国軍が占有した地のことをさすのか、あるいはビ

ザンティンの芸術、文化、慣習が行きわたったところを広く帝国ととらえるのか。帝国は、395年皇帝テオドシウスの死に際して東西に2分割され、以降帝国の西と東とは異なる道をたどった。東側が15世紀にいたるまでローマ帝国であり続けたのに対して、西側は異民族の侵入を受けて次第に分断、細分化されていった。ところが帝国が存続した東側であっても、その支配下にあるはずの諸地域の境界線は、あちこちにあいまいな隙間を含む流動的なものであった。帝国の周囲は常に異民族からの脅威にさらされていた。東のペルシア、アジアから南下（あるいはアフリカから北上）する遊牧民、イスラム教徒、十字軍。帝国は近隣諸地域との間で絶え間なく衝突と合併を繰り返した。したがって今日のような国民国家や国境の概念にあてはめて帝国をとらえることは難しい。

　帝国はその千年の歴史を通じてさまざまに変化をとげてきた。ところが、そのまぎれもない事実にもかかわらず、人々の確信――すなわちローマ帝国は不変であり、諸民族の首位に立つものであるという確信――は変わることがなかった。帝国は、神の選び給うた皇帝によっておさめられるべきものであり、預言者ダニエルが語っているところの第4の帝国を体現するものとみなされた。ひいてはダニエル書に記されているとおり、帝国の崩壊はすなわちこの世の終末と同義とみなされた。

　こうした社会集団の振る舞いは（18世紀の啓蒙主義者らにとってのみならず）今日のわたしたちにとってもまた理解しがたい。彼らの振る舞いは、彼ら自身にとっては合理的なものであったかもしれない。しかしながら、たとえば帝国に伝わる聖人伝（十数メートルの柱上で40年間すごした修道士と、彼のもとを訪れた何千何百という巡礼者）のことを、いったいどのように理解すればよいのだろうか。

　帝国において生み出された諸作例（聖堂建築、壁画、イコン、写本、工芸品他）もまた、現代の目から眺めてみた時に、合理的な説明をしがたい要素を多く抱えている。しかしながら、彼らにとってそれらはごく自然のものととらえられていたはずである。わたしたちにとって理解しがたく思われるものが、なぜ彼らにとっては当たり前であったのか。彼らのものの見方の背後には、いったいどのような（わたしたちとってなじみのない）原理が働いていたのか。本書は、ビザンティン四福音書写本挿絵という限られた作例を取り上げて、こうした問いに答えようとする試みである。

それでは次に、なぜビザンティン四福音書写本挿絵を研究するのか、という点について考えてみたい。
　ビザンティン美術史家が探求すべきことがらとは何か。マグワイヤは、20世紀後半のビザンティン美術史研究を概観する中で、このような問いを発している[2]。マグワイヤによれば、近年美術史家が多く関心を向けてきたのは、当時人々を取り巻く周囲の環境はどのようなものだったか、彼らはどのような社会的コンテクストのもとに置かれていたのか、研究対象となる作例は、そうした状況の中でどのように機能し、どのように受容されたか、といったことがらである。本書のテーマであるビザンティン四福音書写本挿絵研究もまた、こうした近年の潮流と大きく重なっている。が、本書のアプローチはやや異なるものとなるだろう。社会、文化といった実体のつかみにくいものを理解するにあたって、現存する写本作例の物理的側面を徹底して分析する、コディコロジーの手法を出発点とするからである。さらに本書では、写本挿絵の主題を解釈するイコノグラフィーの手法を組み合わせたやり方を試みたい。それではなぜ、こうしたアプローチの仕方を選択するのか。なぜ、ビザンティン四福音書写本挿絵をテーマとして選ぶのか。
　四福音書写本がビザンティン社会において最も重要な写本ジャンルのひとつであったことは疑いない。なぜなら、現存するビザンティン福音書写本の数は、他のどの写本ジャンル（旧約五大書、旧約八大書、預言書、詩編、使徒言行録、新約聖書、教父による説教集など）よりもはるかに多いからである。ラウデンは、預言書1冊に対して、10またはそれ以上の詩編写本、40から50の四福音書写本が制作されたとの概算を行っている[3]。また、アラントのカタログによれば、各国の図書館、修道院、美術館などに所蔵される（ギリシア語）四福音書写本の数は二千をこえる[4]。
　ところが、ビザンティン写本挿絵研究を概観してみると、現存する写本数が最も多いにもかかわらず、四福音書写本のモノグラフ（単一の写本を対象として、網羅的かつ徹底的な研究を行うもの）は極めて少ないことに気づかされる[5]。研究対象として積極的に取り上げられるのは、もっぱら豪華な挿絵を多数有している写本や、寄進者の問題など何らかの論点を有する写本挿絵である。それに比べると、四福音書写本に含まれる挿絵の多くは単純な福音書記者の肖像であり、研究したところでそれほど大きな成果が期待できないようにも思われる。したがって、四福音書写本を取り上げてモノグラフを書こうと

いう研究者が少なかったとしても不思議ではない。

　とはいえ、四福音書写本の研究がまったくなされてこなかったというわけでは決してない。四福音書写本は、モノグラフではなく、むしろ別の形で取り上げられてきた。いいかえれば、ある特定のグループ（デコラティヴ・スタイル[6]、パレオロゴス朝写本など）に属する複数の写本をまとめて取り上げる、あるいは特殊な挿絵（福音書記者の象徴やキリスト伝サイクルの挿絵）を有する複数の写本に注目し比較検討する、という形で研究が進められてきた。まれにこれまで未出版であった四福音書写本が単一で取り上げられ、紹介されることもある[7]。

　こうした研究が積み重ねられてきたものの、四福音書写本研究にはいまだに大きな課題が残されている。四福音書写本が写本生産の大半を占めることになったビザンティン社会において、四福音書はおよそどのようなものとしてとらえられていたのだろうか。1冊の四福音書写本、あるいは特定のグループに属する複数の四福音書写本を、ビザンティンの四福音書写本制作というより広いコンテクストの中で、どのように理解すればよいのだろうか。すべての四福音書写本に共通する属性とは何だろうか。四福音書写本に、定型あるいは標準型（スタンダード・タイプ）と呼べるようなものはあったのだろうか。スタンダード・タイプを把握することができれば、そこから派生したところのバリエーションを正しく位置づけることができるだろう。そうした定型から外れるバリエーションは、どの程度の範囲まで認められるものだったのか。定型におさまらない特殊な四福音書が作られる場合、それは何に起因するのだろうか。特殊な四福音書にはどのような多様性が認められるのか。四福音書写本の定型は、時代によってどのように変遷していったのだろうか、あるいは変化しなかったのだろうか。

　こうした問題に取り組む研究が、これまでなされてこなかった理由は明白である。1人の人が研究しうる範囲をはるかにこえる数の写本が現存しているためである。1つひとつの作例をすべて実見し検討することが不可能であるため、四福音書写本全体を1つのジャンルとしてとらえようというのは、そもそも無謀な試みであるかもしれない。しかしながら、本書ではあえてその方向へ、新たな一歩を踏み出したい。そのための手立てとして、第1に、大英図書館所蔵の四福音書写本を対象として、実見のうえ概観調査を行う。第2に、実見できない場合であっても、出版された四福音書写本にでき

るかぎり多く当たる。

　大英図書館は、60を越える四福音書写本を所蔵している。そのうち26写本に福音書記者の肖像が含まれている。断片を含めれば二千近く現存する写本のうち、六十数点という限られた数の写本を調査することによって、はたして四福音書写本について、有効な議論ができるだろうか。しかも、大英図書館の四福音書写本コレクションは、もとはと言えばカーゾン、ハーリー、エジャトンなど個人の収集家によるコレクションを含む恣意的な標本である。すなわち、収集家個人の自由な裁量、任意の選択によって集積された、いわば寄せ集めである。したがって標本を、全ビザンティン四福音書写本を母集団とする集合からの無作為抽出とみなすことはできない。対象となる標本数は非常に限られたものであり、ここから何らかの有意味な結果を引きだすことができるのか、という疑問が出されることは当然予想される。しかしながら、ビザンティン時代の修道院付属図書館であっても、そこに所蔵される写本群が時代の変遷とともに恣意的にあるいは偶然の結果として増加していったものであることに変わりはない。また、たとえ現在世界各国に散在するすべての四福音書写本を閲覧することが可能であったとしても、帝国滅亡とともにその大半が失われたビザンティン写本制作の一部を見ているに過ぎない、という点に変わりはない。したがって、大英図書館所蔵の写本をジャンル概観のための調査の対象とすることは、不完全なものとはいえ、ひとつの現実的な手段と言えるのではないだろうか。

　それでは、ある程度まとまった数の四福音書写本を所蔵する図書館（たとえばヴァティカン聖使徒図書館、パリ国立図書館など）において、所蔵作例を悉皆調査した場合、はたして大英図書館所蔵の四福音書写本の概観調査の結果と同様の結論が得られるだろうか。この点について、筆者には解答の準備はない。今後の研究に委ねるほかないだろう。つまり、大英図書館所蔵の四福音書写本概観調査を出発点とする本書は、ビザンティン四福音書写本という、とらえどころないほど大きなジャンルを定義づけるための、第一歩にすぎない。

　個別の作例を検討する際、目の前の一資料に埋没することなく、ビザンティン四福音書写本制作の全体像というより大きなコンテクストの中で、その一写本がどのように位置づけられるかを問う視点は不可欠であろう。本書は、ジャンル全体に共通する要素を踏まえた上で、各写本の個別性を問うていくための、必要不可欠な基礎を固めようとするものである。

とてつもなく大きなプロジェクトに着手するにあたり、筆者の手本となって道を示してくれたのは、ジョン・ラウデンによる一連の写本研究である。ラウデンの研究はいずれも、ある特定のジャンル（たとえば旧約八大書、預言書、『ビブル・モラリゼ』）に属する写本を網羅的に概観し、そのジャンルの特質や属性を総合的に解明しようとするものである[8]。各々の写本は、ジャンル全体の文脈の中に位置づけられ、同時に、各写本の個性や独自性が浮き彫りにされる。

これまでビザンティン写本研究において中心的な役割を果たしてきたのは、ヴァイツマンが提唱するところの「アーキタイプ」理論である。この理論は、かつて存在していたが今は失われてしまった「アーキタイプ」を想定し、その「アーキタイプ」がジャンル全体のモデルとなって、各々の写本において模倣され続けた、という考え方である。ラウデンはしかし、「アーキタイプ」の存在を想定し、それをジャンル全体の源泉とみなすヴァイツマン理論を、仮説にすぎないものとして退け、こうした理論によらない写本研究を切り拓いた。いいかえれば、ラウデンは（失われたものではなく）現存する写本を徹底的に分析し、現存作例それ自体が何を語っているのか、ということを解明しようと企てる。四福音書写本研究という大きなテーマに取り組むにあたって、筆者はラウデンの包括的かつ柔軟なアプローチにならいたい。

現存数が多くその全体像を把握しきれていないという問題に加えて、四福音書写本研究には、今なおいくつもの障壁が残されている。写字生（テキストを筆写する者）、挿絵画家、寄進者、写本の使用者、制作年代、制作地を明記した写本がごくわずかしか残されていないために、多くの場合、いつ、どこで、誰によってその写本が制作されたのか、誰によって用いられたのか、知る手だてが残されていないからである。こうして、制作から数世紀を経た今日、制作に携わった人々や使用した人々のことは、もはや忘れ去られてしまった。本書の試みはしかし、挿絵を検証することを通して、彼らの経験のある側面を再構成することに他ならない。

具体的な方法としては、1冊の写本の物理的側面を分析するコディコロジーの手法と、写本挿絵の主題を解釈するイコノグラフィーの手法を組み合わせたアプローチを試みたい。1冊の写本のページをていねいにめくりながら、何か奇妙に思われる点に行き当たるたびにあえてそこで立ち止まり、何がそれを引き起こしたのかを考えることから始めてみよう。制作にあたって、彼らはなぜ、現在わた

したちの手元に残されているような形を作り出したのか。制作当時、何が重要と見なされ、なぜある特定のことがらが強調されたのか。何が選択的に取り入れられ、何が切り捨てられたのか。写本制作の行程において、何が起きていたのか。どのような要請に答えるべく（あるいはどのような問題を解決すべく）このような形がつくり出されたのか。こうした点を、コディコロジーとイコノグラフィー両方の視点から分析していく。

　写本挿絵を制作した人々は、ビザンティウムという複雑な社会的状況のもとに置かれ、さまざまな感情、希望、願いを持っていたであろう。何よりも彼らは、神からの贈り物としての創造力を有していた。ビザンティウムの画家、あるいは写本制作に携わる職人は、何か新しいものを創造すること、あるいは独創的なイメージを創り出すことを求められていたわけではない。とはいえ、手本の模倣を重ねるプロセスの中で、彼らの創造力は、完全に抑圧されていたというわけではなく、作品のそこかしこに何らかの痕跡を残している[9]。一方、こうした痕跡が慣習的な描き方のしばりを踏みこえることはほとんどなく、伝統に従う表現の範囲内におさめられているために、見過ごされてしまうことの方が多い。しかしながら、慣習的な表現を固く守る四福音書写本においてさえ、イメージを介して、わたしたちは、作り手の創造力が火花を散らすまさにその瞬間を目撃することができる。

　今日わたしたちを取り巻く社会状況はまさに、ビザンティウムの対極に位置づけられるようなものかもしれない。表現の自由や、創造力を発揮する機会を妨げるものは何ひとつない。しかしながら、千年前のビザンティウムの人々と比較してみた時、わたしたちの方がより創造的である、などと言うことは、はたして可能であろうか。今日、常に新しいものが追い求められ、新しいものが作り出され、消費され、そしてより新しいものによって取って代わられる。こうした表面的な新しさは、真に創造的と言いうるものであろうか。創造的であるとはそもそも、わたしたちにとって、またビザンティウムの人々にとって、いったいどのようなことである（だった）のか。一見創造的であるようにはとても思われないビザンティン四福音書写本挿絵において、創造の瞬間をあえてとらえようとすることは、わたしたち自身の創造の力について問いかけることにつながるかもしれない。

　それでは、これから探求の旅を始めたい。写本挿絵がわたしたち

に語りかけていることに耳を傾け、現存する作例群がわたしたちに
解き明かしてくれることを、この目で確かめるために。

第1章
研究史と展望

　マタイ、マルコ、ルカ、ヨハネによる四福音書は、ビザンティン写本中最も重要なジャンルの1つである。現存する作例数は、他の聖書写本（旧約八大書、預言書、新約聖書、詩編、使徒言行録など）に比べてはるかに多く[1]、四福音書写本がビザンティン社会における写本制作の中で、主要な位置を占めるものであったことがうかがわれる。比較的多数の写本が現存するため、ビザンティン社会における四福音書の位置づけ、写本制作と受容のあり方、写本挿絵の役割や働きを知るための手がかりは、今なお多く残されている。ところが、見るべき素材があまりにも多いために、かえってビザンティン四福音書写本の全体像をつかもうとする試みはこれまでなされてこなかった[2]。したがって、このような試みはビザンティン写本の新たな側面を照らし出す可能性を含んでいるといえる。

　全体像をとらえると言っても、膨大な数の写本を前に、具体的にはどのような方向へ探求を進めればよいのだろうか。本章では、研究史整理によって自らの研究の位置づけを明確化し、新たな研究の方向性を見定めたい。ただし、限られた紙面の中で膨大な数にのぼる研究を網羅的に紹介し、かつ個々の研究を綿密に検討することは難しい。ここでは、四福音書写本全般が1つのジャンルとしてどのようにとらえられていたのか、個々の写本に対する基本的アプローチがどのようなものであったか、という2つの点を中心に、先行研究を検討する。

　先行研究に共通して見られる特徴的なアプローチの1つは、写本挿絵の類似に注目する比較・分類のアプローチである。こうした研究では、本来1つの写本に含まれる四福音書記者肖像がばらばらに切り離され、類似する肖像どうしがひとまとめに分類される。このような分類はしかし、4人の福音書記者が1つの写本の中で形づくる、統一的・調和的全体には目を向けていない。そのため、ビザンティン四福音書写本挿絵を研究するには少なからず不都合があるよ

うに思われる。それでは、どのようなアプローチが有効なのだろうか。先行研究を整理しつつ、新たなるアプローチを探ることが、本章の目的である。

　研究史を概観するにあたり、個々の研究を便宜上3つのカテゴリーに分類してみたい。第1のカテゴリーは、カタログである。カタログとは、世界各国の図書館、大学、修道院、美術館、博物館に所蔵される膨大な写本群を体系的に分類し、記述するものである。展覧会カタログもこのカテゴリーに分類する。第2のカテゴリーは、モノグラフである。モノグラフとは、単一の写本を対象として、網羅的かつ徹底的な研究を行うものである。第1のカテゴリーに比べて、第2のカテゴリーに含まれる研究はそれほど多くない。第3のカテゴリーは、単一の写本ではなく、年代、制作地、様式、ジャンルなどによってくくられた、特定のグループに属する複数の写本を扱うものである。
　第1のカテゴリーである、カタログに記載される写本の数は、概して膨大である（本章1節）。また、コレクションに含まれる写本の制作年代、テキストの種類はばらばらである。一般に、コレクションは長期間にわたってランダムに収集された写本の蓄積だからである。カタログの務めは、コレクション全体の様相を概括的に述べるとともに、コレクションを構成する個々の写本について、客観的なデータを提供することである。客観的データのみならず、執筆者の主観的要素が含まれる場合もある。写本の制作地や制作年代を推定する場合や、図像を解釈する場合などである。
　四福音書写本は断片も含めて二千以上現存し[3]、各地の主要な図書館、修道院の写本カタログに、必ずといっていいほど含まれている。したがって、カタログは四福音書写本挿絵研究の重要な出発点となる。本章でも、四福音書写本がカタログ中でどのように扱われてきたかを検討したい。
　第2のカテゴリー、すなわちモノグラフのテーマとして取り上げられる写本は、たいていの場合、挿絵を多数含む豪華な写本である（本章2節）。豪華であるがゆえに、モノグラフのテーマとして取り上げられるのだが、一方、このような作例は現存する写本中ではむしろ例外的な位置を占めていることが多い。いいかえれば、その写本に類似する先行作例、あるいはその写本を直接のモデルとした後代の作が見当たらない、孤立した写本である場合が多い。

多数の挿絵を含む豪華な写本は、当然綿密な研究に値するが、一方で不都合も生じる。ビザンティン写本制作の全体像を反映していない、例外的な作例によって研究が大きく進められることになるからである。モノグラフが次々と出版される中で、本来例外的であるはずの作例が、あたかもビザンティン写本全般を代表する標準型であるかのような印象が作りだされる。このようなゆがみは、四福音書写本の場合、特に顕著であるように思われる。出版の結果、はるかに入手や利用がしやすくなった写本だけを見て、それらを全体の様相を代弁するものと取り違えるべきではないだろう。未出版の、図書館や修道院を訪れて実見するほかない圧倒的多数の写本の中で、それがどのように位置づけられるものであるか、念頭に置くことが常に必要とされる。

　第3のカテゴリー、すなわち特定のグループに属する複数の写本を扱う場合、項目の立て方はそれぞれの研究によって大きく異なっている（同じく本章2節）。たとえば、デコラティヴ・スタイルといった特定の様式を取り上げるもの、旧約五大書、預言書、メノロギオンといった一定のジャンルを対象とするもの、9・10世紀という時代区分を設けて該当写本を収集・検討するもの、エルサレムのラテン王国など地域を限定するもの、パレオロゴス朝のパトロン、あるいは寄進者の肖像といったテーマを設定するものなどがあげられる。多様なテーマ設定はいずれも、ビザンティン社会における写本のあり方を多面的に検討しようとするものである。

　それでは、第1から第3のカテゴリーを順次検討していく。第1のカテゴリーは、2つの項目（大学、図書館、修道院のカタログと、展覧会カタログ）に分けることにしたい。

✢ 1　カタログ

大学、図書館、修道院の蔵書カタログ

　フッターによって編纂された、オックスフォード大学ボドレイアン図書館所蔵のビザンティン写本のカタログは、各写本のデータを網羅的に記載しているという点で、きわめて有用である[4]。第1巻に収められた写本は合計72、そのうち23が四福音書である。各写本の記載事項は、写本番号、テキストの内容を表すタイトルに始まり、次に制作地と制作年代が見られる。続いて、詳細にわたるデータ——大きさ、素材、フォリオ数、巻頭・巻末の白紙フォリオ数、フォリ

オ番号の誤りなどが記録される。さらにクワイヤ構成や欠損フォリオなど製本上の情報、罫線のパターン、コラム数、行数、インクの色や書体、装飾の種類、挿絵欠損の有無、コロフォンが記録される。写本の来歴、修復保存の状況、製本の状態について述べられ、著者自身の観察によるコメント、参考文献が続く。挿絵の記述を行う中で、主題の同定、テキスト中の挿絵位置、挿絵の大きさ、装飾モティーフの記述、使用されている色の特徴が記録される。白黒の図版がそえられる場合もある。以上の網羅的データから、カタログを読むだけで、写本が手元にあるかのごとく、その実態をありありと再現することができる。遠隔の図書館を訪れて写本を実見することができない場合、このようなカタログがもたらす情報は有益である。

　一写本を徹底分析するフッターの記述からは、あたかも写本制作の現場が巻き戻しで再現されるかのようである。実際に制作にあたった者は、いかなる要請に応えようとしていたのか。制作の過程で生じるさまざまな要請に応えるべく、どのような工夫や調整が行われたか。フッターの記録は、読み手の想像力をかきたてる。フッター自身はしかし、こうしたことがらをカタログの守備範囲を越えるものと考えており、主観的な記述を意識的に避けている。その結果、写本の抱える問題点が、しばしば指摘されないまま放置されることになった。福音書記者肖像に特異な点が含まれる場合にも、フッターはそれに触れていないことが多い。たとえば、ヘッドピースと向き合わない記者肖像（Auct. T. inf. 2. 6, fol. 1v）は例外的であるが、フッターの記述は「記者は左向きに描かれる」というものにとどまり、それがいかに一般の福音書記者肖像から外れたものであるか、というコメントはなされない[5]。さらに踏み込んで、特殊なアレンジが何のために行われたかが問われることもない。左向きの肖像の他にも、あきらかに通常とは異なる作例が散見される。たとえば、ヘッドピースに福音書記者の胸像（Canon. Gr. 36）、あるいは福音書記者の象徴が組み込まれたもの（Auct. T. inf. 1. 3）などである[6]。しかしながら、なぜそのような挿絵が描かれたのか、という説明はなされていない。フッターは、あえて主観的解釈や推論を避け、客観的データの提供に徹している。しかし、各写本が制作された状況を理解するために、わたしたちは客観的データにとどまらず、さらに踏み込んだ問いを立てる必要があるように思われる。福音書写本に見られる奇妙な点、特異な点に焦点を当てることによって、それが制作された特殊な状況、制作者の意図を知る手がかりが得られるかもしれないからであ

る。

　ハヅィニコラウらによって編纂されたアテネ国立図書館のカタログは、フッターのカタログとはまた別の視点を備えている[7]。第１巻と第２巻には合わせて135の写本が記載され、そのうち四福音書写本は48である。

　本カタログ最大の特色は、著者たちが比較材料の収集に力を入れているという点である。そのため、各写本のデータに加えて、国立図書館のコレクションには含まれない、膨大な量のビザンティン写本が引用されている。アテネ国立図書館カタログの著者たちにとって、モデルあるいは類似作例を探し出すことが写本理解の最も有用な鍵となっていることがうかがわれる[8]。彼らは、ビザンティン写本はモデルを模倣することによって制作される、という前提に立っている。確かに、ビザンティン写本が常にモデルに倣って制作されたことは疑いない。しかしながら、このようなアプローチでは、モデル（あるいは類似作例）に重きが置かれるあまり、２写本間に何らかの近似が認められる場合、そればかりが強調され、差異の方は意識的に見過ごされる。またそのような差異が生じた意味が問われることもない。類似例を見つけ出そうとする場合、差異はむしろ邪魔になるからである。

　アトス山諸修道院所蔵の挿絵入り写本紹介にもまた、同じようなアプローチが見られる[9]。全４巻に記載された123写本中、四福音書は75ある。挿絵の記述はアテネ国立図書館のカタログよりも短く、ごく一般的な描写にとどまり、福音書記者肖像の記述は、どれも大きな違いは見られない。図版を参照しない限り、それぞれの福音書記者肖像の違いがわからないほどである。福音書記者の肖像は、どれも似たようなものとしてひとくくりに扱われているように見える。

　確かに、室内で書見台を前に座る福音書記者肖像には、それほど大きなヴァリエーションは見られない。しかしながら、よく見るとそこにさまざまな差異が含まれていることもまた事実である。それゆえ、筆者はあえて類似に重きを置くカタログとは異なるアプローチの可能性を考えたい。それは、何十何百と繰り返される福音書記者肖像の単調な「同一性」の中に、どのような差異が見られるかという点にあえて注目してみるというものである。カタログ的なアプローチが、あえて見ようとしなかった点を拾い上げてみたい。こうした差異は、有意の徴候として検討する必要があるように思われる。

　写本制作の現場において、写字生は基本的にモデルとなる写本の

テキストを忠実に書き写した。挿絵もまた、画家が手本となる写本中のモデルを忠実に描き写したものであると考えることは自然であろう。一方、モデルとなる写本が複数手元にあって、語句に違いが見られるような場合、写字生はどちらがふさわしいのかを判断し、取捨選択しながら筆写を行ったり、複数の写本間に見られる語句の不一致を、別の新しい語におきかえることがあった[10]。そのために、コピーの過程でテキストにさまざまな変化が生じた。同じようなことが挿絵画家の手によってなされていたことは想像に難くない。それでは制作の現場において、なぜあえてそちらの一方が選択されたのか、(語句のみならず)挿絵についても、それを問う必要があるだろう。

展覧会カタログ

展覧会カタログもまた、写本挿絵研究を行う際有用な出発点となる。ビザンティウムならびにその周辺地域全般をテーマとする展覧会[11]、写本をテーマとする展覧会[12]、ビザンティンの日常生活をテーマとする展覧会[13]ほか、カタログの数は厖大である[14]。ここでは限られた数点のみを紹介したい。

1973年、アメリカ合衆国の大学、図書館、美術館が所蔵するビザンティン写本を集めての展覧会が開催された[15]。カタログには、67写本が記載され、うち四福音書写本は羊皮紙断片も含めて30である。ここでは福音書記者肖像が、フレンドによって提唱された8つのタイプに分類される[16]。同一グループに分類された7つのマルコ像が引きあいに出され、7写本の制作年代に三百年の開きがあることから、一定のタイプがいかに長期にわたって引き継がれてきたか、というビザンティウムの伝統の力が強調される[17]。確かに、図版で見比べると7つのマルコはよく似ている。マルコ像だけを見る限り、模倣が繰り返されてきたことは明らかである。ところが、同グループの写本に見られる別の福音書記者肖像を見てみると、マルコは共通タイプであっても、たとえばウォルターズ532番とハーヴァード1番のヨハネは異なるタイプである。ウォルターズ532番とモーガン647番のルカも別の動作をしている。カタログの著者はマルコの類似を強調するあまり、他の福音書記者の差異の方は考慮していない。こうしたアプローチは、制作者が単純に8つのタイプから1つを選択し、モデルにしたがってほとんど自動的に福音書記者を描いているにすぎないとみなすものである。実際にペンと羊皮紙を手にした個人で

はなく、伝統と継続という抽象的な事象が写本を生み出した、と考えているようにも見える。

　1992年パリで開催されたビザンティン美術展は、フランス国内に所蔵される作例を一堂に集めた展覧会であった[18]。写本部門には45写本が展示されたが、四福音書は8写本だけであった。8写本のうちわけは、紫羊皮紙群の福音書、註解つき福音書、いわゆる「フリーズ・ゴスペル」、十字架型挿絵入り福音書、イタリア制作のビザンティン写本、2カ国語写本、制作年代が明記された福音書など、多岐にわたるものであった。ここで強調されるのは、多様性に富んだ写本群であり、類似例の収集と並列を試みる図書館カタログとは正反対の意図が働いている。ここに展示された福音書はいずれも、典型的作例とはいいがたい、ビザンティン写本制作の中ではきわめて例外的なものばかりである。作品選択の基準はあきらかに多様性の方にあり、展覧会を訪れた人々をあきさせないための工夫がうかがえる。変化に乏しい作品を続けざまに見せられると、観客は退屈してしまうだろう。したがって、ここに展示された例だけを見て、そこにビザンティン四福音書写本制作の実態が反映されているとみなすのは誤りである。一方、このような展示の利点は、ビザンティンの基準に照らしたとき、四福音書写本にはどの程度まで多様性が許容されたのかを知る手がかりとなりうる、という点である。

　カタログ中で実践されているように、類似作例を探しだすことが写本研究のために有用な手だてであることは疑いない。コロフォンが提供する情報から制作地・制作年代を確定できる写本はむしろ少数であり、通常は比較・分類の手法によって制作地・制作年代が推定される。ところが、制作地を首都と同定する場合であっても、写本が「コンスタンティノポリスにおける制作」なのか、「首都周辺での制作」なのか、それとも「首都出身の画家が首都以外の場所で制作」なのか、厳密に区別するのは困難である[19]。また、様式による年代決定は、世紀の前半・後半、あるいは第1から第4四半期というおよその目安で表されることが多い。外在的な証拠（寄進者の在位期間など）が見当たらない限り、年代の幅をそれ以上にせばめることは難しい。

　1997年ニューヨークで開催された「ビザンティウムの栄光」というタイトルの展覧会では、8つの四福音書写本が展示された[20]。9世紀に制作されたガレット6番（Princeton University Library）の挿絵には、同時代の余白詩編との類似性が認められるという[21]。この比較から、

どのような結論を導き出すことができるだろうか。2挿絵は同一画家の手によるものか、あるいは同一工房によるものか。ある地方に特有の傾向を示しているのか、あるいは特定の時代に共通の様式なのか。カタログ執筆者は、あえて直接の答えを避けている。このことは、類似例の比較・分類を行うアプローチによって、いつ、どこで、誰がそれを作ったのか、という基本的な問いに答えようとすることの限界を示しているように思われる。

　それでは比較・分類を行うアプローチの他に、いったいどのような方向性がありうるだろうか。たとえマルコどうしがよく似た2写本であっても、福音書記者4人全体によって生み出される視覚上のバランスや調和は異なっている。ある四福音書写本において、特定のタイプが選択された理由、特定のタイプどうしが組み合わされた理由、その結果どのようなメッセージが伝えられているかを問うことによって、ほかのどの写本とも異なっている、その写本独自の一面が見えてくるのではないか。このようなアプローチは、いつ、どこで、だれがそれを作ったか、ということに直接答えることにはならないが、写本中に残された制作者個人の意志決定の痕跡を見逃すまいとするものである。

❖2　単一の写本を対象とするモノグラフ、ならびに複数の写本を対象とする諸研究[22]

概観

　旧約聖書写本のモノグラフとしては、ヴァイツマンとケスラーによる『コットン創世記』、ヴァイツマンによる『ヨシュア画巻』、ラシュスによる『列王書写本』をあげることができる[23]。詩編写本のモノグラフには、デ・ウァルトによる『ヴァティカン詩編』、ブフタルによる『パリ詩編』、デル・ネルセシアンによる『テオドロス詩編』、バーバーによる『テオドロス詩編』のCD-Rom、コリガンによる『クルドフ詩編』、デュフレンヌ他による『セルビア語詩編』などがある[24]。コルウェルらによる2つのモノグラフは、『カラヒサール福音書』と『マコーミック黙示録』を対象としている[25]。マテューズらは『グラジョール福音書』と呼ばれるアルメニア語写本のモノグラフを著した[26]。典礼用福音書抄本のモノグラフは、ドレザルによる『ヴァティカン・レクショナリー』[27]、益田による『ディオニシウ・レクショナリー』[28]、ラウデンによる『ジャハリス・レクショナリー』[29]

がある。カヴァッロらによる『ロッサーノ福音書』のモノグラフ、ブルーベイカーによる『ナジアンゾスのグレゴリオスの説教集』、ヴァイツマンによる『サクラ・パラレッラ』、ヴァーカークによる『アシュバーナム・ペンタテウク』のモノグラフもまた、このカテゴリーに含まれる[30]。現存する写本数としては福音書が圧倒的に多いにもかかわらず、福音書写本のモノグラフはおどろくほど少ない[31]。ヨタの博士論文『ハーリー福音書』を、近年の成果としてあげておきたい[32]。メレディスによる『エブネリアヌス新約聖書』研究ノートは、福音書部分の挿絵に注目し、福音書記者肖像と特定のキリスト伝挿絵の組み合わせの根拠を探っている[33]。

　一方、複数の写本を取り上げて特定のタイプや時代様式を考察する研究は、膨大な数にのぼる。写本の制作年代別に見ていくと、時代ごとに異なる問題設定がなされていることがわかる。イコノクラスム以前の福音書写本、たとえば『ロッサーノ』『ラブラ』『シノペ』福音書については、19世紀以降個別に、あるいは3写本まとめて徹底した研究がなされてきた[34]。イコノクラスム直後、9世紀から10世紀にかけて制作された写本については、ヴァイツマンが収集、出版している[35]。ヴァイツマンの関心は主に、挿絵をタイプ別に分類し、地域別にグループ化することであった。11・12世紀の写本については、フリーズ・ゴスペル[36]、十字架型典礼用福音書抄本、余白詩編、メノロギオンなど特定のジャンルやタイプに焦点が当てられる研究、コキノバフォス・マスターといった特定の画家への帰属が考察される研究、各地の写本工房についての研究などが見られる[37]。12世紀後半から13世紀にかけて、キプロスとパレスチナ近辺で制作された一群の写本は、デコラティヴ・スタイルと名付けられ、カーらによって詳細な研究がなされてきた[38]。デコラティヴ・スタイルを構成する種々のサブ・グループ、それに属する個々の写本、デコラティヴ・スタイルから派生した写本グループもまた、他の研究者によって加えられてきた[39]。13世紀後半以降のパレオロゴス朝写本については、ブフタルとベルティンクによる研究があげられる[40]。ここでは主にパトロンに関心が向けられ、同一グループに属すると考えられる写本、すなわち同一パトロンの発注または寄進による写本が、他の研究者によって次々に加えられている[41]。ネルソンは、写字生・挿絵画家アギオペトリティスとその工房の写本群を研究している[42]。八大書、預言書、詩編といった特定のジャンルに属する複数の写本を対象とする研究も多くある[43]。

モノグラフほど網羅的ではないにせよ、未出版の写本や、これまで研究がなされてこなかった写本を取り上げて紹介する論文は、それこそ数えきれないほどある。これらの論文に共通するある基本的な姿勢とは、問題となっている写本と比較しうる類似作例を見つけることによって、写本の位置づけを行おうとするものである。このようなアプローチは、カタログの項目で述べたものと共通するように思われる。

この他、写本挿絵研究を介して構築されたビザンティウム像を振り返る研究、ビザンティン帝国とその周辺地域への写本伝搬についての研究[44]、イコノクラスム期の教父らによる言説がイメージ形式をいかに左右したかといった、イメージとテキストとの関係を探る研究[45]、装飾イニシアルを取り上げる研究[46]、画家がどのような手順で挿絵を仕上げていったのか、未完成の写本を手がかりとして、制作の現場を再構成しようとする研究[47]など、近年写本挿絵研究のテーマ設定は多様化している。

挿絵の主題をテーマとする研究も多い。たとえば、福音書記者肖像をタイプ別に分類する体系的な研究は、フレンドによって初めてなされた。アトス山所蔵の典礼用福音書抄本に見られる福音書記者肖像については、カダスが分類を行っている[48]。カーは、デコラティヴ・スタイルの中で特に、キリスト伝サイクルの挿絵を含む複数の福音書写本を研究している[49]。ネルソンとガラヴァリスは、福音書序文挿絵に関する著作[50]を別々に著し、福音書記者の象徴、マイエスタス・ドミニなど、巻頭挿絵やヘッドピースに描かれるさまざまなモティーフを論じた。福音書記者が聖人らと組み合わされる特殊な作例を論じたものもある[51]。スパタラキスは、左利きの福音書記者肖像という珍しいタイプに注目し、作例を収集している[52]。この研究では、当然のことながら左利きという類似点が強調されるため、それぞれの左利き福音書記者が各写本の異なるコンテクスト中でどのように位置づけられているか、という点は問われていない。とはいえ、福音書記者肖像の研究は本書のテーマそのものと深くかかわるものであるため、以下に、スパタラキスによる研究のアプローチを見ていきたい。

スパタラキスによる福音書記者肖像研究

スパタラキスは、ヴァトペディ937/8の左手にナイフを持って修正するマルコを、左利きの福音書記者として分類している[53]。ヴァト

図1-1　ヴァトペディ修道院 cod. 937/8, fol. 14r: ペンを削るマタイ

図1-2　ヴァトペディ修道院 cod. 937/8, fol. 131v: ナイフを持つマルコ

ペディ写本の四福音書記者は、福音書を記す動作をめぐって連続した4場面を構成している。マタイはナイフを手にとって持ち上げ、ペンを削っている（図1-1）。マルコはナイフを持った左手を伸ばして修正している（図1-2）[54]。ルカはマルコのナイフをペンに置きかえて、書く作業に専念している（図1-3）。ヨハネは書き終わって巻物を手にしている（図1-4）。4人を並べて見ると、左利きのマルコは、福音書執筆の開始から終了までを表す一連の動作の中に位置づけられるべきものであることがわかる。したがって、同写本の他の3人の記者像からマルコだけを切り離して、別の左利き記者だけを収集した集団と比較するだけでは、マルコがここでもたらす視覚上の効果を理解することはできない。

スパタラキスはこの著作中で多くの福音書写本を扱い、うち11写本について、4人の福音書記者全員の図版を掲載している。スパタラキスのつけた図版番号からわかるように、ひとつの写本に含まれる福音書記者は、すべてばらばらに掲載されている。これは、スパタラキスのアプローチを端的に示すものである。ここで強調されるのは、類似する記者どうしを並列し比較するという視点である。たとえば、ヴァトペディ937/8番と954番のマルコは、Fig.5とFig.6において並列される。スタヴロニキタ写本とオックスフォード写本のマルコ（Figs. 9, 10）、オックスフォード写本とヴァトペディ937/8番のルカ（Figs. 45, 46）もまた、隣どうしにおかれ、類似が指摘される。

確かに、オックスフォードとヴァトペディのマルコはよく似ている。ところが2写本のヨハネには、そのような類似が認められない。このことは何を意味するのか。左利きのマルコだけを取りだしたときに類似が認められたとしても、各々の写本の中でマルコが果たす役割はそれぞれ異なっている。たとえ同じ動作であっても、異なるコンテクストにおいて、その役割や意味は必ずしも同じではないということである。オックスフォード写本では、マタイとヨハネ、マルコとルカがそれぞれペアとなっている。前者は動きの少ない静止を、後者は大きな動作を表すことによって、静・動の対比を際立たせている。一方ヴァトペディ写本の左利きのマルコは、すでに見てきたように、福音書を書き上げるまでの一連の動作の中に位置づけられるものであった。

左利きという特殊なイコノグラフィーは、福音書記者肖像の中でも際立っている。それが何に由来するものか、比較しうる作例や源泉を探る研究は、当然行うべきであろう。しかし、特定のタイプに

図1-3　ヴァトペディ修道院 cod. 937/8, fol. 203v: ペンを持つルカ

図1-4　ヴァトペディ修道院 cod. 937/8, fol. 322v: 巻物を手にするヨハネ

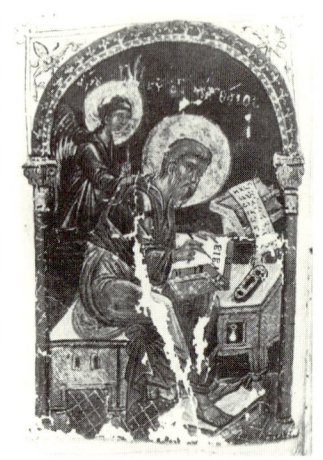

図1-5 アテネ国立図書館 cod. 151, fol. 3v: 天使とマタイ

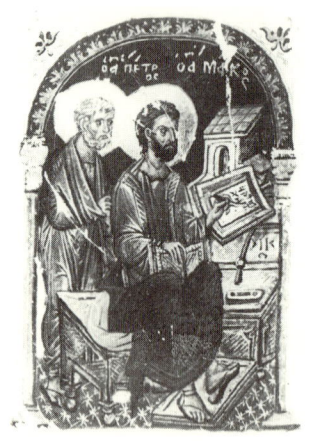

図1-6 アテネ国立図書館 cod. 151, fol. 88v: ペトロとマルコ

図1-7 アテネ国立図書館 cod. 151, fol. 143v: パウロとルカ

属する福音書記者1人をある写本から切り離して比較した後に、もう1度もとの写本に戻すことによって、それが本来どのようなコンテクストでいかなる役割を果たしているかを問うべきではないだろうか。こうしたアプローチによって初めて、4人の福音書記者が呼応し合うことで、調和したひとつの福音書写本を作り出していることが浮かび上がるように思われる。

引き続きスパタラキスの中から、アテネ151番の左利きのマルコを見ていこう。ここでは、肖像の中に福音書記者に加えて第2の人物が登場する。天使・ペトロ・パウロ・プロコロスがそれぞれマタイ・マルコ・ルカ・ヨハネと組み合わされる（図1-5、1-6、1-7、1-8）。プロコロスはヨハネの弟子であり、福音書記者ヨハネの挿絵中に、口述筆記するすがたで描かれる。ここでは、他の3挿絵にあわせて、2人の主従関係が編成し直されている。弟子であるはずのプロコロスの方が大きく中心に描かれ、他の3人の福音書記者と同等に扱われている。一方、ヨハネは本来挿絵の中心を占めるべきところ、後ろに下がってプロコロスの背後に立っている。つまり、ヨハネは他の3挿絵で第2の人物が占める2次的な位置づけに後退させられている。

福音書記者に加えて第2の人物をあえて描き入れたアテネ写本が強調するのは、第2の人物が書き手にインスピレーションを与えているようすである（ヨハネの場合は、プロコロスに指示を与えている）。一般に、福音書記者の肖像には、書き手が考えごとをしたり、本や巻物を開いて見ているようなタイプがしばしば見られるが、アテネ写本ではみな、手を止めて考える動作ではなく絶え間なく書く作業を続けている。天使や使徒（ペトロ・パウロ）らによってもたらされたインスピレーションにしたがって（あるいはヨハネから与えられる指示にしたがって）、彼らは書く作業に没頭している。マルコがナイフで誤りを修正する動作は、ペンを手にとって書く動作によく似ている。左利きという特殊なタイプは、ここでは「書く」動作を強調する全体のプログラムに、違和感なく調和している[55]。

スパタラキスが指摘するように、アテネ151番の左利きのマルコは、第2の人物を含むか否かという点を除けば、パトモス82番のマルコとよく似ている。ところが、アテネ写本では書き手全員が似たような動作を繰り返し、書く作業に従事していたのに対して、パトモス写本では2度繰り返される動作はひとつもなく、4人全員が異なる動作をしている。マタイは筆記している（図1-9）。マルコはナイ

フで削り取って修正を行う（図1-10）。ルカは巻物を広げる（図1-11）。ヨハネは後ろをふりかえって天からのインスピレーションを今まさに感知している（図1-12）。つまり、パトモス写本のマルコは、アテネ写本のような書く動作の反復として選択されたのではなく、室内に座る変化にとぼしいセッティングの中で、それぞれの福音書記者の違いを際立たせるべく、異なる動作が選択された結果であるといえるだろう。同じようなマルコ像であっても、アテネとパトモスという別々のコンテクストにおいて、マルコは異なる役割を果たしているのである。室内で筆記する福音書記者は一見単調に見えるものでありながら、それらが生み出す視覚上の効果は決して単一ではない。

図1-8　アテネ国立図書館 cod. 151, fol. 233v: プロコロスとヨハネ

　本章の目的は、研究史整理によって自らの研究課題を位置づけ、四福音書写本研究における今後の方向性を探ることであった。先行研究にある程度共通して見られる特徴は、写本挿絵の類似に注目する比較・分類のアプローチである。そこでは、いつ、どこで、誰によって、誰のために写本が作られたのか、ということが問題にされる。ところが、写本制作者が名前を残すことはまれであり、様式から制作年代や制作地を推定することも難しい。むしろ、写本の作り手はこうした個別的な情報を積極的に語ろうとしていないような印象を受ける。

図1-9　パトモス島聖ヨハネ修道院 cod. 82, fol. 11v: 筆記するマタイ

　比較・分類のアプローチでは、本来１つの写本に含まれる四福音書記者肖像が、ばらばらに切り離され、類似する肖像どうしがひとまとめに分類される。筆者は逆に、分類によって切り離すのではなく、４人の記者肖像が１つの写本の中でいかに統一的・調和的全体をかたちづくっているか、という点に注目することを提案したい。

　室内に座って筆記する福音書記者肖像は、一見単調な繰り返しに見えるが、個々の写本中には微妙な差異が見られる。このような同一性の中に見られる差異は、何を語っているのだろうか。写本制作にかかわった人々の意思決定のあり方、写本にこめられた彼らの願いや考えを、写本挿絵をとおして知ることができるのではないだろうか。

　本章では、ビザンティン写本挿絵に関する膨大な先行研究を概観し、どのような方法論にもとづいて研究がなされてきたのか、現在にいたるまでの状況をまとめた。先行研究を大きく３つのカテゴリーに分類し、先行研究がどのような問いを立て、どのようなアプロ

図1-10　パトモス島聖ヨハネ修道院 cod. 82, fol. 96v: 修正するマルコ

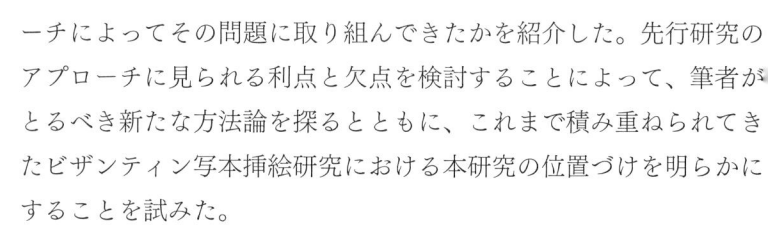

ーチによってその問題に取り組んできたかを紹介した。先行研究のアプローチに見られる利点と欠点を検討することによって、筆者がとるべき新たな方法論を探るとともに、これまで積み重ねられてきたビザンティン写本挿絵研究における本研究の位置づけを明らかにすることを試みた。

　続く第2章では、そもそもビザンティン社会において福音書とは何であったか、ということを探る第一歩として、大英図書館所蔵の66の四福音書写本の概観調査を行いたい。

図1-11　パトモス島聖ヨハネ修道院 cod. 82, fol. 150v: 巻物を広げるルカ

図1-12　パトモス島聖ヨハネ修道院 cod. 82, fol. 238v: 後ろをふりかえるヨハネ

第2章
大英図書館所蔵の四福音書写本の概観

　大英図書館は66のビザンティン四福音書写本を所蔵している[1]。写本の制作年代は、10世紀から15世紀と、広範囲にわたる。66写本中、26写本（39%）が福音書記者の肖像を有する。とはいえ、ビザンティン写本の制作現場において、4割弱の四福音書写本に挿絵が挿入されていた、と単純にみなすことはできないだろう。大英図書館の写本コレクションに写本を寄贈・売却した収集家は、あえて挿絵のあるものを選択して収集しているかもしれないからである。しかしながら、挿絵入り四福音書写本がそれほどまれなものではなかった、ということはいえるだろう。ヘッドピースやイニシアルなどの彩飾のみで、福音書記者肖像が見られない四福音書写本もまた数多く存在することから、四福音書写本を制作するにあたって、挿絵は任意に選択された要素であったことがうかがわれる。それでは、四福音書写本を構成する要素のうち、不可欠な要素あるいは任意に選択される要素とは何だろうか。実際に制作された写本の外観や内容（写本の大きさ、テキストのレイアウト、対観表の有無、装飾モチーフ、挿絵の図像など）には、どの程度のばらつきが見られるのか。四福音書写本に、「標準」と呼べるようなタイプはあったのだろうか。また「標準」があったとすれば、それは時代の変遷にしたがってどのように変化していったのだろうか。ビザンティン社会における四福音書写本の概念がどのようなものであったのか、その一端を探るべく、筆者は大英図書館所蔵の四福音書写本の悉皆調査を行った。本章では、調査結果をもとに、ビザンティン四福音書写本の「標準」と呼べるような型を再構成することを試みる。

⁘ 1　四福音書写本の外観

サイズ
　挿絵入り四福音書写本の羊皮紙の平均サイズ（縦の長さ18.8cm）は、

挿絵なしの写本（20.1cm）に比べると、やや小さい。挿絵入り四福音書写本の大半は24cm以下、挿絵なしの写本もほとんどが26cm以下である。最も小さいサイズは、挿絵入り12cm、挿絵なし11cmで、掌にのるほどの小ささである。一方、最も大きいサイズは、挿絵入り33cm、挿絵なし32cmである。見開きでＡ３の用紙と同じくらい大きく、朗読の際書見台に載せるため、あるいは典礼行進に掲げるために、これほど大きなサイズが選択されたと考えられる。24cm以上の写本を、仮に大型写本と分類しよう[2]。大英図書館所蔵の標本では、大型写本が最も多く制作されたのは12世紀である。12世紀に制作された23写本中6写本（26%）が24cm以上の大型写本である。

　挿絵の有無と写本のサイズの間に何らかの関連性はあるだろうか。24cm以上の大型写本群では、16写本中7写本（43%）が挿絵を有している。一方、24cm以下の写本群では、50写本中19写本（38%）が挿絵を有している。このことから、大型写本（すなわちより高価な写本）は、普通のサイズあるいは小さいサイズの写本（より安価な写本）に比べて挿絵入りである割合が多いことがわかる。とはいえ、大型写本群のうち挿絵を有するのは半数以下であり、大きな羊皮紙を用いて作られるより高価な写本であっても、必ずしも挿絵によって飾られるわけではない。

　大英図書館の標本中、福音書記者肖像以外の挿絵を有する写本は、ハーリー写本（Harley 1810）とエジャトン写本（Egerton 2783）の2点のみである。ハーリー写本には、キリストの生涯を描いた17の連続説話場面が挿入されている（第3章参照）。エジャトン写本では、各々の記者を描いたフォリオの裏側に、福音書記者の象徴が単独で描かれている。

　四福音書写本には、福音書記者肖像やキリスト伝サイクル以外にも、写本冒頭に聖母子やマイエスタス・ドミニなどの挿絵が配されることがある。ただし、大英図書館所蔵の標本にそのような例は見られない。

フォリオ数

　大英図書館所蔵の四福音書写本中、半数以上の写本は210から280フォリアの羊皮紙を用いて作られている[3]。フォリオ数の範囲を170から320まで広げると、9割以上の写本がここにあてはまる。平均フォリオ数は250前後である。したがってadds. 5111–5112のように、450フォリアを超える羊皮紙を用いて制作された写本は例外的であると

いえる。

　四福音書テキストの分量は、常にほぼ一定である。ところが、写本全体のフォリオ数は羊皮紙の大きさにはほとんど左右されない。大型写本（24cm以上）の平均フォリオ数（242）は、24cm以下の写本の平均フォリオ数（252）よりわずかながら少ないとはいえ、その差はそれほど顕著なものとはいえない。羊皮紙が大きければ1フォリオ中に収められる文字数が増え、その結果より少ない枚数の羊皮紙に全文を収めることができるはずだが、大きい羊皮紙にはより大きな文字が書かれる傾向にあるため、用いられるフォリオ数の合計は、小さい写本とほとんど変わらない（大型写本では1cmのスペースに2.5文字、普通・小型サイズでは1cmあたり3.3文字がおさめられる）。羊皮紙の数はほぼ同数であっても、1枚1枚の羊皮紙が大きいため、大型写本は必然的により高価なものとなる。たとえば、32cm×24cmの写本を作るためには、32cm×48cmの羊皮紙が必要である（二つ折りにするため）。24cm×16cmの写本であれば、羊皮紙は半分の大きさで、価格も半額となる。同様に、16cm×12cmであれば価格は4分の1、12cm×8cmであれば価格は8分の1である。

　クワイヤ構成は、8フォリアを1丁（クワイヤ）としたものが最も一般的である。ただし、福音書記者肖像を有する写本の場合、2つの場合がありうる。第1に、挿絵が規則的なクワイヤ構成の中に組み込まれているもの、第2に、挿絵がクワイヤから独立した単独のフォリオに描かれ、8フォリア1丁の原則をはずれて挿入されているものである。挿絵がクワイヤの中に組み込まれている場合、挿絵はテキストと同時代のものであり、かつ写字生と画家の緊密な共同作業のもとに仕上げられたことがうかがわれる。一方、挿絵が単独フォリオに描かれたものである場合、後世に付加された可能性を考慮しなければならない。

コラム数と行数

　四福音書写本の本文は1コラムあるいは2コラムに書かれるが、後者は少数派である。大英図書館所蔵の66写本中2コラムが用いられているのは5写本のみで、いずれも24cm以上の大型写本である。15ある大型写本のうち、ほぼ3分の1が2コラムを採用している。一方、24cm未満で2コラムを用いる例はたった1つである。つまり、大きな写本において必ずしも2コラムが用いられるというわけではないが、小さな写本に2コラムが用いられるのはまれである。

ちなみに大英図書館所蔵の典礼用福音書抄本の場合、70%以上が2コラムを用いている（第5章参照）。2コラムを採用するのが全体の9％にすぎない四福音書写本との差は顕著である。2コラムの本文は、朗読に適したものとして典礼用福音書抄本に多く採用されたと考えられる。

　1フォリオあたりの行数を見ていくと、66写本中半数以上が22〜24行のレイアウトを採用している。その幅を19〜27行にまで広げると、9割の写本がここに当てはまる。写本の大きさに大きなばらつき（11〜33cm）が見られるのに対して、1フォリオあたりの行数にはそれほど大きな差が見られない。この事実は注目に値する。かつて各々の福音書の分量は、頁数によってではなく、行数によってカウントされた。写字生への支払いも行数により算出された[4]。写本の大きさによって行数がそれほど左右されないのは、こうした慣習があったことと関係しているかもしれない。

巻数

　大英図書館所蔵の66写本中3写本は、現在2巻に分けて製本されている（adds. 5111–5112, adds. 4950–4951, adds. 37485–37486）。adds. 37485–37486の場合、福音書記者ルカの肖像が第1巻の末尾に挿入され、ルカ福音書の本文は第2巻冒頭から開始される。adds. 4950–4951では、ルカによる福音書のプロローグ（序文）とケファリア（章立て）が第1巻の末尾に、ルカ肖像と福音書本文が第2巻冒頭におさめられる。このような混乱は近代の再製本の際に生じたものと見られる。いずれの写本も、もとは300フォリアをこえる写本であることから、取り扱いの便宜上2巻に分冊されたと考えられる[5]。再製本の結果、オリジナルの製本状態が失われてしまったとはいえ、フォリオに記されたクワイヤ番号が通してふられている場合、全フォリアは1巻におさめられ製本されることを前提としていたといえる。大英図書館所蔵の標本のクワイヤ番号のふり方を見る限り、ビザンティン写本制作の現場では、四福音書が1巻に綴られるものとみなされていたことがわかる。カノンが定められる以前の初代教会では、四福音書が1セットととらえられていたわけではなく、各々のキリスト教共同体では、1つの福音書だけが用いられていたという[6]。

　分冊されなかった写本であっても、近年再製本され、厚紙に布を貼り付けた表紙に取り換えられた作例は多い。たとえ板に皮が貼り付けられて古色蒼然とした表紙であっても、その年代を確定するこ

とは難しい[7]。

現在大英図書館には、7冊の新約聖書写本が所蔵されている。いずれの写本にも四福音書が含まれるが、それ以外の部分については、ヨハネの黙示録が含まれるもの、含まれないもの、新約聖書本体に加えて詩編と頌歌が巻末に含まれるものなど、構成要素は一定ではない（第5章参照）。つまり、新約聖書写本というジャンルが、四福音書のように厳密に定められていなかったことがうかがわれる。また数量的にも、四福音書に加えて使徒言行録や使徒書簡を含む写本は、四福音書のみの写本に比べて圧倒的に少数である。四福音書を完結した1巻ととらえるビザンティンの福音書概念は、四福音書を新約聖書の一部としてとらえる現在の理解とは大きく異なるものであることに留意すべきであろう。

ヘッドピース

ヘッドピースとは、各福音書冒頭に配される装飾パネルのことである。福音書記者肖像を有する写本の典型的なパターンでは、見開きの左側に肖像、右側上部にヘッドピースを配し、ヘッドピースに続いて本文が始まる。

ヘッドピースは、頁の半分近くを占めるほど大きく、多彩で複雑な装飾によって彩られるものから、単色の線描きでカーペット状というよりは帯状に近い簡素なものまでさまざまではあるが、どの四福音書写本にもほぼ例外なく見られる、欠くことのできない要素である。

大英図書館所蔵の四福音書写本の場合、かつてあったヘッドピースが切り抜かれてしまったもの（add. 36752, add. 18211, Harley 5777）、ヘッドピース用のスペースが用意されたにもかかわらず、それを描ける画家がいなかったためか、あるいは単なる描き忘れか、白紙のまま残されているもの（add. 24376）などが見られるが、ヘッドピース自体が省略されることはほぼありえない。最初からヘッドピースを持たない写本（Harley 5559, 制作地南イタリア？）は珍しい。

ヘッドピースの装飾は植物文によるものが圧倒的に多く、単色、多彩色、金箔を用いたもの、タイトル文字を含むものなどがある[8]。多彩色に金を用いたヘッドピースはより高価であるが、大きな羊皮紙をふんだんに用いた高価な大型写本に、必ずしもそのように華やかなヘッドピースがつけられるというわけではない[9]。

⁂ 2　四福音書写本を構成する諸要素

対観表とエウセビオスの手紙

　対観表とは、各福音書に共通する箇所を、節番号によって記すリストである。基本的に、10の表で構成される。第1に、各福音書がセクションごとに区切られる。マタイ355、マルコ241、ルカ342、ヨハネ232のセクションを有する。これらの区分はアンモニアン・セクションと呼ばれる（後述）。四福音書すべてに共通する箇所、三福音書、二福音書にそれぞれ共通する箇所、ひとつの福音書だけが記している箇所が列挙される。ただしマルコ・ルカ・ヨハネの三福音書に共通する箇所、またはマルコ・ヨハネの二福音書に共通する箇所のうち、どちらか一方は含まれない。

　たとえば、ヨハネによる福音書の「役人の息子を癒すキリスト」（4：43以下）と並行する箇所を探したい場合には、該当するフォリオの余白に記されたギリシア文字を参照する（λε／α）。それから写本冒頭にある第1番目（α）のカノン・テーブルを開き、ヨハネのコラムから35（λε）を探す。そこから水平に移動してマタイ、マルコ、ルカのコラムを見ると、それぞれ142、51、21と記されていることから、各福音書のそれらの節に、共通する箇所が見られることがわかる[10]。

　66写本中、対観表を有するのは25、対観表なしの写本は34、福音書冒頭に欠損が見られ、有無を判定できないものは7つある。もともと対観表を有していたが、後世対観表部分だけが失われたケースもありうるだろう。対観表はどの四福音書写本にも必ず備えなくてはならない必須の要素ではなかったように思われる。写本制作の際、注文者の必要に応じて有無が決定されたらしい。

　シナクサリオンとメノロギオン（後述）は、しばしば後世の手によって写本に加えられることがあったが[11]、対観表が加えられた例は、大英図書館所蔵の四福音書写本中には見られない。一方、対観表の枠が準備されながら、未完のまま残されたケースが見られる（add. 17982, add. 16183）。対観表は写本冒頭に置かれるため、冒頭に未完成部分が残されていることになり、巻末に未完部分が残されているならともかく、冒頭の白紙（対観表の枠だけが引かれている）は奇妙である。対観表はしばしば本文から独立したクワイヤに書かれるため、写本冒頭に未完部分を残すよりは、クワイヤごと対観表を削除すること

もできたはずである。なぜ中途半端な形で未完の対観表がそのまま残されたのか、その理由は不明である。対観表を必要としていたが、制作現場にはモデルがなく、そのうちモデルを入手できた時、それを見ながら対観表を完成させればよい、それまで白紙のままにしておこう、と考えたのだろうか。

　対観表はカイサリアのエウセビオス（263/5-339/40年）によって発明されたものとされ、対観表の内容を説明するエウセビオスの手紙が付随して挿入されることがある。大英図書館所蔵の四福音書写本の現状を述べるなら、エウセビオスの手紙をともなわない対観表は6写本に見られ[12]、逆に対観表をともなわないエウセビオスの手紙は皆無である。エウセビオスの手紙がなく、対観表のみ現存する場合にも、それがオリジナルの状態であるかどうか、判断することは困難である。なぜなら、写本冒頭は長年にわたる使用によって傷みやすく、落丁が起こりやすい。また冒頭の丁は、しばしば1丁8フォリアの原則にしたがわない場合もある。そのため、写本冒頭エウセビオスの手紙部分が失われていたとしても、かつてそれがあったことを示す確実な手がかりが残されていない場合が多い。

　対観表を含まない写本が半数以上を占めることから、それが四福音書写本を使用する上で必須の要素ではないことが確かめられた。それでは対観表の有無を左右するのは、機能的側面というよりは装飾的側面であるといえるだろうか。大英図書館所蔵の福音書写本群からは、確固たる解答を得ることができない。ヘッドピース同様、対観表もまた、複雑な植物文を有するものから単色の線描きまで、さまざまだからである。多彩色で華やかなヘッドピースを有するにもかかわらず対観表のない写本（add. 14774, add. 39595, Harley 5540）、ヘッドピースは単色で地味だが、対観表を有する写本（add. 7141, Harley 5784）が存在するため、対観表＝装飾的要素と単純にとらえることはできない。

　挿絵入り四福音書写本のうち対観表を有するものは50％、挿絵のない四福音書写本のうち対観表を有するものは32％であるため、挿絵入りの方が対観表を有している割合が高いことがわかる。また挿絵つき四福音書写本の場合、対観表を有する写本が特に12世紀と13世紀に多く見られることを指摘できる。が、何を基準に対観表の有無が決定されたのかということについて、現在のところ筆者に解答の用意はない。

ケファリア

ケファリアとは各福音書の章立てのことであるが、章区分は新共同訳とは異なっている。4世紀の『コデックス・ヴァティカヌス』の場合、章の数はマタイ170、マルコ62、ルカ152、ヨハネ50であるが、5世紀の『コデックス・アレクサンドリヌス』では、マタイ68、マルコ48、ルカ83、ヨハネ18となっている。ギリシア語四福音書写本はこちらの区分に従っている場合の方が多い[13]。多くの場合、ケファリアのリストが各福音書冒頭に挿入される。ケファリアのリストは、章番号と各章の短いタイトル（ティトロイ）からなっている[14]。タイトルとは、その章の内容を簡単に要約したもので、「何々について」（περί）という語句で始まる。ケファリアのリストが各福音書の冒頭ではなく、末尾に付けられているケースも見られるが、例外的である（Burney 20）。大英図書館所蔵の福音書写本の場合、ケファリアのリストを含むのは66写本中56である。

各福音書冒頭に挿入されるケファリアのリストに加えて、章番号と各章のタイトルが、写本の本文該当箇所上下の余白部分に記載される。余白部分に章番号とタイトルを含むのは、66写本中61である。リストを挿入する場合には、その分余分のフォリオを必要とするが、章番号とタイトルを本文余白に書き込むのであれば、余分なフォリオを必要としない。また、各福音書冒頭にケファリアのリストがない場合でも、余白に章番号とタイトルさえあれば、それが冒頭のリストの代用となりうる。冒頭のリストよりも余白のタイトルの含有率の方が高くなっているのはそのためであろう。いずれにせよ、リストは84%、タイトルは92%の写本に含まれることから、ケファリアのリストと余白のタイトルは、四福音書写本にほぼ必須の要素であるといえる。したがって、リストもタイトルも含まないケース（Burney 19）はきわめて例外的である。

ケファリアのリストがテキストの一部とともに部分的に欠損しているケースが13見られるが、後世、欠損部分を補填したケースは3写本だけである。リストが一部欠けていたとしても、余白にタイトルがあれば、福音書写本自体は問題なく使用することができたということであろう。ただし、ケファリアのリストが欠損した時期を知ることは困難であり、10写本がリスト欠損のまま続けて使用されたのか、あるいは写本自体がもはや使用されなかったために欠損部分の修復がなされなかったのか、という点は不明である。

アンモニアン・セクション

　アンモニアン・セクションとは、ケファリア（章）をさらに細分化する節にあたるものであるが、章区分同様新共同訳のそれとは異なっている（前述）。新共同訳では各章が小さな節に区分されるが、もともとアンモニアン・セクションは対観表用に作り出されたものであるため、ビザンティン福音書のアンモニアン・セクションは、各福音書に通し番号でつけられる。対観表を使用するためには、本文余白にセクション番号をふる必要がある。一方、対観表を持たない四福音書写本であっても、本文余白にアンモニアン・セクションが含まれることから、アンモニアン・セクションが対観表から独立した機能を果たすようになっていたことがわかる。本文中のアンモニアン・セクションは、66写本中58に見られることから、ケファリアに次いで四福音書写本にほぼ必須の要素であるといえる。

　ビザンティン写本では、ページ番号が通してふられることはなかった。現在使われるフォリオ・ナンバーはすべて、近代以降の手によるものである。アンモニアン・セクションは、各福音書冒頭から末尾まで通してふられるため、ページ番号の代用とはいえないまでも、それに近いものとして使うことが可能である。たとえば、アンモニアン・セクションを見れば、開いている箇所が福音書の冒頭近くであるかどうか、およその見当をつけることができる。

　アンモニアン・セクションが含まれない写本も数点見られる。それらの場合、含まれない理由は明白である。たとえば、カテナ（註解）が本文の周囲に細かく書き込まれた写本（add. 39592）にはアンモニアン・セクションが含まれない。また、極端に小さな写本の場合（Harley 5538, add. 39597）本文の周囲に十分な余白がなかったために、アンモニアン・セクションを入れられなかったと思われる。そのため、平均的なサイズであるにもかかわらず、アンモニアン・セクションを含まない写本というのは、大変奇妙である（Burney 19, add. 11838, add. 39596）。

シナクサリオンとメノロギオン

　シナクサリオンとメノロギオン（移動日課表と固定日課表）とは、特定の祭日に朗読される福音書の箇所を明示するリストである。大英図書館所蔵の福音書写本中、半数以上がシナクサリオンとメノロギオンを有している[15]。ところが、シナクサリオンとメノロギオンはしばしば後から加えられたもので、制作当初からシナクサリオンと

メノロギオン込みであったものは、全体の3分の1程度である。それが13世紀以降、半数以上がオリジナルのシナクサリオンとメノロギオンを有するようになる。後世の付加がしばしば見られることからも、時代が下るほどに、シナクサリオンとメノロギオンに対する要請が高まったといえよう。

　写本巻末に付けられたシナクサリオンとメノロギオンの朗読箇所を、本文余白に書き入れることもある。その場合、該当する行にἀρχή（始まり）を表すἀρχと、τέλος（終わり）を示すτελが書き込まれ、朗読の読み始めと読み終わりを示す。

　典礼用福音書抄本（レクショナリー）は、典礼において朗読される福音書の章句を教会暦にしたがって編纂したものである。したがって、福音書のテキストは日課ごとに細分化され、各福音書を通して読むことはできない。各福音書に共通する箇所を、比較しながら読むこともできない。一方、シナクサリオンとメノロギオンつきの四福音書写本であれば、福音書としての本来の機能を果たすとともに、日々の日課を読むという典礼用福音書抄本に近い機能をも備えることができる。2冊別々の写本を所有するだけの余裕がない者にとっては、シナクサリオン・メノロギオンつきの四福音書写本が便利であったかもしれない。それでは、シナクサリオン・メノロギオンつきの四福音書写本があれば、典礼用福音書抄本は不必要なのではないかとも思われるが、そうではない。典礼用福音書抄本は、比較的小さな福音書写本では代用がきかない、典礼において大勢の人々の前で高く掲げて誇示するという機能を備えているからである。

序文・結語

　本文のテキストに加えて、四福音書写本には序文・結語が含まれることがある。ガラヴァリスは序文をプロローグとヒュポテシスの2つに分類している。プロローグとは、四福音書をひとつの調和的全体ととらえる文章のことである。ヒュポテシスとは、各福音書の著者、内容、特色について述べた文章である[16]。

　大英図書館所蔵の標本を見ると、全体の3分の1は序文・結語を含まない。序文・結語を含むケースを見てみると、序文が写本全体の冒頭にひとつだけつけられる場合と、短い序文が各福音書冒頭に記される場合がある。さらに、序文・結語両方そろっているもの、序文のみで結語がないもの、その逆に結語のみで序文のないものなど、写本によってばらばらである。序文のみ有するというケースは

むしろまれで、結語のみ、あるいは序文と結語セットで有するケースの方が一般的である。全体の3分の1は、序文・結語を含まないため、大半の四福音書写本に含まれるケファリアやアンモニアン・セクションとは異なり、序文・結語の有無は、写本制作の段階で個別に決定されていたものであり、四福音書写本に必須の要素ではなかったことがうかがわれる。

✥ 3 　ビザンティン四福音書写本の標準型

　ここまで、ビザンティン四福音書写本に必須の要素、あるいは任意に選択される要素を観察してきた。それでは、観察の結果をもとに、四福音書写本の「標準型」を再構成することは可能だろうか。

　第1に、注文者の使用目的と予算にしたがって、写本の大きさが決定されたと考えられる。写本の大きさ（羊皮紙の大きさ）によって、価格が大きく左右されるからである。大英図書館所蔵の四福音書写本の平均サイズは19.5cm、一方、典礼用福音書抄本の平均は27.4cmである。したがって、四福音書写本は典礼用福音書抄本に比べて比較的小さなものが多く制作されたことがわかる。典礼用福音書抄本は典礼行進の中で高く掲げられ、説教壇に上がり、さらに祭壇上に置かれる。四福音書写本には、このようなディスプレイ機能を備えた大型写本はむしろ少ない。四福音書写本は、小型で安価であったからこそ、多くの人が手にすることができた。あるいは多くの人の要請に答えて、小型で安価なものが作られたと考えられる。

　写本の大きさに続いて、写本冒頭から順に、テキストの構成要素が決定されたと考えられる。第1に、エウセビオスの手紙と対観表を挿入するかどうかが選択される。ほとんどの場合、ケファリアのリストが付けられる。ヘッドピース、本文余白に付されるケファリアのタイトル、アンモニアン・セクションもまた、必須の要素である。ヘッドピースについては、単色か多彩色かが決定され、さらに福音書記者肖像の有無が選択されたと考えられる。写本の大きさに挿絵の有無は左右されない。同時に、本文のレイアウト（コラム数、行数、行間隔、文字の大きさ）が、羊皮紙の大きさに応じて決定された。本文の文字数は一定とはいえ、大きなフォリオには比較的大きな文字が、小さなフォリオには小さな文字が用いられる傾向が見られ、全体のフォリオ数は必ずしも写本のサイズに従属して変化するものとはいえない。さらに、序文・結語、シナクサリオン・メノロギオ

ンを含むかどうか、という選択が任意になされる。その日の日課表に従って福音書の該当箇所を読むためにはシナクサリオン・メノロギオンが不可欠で、もともとそれがなかった場合には、しばしば後世に付加された。

　標本数が限られているため、上記の諸要素が時代の変遷にともなって変化していったかどうかを知ることは難しい。13世紀以降シナクサリオン・メノロギオンの挿入が増加するという以外に、目立った変化は見られない。特にケファリア、アンモニアン・セクション、ヘッドピースといった必須の要素は、いつの時代にも変わらず必須であったことがうかがわれる。
　以上の調査結果から、ビザンティン福音書写本の標準型を想像することは、それほど困難であるようには思われない。福音書を構成するための必須事項の数、選択肢の範囲はむしろ限られたものである。
　各々の写本は、独自の歴史を有している。注文に従って制作され、注文者の手に渡り、使用された。しばらく使用された後、別の所有者のもとで再び利用されることもあった。各々の写本は、それを注文した人（あるいはそれを後世再利用した人）の、意思決定を反映した形で今ここに残されている。さらに、わたしたちが想定する「標準型」に明らかにあてはまらない特殊な作例も見られる。特殊な写本はどのような要請に答えようとするものだったのか、個別に検討する必要があるだろう。印刷技術をともなう大量生産とは異なり、まったく同一という四福音書写本はひとつとして存在しないからである。
　一方、実際に調査を行ってみると、写本間の目立った違いといえばサイズや羊皮紙の質、字体や装飾のスタイルといったもので、これらの写本が大量生産の結果ではなく個別に制作されたことを考えれば、ばらつきの少なさは注目に値する。1つひとつの写本が制作された時代・場所・制作者・注文者が異なっているにもかかわらず、写本群全般に見られるのは、各写本の独自性というよりはむしろ、どの写本にも共通する統一性、均一性である。四福音書記者が記した真正の福音書を写したものとして写本が制作されたことを考えるなら、このような現象は驚くにあたらない。
　一見どれひとつとして同じ写本が存在しないように見えながら、すべての四福音書写本は、福音書記者の時代まで遡ることができる、福音書記者によって書き記された唯一の原型を写したものと見なさ

れる。アンモニアン・セクション、ケファリアの章番号やタイトルは、もともと福音書記者が記したテキストには含まれていなかったものであるが、そのことは不問に付される。写本全体は、福音書記者の記した真正の四福音書を写したもの、オリジナルの四福音書と同一のものでなければならなかった。四福音書写本制作に見られる統一性は、福音書テキストの真正性、ひいては正教会の普遍性・不変性と直結し、それを視覚的に体現しているものとさえ言いうるかもしれない。

❖ 4　大英図書館所蔵の四福音書写本の来歴

　大英図書館所蔵の四福音書写本のうち、40写本は収集家からの寄贈あるいは売却によって図書館が19世紀に入手したものである。入手時期、前所有者、写本の由来はばらばらであるが、仮に3つのカテゴリーに分類してみよう。第1に、複数の写本を所有していた収集家から図書館に渡った写本群がある。たとえば、カーソンの写本コレクションである。カーソンは、1834年聖サバス修道院で4冊の四福音書写本を購入した（add. 39591, add. 39595, add. 39596, add. 39597）。1837年には、2冊の四福音書写本をアトス山カラカル修道院で購入している（add. 39593, add. 39594）[17]。第2に、四福音書写本が1冊だけ、収集家から図書館に渡ったケースである（ただし、同じ所有者が四福音書写本以外の写本を所有していた可能性はある）[18]。第3に、以前の所有者や写本の由来がまったくわからない四福音書写本である。

　いくつかの写本には、複数の所有者の名前が記されている[19]。名前がまったく記されていない写本であっても、後世に何か書き加えられた痕跡や、上から描き直された痕跡が認められる場合、写本が継続して使用されていたことがうかがわれる。ここでは、所有者らが残した痕跡を手がかりとしながら、制作当初から図書館に所蔵されるまでの、写本の来歴を探る。

カーソンの写本コレクション

　adds. 39591、39595、39596、39597は、いずれもカーソンが聖サバス修道院で1834年に購入した四福音書写本である[20]。このうち福音書記者の肖像を含むのはadd. 39591（11世紀）のみである。add. 39595は1200年頃の制作、add. 39596は13世紀の制作と考えられる。また、add. 39597には制作年代が記されている（1272年）。4冊のうちadds. 39591

と39597は小さく（およそ15cm×11cm）、adds. 39595と39596は大きい（およそ20cm×15cm）。4冊とも、表紙と裏表紙は木の板で、皮によって覆われている[21]。add. 39595には松材が用いられている。それ以外は、表紙と裏表紙の内側に羊皮紙または紙が貼り付けられているため、木の種類は不明である。暗い茶色の皮は3冊に共通する（adds. 39591, 39596, 39597）。4冊とも表紙と裏表紙外側に大きなXが刻まれている。飾り鋲はない。add. 39591を見ると、装丁の板に対して羊皮紙の大きさが目立って小さい。通常ビザンティン写本の製本では、表紙と裏表紙の板のサイズ、羊皮紙のサイズが同じ大きさに揃えられるため、近代の手によって羊皮紙の端が切り落とされたことがうかがわれる。切り揃えられたフォリアの端は、現在金に塗られている。ある部分ではフォリオの順序が乱れている（fols. 144-158）が、もともとそうであったのか、再製本の際に混乱が生じたのか、定かではない。外側の装丁は古く見える一方、羊皮紙には近年手が加えられているため、全体の印象が写本の内と外で異なって見える。表紙裏表紙の古い板は一旦取り外されたが、捨てられずに保管され、再装丁の際に再利用されたらしい。板には革ひもがつけられ、写本をしっかりと閉じて羊皮紙を押さえる役割をしている。羊皮紙は放っておくと波うち広がってしまうため、表紙と裏表紙を結んで、固く閉じておく必要があった。こうした装丁は4冊に共通するもので、修道院の図書館で装丁がなされたと考えられる。

　外観はよく似ているが、それ以外の部分で4冊はかなり異なっている。カーソンは、自らのコレクションに写本を加えるにあたって、あえて違いが顕著なものを選んで購入したのかもしれない。仮に、add. 39597が修道院で1272年に制作され、制作当時、add. 39591（11世紀）がすでにそこにあったとしよう。四福音書写本を制作する際に、モデルは不可欠であり、特にサイズがよく似たモデルが手元にあるとすれば、それを利用しない手はない。ところがadd. 39597が、add. 39591を直接のモデルとしてコピーしているような痕跡は見られない。また、add. 39591のヘッドピースは、同じような小型サイズの四福音書写本を新しく制作しようとする場合、モデルとして有用だったように思われるが、add. 39597のヘッドピースはまったく異なっている。またadd. 39597は、ケファリアのリストとアンモニアン・セクションを持たない。2写本がモデルとコピーであったことを示すような痕跡はない。そのため、add. 39597は修道院で制作されたものではないかもしれないし、あるいはadd. 39591が修道院にやって来たの

は、add. 39597が制作された1272年よりも後だったかもしれない。

　同じように、adds. 39595と39596の間にも（大きさが近いという以外に）類似点は見られない。ヘッドピースのデザイン、字体が異なっている。add. 39595のヘッドピースはもともと多彩色であった。現状では剥落が激しいが、上から描き直されたような痕跡はない。add. 39596の単彩色のヘッドピースにも、描き直しの痕跡はない。ところが、add. 39597の単彩色のヘッドピースは、ぎこちなく上から塗り直されている。

　写本研究者のニーズによれば、中世初期の西ヨーロッパの聖書写本は、各々が相当に異なっており、制作現場ごとに、その場その場で制作がなされていたという[22]。聖サバス修道院の4冊の四福音書写本を見ても、それぞれがかなり異なっているため、1つの場所で制作されたものなのか、別々の場所で制作された後、修道院にやって来たものなのか、判断しがたい。

　ただし、修道院にいた人々が、多様な四福音書写本を目にしていたらしい、ということは言えるだろう。四福音書写本制作にあたって必要不可欠であった要素、オプショナルであった要素は、写本ごとに大きく異なるものではなく、「標準型」を再構成できる程度の一貫性が見られる。とはいえ、実際に四福音書写本を手に取って使用していた人々にしてみれば、1冊1冊は、大きく異なるものであっただろう。たとえ写本の大きさとテキストが同じであっても、手にする写本の印象は1つひとつ大きく異なっている。羊皮紙の質や、ヘッドピースの装飾パターン、字体、挿絵が含まれる場合にはその様式がそれぞれ異なっているためである。

　次に、カーソンがカラカル修道院から1837年に持ち帰った四福音書写本（adds. 39593, 39594）を見てみよう[23]。両者ともに12世紀の制作と推定される。add. 39593は挿絵なし（24.5cm×19.4cm）で、add. 39594はそれよりもやや小さいが（21.2cm×15cm）挿絵つきである。大きいからといって、必ずしも挿絵つきというわけではないことが確認できる。字体から、異なる写字生の手によって筆写されたものであることがわかる。どちらか（あるいは両者）がカラカル修道院で制作されたものか、あるいは別の場所で制作された後にここに運ばれて来たものなのか不明である。add. 39593のヘッドピースは単彩色（朱色）[24]で部分的に剥落している。同じ色が本文中の文字の部分にも用いられている。褪色してほとんど読めない部分もあるが、上書きの痕跡はない。巻末のシナクサリオンとメノロギオンは字体が異なるため、

図2-1　大英図書館 add. 39594, fol. 3v: 筆記するマタイ

図2-2　大英図書館 add. 39594, fol. 59v: 神の右手とマルコ

別の写字生の手によるものであろう。とはいえ、シナクサリオンとメノロギオンは後世の付加というよりは、本文と同時代に制作されたものと思われる。なぜなら、羊皮紙に引かれている罫線のパターンが、本文の部分とよく似ているからである。一方、add. 39594のシナクサリオンとメノロギオンは（羊皮紙ではなく）紙に書かれたもので、明らかに後世加えられたものである。さらに、この写本ではヘッドピースが上から描き直されている。上書きの下に、もともとの単彩色の装飾（ワインレッド）が部分的に見えている。この色は、アンモニアン・セクションなどの文字部分にも用いられているため、ヘッドピースはもともと単彩色で、文字と同じ色であったことがわかる。つまり、add. 39593も add. 39594も、制作当初は単彩色のヘッドピースを有していた。両者が同じ場所で制作されたものかどうか不明であるが、少なくとも、カーソンが運び出すまでしばらくの期間、修道院にあったことは確かである。そうだとすればなぜ、add. 39593の単彩色のヘッドピースはそのまま放置され、add. 39594の単彩色のヘッドピースは上書きされたのだろうか。挿絵の有無と描き直しは関係があるのだろうか。add. 39593には挿絵も上書きの跡もない。一方、add. 39594の挿絵を見ると、福音書記者のすがたと家具の部分はワニスを上塗りしたために茶色がかっているが、金色の背景は輝きを保っている。見開きの左側にある、金の豪華な挿絵に比べて、右側の単彩色のヘッドピースは見劣りし、バランスを欠いたものに見えたのかもしれない。そのためにヘッドピースが上書きされたのかもしれない。しかしながら、上書きがいつ誰によって行われたのか不明である。

　add. 39594の挿絵の上書きについて、奇妙な点が1つある。マルコの肖像（fol. 59v）に加えられた、神の右手である（図2-2、口絵）。ヘッドピースの上書きに用いられているのと同じ色がここでも用いられていることから、神の手はもともとあったものではなく、ヘッドピースの上書きと同時期に、加えられたものであることがわかる。指を曲げたリアルな描き方は、図式的で固い描き方の、もとの挿絵とは明らかに異なっている。このような付加は、他の3つの肖像には見られず、他の3つには神の手は含まれていない (fols. 3v, 97v, 162v)（図2-1、2-3、2-4）。それゆえ、なぜマルコの肖像にのみ後世の手で描き加えがなされたのか疑問に思われる。福音書記者は、みな羊皮紙を手に筆記するすがたで描かれているために、全体として変化に乏しい平凡な印象を与える。このように4人全員が同じような動作で描か

れる例はむしろ少ない。多くの場合、4人の動作の間にはバリエーションが見られ、こうしたバリエーションがさまざまな仕方で組み合わされるからである。そのため、4人ともほぼ同じという組み合わせはかえって珍しい。その中で、マルコだけが書く作業を続けながら、わずかながら頭を上の方向に傾けている。それ以外の部分は他の3人とほとんど同じであるために、わずかな違いとはいえ、それが逆に目立っている。後世写本を手にした人は、マルコの肖像だけが頭を傾けているのを見て、なぜ彼だけがそうしているのか疑問に思い、神の右手を右上の隅に描き加えれば、マルコだけが頭を傾けている理由を説明することができるだろうと考えて、マルコの肖像にのみ手を加えたのかもしれない。add. 39594の福音書記者肖像は平凡であるが、肖像のうち1つにのみ手が加えられるという、大変珍しいケースである。

このように、カラカル修道院の2冊の四福音書写本（add. 39594と add. 39593）は、サイズ、字体、挿絵の有無という点でそれぞれ異なっているのみならず、後世どのように手を加えられたか、という点においてもまた大きく異なる。やがて同じ場所におさめられることになったとはいえ、写本はそれぞれ独自の道をたどってそこに至っている。

フリーマンの写本コレクション

H. S. フリーマンが1862年に入手したadd. 24373とadd. 24376は、挿絵入り四福音書写本で、いずれも13世紀の制作と考えられる[25]。add. 24376は大きな写本で（27.5cm×21.2cm）、テキストが2コラムに分けられていることから、典礼で用いられていたことが推測される。add. 24373も大型写本の部類（24.6cm×19.3cm）であるが、テキストは1コラムである。ていねいな字体は似ているようにも見えるが、挿絵はまったく異なっている。両者ともに後世再利用された痕跡が認められるものの、2つの写本がどのような経路をたどってここに至ったのかは不明である。ここではadd. 24373に見られる再利用の痕跡を検討したい[26]。

写本冒頭にシナクサリオンとメノロギオン、四福音書の序文（ヒュポテシス）、対観表がつけられている。対観表に続いて、マタイのケファリアとヒュポテシス（写本冒頭にヒュポテシスがあるが、加えて各福音書にもヒュポテシスが付けられている）が挿入され、マタイの肖像はfol. 19v（第3クワイヤの始まり）にようやく現れる。第1、第2クワイヤ（fols. 1-18）は、1人の写字生が担当していたように見える。文字

図2-3　大英図書館 add. 39594, fol. 97v: 筆記するルカ

図2-4　大英図書館 add. 39594, fol. 162v: 筆記するヨハネ

ならびに装飾帯（テキストの行間に見られる）は、いずれも 2 色（茶とクリムゾン）である。対観表の文字と装飾つきの枠はクリムゾンで、文字と枠の線の太さが一定であるため、同じペンを用いて（おそらくは同一人物の手により）なされたものと思われる。fols. 1 から 18（冒頭の 2 クワイヤ、おそらく同一人物の手による）のうち、対観表の枠だけがくすんだ青色で上塗りされている (fols. 13r–15v)。上塗りはぎこちなく、もともと正確に引かれていた線をかえって見づらくしている。いったいなぜ、このようなぎこちない上書きがなされたのだろうか。対観表の枠には、単彩色でていねいに描かれた装飾がほどこされている。枠の色は褪色しているわけでもないし、剥落しているわけでもないが、もともと単彩色だった。一方、福音書記者の肖像とヘッドピースは金箔と多彩色によって彩られる (fols. 19v, 68v, 129v, 231v)。

　福音書記者の肖像には、おそらく画家自身の手によると思われる銘文が記されている。字体が本文とは異なっているため、画家と写字生は別々の人であったことがうかがわれる。add. 24373 では、画家は多彩色の肖像とヘッドピース部分、写字生はテキストと単彩色の装飾部分（行間の装飾帯、対観表の枠）を担当していたらしい。写本が完成した時点では、多彩色の装飾と単彩色の装飾があっても、それほど不自然には見えなかったであろう。別々の人の手による共同作業の結果だからである。ところが、どのようなプロセスで写本が制作されたのかを知らなかった後世の使用者は、同じ写本中の装飾が、ある部分では多彩色、ある部分では単彩色であるのを不自然と思ったのかもしれない。単彩色の装飾枠と多彩色の挿絵がアンバランスに見えたために、単彩色の対観表に上塗りがなされたということだろうか。後世の手による上塗りは、くすんだ青であるが、もともと多彩色であったヘッドピースにも、青が用いられている。つまり、ヘッドピースの色に合わせて、枠部分の上塗りの色を選択していることがうかがわれる。add. 24373 に残された痕跡を見ると、写本を引き継いだ後世の使い手によって改変を加えられながら、写本が使い続けられたようすが浮かび上がる。ビザンティン写本は、書店に出回って次々に消費されては立ち消えてゆく現代の本とはまったく異なる運命をたどりながら、現在に至っている。

　いくつかの写本には、代々の所有者の名前が複数記されている。ハーリー 5567 番は、かつてニコラオス・カタファガのもとにあったが、1649 年、聖ヨアンニス・プロドロモス修道院の修道士アナスタ

シオスの手に渡った。その後マリア・マラディスによって写本は聖テオトコス聖堂に寄贈され、1724年、B. モウルドがスミルナでこれを入手した。1725年7月28日、写本はハーリーの図書館におさめられた[27]。後世の手によって書きとめられたメモが、マルコのケファリアとヘッドピースの間（fol. 92rv）や、ヨハネのケファリアの後（fols. 227v, 228r）に見られる。シナクサリオンとメノロギオンが、2回にわたって加えられている。最初は写本の巻末に加えられたが、シナクサリオンの前半は残っていない。2回目の付加は、シナクサリオンとメノロギオンの前半を写本冒頭に挿入し、残りの部分（メノロギオン後半）を、写本巻末に（第1回目の付加に続けて）加えている。本文の余白にも、朗読箇所を指示する文字が加えられていることから、何人もの所有者の手に渡るプロセスにおいて、四福音書写本が日課朗読用に使われるようになっていくようすがうかがわれる。

ハーリー5647番とバーニー21番にも何人かの所有者の名前が記されているが、にもかかわらず両者ともにほとんど使用された形跡が見られない。ハーリー5647番はかつて、セレウケイア近くの山中にある聖シメオン修道院に所蔵されていた。その後ボストラの府主教ミカエルの息子、司祭ダビデの手に渡り[28]、続いて聖テオドロス修道院のイリニがこれを購入した[29]。ハーリー5647番は、四福音書写本にしては珍しいカテナ（註解）付きである（ただしカテナは未完）。アラビア文字の記された福音書記者の肖像は、後世挿入されたものである。おそらく司祭ダビデの手元にあった時期であろう。彼は銘文をアラビア文字で残しているからである[30]。羊皮紙は大変よい状態に保たれており、頻繁に使用されていたようには見えない。

バーニー21番は大型写本に分類される中でもさらに大きく（33.0cm×25.0cm）、羊皮紙ではなく紙に書かれている。使用形跡はほとんど見られない。後世に付加された要素も見当たらない。写本は浸水したらしく文字が滲んでいる。fol. 8vに残された短いメモによると、この写本は、テッサロニキの文法家ディミトリオスの息子、修道士ドシテオスによって、行政官アレクシオスに寄贈された[31]。この銘文から、バーニー21番は贈り物として用いられたことがわかる[32]。ハーリー5567番、ハーリー5647番、バーニー21番のように代々の所有者の名前が記された写本は、例外的である。バーニー21番では特に、贈物であることを示すために名前が記されたと考えられる。制作当初、贈物という機能が意識されていたわけではないかもしれない。しかしながら、このように美しい多彩色のヘッドピースは、すばら

しい贈物となりえたのだろう。写本を贈られた者はそれを宝物のように扱い、そのためにこの写本は日常使用されることがほとんどなかったのだろう[33]。

マンゴが指摘しているように、ミカエル・アッタレイアテス（1020–1030年頃に生まれ、1085年以降没）は当初28冊の書物を所蔵していたが、後にその数は79冊にまでに増えた。エウスタティオス・ボイラスは、11世紀半ばエデッサに私的な聖堂を建立し、80冊の書物を寄贈した[34]。1200年に330冊であったパトモス図書館のコレクションは、ディールが調査を行った19世紀までに735冊に増加した[35]。図書館の蔵書は、新たに制作されたり寄贈されたりすることによって常時変化していく。13世紀パトモス図書館で写本を手にする人々が目にしていたものは、あるいは21世紀、わたしたちが大英図書館の写本コレクションとして目にしているものと、それほど大きく異なるものではなかったかもしれない。カーソンのコレクションであった聖サバス修道院の4写本は、1つの図書館におさめられた写本群が、互いに大きく異なるものであったことを示している。大英図書館の66冊の四福音書写本は、ランダムな収集の結果ではあるが、コレクションに含まれる写本の多様性（年代、大きさ、羊皮紙の質、由来）は、ビザンティウムの図書館がどのようなものであったのか、想像する手がかりを与えてくれるかもしれない。

✥ 5　バーニー19番

どのような道をたどって最終的に大英図書館に所蔵されるに至ったか、それは写本ごとに異なっている。以下にバーニー19番を取り上げて、コディコロジカルなアプローチを試みたい。このようなアプローチを通して、制作当時から今日に至るまで何世代にもわたって受け継がれてきた、1冊の写本の足跡をたどってみたい。写本は現在このような体裁をとっているが、制作当初からこうした形のものだったわけではない、という点を明らかにするためである。

検討に入る前に、コディコロジーについて簡単に解説しておく[36]。コディコロジーはパレオグラフィーと同じように、写本の制作年代と制作地を明らかにしようとするものであるが、パレオグラフィーの手法とは区別される。パレオグラフィーがもっぱらスクリプトに焦点を当てるのに対して、コディコロジーは、写本の材料や構造に関心を寄せる。パレオグラフィーは記された文字を正確に判読し、

その上で制作年代の記された写本、制作地のわかっている写本を基準として、各々の写本の位置づけを行う。コディコロジーもまた、画家との作業分担の痕跡を探す際に、スクリプトに注目するが、文字の書き順やペン先の角度、ペンの削り方、1人の写字生が手がけた複数の写本比較といったことがらは、パレオグラフィーの研究対象である。

　コディコロジーでは、実際に写本を手に取って観察し、記録を行うことが研究の出発点となる。記録内容は、図書館名、写本番号、テキスト内容、大きさ、(コロフォンがある場合には)制作年代ならびに制作地、フォリオ総数、装丁、装丁版内側の状態、紙の挿入の有無、挿絵位置、ヘッドピースなどの装飾、後世の手による付加、クワイヤ構成、羊皮紙の質、羊皮紙が切断された痕跡があるかどうか、欠損フォリオ、罫線(行数、コラム数)、挿絵のイコノグラフィー、挿絵様式、インクの色などである。四福音書写本の場合には、ケファリア、ティトロイ、ヒュポテシス、アンモニアン・セクションなどの諸要素の有無、(図書館カタログに記載がある場合には)写本の由来、これまでに出版された先行研究。この他、写本全体を見て何か奇妙に思われる点はないか観察し、もしあればなぜそのような奇妙な点が生じたのかを考えることが、1冊の写本を研究する際の出発点となる。こうしたコディコロジーの手法を具体的に適用した例として、以下にバーニー19番を紹介したい。

　バーニー19番は、10世紀後半に制作されたものであると言われている。ところが、写本中に挿入されている福音書記者の肖像は、12

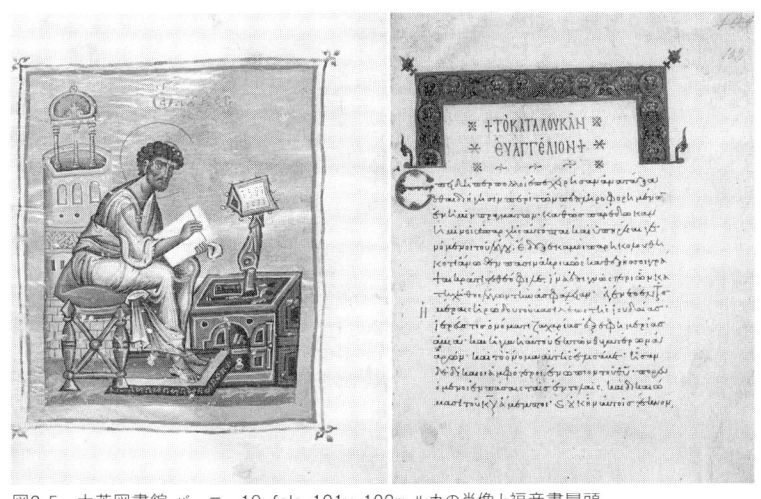

図2-5　大英図書館 バーニー19, fols. 101v, 102r: ルカの肖像と福音書冒頭

世紀後半に描かれたものである。

　ルカの肖像は、見開きの左手にあって、右手のルカによる福音書冒頭のフォリオと向き合っている（図2-5）。ルカの肖像は、マルコによる福音書テキスト最終フォリオのすぐ裏側に描かれている。マタイ、マルコの肖像も、ルカと同じように、福音書冒頭のヘッドピースと向き合っている。

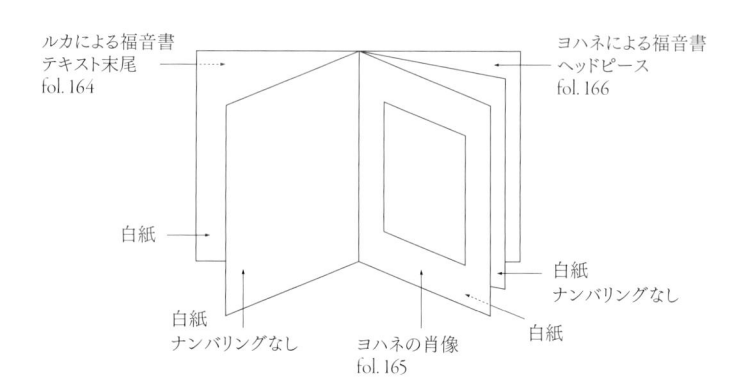

```
ルカによる福音書                    ヨハネによる福音書
テキスト末尾                        ヘッドピース
fol. 164                          fol. 166

白紙                              白紙
                                  ナンバリングなし
白紙                    白紙
ナンバリングなし   ヨハネの肖像
                fol. 165
```

　ところが、ヨハネの肖像だけは、ヨハネによる福音書冒頭のフォリオと向き合っていない。ルカによる福音書テキストの最後のフォリオから、白紙をはさんで、次のフォリオに描かれている。

　さらに、ヨハネのヘッドピースと向き合っている白紙のフォリオを見てみると、ヘッドピースの跡が二重になっている。このことから、この写本は製本のし直しが行われたことがうかがわれる。１度目の製本の時に跡がついて、２度目の製本の際に、わずかに上下左右がずれたために、二重に跡がついたと考えられる。

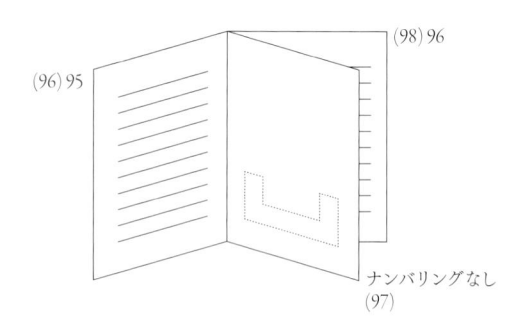

```
                              (98) 96
        (96) 95


                              ナンバリングなし
                                (97)
```

　また、マルコによる福音書のテキストを途中で遮る形で、fol. 95とfol. 96の間に、いきなり白紙のフォリオが単独で挿入されている。このフォリオには、ヘッドピースの跡が上下さかさまについている。

この白紙フォリオは、もとからこのような場所にあったのではない。なぜこのようにまぎらわしいことになっているのだろうか。

　さらに奇妙なことに、巻末にばらばらに綴られているナンバリングなしの2葉には、それぞれヘッドピースとイニシアルの痕跡が見られる。つまり、現在巻末に綴られているこれらの羊皮紙は、もともとこの位置にあったのではないことがわかる。

　つまり、製本をし直す際に、巻末の2葉のように場所を移動させられたフォリオもあれば、ヘッドピースの跡が2度ついているフォリオのように、別の場所に動かされることなく、もともとあった場所に残されたまま製本し直しが行われたフォリオもあるということである。それでは、製本し直す前の状態はどのようなものだったのだろうか。それを再構成する前に、バーニー19番に見られる奇妙な点を3点あげておきたい。

　バーニー19番は、10世紀に制作された時点では、未完だったようである。ヘッドピースやイニシアルはていねいに描かれており、本文も完成しているが、その他の要素が欠けている。たとえば多くの場合福音書写本には、章立てを表すケファリアが本文とは別のフォリオに挿入され、節を表すアンモニアン・セクションが本文のマージンに書き込まれている。ケファリアのように、どの福音書写本にもあるというわけではないが、巻頭に、エウセビオスの手紙や対観表（カノン・テーブル）が挿入されることがある。巻末に、祭日の朗読箇所を記したフォリオが挿入され、典礼用福音書抄本の代用として用いることができるようになっている福音書写本もある。

　大英図書館の四福音書写本66点を見ると、バーニー19番のように、ケファリア、アンモニアン・セクション、カノン・テーブルなどの要素がまったくない、というのは例外的なケースであることがわかる。章や節を示すものが何もなく、文章だけがえんえんと続く福音書は、実際に読もうとした時、使いにくかったように思われる。

　事実、この写本は使われた形跡がほとんど見受けられない。羊皮紙の質の良し悪しや、傷み具合によって、写本がどのくらい頻繁に使用されてきたか、ということを推し量ることはある程度可能である。多くの人が触れてきた写本はひどく傷んでいるため、バーニー19番のように傷みのない写本は、ほとんど開かれることがなかったのではないかと考えられる。不特定多数の人たちが頻繁に手に取って使用したというよりは、ごく限られた人だけがていねいに扱い、

特別の機会にのみ開いたと推測される。

　もうひとつ注意すべきことは、フォリオに2度ナンバリングした跡があるという点である。まぎらわしいことに、1度目のナンバリングと、2度目のナンバリングは、一致していない。1度目のナンバリングでは数に数えられているのに、白紙だったために2度目のナンバリングでは数えられていないフォリオもある。このように現状のバーニー19番には、不自然に思われる点がいくつもある。

　マタイ、マルコ、ルカの3人の肖像は、現在、各福音書冒頭のヘッドピースと向き合っているが、ヨハネの肖像だけがヘッドピースと向き合っていない。ところが、ヘッドピースの痕跡がある白紙のフォリオをてがかりとして再構成してみると、実は12世紀に肖像が挿入された時点では、4人ともヘッドピースとは向き合っていなかったことが判明する。そこで、ルカの肖像の部分を例にとって、12世紀の状態を再構成してみたい。

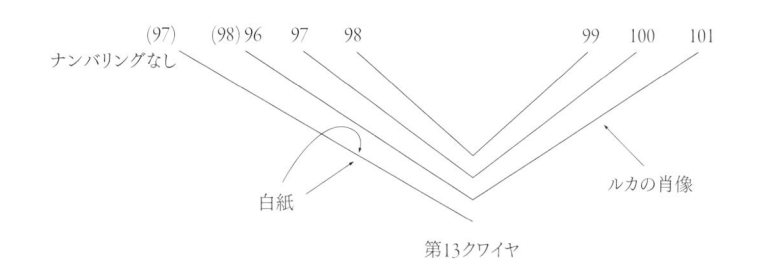

(97) (98) 96　97　98　　　　　　99　100　101
ナンバリングなし
白紙
ルカの肖像
第13クワイヤ

　現在、ルカの肖像を含む第13クワイヤは、7フォリアからなっている。第13クワイヤには、白紙のフォリオが1枚含まれている。白紙のフォリオは、現在ナンバリングなしとなっているが、1度目のナンバリングでは97となっていた。ここでは、1度目のナンバリングをカッコの中に示した。2度目のナンバリングの際、このフォリオは白紙だったためか、ナンバリングがなされなかった。このナンバリングなしの白紙フォリオには、ヘッドピースの痕跡が上下さかさまに残っている。この白紙のフォリオが、第12クワイヤと第13クワイヤの間にあって、テキストを遮っている。

　ところで、巻末に綴じられているナンバリングなしのフォリオは、1度目のナンバリングでは、104となっている。こちらも白紙で、しかもヘッドピースの跡がついている。実は、この白紙フォリオと、第12クワイヤと第13クワイヤの間に挿入されているナンバリングなしの白紙フォリオは、かつてビフォリウムだったようである。1度

目のナンバリングをてがかりに再構成してみると、かつてビフォリウムだったこの2枚の白紙のフォリアが、もともとどこにあったのかが判明する。

　第13クワイヤは、現在7フォリアから構成されている。ナンバリングなしの白紙フォリオと、96から101までのナンバリングがなされた6フォリアである。ところが第13クワイヤは、かつて7フォリアではなく、通常どおり8フォリアのクワイヤだった。

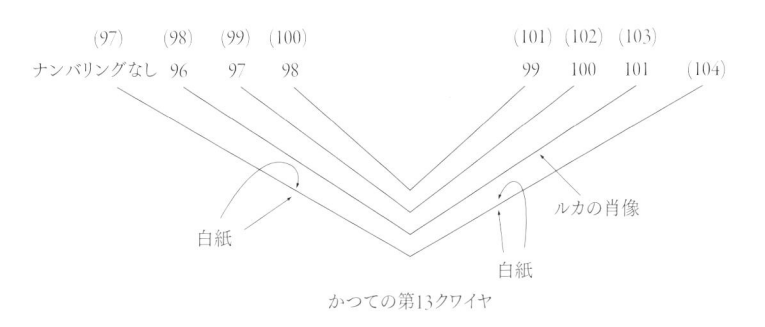

```
   (97)   (98) (99) (100)           (101)(102)(103)
ナンバリングなし 96   97  98            99  100  101 (104)
                白紙              白紙    ルカの肖像
                    かつての第13クワイヤ
```

　巻末のフォリオは、1度目のナンバリングでは104であるため、白紙の2フォリア（97）と（104）は、かつてビフォリウムとして、第13クワイヤに含まれていたことになる。繰り返せば、かつて第13クワイヤを構成していたのは、白紙の（97）と（104）、そして（98）から（103）までの8フォリアである。

　このように再構成してみると、1度目のナンバリングで（104）となっているフォリオが、かつて（105r）のヘッドピースと向き合っていたことがわかる。そのため、（104）にヘッドピースの痕跡が残っているのである。（104r）には肖像の痕跡もある。このことから、ルカの肖像（1度目のナンバリングでは103v、2度目のナンバリングでは101v）は、白紙の（104r）と向き合っていたことがわかる。この白紙フォリオ（104）は、肖像とヘッドピースを隔ててしまうものだったために、取り除かれて巻末に綴じられたのだろう。その際、白紙フォリオ（97）は切り取られることなく、このままの位置に残された。

　こうして、なぜ白紙フォリオ（97）がテキストとテキストの間に挿入されているのかが明らかになった。ところで、この白紙フォリオ（97）にもヘッドピースの痕跡があるが、それはなぜだろうか。第13クワイヤは、（97）から（104）の8フォリアからなるクワイヤであると書いたが、実はこれはオリジナルのアレンジではない。この状態からさらに遡ることができる。

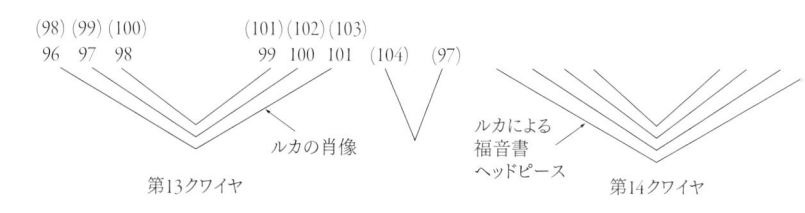

推定される制作当初の第13・14クワイヤ

　白紙のビフォリウム (97)–(104) は、もともと第13クワイヤには属さない、独立したビフォリウムとして、第13クワイヤと、第14クワイヤの間に挿入されていたようである。第13クワイヤの101または(103)レクトでマルコのテキストは終わっている。そして、ルカのテキストは第14クワイヤから始まっている。おそらくこのビフォリウムは、第13クワイヤと第14クワイヤの間、すなわちマルコとルカの間に置かれ、ルカのケファリアと肖像のために準備されたものだったと思われる。ところが、ケファリアと肖像は描き込まれることなく、白紙のままのビフォリウムが残された。第13クワイヤは、もともと8フォリアでも7フォリアでもなく、6フォリアだったということである。

　それでは、ここでオリジナルの状態から現在の状態に至るまでの順序を、再現してみたい。もともと白紙のビフォリウム (104)–(97) は、第13クワイヤと第14クワイヤの間の独立したビフォリウムだった。ヘッドピースは、この時点で (97) に痕跡を残した。この時点で (97) はヘッドピースと向き合っていたからである。

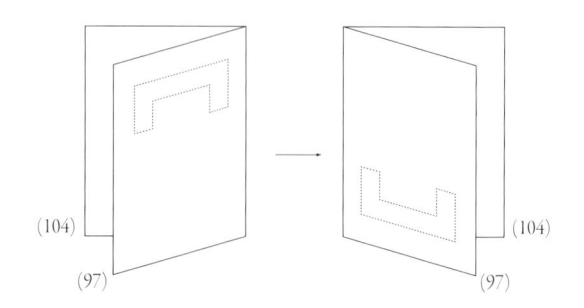

　次の製本の際、このビフォリウム (104)–(97) は上下さかさまにされてしまった。白紙であったために、天地を気にしなかったのだろう。

　さらに、第13クワイヤと第14クワイヤの間で独立していたはずのビフォリウム (104)–(97) は、第13クワイヤに組み込まれてしまった。

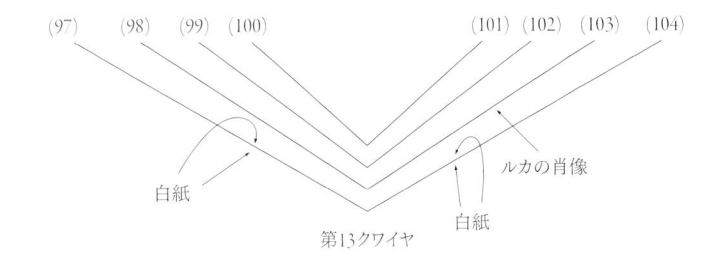

第13クワイヤがもともと変則的な6フォリアからなっていたために、通常どおりの8フォリアにしようとしたのではないかと思われる。こうして、第13クワイヤは、8フォリアのクワイヤとなった。しかしその結果、テキストとテキストの間に、白紙のフォリオ（97）が割り込むことになってしまった。

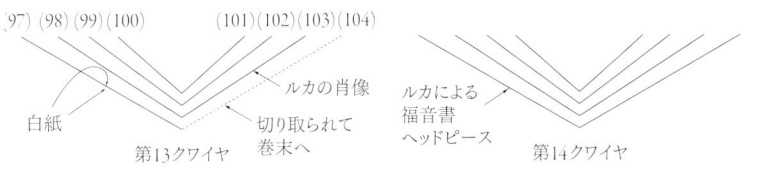

　続いて、ビフォリウムのうちルカの肖像とヘッドピースをさえぎる白紙のフォリオ（104）が切り取られ、巻末に綴られた。こうして第13クワイヤは、現状のように7フォリアからなるクワイヤとなったのである。

　つまり、もともと福音書冒頭のヘッドピースの手前には、ケファリアと肖像を描くための独立したビフォリウムが準備されていたが、ケファリアは書き込まれることなく、肖像も描かれないまま、白紙のビフォリウムがそのまま製本された。挿絵を挿入する時点で、ルカの肖像は（103v）に描かれた。つまり、挿絵は福音書冒頭のヘッドピース（105r）とは向き合わず、白紙のフォリオ（104）と向き合っていたことになる。後に、肖像とヘッドピースを隔てる白紙フォリオ（104）が切り取られて巻末に綴られたために、現在では肖像がヘッドピースと向き合っている。

　それでは、ヘッドピースと向き合うフォリオに白紙が準備されていたのに、画家はなぜそこに肖像を描き入れなかったのだろうか。

　すでにその時点でヘッドピースと向き合う白紙フォリオには、ヘッドピースの跡がくっきりとついていたために、汚れたフォリオを

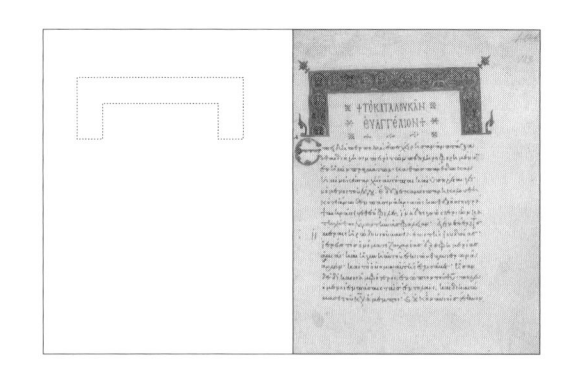

避けて、真っ白のフォリオを選んだのではないだろうか。

　現在、本は背表紙を手前にして立てて本棚におさめるが、写本は、横に寝かせて積み重ねて置かれていた。立てておくと羊皮紙がだんだん外に向かって開いてしまうため、横に寝かせて積み上げ、上からの重しとしていたらしい。

　本を閉じた状態で立てておいただけでは、これだけしっかりとヘッドピースの痕跡はつかないのではないかと思う。そのように写本が保管されることを考慮して、描き入れた肖像が隣のヘッドピースのフォリオに写ってしまうことがないように、あえて白紙のフォリオと向き合う場所に肖像を入れたのかもしれない。

　肖像は、コキノバフォス・マスターの手によるものと言われている。高い技術を持つ画家が、新しい写本制作にあたって腕をふるうのではなく、過去に制作され、すでにある写本を再利用して、そこに挿絵を入れたとすると、なぜそんなことをしたのだろう、と疑問に思われる。新しい写本を制作する余裕がなかったからなのだろうか。筆者は、そのような消極的な理由から、古い写本が再利用されたのではないと思っている。

ここでは、福音書写本は読むためのものというよりは、高名な画家の手による貴重な福音書記者の肖像をおさめる、いわば箱のような役割を持っていたのかもしれない。肖像が描き込まれた時点でも、ケファリアやアンモニアン・セクションは追加されなかった。もし福音書を実際に使おうという意志があるとすれば、実用のために、ケファリアを入れてもよかったはずである。つまり、この写本は制作当初も、挿絵を挿入されたあとも、「読む」という目的のために、日常的に手に取って開かれるということがなかったと考えられる。ごくまれに開かれた時も、肖像はヘッドピースとは向き合わず、白紙フォリオと向き合っていたため、福音書の挿絵というよりは、イコンのように見えたかもしれない。

　複数回におよぶ製本やり直しを経て現在のような形になった写本が、もともとどのようなものとして制作されたのか、ということを見てきた。コディコロジカルなアプローチによって、現在写本はこのような形になっているけれども、もともとこういう形だったのではない、ということが明らかになった。コディコロジカルな方法は、1冊の写本の全体像をとらえようとする際、有用である。

　続いて、写本の中におさめられた挿絵の方に目を移してみたい。大英図書館所蔵の挿絵入り四福音書写本4点を取り上げ、主にイコノロジカルな視点から福音書記者の肖像を眺めてみよう。

✤ 6　四福音書記者の肖像

　一般に、ビザンティン福音書記者の肖像は、室内に座ったすがたで描かれる。背景に建築が描かれるもの、金の背景をともなうものも見られる。顔のタイプは、マタイとヨハネは白髪の老人、マルコは壮年、ルカは壮年というよりは青年というふうに、福音書記者ごとに定型が決まっているために、一見どの写本の肖像も同じような印象を与える。マタイとヨハネはキリストの弟子であり、キリストの生涯を直接に目撃している。一方、マルコとルカは12使徒には含まれず、それぞれペトロとパウロの導きのもと、福音書を記したと伝えられる。そのために、マタイとヨハネはマルコとルカよりも年を経た老人のすがたで描かれる定型ができあがったのだろう。こうした定型が存在しているために、画家は、4人の肖像を描くにあたって、特に何か解決すべき問題に直面したりすることはなかったように思われる。とはいえ、挿絵をよく見ると、単調な繰り返しを避

けるために、画家が工夫をこらしていることがうかがわれる。そのために、定型があるにもかかわらず、福音書記者の肖像にもある程度のバリエーションが生まれた。第一印象では、どれも同じように見えたとしても、実は1冊の四福音書写本の中で、4人全員が同じ動作で描かれるものはまれである。第1章で検討したように、先行研究は、福音書記者の肖像をタイプ別に分類し、似ているものどうしを探し出して比較を行ってきた。こうした目的のために、各々の肖像が1冊の写本から抽出され、別の写本の肖像と並べて提示された。ここでは逆に、ある1冊の写本の中で4人の肖像がどのように組み合わされているのか、という点に注目したい。

　一見単調に見える肖像の繰り返しとはいえ、各々の写本には異なるバリエーションが見られる。たとえば、1人だけ見開き右側のヘッドピースと向き合わない肖像が含まれている、あるいは書く作業をするはずの記者がペンも羊皮紙も何も手にしていない、など。なぜこのような描き方をしたのかと、疑問に思うことも多い。こうした違いによって4人を描き分ける一方、4人がばらばらになってしまわないように、画家は全体を通して4人の間の調和を保とうとしているように見える。画家は、そのためにどのような工夫をしているのだろうか。大英図書館の四福音書写本（add. 4949, Burney 20, add. 39591, add. 22506）を取り上げて、4人の福音書記者の間に作り出されたシンフォニックなつながりについて見ていきたい。

add. 4949

　add. 4949は12世紀に制作されたと考えられる[37]。4人の福音書記者の肖像は、独立したフォリオに描かれて挿入されたものではなく、本文と同じクワイヤ中に綴られたフォリオに描かれている。肖像には、いくつか奇妙に思われる点がある。マタイは巻物を膝に広げている。巻物には速記のような文字が記されているが判読できない（fol. 13v）（図2-6）。巻物が書見台の上に広げられ、記者が筆写を行う時に参照する手本として描かれることはあるが、記者自身が巻物を手にしている例は珍しい。記者が手にするのは、本の形をしたもの、あるいは長方形の羊皮紙1枚というのが一般的だからである。それではなぜ画家は、記者に巻物を持たせたのだろうか。膝上に広げられた巻物は目立つのに、それにしてはマタイはその巻物に文字を書き記しているわけではない。書見台のフォリオにはマタイによる福音書冒頭の文字が記されている。彼はその書見台に手を載せ、上を見

図2-6　大英図書館 add. 4949, fol. 13v: 巻物を膝に広げるマタイ

上げているだけで、ペンを手に持って書く動作をしているわけではない。4人の記者の中でペンを持っているのは、ルカだけである（fol. 125v）（図2-8）。ヨハネの手は剥落しているが、掌を開いているようすから、彼もまたペンを手にしていなかったことがわかる（fol. 201v）（図2-9）。ヨハネは（巻物ではなく）長方形の羊皮紙を左手に持っているものの、右手はそれに届かず、ここでも書く動作ではなくて単に座っているところが描かれている。

マタイとマルコの対比は際立っており、画家による意図的な対比であったことがうかがわれる。マタイの肖像では、巻物が下に向かって垂れ下がり、腕は書見台の方に伸ばされ、頭は上に向けられている。いずれも外に向かって開かれていく方向性を有している。マルコは逆に、右腕に本を抱えこみ、肖像としては大変珍しいことに、自らの鎖骨を触っている（fol. 80v）（図2-7）。この動作は何を意味しているのだろうか。マルコは前かがみに座っているために、両腕、背中の丸み、視線はいずれもマタイとは反対の、内に向かう方向性を示している。一見奇妙に思える描き方（マタイの垂れ下がる巻物や、マルコの鎖骨に触る動作）は、外へ向かって開かれる（マタイ）、あるいは内へ向かって閉じられる（マルコ）という2つの対比を生み出すための工夫であったらしい。2つの肖像は、あたかも2つの連続する場面を描いているかのようである。1人は天上の神のことばの方へと手を伸ばし、もう1人はそれを取り込んで大切に内に抱える。

マタイもマルコも書く動作をしていない。3番目のルカの肖像までできて、ようやく書く動作が見られる。ところがルカの場面には、書見台も書見台上にあるはずの手本も描かれていない。つまり、ルカは筆記しているが、従来のように手本を模写しているのではない。ルカはむしろ、内に取り込んだ神のことばがペン先から自然に流れ出るにまかせて、ペンを動かしているように見える。4人目の肖像であるヨハネを見てみると、彼が手にしている羊皮紙には、2行分文字（マジュスキュル）が記されている。ヨハネはもはやペンを手にしていない。つまり4人の肖像は、福音書を書き記す4つの異なる場面を表しているように見える。外から神のことばを受け取る。それを彼の内側深くへと取り込む。それを書き留める。書き留めたものを静かにうち眺める。4人それぞれの場面をつなげることによって、書写の始まりから終わりに至るまでの一連のできごとが浮かび上がる。4人の動作は途切れることなく次へとつなげられ、シンフォニックな全体を作り出す。

図2-7　大英図書館 add. 4949, fol. 80v: 書物を抱えるマルコ

図2-8　大英図書館 add. 4949, fol. 125v: ペンを手に筆記するルカ

図2-9　大英図書館 add. 4949, fol. 201v: 書く作業をしていないヨハネ

図2-10　大英図書館　バーニー20, fol. 6v: 切妻屋根の建築とマタイ

図2-11　大英図書館　バーニー20, fol. 90v: 奥行きのある壁面とマルコ

図2-12　大英図書館　バーニー20, fol. 142v: 高すぎる机とルカ

バーニー20番

　2つ目の例としてバーニー20番（1285年制作）を取り上げる[38]。ここでは、他の3人に比べてヨハネの肖像とともに描かれる建築セッティングが目立って単純である。4つの肖像はすべて、独立した1枚のフォリオではなく、クワイヤに組み込まれたフォリオに描かれているため、ヨハネだけが後から挿入されたものではない。それではなぜ画家はヨハネのみ単純な建築を用いるという、あえて不均一な描き方をしたのだろうか。マタイの背後に描かれる建築は、切妻屋根を有する2階建てのようである。マタイの背中は曲線を描き、それが書見台の上から垂れ下がる巻物（ヘブライ語らしき文字が記されている）のラインと呼応し合っている（fol. 6v）（図2-10）。マルコとともに描かれる建築もまた、工夫がこらされている（fol. 90v）（図2-11）。マルコの背後に描かれた壁面は、挿絵画面の底辺と平行に据えられ、それが右奥にむかって折れている。椅子、机、足台の立体感の描き方は、やや正確さを欠いているものの、右奥に折れる壁面と右手前に置かれた机が、画面に奥行きを作り出している。マルコの背中は直線的で、マタイの曲線的なラインとは対比的である。ルカの肖像（fol. 142v）にもマタイのように屋根が2つの段を形づくっているが、建築の役割は異なっている（図2-12）。ルカの前に置かれた机は、一見高すぎるように見える（ほとんど肩の高さまである）。が、2つの屋根、高すぎる机、低い壁面が、左上から右下に向かって、段階的に高さを減じていくために、机は背景の建築とひとつながりとなって、リズムを生み出している。画家は、3つの肖像において単調な繰り返しを避け、建築のセッティングもそれぞれ違うものを描いている。その結果、単純で工夫をこらしたあとがほとんど見られないヨハネの肖像が、4人の中で逆にいちばん目立つことになった（fol. 226v）（図2-13）。ここでヨハネの背後に描かれているのは、直線的な壁面だけである。書見台の上には何も置かれていない。本もペンも見当たらない。ヨハネはただ座って膝に手を置いている。他の3人は、書いたりペンをインクに浸したりしていたが、ヨハネだけが何もせずに、ただまっすぐに前を見ている。彼は、見開きの右手側フォリオに書かれた福音書冒頭の語句「はじめにことばがあった」の方を見ている。ヨハネはペンも羊皮紙も手にしていない。あたかも（彼が書いたわけではないのに）はじめから神のことばがそこにあった、とでも言うかのように。彼は書き手というよりは、神のことばがそこに立ち現れるのを目の当たりにしている、いわば証人のようなすがたで描

かれる。4分の1の円が左上の角に描かれ、そこから神の光が青く差し込み、その光はヨハネの光背を後ろから貫いている。光に貫かれたヨハネは、硬直したかのように静止している。神がまさにそこにおられることを感じとっているかのように。

人の手によらず奇跡によってキリストの顔が陰影のように浮かび上がる布、キリストのすがたが浮かび上がるエルサレムの鞭打ちの柱など、ビザンティウムは、人の手が介在することのないところでキリストが自ずからすがたを顕すことに、大いなる価値を見いだした[39]。バーニー20番のヨハネの単純なセッティングは、何もしないヨハネのすがたが伝えるところの、特別のメッセージを際立たせるための工夫であったかもしれない。

図2-13 大英図書館 バーニー20, fol. 226v: 単調な壁面とヨハネ

add. 39591

add. 39591（1300年頃の制作）の挿絵は、金箔を巧みに用いることによって、ある特別な視覚効果を生み出している[40]。ヨハネによる福音書冒頭の8行（1：1-5）は、文字が金で記されている（fol.125r）。ところが、続く6行は（同じフォリオであるにもかかわらず）金字ではない。つまり写字生は、文字に金を用いるにあたり、どこの箇所を金にすれば内容をより強調できるのか、よく理解していた。彼は5節の「光は暗闇の中で輝いている」という部分を、文字通り光り輝かせようとしたのである。ヨハネのヘッドピースにおいても、金はその効果を存分に発揮している。ヨハネのヘッドピースの模様は葉や花などの植物文ではなく、波打つ線や渦巻く線で、各々の線はかなり細い。その結果、幅の広い葉や花によって覆われたヘッドピースに比べて、線の背後にある金箔部分がはるかに多く見える。

図2-14 大英図書館 add. 39591, fol. IIIv: 肖像の背後に建造物のない金地のマタイ

マタイの肖像とケファリアは失われたらしく、後世の手により補填されている（fol.III）（図2-14）。マタイの様式は明らかに異なっているものの、画家はもともとある3人の肖像に合わせようとして描いている。その他の3人は、クワイヤ内に綴られたフォリオに描かれているため、後世の手によるものではないことが確かめられる。3つの肖像において際立っていることは、椅子、書見台、足台以外に、建造物が一切描かれていないということである（fols. 44v, 74v, 124v）（図2-15、2-16、2-17）。背景の金箔は（それを遮る建造物が一切ないために）大きく場所を占め、一段と目立つ。壁面と床面の境を示す線が省略されているために、3次元的な奥行きある空間表現は見られない。一方、福音書記者の身体には厚みがあり、書見台と足台の幅はある程

図2-15 大英図書館 add. 39591, fol. 44v: 金地のマルコ

図2-16　大英図書館 add. 39591, fol. 74v: 金地のルカ

図2-17　大英図書館 add. 39591, fol. 124v: 金地のヨハネ

図2-18　大英図書館 add. 22506, fol. 5v: ドームのある塔とマタイ

度の奥行きを示唆している。そのためにこうした要素と、まったく平面的な金の背景は、一貫性がないまま組み合わされている。さらにマルコとルカの椅子は、輪郭線が引かれているだけで彩色されていない。そのため背景の金が、椅子の輪郭線の向こうに透けて見える。椅子の材質や重さはほとんど無視されている。あたかも無重力の空間、真空状態のただ中に浮かんでいるかのように。

福音書記者が金の背景とともに描かれるのは、四福音書写本の挿絵としてだけではない。聖堂のドームを支える四隅のペンデンティヴにも、福音書記者の肖像が描かれることがある。ペンデンティヴの四福音書記者は、見上げるほど高いところにあって、ドームに描かれたキリストのすがたのすぐ下に配される。写本という平面上に描かれたものでありながら、金のただ中に浮かぶ記者の肖像は、見る者に、聖堂で頭上に浮かぶペンデンティヴの記者のすがたを想起させたかもしれない。いいかえれば、この小さな写本挿絵（8.5cm × 11.5cm）と、ドームに覆われた聖堂の大きな空間が、互いに響き合うものとなる。聖堂装飾のモザイクの金、彩飾写本の金がいまやひとつに混じり合って、ヨハネ冒頭の金によって記されたテキストを照らすかのように見える。

add. 22506

add. 22506は1305年に制作された福音書写本である[41]。写本をめくる時に手が触れるフォリオの端部分は傷みやすい。そのため近代の再製本の際、オリジナルの状態をそのまま保存するよりは、しばしば傷んで汚れた余白を切り揃えてしまうことがあった。add. 22506の羊皮紙のサイズは18cm×24cmで、罫線を引くときの目印となる針穴がフォリオ3辺の端に点々と開けられていることから、オリジナルの大きさも現状とほぼ同じであったと考えられる。ただし、左下のクワイヤ・マークがところどころ切れているために、へりがわずかに切断されたことがわかる。マタイの肖像が見開きの左頁（fol. 5v）（図2-18）、マタイのヘッドピースが見開きの右頁（fol. 6r）に向き合って配置される。マタイの肖像は例外的で、独立した1枚の羊皮紙を挿入したものである。マタイを除く3つの肖像はすべて、規則的にクワイヤ構成の一部に組み込まれている（fols. 87v, 138v, 219v）（図2-19、2-20、2-21）。

マタイとマルコの肖像は、10世紀の有名な写本スタヴロニキタ43番との比較において論じられてきた（図2-22）[42]。ところがadd. 22506

のヨハネはスタヴロニキタのヨハネと類似していないタイプである
ために、フレンドは取り上げていない。add. 22506の画家は、スタヴ
ロニキタ（またはスタヴロニキタのモデルとなった写本、あるいはスタヴロニ
キタの忠実なコピー）を手元において制作したことが推測されるが、画
家がヨハネに限ってスタヴロニキタを模倣しなかったのはなぜだろ
うか[43]。ここでは、特にヨハネ肖像に焦点を当てて、他の3人とは異
なった描き方が、結果的にどのような効果を生み出しているのか、
という点に注目する。

　add. 22506の記者肖像に共通しているのは、挿絵に枠がなく、フォ
リオ全体に余白がまったく残されていないという点である。ページ
の端は痛みやすい部分であるため、挿絵のページにはしばしば大き
めの余白が残され、挿絵保護の機能を果たす。したがって、余白の
ない挿絵レイアウトは、極めて珍しい。写本挿絵を出版する場合、
余白部分がトリミングされるために、ページ全体のバランスや余白
の大きさは、実際に写本を開いてみないとわからないことが多い。
そのため、筆者も実見するまで余白がないことを知らなかった。add.
22506の場合、羊皮紙がわずかに切断された形跡があるとはいえ、も
ともと余白がほとんどない挿絵のレイアウトであったことは疑いな
い。そのために、ページをめくるとき手が触れる、左下部分の剥落
がとくに激しい。

　福音書記者肖像には、扉付きの棚や書見台などの家具とともに、
室内を示唆する建築モチーフが配される。add. 39591のように、背景
全体が金箔でおおわれることがある一方、add. 22506では、金箔では
なく建築モチーフが背景の大半を占めている。建造物に窓のような
開口部が設けられ、その部分にのみ金が小さく用いられている。

　マタイの肖像では、小さなドームつきの2つの塔の間に、3本の
小列柱によって支えられたフリーズが渡されている。この柱と柱の
間の開口部に金が用いられる。開口部のサイズは8.5cm×5.4cmで、
写本自体の大きさ（24cm×18cm）から見ても、金の部分は小さい。マ
ルコの肖像では、平行に渡された2本のフリーズのうち、低い方の
フリーズの下に開口部がもうけられ、その部分にのみ金箔が貼られ
ている。ルカの肖像に見られる建築モチーフはマタイのバリエーシ
ョンで、ドームを頂く円筒形の塔の代わりに平らな屋根をふいた四
角い塔が左右に配される。この塔の間には、フリーズの代わりにカ
ーテンが渡される。垂れ下がるカーテンに囲まれた開口部に金が用
いられている。つまり、3つの肖像ではいずれも、建築モチーフに

図2-19　大英図書館 add. 22506, fol. 87v: 平行する2本のフリーズとマルコ

図2-20　大英図書館 add. 22506, fol. 138v: 方形の塔とルカ

図2-21　大英図書館 add. 22506, fol. 219v: 他の3人と向きが異なるヨハネ

図2-22 アトス山、スタヴロニキタ修道院 cod. 43, fol. 11r: マルコ

よって取り囲まれた比較的小さな部分に限定的に金が用いられていることがわかる。

　このようなセッティングによって得られる視覚的効果は、背景全体を金箔で覆う挿絵とは異なるものである。窓状の開口部に金箔が貼られているために、屋外の光が福音書記者の座る室内に注ぎ込んでいるように見える。挿絵枠や余白がまったくないために、記者の座る室内の空間と、写本を手にする者の空間とが連続しているかのように見え、挿絵中の窓から差し込む光は、わたしたち見る者のもとにまで降り注ぐ。

　ヨハネの肖像はいくつかの点で他の３人とは異なっている。第１に、彼はヘッドピースに背を向けている。多くの場合、福音書記者はヘッドピースの側に向かって右向きに描かれるため、このようなからだの向きは例外的である。室内のセッティングも他の３人とは異なり、大きなキボリウム（円蓋）がヨハネの頭上に配されている。このようにキボリウムが建築モチーフとして福音書記者肖像に用いられることはまれである[44]。朱色に塗りつぶされた背景には装飾パターンが描かれるが、ヨハネにのみ見られるもので、後世の手による加筆であろう。キボリウム左右には水平の細いレールが渡されて、そこにカーテンがつり下げられ、カーテンより下の部分に金箔が貼られている。他の３挿絵では窓状の開口部から差し込む光（屋外からの光）が金によって表されていたが、ここでは半球状のキボリウムが覆いかぶさっている空間、すなわちヨハネが座っている室内の空間が、金によって充たされているように見える。ヨハネ頭上のキボリウムは、明らかに聖堂のベーマに設置された祭壇上のキボリウムを想起させる。そうであるとすれば、福音書記者の筆記用机を祭壇とみなすこともできるだろう。

　他の３人の記者はヘッドピースに向かって座り、挿絵を見る者の視線は遮られることなく見開きの左側（ヴェルソ、記者の肖像）から見開きの右側（レクト、福音書冒頭のテキスト）へと導かれる。ところが、ヘッドピースに背を向けるヨハネは、このような連続を断ち切っている。ヨハネの背中のラインは、円蓋のラインを引き継いで、キボリウムによって覆われた空間を、内に向かって閉じているように見える。

　画家はなぜこのような特殊なセッティングをヨハネの肖像に導入したのだろうか。他の３人の福音書記者肖像はほぼ例外なく室内に描かれるのに対して、ヨハネの肖像には２つのパターンがある。室

内か、あるいはパトモス島（ヨハネが追放された地）である。新約聖書外典『ヨハネ行伝』によれば、ヨハネはエフェソスで福音を述べ伝えた。ところが、福音書記者の肖像の背景には、エフェソスではなくパトモスが描かれる。ヨハネは黙示録をパトモスで書いたために《黙示録1：9》、福音書もまたその地で記されたと考えられたらしい[45]。このパトモス島の描写にもいくつかのパターンが見られる。ヨハネは、口述筆記を行う弟子のプロコロスと向かい合うか、あるいはプロコロスの背後に立つ。ヨハネは、レクト側のヘッドピースと向き合うように左側に立つこともあれば、ヘッドピースに背を向けて右側に立つこともある。洞窟の中に座していることもあれば[46]、あるいはその外に立つこともある[47]。屋外の風景のみで、洞窟が描かれないこともある[48]。

　add. 22506のヨハネに見られるキボリウムは、パトモス島の洞窟を想起させるものと見ることができるかもしれない。キボリウム内側の輪郭線は、4つの小さなアーチをかたどっており、ごつごつした岩石の洞窟開口部を思わせるところがある。カイサリアのバシリオス（329-379年）は、その著作『ヒストリア・ミスタゴギア』の中で、キボリウムのシンボリカルな意味について、キリストの埋葬された場所（洞窟）と結びつけて語っている[49]。このことから、キボリウムを洞窟とみなすことは、それほど不自然な解釈ではないと言えるだろう。さらにバシリオスは、キボリウムと神の光とを結びつけて語っている。パトモスの洞窟が暗闇であったのに対して、ヨハネを覆うキボリウムの空間は、光によって満たされている。いいかえれば、ここではヨハネが光の洞窟（＝キボリウム）とともに描かれている。挿絵を見る者の中に洞窟の暗闇との対比を想起させることによって、キボリウムの光はますます明るく輝き出すであろう。建築モティーフ中に用いられた金の量は決して多くはないが、そこにはキボリウムの内側を満たす神の光が暗示されているように思われる。

　四福音書写本の福音書記者肖像は、伝統的な描き方のパターンを守り、定められた範囲を踏みこえることなく描き続けられたが、その慣習的な範囲内において、かなり多様であることに気づかされる。福音書記者肖像の「定型」を定義づけることは、四福音書写本の「標準型」を定義づけるのと同じように、それほど難しいことのようには思われない。記者は、室内で、書見台、机、足台とともに描かれ、4分の3正面観で、ヘッドピースの方を向いて座っている。とはい

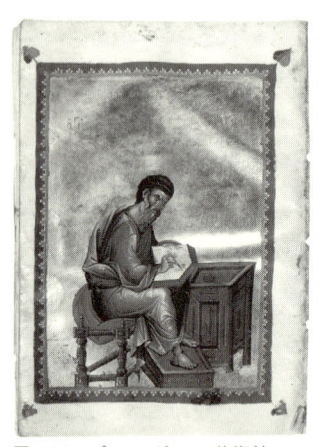

図2-23　ポール・ゲッティ美術館 Ms. 65, fol. 13v: マタイ

図2-24　ポール・ゲッティ美術館 Ms. 65, fol. 103v: マルコ

図2-25　ポール・ゲッティ美術館 Ms. 65, fol. 159v: ルカ

え、大英図書館所蔵の四福音書写本には、ごく平凡な福音書記者肖像を描きながら、こうしたパターンから少しずつ外れているものが散見される。それらの写本は、ある状況のもと、写本の制作企画または制作過程においていくつもの意思決定を経ながら、最終的にこのような形をとるに至った。意思決定の結果は写本ごとに大きく異なっている。が、どの写本においても共通するのは、挿絵を調和的なひとつの全体として作り上げようとしていることである。調和的全体とは、基本の形を単純に繰り返すだけの、4人の記者によるユニゾンというよりは、異なる要素をあえて取り入れながら、それを互いに響き合う協和音とするようなユニティである。

　ここまで大英図書館所蔵の写本を見てきたが、ポール・ゲッティ美術館所蔵の四福音書写本に描かれた福音書記者肖像を最後に紹介したい（図2-23、2-24、2-25、2-26、口絵）。各々の福音書記者は、一見すると定型どおり、平凡で特に変わったところの見られない、取り立てて何も言うべきことがない挿絵であるように見える。ところがよく観察してみると、対観表と対応するかのように、それぞれの福音書記者の間に共通点がもうけられている。たとえば、マタイ・マルコ・ルカは赤いクッションの上に座っている。マタイ・マルコ・ヨハネの3人は、チュニックの肩のラインの色が共通である。マルコ・ルカ・ヨハネには共通する項目は特に見当たらないが、対観表にもこの組み合わせは含まれないことがある。マタイ・マルコは背もたれのない椅子、マタイ・ルカは筆記しているところ、マタイ・ヨハネは書見台なし、マルコ・ルカは逆に書見台あり、ルカ・ヨハネは扉の開いたキャビネットがそれぞれ共通している。各福音書記者のみに見られる点は以下のとおり。頁のふちが赤く塗られている本はマタイのみ、十字架型の書見台支柱はマルコのみ、赤い肩のラインはルカのみ、ペンを置いているのはヨハネのみである。こうして、4人の肖像は対観表と同じように、ある部分を共有し合い、ある部分を独自のものとして有しながら、全体として四福音書の調和を作り出している。

　大英図書館、ポール・ゲッティ美術館の四福音書写本挿絵からは、定型の繰り返しの中で4人の福音書記者が生み出す、シンフォニックな全体性が浮かびあがる。まさに各々の記者の声、ことば（φωνή）が、統一性と全体性、一致と調和（συμφωνία）を作り出しているのである。

続く第3章では、福音書記者の肖像を有する四福音書写本を離れて、より複雑な挿絵を有する四福音書写本に目を向けてみたい。それらの複雑さを読み解くためにも、この章で考察した「標準型」と常に照らしながら、各々のケースを検討する必要があるだろう。

図2-26　ポール・ゲッティ美術館 Ms. 65, fol. 248v: ヨハネ

第3章
特殊な四福音書写本

　ビザンティン四福音書写本には、「標準型」である福音書記者肖像の他に、特殊な挿絵を有するものがある[1]。たとえば、パントクラトールのキリスト、十字架、寄進者の肖像、聖母マリア、モーセ、「生命の泉」が、巻頭挿絵として本文の前に置かれることがある。各福音書冒頭のイニシアルの飾り文字とともに、小さな福音書記者が描かれる作例、本来室内に1人で描かれる福音書記者がペトロ、パウロなど他の誰かとともに描かれる作例、福音書記者肖像に加えて祭礼図像が挿入される作例は、いずれも「標準型」にあてはまらない。本章では、こうした特殊な作例の中から、連続説話場面を有する四福音書写本と、「標準型」から外れた特殊なヘッドピースを取り上げる。ビザンティン四福音書写本にどの程度の多様性が見られるのかを明らかにするとともに、こうした特殊なイメージがどのような機能を果たしていたのかを探る。

1　連続説話場面を有する四福音書写本

大英図書館所蔵四福音書写本ハーリー1810番（ハーリー福音書）

　大英図書館所蔵のビザンティン四福音書写本全66冊中、1写本（ハーリー1810番、以下「ハーリー福音書」）にのみ、福音書記者肖像以外の挿絵、すなわちキリストの生涯を描く説話的な一連の挿絵が見られる[2]。ここではハーリー福音書の連続説話挿絵（ナラティヴ・サイクル）を取り上げ、各場面がどの福音書にどのような順序で挿入され、四福音書全体としていかなるプログラムを構成しているか、という点に注目する。第2に、ハーリー福音書と同じように連続説話場面を有する四福音書3例（いずれも大英図書館以外の館所蔵）と比較したい。

　ハーリー福音書は比較的小さな写本で（12.7cm×10.8cm）、12世紀後半に制作されたと考えられる[3]。キリストの生涯を描く17の場面が、枠内におさめられた全頁あるいは半頁の挿絵として、四福音書のテ

キスト中に分散して挿入される。その順序にしたがって挿絵を列挙すれば、マタイによる福音書中に含まれる「キリストの降誕」(fol. 26r)（図3-1）、「キリストの変容」(fol. 61r)（図3-2）、「最後の晩餐」(fol. 83r)（図3-3）、マルコによる福音書中に含まれる「キリストの洗礼」(fol. 95r)（図3-4）、「洗礼者ヨハネの断頭」(fol. 107v)（図3-5）、「キリストの昇天」(fol. 135v)（図3-6）、ルカによる福音書中に含まれる「受胎告知」(fol. 142r)（図3-7）、「キリストの神殿奉献」(fol. 146v)（図3-8）、「聖母の眠り」(fol. 174r)（図3-9）、「磔刑」(fol. 202r)（図3-10）、「十字架降架と埋葬」(fol. 205v)（図3-11）、「キリストの冥府降下」(fol. 206v)（図3-12）、ヨハネによる福音書に含まれる「聖霊降臨」(fol. 230r)（図3-13）、「ラザロの蘇生」(fol. 239r)（図3-14）、「エルサレム入城」(fol. 243r)（図3-15）、「洗足」(fol. 246r)（図3-16）、「トマスの不信」(fol. 261v)（図3-17）である。

　17中12場面が主要な祭礼図像[4]によって占められていることから、ビザンティン研究者のカーは、挿絵群が「レクショナリー・サイクル」と呼びうるようなプログラムによって構成されていることを指摘している[5]。ハーリー福音書をパレオグラフィー、コディコロジー、イコノグラフィーの見地から徹底分析したヨタの博士論文は、他写本との比較から、ハーリーの制作地をパレスチナあるいはキプロス、制作年代を12世紀第3四半期と結論づけている[6]。この他ハーリー福音書についての先行研究は、デコラティヴ・スタイルと呼ばれる一地方様式写本群における本写本の位置づけに焦点を当てるものが主であった[7]。それに対してここでは、挿絵場面の選択と配置は一定のプログラムにしたがって企画されたものであるという仮説にもとづいて、写本制作者が意図したと思われる挿絵プログラム全体の意味について考えてみたい[8]。

　ハーリー福音書では、マタイとマルコの福音書が各3場面の挿絵を有するのに対して、ルカには6場面、ヨハネには5場面がそれぞれ挿入されている。各場面は、その場面に言及するテキストの近くに配置されるが、「聖母の眠り」と「聖霊降臨」については、福音書中に記述がない。そのため「聖母の眠り」は、聖母に言及するルカのテキスト「なんと幸いなことでしょう、あなたを宿した胎、あなたが吸った乳房は」（ルカ11：27）という箇所の挿絵として挿入され、「聖霊降臨」は聖霊に言及するヨハネのテキスト「イエスは、御自分を信じる人々が受けようとしている"霊"について言われた」（ヨハネ7：39）という部分に配置される。

図3-1　大英図書館 ハーリー1810, fol. 26r：「キリストの降誕」

図3-2　大英図書館 ハーリー1810, fol. 61r：「キリストの変容」

図3-3　大英図書館 ハーリー1810, fol. 83r：「最後の晩餐」

上に列挙した挿絵の順序が示すように、マタイ福音書冒頭からヨハネ福音書巻末までとおして、キリストの生涯を一貫した時間軸にしたがってたどっていくことはできない。キリストは磔刑の後、復活を経て昇天するにもかかわらず、マルコ福音書に含まれる「昇天」は、ルカ福音書に出てくる「磔刑」よりも前に配置される。さらに「聖母の眠り」でいったん死んだはずの聖母は、それよりも後に出てくる「磔刑」場面に再び登場している（いずれもルカ福音書）。当然のことながら四福音書を通して諸場面のクロノロジカルな順序を維持することは容易ではない。4つの福音書では、キリストの生涯について似たような物語が並行して語られるためである。

　たとえば「受胎告知」や「神殿奉献」はルカ福音書だけに記述されているため、それらの挿絵の場所は動かしようがない。ところが、「磔刑」は四福音書すべてにおいて語られている。したがってどの福音書に「磔刑」の挿絵を入れるかという決定が、何らかの基準にしたがってなされているはずである。ヨハネを除く三共観福音書に共通して語られる「変容」は、マタイ、マルコ、ルカのいずれにも挿入することが可能である。ハーリー福音書ではマタイが選ばれているが、それはなぜだろうか。その他の諸場面は、どのように各福音書中に分散させられているのだろうか。いいかえれば、各福音書に挿入する挿絵はどのような基準によって選択あるいは構成され、同時に四福音書全体の挿絵プログラムの一貫性を保つために、どのような工夫がなされているのだろうか。

　ハーリー写本の各福音書につけられた挿絵は、構図と描き方によって挿絵どうしの結びつきを示そうとしているように思われる。たとえばマタイ福音書では、「降誕」に見られる三角形の洞窟が、さかさまの向きで、次の「変容」場面に利用されている。「降誕」の洞窟上に描かれる青の同心円は、「変容」のキリストの背後に描かれるマンドルラにおいて繰り返される。また、同心円から発せられる光線が「降誕」の洞窟に下る聖霊を表す一方、似たような光線が「変容」のマンドルラからも発せられている。ナジアンゾスのグレゴリオスは、マギを導いた星の輝きは、「変容」の光と同じものであったと述べている[9]。すなわち「降誕」と「変容」の2場面は、同質の光の共有を意識的に視覚化しているといえる。続く「最後の晩餐」場面にも光線に類似した表現が形を変えて繰り返される。「晩餐」の食卓には、大きな魚がおかれている[10]。魚 IXΘYΣ は「イエス・キリスト、神の子、救い主」の頭文字からなる単語であることから、卓上の魚

図3-4　大英図書館　ハーリー1810, fol. 95r:「キリストの洗礼」

図3-5　大英図書館　ハーリー1810, fol. 107v:「洗礼者ヨハネの断頭」

図3-6　大英図書館　ハーリー1810, fol. 135v:「キリストの昇天」

図3-7　大英図書館 ハーリー1810, fol. 142r:「受胎告知」

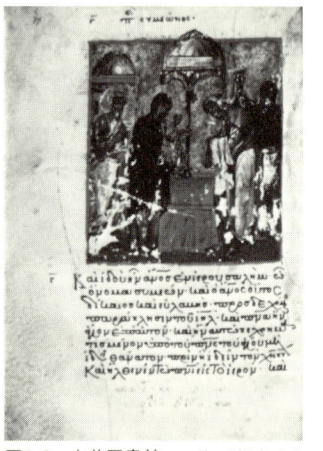

図3-8　大英図書館 ハーリー1810, fol. 146v:「キリストの神殿奉献」

図3-9　大英図書館 ハーリー1810, fol. 174r:「聖母の眠り」

は犠牲のささげものとしてのキリスト自身を暗示するものと見ることができる。魚のひれの描写は、あたかも「変容」のキリストのマンドルラから四方八方に発せられる光線を繰り返すかのように魚の輪郭線全体を過度におおっている。マタイ福音書に描かれる3場面「降誕」「変容」「晩餐」は、このように共通する要素を変形しつつ繰り返し用いることによって、互いに結びつけられている。「変容」は最後の審判の日にキリストがこの世に再びやってくる「再臨」の予兆とされる[11]。つまり「変容」の図像は、復活後のキリストをも暗示する。したがって、マタイの3場面「降誕」「晩餐」「変容」は、キリストの生と受難と復活を表し、マタイだけでひとつの完結したサイクルとなっていることがわかる。

　構図上の共通要素や対比的要素は、マルコ福音書の2場面「洗礼」と「洗礼者ヨハネの断頭」にも見られる。「洗礼」場面で洗礼者ヨハネとキリストが向き合って描かれるのとは対照的に、「断頭」では死刑執行人と洗礼者ヨハネとが背中合わせに描かれている。「洗礼」で洗礼者ヨハネがキリストの方へと腕をのばしているのとは逆に、「断頭」で死刑執行人は洗礼者ヨハネと反対の方向に腕を振り上げている。つまり「キリストの洗礼」と「洗礼者ヨハネの断頭」が明確に対比されている。殉教による死は、しばしば血による洗礼と呼ばれるからである[12]。マルコ福音書の最後の場面である「昇天」は、ルカ福音書に配置される「磔刑」よりも前に出てきてしまうため、四福音書を通して見るとクロノロジカルな順序は入り乱れているものの、マルコ福音書内では、完結した形がつくりだされている。なぜならマルコ福音書中には、生（「洗礼」はしばしば再生と解釈される）[13]、死（「洗礼者ヨハネの断頭」）、復活（「キリストの昇天」）がそろうように、挿絵が選択、配置されているからである。

　ルカ福音書では、「受胎告知」からサイクルが始まる。ガブリエルによって伝えられたキリスト懐妊のよき知らせは、見る者の側に向けられた聖母のてのひらによって受け止められる。さらに続く「神殿奉献」において、キリストは聖母の手からシメオンへと引き渡される。そしてシメオンが幼子キリストを抱きあげたように、「聖母の眠り」では、産衣にくるまれた幼子として表される聖母のたましいが、キリストによって抱き上げられる。聖母はかつて「神殿奉献」で幼子キリストを神にささげ、ここでは自らのたましいを神に渡そうとしている。「聖母の眠り」に続いて描かれる「磔刑」では、眠りにつくような安らかな死と対比的な、十字架上の死が表される。「埋

葬」場面において、重いキリストの死体を抱える聖母は、「聖母の眠り」で軽々と聖母のたましいを抱き上げたキリストと対比される。確かに、聖母はキリストを胎に宿した幸いな女であったが、同時にキリストの死に直面する彼女は、「神殿奉献」のシメオンが預言したように、剣で心を刺し貫かれる（ルカ 2：35）ことになった。つまり「神殿奉献」「聖母の眠り」「磔刑」の挿絵において、構図や内容が連関し合っていることがわかる。ルカ福音書のサイクルは、「冥府降下」によってしめくくられる。すなわちここでも生（「受胎告知」）と死（「磔刑」）と復活（「冥府降下」）を含むひとつの完結したサイクルが構成されているのである。

　ヨハネ福音書のサイクル冒頭に配置される「聖霊降臨」は、福音書テキストには記されていない使徒言行録のできごとであるが、挿絵は「イエスは御自分を信じる人々が受けようとしている"霊"について言われた」（ヨハネ 7：39）という箇所に挿入される。ヨハネ・サイクル冒頭の「聖霊降臨」は、ルカ福音書後半の挿絵群「磔刑」「埋葬」「冥府降下」の連続と見なせばそれほど不自然ではないとはいえ、ヨハネでは「聖霊降臨」に続いて受難伝サイクルが始まっているために、キリスト伝の順序は大きく乱されている。このような齟齬を少しでも中和すべく、画家はある工夫を試みている。ヨハネ福音書冒頭に配置される福音書記者肖像では、天を表す青の同心円から出された神の手が送り出すことばを、ヨハネが書きとめている。同じような同心円が「聖霊降臨」においても繰り返される。使徒言行録によれば、使徒一同に聖霊が降って彼らはほかの国々の言葉で話しだした（2：3–4）。つまり、「聖霊降臨」と福音書記者肖像の 2 場面を関連づける共通要素として、神から送られることばが表されている。

　続く 2 場面「ラザロの蘇生」と「エルサレム入城」にもまた[14]、いくつかの類似点を指摘できる。前方に向かって手を差し伸べるキリスト、キリストと向き合って彼と出会う人々、キリストの後にしたがう弟子たちは、いずれも 2 場面に共通する要素である。ラザロが墓穴から踏み出して死から復活するのとは対比的に、キリストはエルサレムの門を入り、死へと踏み出す。いずれの場面でもキリストにしたがう弟子たちは、キリストを見つめている。この 2 場面のみならずヨハネ福音書のサイクルではすべての場面に弟子たちが登場している。これはあきらかに意図的な場面選択であろう。そしてこのことは、奇妙にもサイクル冒頭に配置される「聖霊降臨」によっ

図3-10　大英図書館　ハーリー1810, fol. 202r:「磔刑」

図3-11　大英図書館　ハーリー1810, fol. 205v:「十字架降架と埋葬」

図3-12　大英図書館　ハーリー1810, fol. 206v:「キリストの冥府降下」

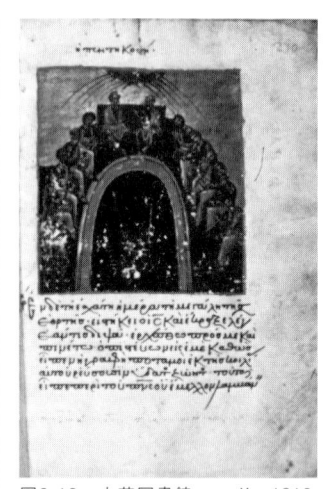

図3-13 大英図書館 ハーリー1810, fol. 230r:「聖霊降臨」

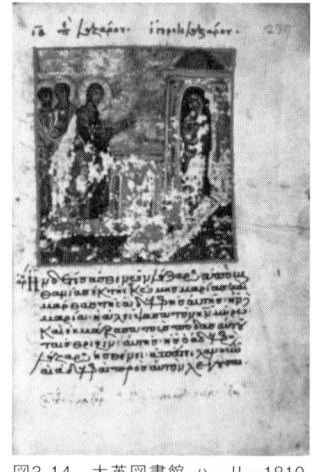

図3-14 大英図書館 ハーリー1810, fol. 239r:「ラザロの蘇生」

図3-15 大英図書館 ハーリー1810, fol. 243r:「エルサレム入城」

て強調されている。なぜなら「聖霊降臨」はまさに弟子たちを中心にすえる場面だからである。「洗足」と「トマスの不信」もまたキリストを前にした弟子たちのすがたを描いている。両者はキリストの生前と死後の弟子たちを対置している。弟子たちは、いずれの場面でも驚きと戸惑いの表情を見せ、キリストの存在が彼らにとっていつも（その生前も死後も）変わらずに彼らの理解をこえた驚くべきものであったことが表されているように見える。

ここで、上に取り上げた３つの福音書に立ち返ってみよう。ヨハネ福音書がそのサイクルの中で弟子たちを特に強調しているように、各福音書はそれぞれある特定の登場人物を強調しているように思われる。当然のことながら諸場面はいずれもキリストの生涯を描くものであり、キリストをその中心にすえていることは疑いない。とはいえマタイ福音書に選択された３場面、すなわちキリストの地上での生涯の始まりを表す「降誕」、キリストの神性がはじめて弟子たちの前に顕される「変容」、犠牲の献げものとしてのキリスト[15]を表す「晩餐」は、いずれもキリスト自身のすがたを強調するものであるように思われる。一方、マルコ福音書では、「洗礼」と「断頭」によって洗礼者ヨハネが強調される。ルカ福音書が強調するのは聖母であろう。「受胎告知」「神殿奉献」「聖母の眠り」「磔刑」「埋葬」いずれも聖母のすがたを描いているからである[16]。

このような規則的選択からはずれているのは、マルコ福音書の「昇天」とルカ福音書の「冥府降下」である。前者に洗礼者ヨハネは含まれず、後者に聖母は含まれないからである。ところが、仮に前者（「昇天」）と後者（「冥府降下」）をいれかえれば、洗礼者ヨハネを含む「冥府降下」はマルコの"洗礼者サイクル"に、聖母を含む「昇天」はルカの"聖母サイクル"に都合よくおさまる。それではなぜ、「昇天」はルカではなくマルコに、「冥府降下」はマルコではなくルカに配置されたのだろうか。

福音書記者肖像は、特定の祭礼図像と結びつけて描かれることがある。その際、一般的なパターンはマタイと「降誕」、マルコと「洗礼」、ルカと「受胎告知」、ヨハネと「冥府降下」を組み合わせるというものである[17]。ハーリー福音書は、ある特定のプログラムにしたがって、「冥府降下」をヨハネ冒頭に置かない配置を選択した。その代わり同主題をルカの終わりに配置することによって、本来あるべきヨハネ冒頭にできるだけ近く「冥府降下」を残そうとしたのではないか。事実、他の三福音書（マタイ、マルコ、ルカ）のサイクルは

いずれも「降誕」「洗礼」「受胎告知」から始まり、「冥府降下」から始まる従来のパターンが保たれていないのはヨハネのみである。

それではなぜヨハネのサイクルは「冥府降下」から始められなかったのだろうか。上に指摘したとおり、マタイ、マルコ、ルカ、ヨハネの各サイクルは、それぞれキリスト、洗礼者ヨハネ、聖母、使徒を中心にすえて展開される。いずれも誕生（あるいはその予告）、死（あるいはその予兆）、復活をそのサイクル中に組み入れ、一福音書だけで完結した物語性を維持しようとしている。たとえばマタイの「降誕」と「晩餐」はキリストの誕生と受難を表すものである。一方、マルコの「洗礼」「断頭」「昇天」は生／死／復活を、ルカの「受胎告知」「磔刑」「冥府降下」もまた生／死／復活を凝縮している。ヨハネの「聖霊降臨」では、使徒たちの上に霊が降り、そこにとどまったというテキストが、「キリストの洗礼」の「聖霊が鳩のように目に見えるすがたでイエスの上に降ってきた」という福音書のテキストを想起させる[18]。イエス自身「ヨハネは水で洗礼を授けたが、あなたがたは間もなく聖霊による洗礼を授けられる」と述べ（使徒言行録1：5）、「聖霊降臨」を「洗礼」との対比によって予告している。したがって「聖霊降臨」にもまた「洗礼」と同じような「再生」[19]、あるいは新しい出発の意味があるものととらえられる。さらに「洗足」は受難、「トマスの不信」は復活を表し、ヨハネのサイクルにおいてもまた生／死／復活の一貫した物語が語られていることがわかる。このようなサイクルにおいて、復活を表す「冥府降下」がサイクルの始まりに置かれるのにふさわしくないと判断されたとしても不思議ではない。そこで「冥府降下」は、従来それがあるべきヨハネ福音書の始まりではなくヨハネ冒頭に最も近いルカのサイクルの終わりに配置されたのではないだろうか。「冥府降下」は一般にキリストの復活を表すが、これを「再生」の意味にとらえれば、サイクルの始まりにおくこともあるいは可能かもしれない。しかしながら「冥府降下」中には弟子たちのすがたが描かれない。そのためこの場面がヨハネ福音書の「使徒サイクル」にふさわしくないと判断されたと推測される[20]。

このようにハーリー福音書では、マタイ、マルコ、ルカ、ヨハネの各福音書がそれぞれ別の者たち（キリスト、洗礼者ヨハネ、聖母、使徒）をサイクルの中心として選択している。各福音書を別々の視点から表そうとする挿絵プログラムは、福音書という書物の根本的なありようと一致している。福音書テキストは4人の記者によって書

図3-16　大英図書館　ハーリー1810, fol. 246r:「洗足」

図3-17　大英図書館　ハーリー1810, fol. 261v:「トマスの不信」

かれ、それぞれが別の視点を有するものであるが、同時に共通するひとつのこと、すなわちキリストの生涯を記すものである。4人の記述は1冊の福音書（四福音書）にまとめられることによって完全なキリストの生涯を再現する。ハーリー福音書の4つのサイクルもまた、一貫したキリストの生涯を4つの視点から描いている。しかも各サイクルは、それ自体始まりと終わりを有する完結した物語となっている。各場面に用いられる図像はいずれも定型をはずれるものではない。しかしながらその場面選択と配置に注目すれば、そこには制作者の意図が働き、福音書全体をとおして4つの視点を強調するハーリー写本独自のプログラムが構成されていることがわかる。

10世紀から13世紀に制作されたビザンティン四福音書写本中[21]、キリストの生涯を描く説話的な挿絵を6場面以上有する写本は19現存している[22]。合計何場面を挿入するか、どの主題を選択し、四福音書中に諸場面をどう配分するかという点については、写本ごとに大きく異なり、どれひとつとして同一のプログラムによっているものはない。サイクルのテーマはたったひとつ、すなわちキリストの生涯であり、また諸場面のイコノグラフィーもほとんどの場合定型にしたがって描かれるために、福音書写本に挿入されたそれらの挿絵は、一見それほど異なっているようには見えない。ところが、各写本は独自の挿絵プログラムを有しており、そのプログラムを介して、制作者は何らかのメッセージを見る者に伝えている。続いて、比較のためにキリスト伝サイクルを有する四福音書写本を取り上げて、それぞれの挿絵プログラムを解明することを試みたい。なお、挿絵が切り取られて紛失したり、絵の具が剥落したり、未完であったりする場合、サイクル全体のプログラムを検討することができないため、ここではプログラムを論ずるのに適した、比較的状態のよい写本3例を検討する。

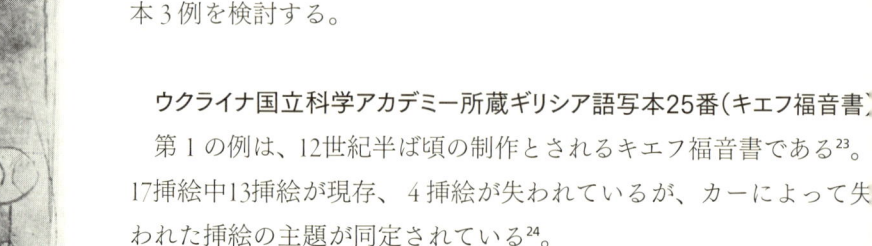

ウクライナ国立科学アカデミー所蔵ギリシア語写本25番（キエフ福音書）

第1の例は、12世紀半ば頃の制作とされるキエフ福音書である[23]。17挿絵中13挿絵が現存、4挿絵が失われているが、カーによって失われた挿絵の主題が同定されている[24]。

キエフ福音書では、マタイによる福音書に先立って、4つの動物に囲まれたインマヌエルのキリスト（fol. 1v）と聖母子（fol. 2r）が巻頭挿絵として見開きの2フォリアに描かれる（図3-18、3-19）。続くマタ

図3-18　ウクライナ国立科学アカデミー A 25, fol. 1v: インマヌエルのキリスト

図3-19　ウクライナ国立科学アカデミー A 25, fol. 2r: 聖母子

イ福音書の挿絵は、もともと3場面（「キリストの降誕」「パンと魚の奇跡」「復活のキリストに出会う女たち」）であったが、「降誕」と「パンと魚の奇跡」は現存しない[25]。したがって、現在のところマタイの挿絵はfol. 92vの「復活のキリストに出会う女たち」のみとなっている。マルコ福音書につけられるのは「昇天」（fol. 151v）の1場面で、失われた挿絵はない。ルカ福音書の挿絵はもともと「受胎告知」「神殿奉献」「埋葬」「空の墓」の4場面であったが、現存するのは始まりと終わりの2場面（fol. 155vの「受胎告知」とfol. 246rの「空の墓」）のみである[26]。一方、ヨハネ福音書には9つの場面が挿入され、失われた挿絵はない。「キリストと出会う洗礼者ヨハネ」（fol. 254v）、「盲目の人を癒す奇跡」（fol. 283v）、「ラザロの蘇生」（fol. 292r）、「ベタニアで香油を注がれるキリスト」（fol. 296r）、「洗足」（fol. 298v）、「磔刑」（fol. 317r）、「冥府降下」（fol. 320r）、「ノリ・メ・タンゲレ」（fol. 321v）、「トマスの不信」（fol. 323r）である。カーによれば、キエフ福音書の挿絵サイクルは、「この世の罪をあがなうために犠牲になった、人としての肉体を有するキリストを強調するとともに、キリストの周囲にいた人々の体験した感情的な衝撃を切々と語るものである」という[27]。このようなカーの説明は、キエフ福音書挿絵プログラムの独自性を明らかにしようとするものであるが、やや一般論に傾いた説明である。ともすれば同じような説明が、別の写本の挿絵サイクルにもあてはまりかねない。そこでここでは、キエフ・サイクルの特徴的な点に注目することによって、挿絵選択の基準やサイクル全体のプログラムを明らかにすることを試みたい。

　キエフ福音書においてもっとも特異な点は、福音書のテキストに先立って、インマヌエル・タイプのキリスト[28]と聖母子が見開きの2フォリアに描かれることである[29]。さらに、各福音書冒頭に配されるヘッドピースには、メダイヨンに囲まれたインマヌエルのキリストの胸像が4回繰り返され、マタイ、マルコ、ルカ、ヨハネ4人の福音書記者肖像の見開きに向き合って配置される。巻頭の全頁挿絵とヘッドピースに繰り返し現れるインマヌエルのキリストは、福音書全体に散在するキリストの生涯を描いた挿絵群と、いったいどのように関連づけられるのだろうか。

　キエフ福音書サイクル全体の構成は不均等である。マタイ福音書には3場面、ルカには4場面、ヨハネには合計9場面がそれぞれ挿入されるが、マルコ福音書に見られるのは「昇天」の1場面のみである。四福音書の挿絵配分は一見不均等であるようにも思われるが、

マルコの1場面はむしろマタイ・サイクルの延長と見なすことができる。つまり、「空の墓」で終わっているマタイ・サイクルを完結させるものとしてマルコの1場面が加えられたと考えれば、マルコに1場面のみ「昇天」が挿入された理由をすっきりと説明することができるだろう[30]。

　さらに、サイクル全体を通して見られるもうひとつの奇異な点は、3つの同じような場面が三福音書で繰り返されることである。マタイの「復活のキリストに出会う女たち」、ルカの「空の墓」、そしてヨハネの「ノリ・メ・タンゲレ」である。カーは、よみがえりのキリストがマグダラのマリアとともに描かれる「ノリ・メ・タンゲレ」は、ビザンティン福音書写本挿絵にはまれな場面であり、ここにそれがあえて選ばれたのは、何らかの重要なメッセージを伝えるためであろうと推測している。しかしながら、「キエフ・サイクルにおいて特に力説されるのは、キリストを探し求める個人と、キリストとの強烈な出会いである」とするカーの説明は、3場面が繰り返されたことの意図を十分に明確化するものとはいえないように思われる[31]。

　それでは、なぜ同じような場面が3回繰り返されたのだろうか。いずれもキリストの復活をめぐるエピソードとはいえ、各福音書のテキストはそれぞれ微妙に異なる物語を伝えている。また、各サイクルにおける同場面の位置づけも異なっている。第1にルカ福音書では、天使がペトロや女たちと向きあって描かれるが、キリストのすがたは描かれない。墓に入ってもキリストの遺体は「見当たらなかった」のである（ルカ24：3）。一方、マタイ福音書の挿絵では、復活したキリストと出会った女たちが描かれている。テキストによれば、その時キリストは「わたしの兄弟たちにガリラヤへ行くように言いなさい。そこでわたしに会うことになる」と述べている（マタイ28：10）。ヨハネ福音書の挿絵では、マグダラのマリアと復活のキリストが向き合って立つ。ヨハネの記述によれば、マグダラのマリアが「後ろを振り向くと、イエスの立っておられるのが見えた」（ヨハネ20：14）。キリストと出会ったマグダラのマリアは、言われたとおり弟子たちのところへ行って「わたしは主を見ました」と告げている（ヨハネ20：18）。すなわち、3つのサイクルで繰り返される3場面は、似たような物語を表す一方、キリストの遺体が見当たらず、いまだ復活のキリストを見ていない人々（ルカ）、復活のキリストに出会った女と、彼女に告げられた、弟子たちがキリストを見るであろうという予告（マタイ）、そして「主を見た」というマグダラのマリ

ア（ヨハネ）、それらがルカ、マタイ、ヨハネの挿絵によってそれぞれ表されているのである[32]。

　さらに、四福音書中もっとも多くの挿絵場面を有するヨハネのサイクルにおいて注目すべきことは、「見る」という行為が挿絵選択のひとつの基準となっているという点である。たとえば、サイクル冒頭の場面「洗礼者ヨハネとキリストの出会い」（fol. 254v）で、洗礼者ヨハネは「自分の方へイエスが来られるのを見て言った。『見よ、世の罪を取り除く神の小羊だ』」（ヨハネ1：29）。続いて、盲目の人がシロアムへ行ってイエスに言われたとおり目を洗うと「見えるようになった」（ヨハネ9：11）（fol. 283v）。「ラザロの蘇生」（fol. 292r）で、キリストは「もし信じるなら、神の栄光が見られる」と語っている（ヨハネ11：40）。ラザロを生き返らせたキリストを「目撃したユダヤ人の多くは、イエスを信じた」（11：45）。「香油」（fol. 296r）は「見る」という行為とは一見かかわりのない場面のようにも見えるが、イエスの足に香油が注がれたベタニアの夕食の席には、ラザロが同席しており、ユダヤ人の群衆がそこにやって来た。「それはイエスだけが目当てではなく、イエスが死者の中からよみがえらせたラザロを見るためでもあった」（12：9）。「磔刑」（fol. 317r）では、キリストはマリアに「御覧なさい、あなたの子です」と言い、弟子ヨハネに「見なさい、あなたの母です」と言っている（ヨハネ19：26-27）。ヨハネ・サイクル最後の場面である「トマスの不信」（fol. 323r）においてもまた、キリストはトマスに「わたしを見たから信じたのか。見ないのに信じる人は幸いである」と語る（ヨハネ20：29）。「洗足」（fol. 298v）の場面自体には「見る」という単語は出てこないが、「洗足」（ヨハネ13：1）の直前、キリストは「わたしを見る者は、わたしを遣わされた方を見るのである」と語っている（ヨハネ12：45）。ヨハネに含まれる大半の挿絵は、何らかのかたちで「見る」というテーマとかかわるものであり、そのテーマに直接かかわらないのは外典を典拠とする「冥府降下」（fol. 320r）だけである。

　各サイクルで3回繰り返される「空の墓」の場面、そしてヨハネのサイクルに繰り返される「見る」という行為は[33]、明らかにキエフ福音書の挿絵プログラムを特徴づけるものであるといえる[34]。それでは、この「見る」というテーマはどのように冒頭の全頁挿絵ならびに4つのヘッドピースで繰り返されるインマヌエルのキリストと結びつくのか。マタイ福音書冒頭のテキストは、「見よ、おとめが身ごもって男の子を産む。その名はインマヌエルと呼ばれる」（マタ

イ1：23）と記述している。すなわち、ヨハネ・サイクルで繰り返される「見る」というモティーフは、各福音書冒頭のヘッドピース、ひいては写本全体の巻頭挿絵であるインマヌエルのキリスト像へと集約されるのである[35]。こうして、「見よ」というテキストに導かれてキリストを見る者は、キリストを遣わした方、すなわちここに描くことのできない神自身のすがたをも「見る」ことになるだろう。なぜなら、「わたしを見る者は、わたしを遣わされた方を見る」（ヨハネ12：45）からである。祭壇上に置かれた福音書はキリストのテュポス[36]、キリストを模するものであり、典礼では福音書がキリスト自身を象徴する役割を担う[37]。ここではさらにその福音書＝キリストを介して、見えない神のすがたを見るところへと観者は導かれる。ヨアンニス・クリュソストモスは『「わたしは主を見た」についての講話』の中で、「わたしは、高く天にある御座に主が座しておられるのを見た」（イザヤ6：1）という節を繰り返し取り上げて論じている[38]。リヨンのイレナエウスによれば「神を見る人は神の内におり、その輝きに与っている。神を見る人々は命に与る。人間の命とは神を見ること」であると述べている[39]。そもそも、不可視の神を見るとはどういうことか。ダマスカスのヨアンニスは次のように述べている。アダムは神を見、その足音を聞いた。ヤコブは神を見、神と格闘した。モーセは神の後ろすがたを見た。ダニエルは、日の老いたる者を見た。しかしながら、彼らが見たのは神のイメージであって神の本性ではない。なぜなら、神自身が述べているように、「あなたはわたしの顔を見ることはできない。人はわたしを見て、なお生きていることはできない」（出エジプト33：20）からである。たとえ神の本性は見えなくとも、わたしたちは神のイメージを見ることができる。なぜなら、不可視の神は受肉することによって可視となったからである[40]。神は絶対超越的で人にとって不可知の者である。そのため、人には神の本性（神の本質、ウーシア）を見ることはできない。しかしながら、「神を見る」ことは、人々の切なる願いであっただろう。ダマスカスのヨアンニスの説教がキエフ・サイクルの直接の典拠ではないとしても、「神を見る」ということが、当時ひとつの大きな神学的テーマであったことは疑いない。キエフ福音書の挿絵プログラムは、「主よ、見えるようになりたいのです」（ルカ18：41）という写本制作者の切なる願いを、一貫して語っているように思われる。

アテネ国立図書館所蔵ギリシア語写本93番（アテネ福音書）

キエフ福音書に続いて取り上げるのは、アテネ国立図書館所蔵のアテネ福音書（12世紀）である[41]。各福音書に挿入される挿絵は、以下のとおりである。第1に、マタイ福音書には「ゴルゴタで苦いものをまぜたぶどう酒を強要されるキリスト」(fol. 49v)、「磔刑を見守る女たち」(fol. 50v)、「ピラトのところに集まる祭司長とファリサイ派の人々」(fol. 51v) の 3 場面が挿入される。続いてマルコ福音書には、「盲目の人を癒す奇跡」(fol. 74r)、「キリストに死刑の判決をくだすピラト」(fol. 83r)、「十字架への道」(fol. 84r)、「イエスの遺体ひき渡しをピラトに願うアリマタヤのヨセフ」(fol. 85r) の 4 場面が見られる。一方、ルカには 7 つの場面が挿入される。「重い皮膚病の人を癒す奇跡」(fol. 97r)、「中風の人を癒す奇跡」(fol. 97v)、「不正な管理人のたとえ」(fol. 124r)、「ファリサイ派の人と徴税人のたとえ」(fol. 127v)、「エルサレム入城」(fol. 130v)、「最後の晩餐」(fol. 135v)、「ピラト（あるいはヘロデ）の前のキリスト」[42] (fol. 138v) である。ヨハネ福音書に含まれるのは、「洗礼者ヨハネの証し」(fol. 144r)、「サマリアの女」(fol. 149r)、「ラザロの蘇生」(fol. 167r)、「最後の晩餐」(fol. 171v)[43]、「磔刑」(fol. 181r)、「トマスの不信」(fol. 183v) の 6 場面である。

アテネ福音書の挿絵サイクルについては、コンスタンティニディスが詳細に検討をくわえている[44]。サイクルの主たるテーマとは何かを探る中で、コンスタンティニディスは、アテネ福音書の挿絵20中18場面が、四旬節と復活祭の典礼で朗読される福音書の章句から選択されていると指摘している。と同時に、18中 6 場面が、四旬節または復活祭の朗読箇所そのものにではなく、同じテーマをあつかう別の福音書に配置されていることも指摘している。つまり、コンスタンティニディスが主張する、四旬節と復活祭の典礼で朗読される福音書の箇所にもとづく挿絵は、厳密にいえば20中12場面ということになる。たとえば、アテネ福音書ではルカとヨハネに 2 回「最後の晩餐」が描かれる。コンスタンティニディスによれば、挿絵が繰り返されたのは、「最後の晩餐」が聖週間の水曜日と木曜日に 2 回読まれるためである。ところが聖週間の典礼において朗読されるのは、2 回ともマタイ福音書の「最後の晩餐」のテキストである。にもかかわらず、挿絵はルカとヨハネにつけられている。コンスタンティニディスはなぜマタイではなくルカとヨハネが選ばれたか、という点を説明していない。さらに、「病の人を癒す奇跡」（ヨハネ 5：1 以下）は復活後第 4 主日の典礼で読まれるが、挿絵がつけられてい

るのはヨハネの該当箇所ではなく、中風の人を癒す物語を記すルカ（5：19）の方である。典礼における朗読箇所が基準であるとすれば、このような選択は不可解である。また、「盲目の者を癒す奇跡」の挿絵はマルコ（10：51）のテキストにつけられているが、典礼で朗読されるのはルカ（18：35以下）の方であり、それも四旬節あるいは復活祭の典礼ではなく、聖霊降臨後第30主日で朗読される。

さらに、四旬節や復活祭の典礼とは無関係の箇所から選択されている場面が2つある（「重い皮膚病の人を癒す奇跡」と「不正な管理人のたとえ」）。20中2場面とはいえ、コンスタンティニディスが主張するように、アテネ福音書の挿絵サイクルが四旬節ならびに復活祭の朗読箇所をテーマとするものであるなら、そのようなテーマからはずれる例外的2場面がなぜあえて挿入されたのか、不可解に思われる。つまり、挿絵選択の基準を四旬節と復活祭の典礼で朗読される福音書の箇所だけで説明することはできないように思われる。

また、挿絵場面のテーマ同定について、コンスタンティニディスとハヅィニコラウの間には食い違いが見られる。たとえば、ハヅィニコラウはfol. 138vの場面を「ピラトの前のキリスト」としている[45]。一方、コンスタンティニディスは、同場面をピラトではなくて「大祭司カイアファの前のキリスト」であると主張している[46]。fol. 50vについても、同じような見解の相違が見られる。ハヅィニコラウが「磔刑を見守る女たち」とするのに対して、コンスタンティニディスは、同場面を「香油を持って墓参する女たち」であるとしている。このような相違が生じたのはなぜだろうか。たとえばfol. 138vの挿絵は、ルカ（23：11）の、ヘロデがイエスをピラトに送り返すというテキストにつけられている。したがって、この挿絵がコンスタンティニディスの主張する「カイアファの前のキリスト」ではなく、「ピラトの前のキリスト」であることはほとんど疑いようがない。それではなぜ、コンスタンティニディスはこれをカイアファであると主張するのだろうか。四旬節の朗読箇所に選ばれているのはルカ福音書の「ピラト」ではなく、ヨハネ（18：12以下）の「カイアファ」の方であるため、コンスタンティニディスはこれを強引に「カイアファ」であるとし、挿絵用のスペースを準備する写字生が、あやまって正しくない位置にスペースを作ってしまったのだ、と主張する。ところが、画家の方は四旬節または復活祭の朗読箇所にしたがう挿絵プログラムの基準を熟知していたために、挿絵に隣接するテキストは「ピラト」であるにもかかわらず、本来挿絵がつけられるべき「カイアフ

ァ」の方を挿絵化している、というのである。さらにコンスタンティニディスは、fol. 50vの座る女たちについても同じような解釈をしている。挿絵に隣接するテキストは明らかに磔刑を遠くから見守る女たちについて語っている（マタイ27：54-56）にもかかわらず、コンスタンティニディスはこれを「墓に香油を運ぶ女たち」であるとしている。その理由は、マルコの「墓に香油を運ぶ女たち」（15：47以下）の方が典礼で読まれるから、というものである。このようにコンスタンティニディスは、四旬節と復活祭の朗読箇所が挿絵選択の基準となっているという仮説にとらわれるあまり、そこからはずれているいくつかの挿絵までも、強引にその仮説に当てはめようとしている。隣接するテキストとは異なる場面を挿絵化するという説明には明らかに無理があり、むしろ典礼の朗読箇所に基づく選択ではない、とする方が自然であろう。

このように、コンスタンティニディスの解釈には問題が見られるものの、全20場面中半数の挿絵が四旬節と復活祭にかかわるものである、という事実に変わりはない。一方、四旬節と復活祭の朗読箇所をあげるだけでは、アテネ福音書における場面選択のすべてを説明することにならない、というのもまた事実である。それでは、このアテネ福音書挿絵サイクルに独自な点とは、いったい何だろうか。どのようなパターンにしたがって、挿絵場面の選択と配置がなされているのだろうか。

第1に、キリストの受難伝に強調点がおかれていることは、一目瞭然である。受難伝の一部となっている「エルサレム入城」と「磔刑」を除いて、12大祭図像は含まれない。キリスト伝の主な場面、たとえば「降誕」や「洗礼」などがまったく含まれていないのは、アテネ福音書の特徴であるといえる。マタイ福音書の挿絵群は受難サイクルから始まっており、マルコ、ルカ、ヨハネにおいてそれぞれキリストの受難に関する諸場面が繰り返される。4つの受難サイクルが部分的に重複しながら四福音書中に配分されるために、通常の受難サイクルには見られない変わった場面がつくり出されている。たとえばマタイ福音書に見られる「苦いものを混ぜたぶどう酒を強要されるキリスト」はキリストがゴルゴタで十字架につけられる直前のできごとを描くものである。一方、「磔刑を見守る女たち」は、隣接するテキストによれば磔刑のキリストを遠くから見守るものであるはずにもかかわらず、挿絵中には座る女たちのすがたが描かれるだけで、十字架の描写は含まれない。「ピラトのところに集まる祭

司長とファリサイ派の人々」や「イエスの遺体を渡してくれるよう、ピラトに願うアリマタヤのヨセフ」もまた、通常挿絵化されることのない物語の細部を描く、珍しい場面である。

　マタイ福音書の受難サイクルが「苦いものを混ぜたぶどう酒を強要されるキリスト」、マルコが「キリストに死刑の判決をくだすピラト」からそれぞれ始まっているのに対して、ルカの受難サイクルは、受難の始まりとされる「エルサレム入城」まで立ち戻っている。つまり、ルカの挿絵群が受難伝の前半部分を描いているのに対して、マルコは受難サイクル中間部、マタイは後半部を担当している（ダイアグラム1参照）。さらに、ヨハネの受難サイクルは、「最後の晩餐」から「トマスの不信」まで、すなわち受難伝のほぼ始まりから終わりまでを網羅している。マタイ、マルコ、ルカのサイクルはいずれもピラトが描かれる場面で終わっており、それ以降の場面（キリストの復活）は描かれない。つまり、ピラトが各サイクルの終わりをしるしている。このように、マタイ、マルコ、ルカの共観福音書において受難伝が繰り返され、4番目の福音書すなわちヨハネの受難サイクルにおいて、ようやく復活が実現するのである。ヨハネ福音書にのみ復活の挿絵がつけられたのは、ヨハネ福音書が他の3つの福音書以上に復活とのつながりが深いからであろう。ヨハネ福音書冒頭のテキストは復活祭の典礼で朗読され、典礼用福音書抄本冒頭はしばしばキリストの復活を表す「冥府降下」の挿絵によって装飾される。アテネ福音書では、ヨハネ以外の三共観福音書の挿絵サイクル

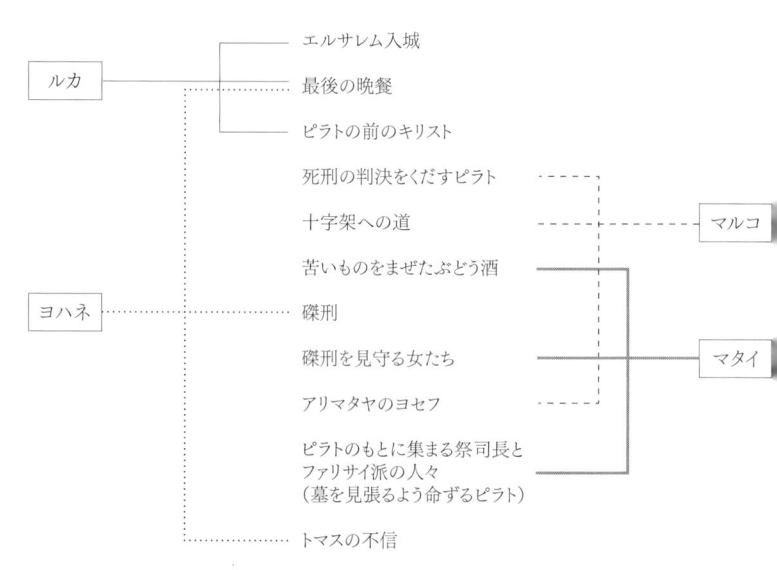

ダイアグラム1　アテネ福音書の受難伝サイクル

が、いずれもピラトの場面で唐突に途切れているように見えるが、三共観福音書の受難サイクルは最終的にヨハネの受難サイクルに合流し、ヨハネに挿入された写本中唯一の復活挿絵へと収斂していく。

このような受難伝の強調に加えて、アテネ福音書にはいくつかの奇跡伝の挿絵が挿入されている（盲目、重い皮膚病、中風を癒す奇跡）。奇跡伝の挿絵は、アテネ福音書において特に強調される受難伝のサイクルと、どのように関連するのだろうか。盲人、重い皮膚病の者、中風の者たちがキリストに出会うまでの苦難とキリストによって癒される奇跡伝の挿絵は、キリスト自身の受難と復活になぞらえられるものとしてここに挿入されたと考えられる。人々の病がキリストによる奇跡によって癒されるように、キリストの受難もまた復活という奇跡によって完結する。すなわち、アテネ福音書では奇跡の物語がキリストの受難と復活に対するひとつの予兆であるかのようにあつかわれているのではないか[47]。病人の他に描かれるのは、不正な管理人、徴税人、サマリアの女といった罪人であるが、彼らもまたこの世での苦難を経た後で神の国に迎えられる者たちである[48]。ナジアンゾスのグレゴリオスは、「キリスト自身試練を受けて苦しんだからこそ試練を受けている人々を助けることができる」と述べている[49]。グレゴリオスによれば「（キリストは）打たれ傷つけられたのに、あらゆる病気や患いを癒し、木に架けて十字架に釘づけにされたが、生命の樹によってわれわれを回復させ」た[50]。人の苦難とキリストの苦難とを並行するものとして理解するアテネ福音書の挿絵サイクルは、このような神学的解釈をひとつの基盤とするものであったことがうかがえる。

アテネ福音書のサイクルを構成する挿絵群は、単なるテキストの絵画化にとどまらず、ある一貫したプログラムにもとづいて選択、配置されたものであるといえる。4つの独立したサイクルはそれぞれ受難伝を重点的に繰り返すとともに、病人や罪人の苦難と奇跡をキリストの受難と復活に呼応しあうものとしてとらえている。さらにアテネ福音書は、最後のヨハネ福音書にのみ復活の挿絵を配することによって、復活に至る受難の長い道のりを強調していると考えられる。

ウィーン国立図書館所蔵ギリシア語写本154番（ウィーン福音書）

ウィーン福音書は11世紀に制作されたカテナ（註解）つきの福音書である（図3-20）[51]。註解部分は、通常福音書テキストの周囲を取り囲

図3-20 ウィーン国立図書館 theol. gr. 154, fol. 88r: 註解つき四福音書写本

む形で、本文よりも細かい文字によって書き込まれる。このような福音書写本を制作するためには、通常とは異なる特別のレイアウトが必要である。ウィーン福音書はこれまで見てきた例と同じく、キリストの生涯を描いた挿絵を有している。ところが、ここでは全頁あるいは半頁の枠におさめられた挿絵ではなく、テキストの余白に枠なしの挿絵が描かれている。テキストの周囲にカテナが配されるために、挿絵枠をさらに加える複雑なレイアウトは避けられたものと見られる。

　各福音書につけられる挿絵数はマタイ7、マルコ3、ルカ8、ヨハネ21で、圧倒的にヨハネが多く[52]、全体としては不均等な配分になっている。とはいえ、各福音書にどの場面を選択するかという点については、よく練り上げられたものであることがうかがえる。たとえば、キリストの幼児伝挿絵について、マタイ福音書の挿絵サイクルはマタイ福音書にのみ書かれた物語から主題を選択している。同様のことはルカ福音書の挿絵サイクルにもあてはまる。ちなみにマルコ、ヨハネ福音書に幼児伝は含まれない。つまり、マタイとルカにおいて、重複のないキリスト幼児伝サイクルが作られている。また、キリストの公生涯を描く挿絵の場合、ルカ福音書とヨハネ福音書には、それぞれルカだけが語る物語、ヨハネだけに書かれた物語が挿絵化されている。ただしヨハネの、五千人に食べ物を分け与える「パンと魚の奇跡」は例外で、四福音書に共通する挿話が選ばれている。キリストの受難伝については、マタイ、ルカ、ヨハネのそれぞれが異なる場面を挿絵化しているために、互いに補い合うようなかたちでサイクルを作りあげているように見える。いいかえれば、この写本につけられた挿絵群は、各福音書間の違いを十分に自覚し、それぞれの独自性を強調するものとなっている。マタイにのみ出てくる物語、ルカだけが語る物語などを組み合わせることによって、キリストの全生涯を再構成しているのである。このようなパターンは、対観表に対応するものといえるかもしれない。対観表には、各福音書中、その福音書にだけ出てくる箇所を列挙する表が含まれるからである。注釈を有する四福音書は、単なる朗読のためではなく、福音書を研究する目的のために作られたと考えられる。各福音書間の違いを熟知したうえで作り上げられたウィーン福音書の挿絵サイクルは、そのような目的にふさわしいものであるといえる。

　それでは、各福音書の個別性を強調するウィーン福音書の挿絵サイクルは、四福音書全体の統一性をどのように打ち出し、各福音書

をどのように関連づけているのだろうか。この問いに答えるために、まず各福音書冒頭の奇妙な挿絵に注目したい。ヨハネを除く共観福音書冒頭には、それぞれ天使が描かれている。ヨセフの夢に現れる天使（マタイ）、キリストの道を整える天使（マルコ）、ザカリアのもとに現れる天使（ルカ）である。特に、マルコ冒頭のテキストにしるされる「主の道を整える」使者とは洗礼者ヨハネのことを指すため、ヨハネではなく天使が描かれている点は奇妙である。ここでは、天使が3つの福音書の冒頭を結び付ける共通の要素として意図的に使われているように思われる。いいかえれば、マタイ、マルコ、ルカの三福音書は、その冒頭において「天使」を共有している[53]。これは、三福音書の共通箇所を一覧にした第2対観表を想起させる。

さらに、マタイ、マルコ、ヨハネ福音書の終わりには、それぞれ弟子たちとともにあるキリストのすがたが描かれる。ガリラヤで11人の弟子たちに現れるキリスト（マタイ）、昇天（マルコ）、トマスの不信（ヨハネ）である。つまり、ここでもまたマタイ、マルコ、ヨハネの三福音書が、その末尾において「キリストと弟子たち」の図像を共有している。いいかえれば、各福音書の終わりにある共通要素を配置することによって、3つの福音書を結びあわせようとしているのである[54]。

またマルコ、ルカ、ヨハネの三福音書についても、キリストの生涯のある時点において、ひとつの共通要素を有している。それは洗礼者ヨハネである。洗礼者ヨハネの断頭（マルコ）、教えをのべつたえる洗礼者ヨハネ（ルカ）、洗礼者ヨハネのもとにやってくるキリスト（ヨハネ）。つまり、マルコ、ルカ、ヨハネの三福音書もまた、ひとつの共通要素（洗礼者ヨハネ）によってつなぎあわされていることがわかる。

それぞれの個別性を強調する各福音書の挿絵群は、並行に進む4本の垂直の糸にたとえられるかもしれない（ダイアグラム2参照）。一方で、四福音書を結ぶ水平の糸がそこに織り込まれている。水平の糸は、それぞれ福音書冒頭と末尾において、各福音書を結びつける役割を果たしている。冒頭の天使はマタイ－マルコ－ルカを結び、末尾のキリストと弟子たちはマタイ－マルコ－ヨハネをそれぞれ水平に結んでいる。冒頭またはその近辺に位置する洗礼者ヨハネもまた、マルコ－ルカ－ヨハネを結ぶものとしてここに含むことができるだろう[55]。つまり、各福音書の挿絵群はその独自性を主張する一方、それらは互いに孤立するものではない、ということが視覚化さ

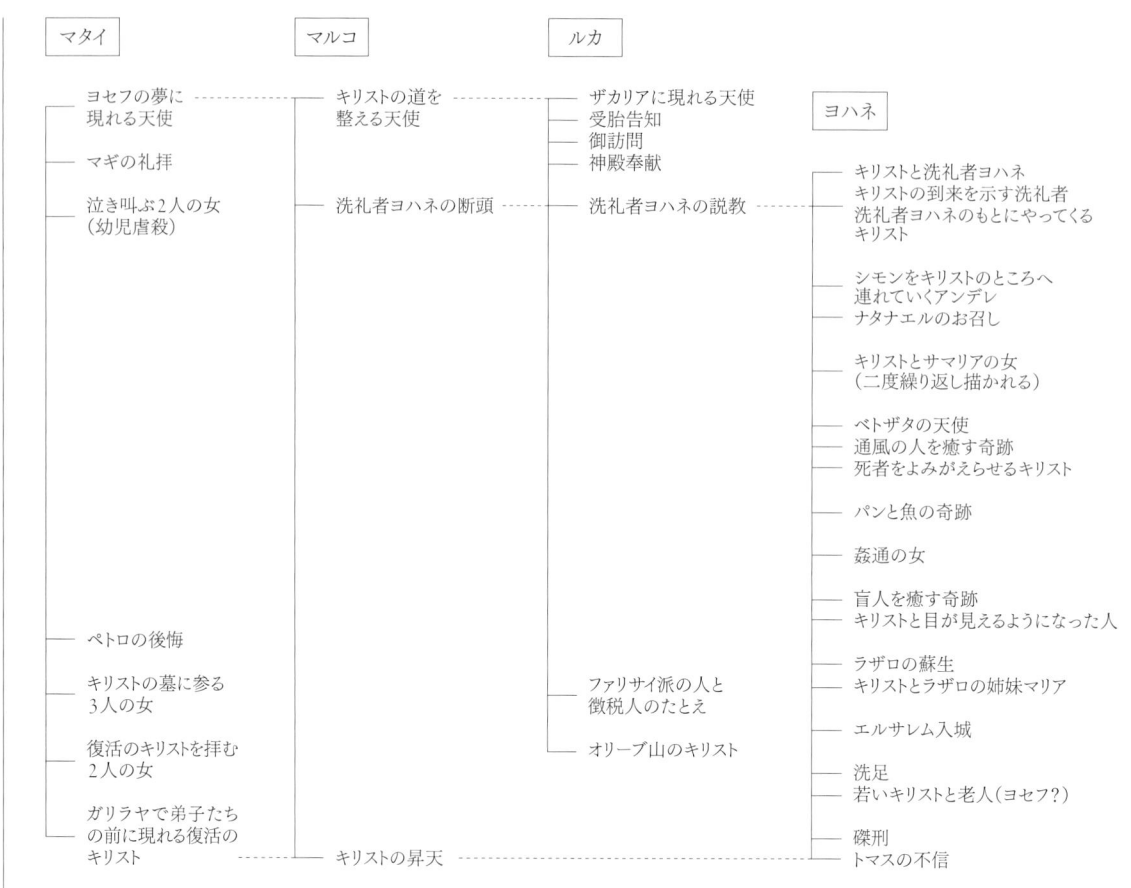

```
マタイ           マルコ              ルカ
│ ヨセフの夢に    │ キリストの道を      │ ザカリアに現れる天使      ヨハネ
│ 現れる天使      │ 整える天使          │ 受胎告知
│                 │                     │ 御訪問
│ マギの礼拝      │                     │ 神殿奉献
│                 │                     │                          │ キリストと洗礼者ヨハネ
│ 泣き叫ぶ2人の女 │ 洗礼者ヨハネの断頭  │ 洗礼者ヨハネの説教       │ キリストの到来を示す洗礼者
│ （幼児虐殺）    │                     │                          │ 洗礼者ヨハネのもとにやってくる
│                 │                     │                          │ キリスト
│                 │                     │                          │ シモンをキリストのところへ
│                 │                     │                          │ 連れていくアンデレ
│                 │                     │                          │ ナタナエルのお召し
│                 │                     │                          │ キリストとサマリアの女
│                 │                     │                          │ （二度繰り返し描かれる）
│                 │                     │                          │ ベトザタの天使
│                 │                     │                          │ 通風の人を癒す奇跡
│                 │                     │                          │ 死者をよみがえらせるキリスト
│                 │                     │                          │ パンと魚の奇跡
│                 │                     │                          │ 姦通の女
│                 │                     │                          │ 盲人を癒す奇跡
│                 │                     │                          │ キリストと目が見えるようになった人
│ ペトロの後悔    │                     │ ファリサイ派の人と       │ ラザロの蘇生
│ キリストの墓に参る                    │ 徴税人のたとえ           │ キリストとラザロの姉妹マリア
│ 3人の女         │                     │                          │ エルサレム入城
│ 復活のキリストを拝む                  │ オリーブ山のキリスト     │ 洗足
│ 2人の女         │                     │                          │ 若いキリストと老人（ヨセフ?）
│ ガリラヤで弟子たち                    │                          │ 磔刑
│ の前に現れる復活の                    │                          │ トマスの不信
│ キリスト        │ キリストの昇天
```

ダイアグラム2　ウィーン福音書の挿絵サイクル

れている。キリストの全生涯が、このような縦糸と横糸によって、あたかもタピストリーのように織られているのである。このような挿絵プログラムは、各福音書の共通箇所と独自の箇所とをリスト化する対観表の構造に基づく着想といえるだろう。対観表においてもまた、各福音書が垂直方向に平行して配され、共通箇所を示す数字が水平方向に並列されるからである。

　ハーリー、キエフ、アテネ、ウィーンの四福音書写本はいずれも、キリストの生涯を描いた複数の挿絵を有するという共通要素を持っている。しかしながら、合計何場面を選択するか、各場面をどの福音書に配置するか、その結果全体としていかなる挿絵プログラムを構成するのか、という点は互いに大きく異なっている。また挿絵の形式についても、全頁あるいは半頁の枠内に描かれるもの、本文の余白に描かれるもの、本文中に分散させられるもの、写本巻頭に集められるもの[56]など、いくつかの異なるパターンが見られる。その

ために、共通のイコノグラフィーを用いて、共通の物語（キリストの生涯）を挿絵化しているにもかかわらず、写本ごとに異なる物語が語られているかのようにみえるほどである。このことは、ビザンティン四福音書写本挿絵のある特徴を顕著に示している。すなわち、伝統的イコノグラフィーを用いているために視覚的には「正統」と映るものでありながら、それぞれの福音書挿絵サイクルが、内容的には他に類例のない独自のプログラムを有しているのである。

写本制作にたずさわる画家にとって、キリストの「降誕」「洗礼」あるいは「磔刑」といった場面をどう描くかという点については、それほど自由の余地が残されているわけではなかった。なぜなら、聖画像の制作は画家の創意工夫であってはならないという全地公会議の取り決めのために[57]、いったんある図像が定型化されると、その型は忠実に踏襲され、使い続けられたからである。したがって、そのような定型図像の中に画家の創意工夫の反映を読み取ることはほとんどできない。一方、それらの図像をどのように組み合わせ、ひとつの福音書中に一貫した挿絵プログラムを作りだすか、という点には制作者の意図が直接反映されている。それゆえ、それぞれの福音書挿絵サイクルの中に、１人ひとりの制作者の考えや願いの一端をうかがうことができる。福音書写本制作は、公の要請や枠組にしたがう一方、制作者独自の意図、すなわち各写本の個別性をもまた指摘しうる。そのような２つの異なる方向性が、ビザンティン四福音書写本を形づくる基となっていることを、これらの作例は端的に示している。

2　特殊なヘッドピース

ヘッドピースとは、テキスト冒頭部分につけられる装飾パネルのことで、植物文、組紐文によって飾られる。ここに取り上げるミティリニ福音書は、通常とは異なるタイプのヘッドピースを有している。各福音書冒頭には、書見台を前に筆記するいわゆる定型の福音書記者肖像が含まれるが、それに加えて、ヘッドピースにも福音書記者肖像が描かれている。それでは、ヘッドピースの福音書記者像は、どのような点において通常のタイプと異なり、その違いはいったい何を表しているのか。ここでは、特殊な福音書記者像を作り出した制作者の意図を解釈することを試みたい。

ヘッドピースを検討する前に、写本の概観を紹介する[58]。ミティリ

ニ福音書は、現在レスボス島ミティリニ男子高等学校に所蔵されるギリシア語写本（9番）で、13世紀初頭に制作されたと考えられる[59]。テキストの内容は四福音書で、全300フォリアを有する。うち8フォリア（fols. 277–284）は羊皮紙ではなく紙である。全42クワイヤで、4ビフォリアを1クワイヤとするもの、3ビフォリアを1クワイヤとするものが混在している。写本の大きさは26cm×19cm、デコラティヴ・グループの中では、大きなものに属する。テキストが2コラムに分けられている点も、四福音書写本としてはまれである。写本冒頭（fols. 2–5）に、8つの対観表を有しているが、うち7つは赤紫色のインクによる線引きのみで、彩飾が施されているのは1つだけである。挿絵は、巻頭の全頁挿絵「エッサイの木」、各福音書冒頭に挿入される四福音書記者の肖像、4つのヘッドピース、キリストの生涯を描く89の連続説話場面によって構成される。福音書記者ヨハネの肖像とマルコに含まれる4つの説話場面は、赤紫色の下描きのみで彩飾されていない。さらに挿絵の挿入が予定されながら、下描きさえ行われなかった部分が9箇所見られる。いずれもヨハネ福音書でうち8箇所は枠取りのみで下書きなし、fol. 291vは空白のままである。

　連続説話場面の挿絵配分は、マタイ44、マルコ13、ルカ27、ヨハネ14あるいは15である。ヨハネ福音書中の8フォリアは後に紙と取り換えられたものであり、オリジナルの挿絵数は百を越えていたと推測される。ハーリー福音書、キエフ福音書などと比較しても、挿絵数の多さは際立っている。大半の挿絵はテキスト1コラムの幅におさめられ、「降誕」など限られた主要な挿絵については、2コラム分が挿絵に割り当てられている。

　筆者は写本を実見していないが、羊皮紙の大きさ、2コラムのテキスト、膨大な挿絵数から、かなり豪華な写本であったことがうかがわれる。誰が、いったい何のためにこのような写本を発注したのだろうか[60]。同時に、これほど豪華な写本が準備されながら、未完てあることは何を意味するのか。検討の余地が今なお多く残されている。

　1979年、ヴォコトプロスはミティリニ福音書のヘッドピース図像について、論文を発表している。カーは1987年に出された著作の中で、ヴォコトプロスがミティリニ福音書全般に関する研究を準備中であることを予告している。翌1988年、ヴォコトプロスによる写本の概観調査が出された。ところが、ヴォコトプロスは連続説話場面中に見られる特異な点をいくつか指摘するにとどまり[61]、膨大な連

続説話場面を含むミティリニ福音書の全貌はいまだに明らかになっていない。ここでは、ミティリニ福音書の発注者の問題や、連続説話場面についてではなく、特殊なヘッドピース図像に焦点を当てて、挿絵中に見られる福音書記者肖像の役割を中心に検討したい。

　12世紀末から13世紀初頭にかけて制作されたある一群の写本には、スタイル、イコノグラフィー、パレオグラフィーに共通の特徴が見られ、デコラティヴ・グループと呼ばれる一派を形成している[62]。80以上の写本がここに属するものと同定され、ミティリニ福音書もまたデコラティヴ・グループに分類される。

　デコラティヴ・グループ研究の最初にあげるべきものは、1930年代に出版されたリドルらによる『ロックフェラー・マコーミック新約聖書』、コルウェルらによる『カラヒサール福音書』のモノグラフであろう[63]。さらに、単一写本のモノグラフにとどまらない網羅的研究を行ってきたのは、主にカーである。カーは、デコラティヴ・グループの写本群を収集し、それらの分析を介して、中期ビザンティンの寄進者、首都と地方に分散する工房、1204年のコンスタンティノポリス陥落と写本制作との関わりといった問題について、多角的に検討している[64]。

　カーによって、グループはさらに初期・中期・後期の３つのサブ・グループに分類され、ミティリニ福音書を含む17写本が、後期第２グループに分類される。これは、ラテン帝国の成立により、コンスタンティノポリスにおけるビザンティン皇帝の座が空位となっていた期間にあたる。

　カーは、写本群の類似点に主眼をおいて分類を行い、同一のサブ・グループに属する複数の写本を比較検討している。ところが、書体や挿絵の様式には類似点が認められるものの、ミティリニ福音書ヘッドピースには、他に類似例を見出すことのできない特殊な図像が見られる。それでは、ミティリニのヘッドピースはどのような点において特殊なのか、以下に挿絵の記述を行う。

ミティリニ福音書のヘッドピース

　ミティリニのマタイ福音書冒頭ヘッドピースでは、福音書記者マタイが、王冠をかぶった２人の人たちとともに立像で描かれる（図3-21）。マタイは左側に、２人は右側に立ち、中央上側には半円形の天にインマヌエルのキリストが描かれる。マタイの持つ巻物には、「アブラハムの子ダビデの子、イエス・キリストの系図」に始まる福

図3-21　ミティリニ男子高等学校 no. 9, fol. 7r: マタイのヘッドピース

図3-21b　拡大図（部分）: マタイと2人の人物（アブラハムとダビデ）

図3-22 ミティリニ男子高等学校 no. 9, fol. 96r: マルコのヘッドピース

図3-23 ミティリニ男子高等学校 no. 9, fol. 151r: ルカのヘッドピース

図3-24 ミティリニ男子高等学校 no. 9, fol. 243r: ヨハネのヘッドピース

音書冒頭のテキストが書かれ、ヴォコトプロスは2人を旧約のアブラハムとダビデであるとしている[65]。

マルコのヘッドピースには、福音書記者は含まれず、パントクラトール・タイプのキリストが単独で描かれる（図3-22）。

さらに変則的なことに、ルカのヘッドピースでは、4人の福音書記者が一堂に会している（図3-23）。写本冒頭に4人の記者がそろって描かれることはあっても、3番目のルカによる福音書に4人全員がそろうというケースは、他に例がない。しかも、ルカ1人だけが左側に座り、書見台を前に筆記するすがたで描かれ、他の3人は右側に、正面向き立像で描かれる。福音書記者4人全員がそろいながら、3対1に分割される非対称の画面構成は、いったい何のために作られたのだろうか。ヨハネのヘッドピースは、マタイのヘッドピースとやや似ている構図で、左側に開いた巻物を手にする福音書記者ヨハネ、右側に有翼の天使が立ち、中央上側には半円形の天にキリストが「日の老いたる者」と呼ばれる老人のすがたで描かれる（図3-24）。

ミティリニ写本では、福音書記者像とともに、3つの異なるキリスト像（キリスト三態）が各福音書冒頭のヘッドピース中に組み込まれている。キリスト三態とは、第1にパントクラトールのキリスト、すなわち万物の統治者と呼ばれるひげの生えた壮年のキリスト、第2にインマヌエルのキリストと呼ばれるひげのない若いキリスト、第3に「日の老いたる者」と呼ばれる年老いた老人のすがたで表されるキリストである。

パントクラトールのキリストは、長髪でひげがある壮年のすがたで、一般に古代ゼウス神のイメージをふまえて作り出されたと考えられている[66]。短い髪でひげのない若いキリストのすがたは、インマヌエルのキリストと呼ばれ、ロゴス（ことば）としてのキリスト、受肉したことばを表すものとされる。イザヤ書（7：14）およびマタイによる福音書（1：23）の「見よ、おとめが身ごもって男の子を産む。その名はインマヌエルと呼ばれる」という記述にもとづく呼び名とされる。第3のキリスト像、「日の老いたる者」は、年老いたすがたで表されるキリストのことで、父なる神は図像として描かれることがなかったために、キリストと父なる神との一体性が、「日の老いたる者に」よって表される。年老いたすがたで表されるキリストの典拠としてあげられるのは、ダニエル書の「なお見ていると王座が据えられ『日の老いたる者』がそこに座した。その白髪は清らか

な羊の毛のようであった」（7：9）という箇所と、ヨハネの黙示録の「（ヨハネが）振り向くと人の子のような方がおり、その頭、その髪の毛は白い羊毛に似て、雪のように白」かったという箇所である（1：14）。

ヴォコトプロスによれば、キリストの胸像をヘッドピース中のメダイヨンに配する例は、中期以降のビザンティン写本において、デコラティヴ・グループを中心に、13写本に見られる[67]。したがって、写本挿絵にキリストの胸像を描くことは、何もミティリニ独自のものとはいえない。それでは、ミティリニ独自の点は、どこにあるのだろうか。

ミティリニ福音書では、キリスト三態に加えて、福音書記者肖像と第2の人物が組み合わされている。記者肖像は普通、単独で描かれるが、まれに第2の人物が記者に教えを与えるような形で出てくることがある[68]。たとえば、マルコはペトロの指示のもとに、ルカはパウロの指示のもとに福音書を記したという、福音書序言の記述にしたがった組み合わせが見られる[69]。マタイはキリストと組み合わされることがある[70]。ヨハネの場合、指示を与えられるのではなく、弟子のプロコロスに指示を与える[71]。マルコとペトロに加えて天使が登場するもの[72]、指示を与える人が記者と並んで全身像で描かれるもの[73]、全身ではなく、半身像が画面右上角の半円あるいは4分の1円に描かれるもの[74]など、組み合わせの内容と形態にはいくつかのパターンが見られる。

以上、ミティリニ写本と比較しうる、ヘッドピースのメダイヨン中にキリスト像が描かれる作例、福音書記者肖像に第2の人物が導入される作例をそれぞれ簡単に紹介した。この他、ミティリニ写本と同じく、福音書記者・キリスト・その他の人物の3点すべてがそろう例として、パリ国立図書館所蔵のギリシア語福音書写本74番（いわゆる「フリーズ・ゴスペル」）をあげることができる[75]。ただし、ここで各福音書記者と組み合わされる人物のうち、ミティリニと共通するのは、マタイとアブラハムだけである。挿絵の一部だけを取りだして見るなら、比較しうる作例をあげることもできるが、ミティリニのヘッドピース全体については、類似作例を見いだすことができない。それでは、4つのヘッドピースはいったい何を表し、どのようなプログラムに基づいて構成されているのだろうか。

ヘッドピースの図像解釈

　ヴォコトプロスによれば、マタイと組み合わされる旧約のダビデとアブラハムは、キリストの家系を代表してここに描かれた。またヴォコトプロスは、ヨハネと組み合わせられる天使を、七十人訳聖書のイザヤ書に基づく「天使としてのキリスト」(9：6)と同定し、ヨハネ福音書冒頭のヘッドピースは、神とロゴスを表すものであると解釈している[76]。4つのヘッドピースはそれぞれ福音書冒頭の句に関連づけられるというヴォコトプロスの結論はしかし、なぜマルコのヘッドピースには福音書記者マルコが含まれないのか、なぜルカのヘッドピースにはキリストのイメージが含まれず、4人の福音書記者全員が集合しているのかという、写本全体の挿絵プログラムの独自性を解明するものではない。

　ここで画家が第1に試みていることは、キリストの3つのイメージ、すなわち幼子のすがたで描かれるインマヌエル、壮年のすがたのパントクラトール、老人のイメージで表される日の老いたる者、この3つを福音書のヘッドピースの中に取り込むという課題である[77]。ところが、この試みははじめから問題を抱えているものであった。なぜなら、キリストの3つのイメージに対して、福音書のヘッドピースはマタイ、マルコ、ルカ、ヨハネの4つあるためである。

　キリスト三態を、どのように4つのヘッドピースに配分すればよいのか。同様の試みは、すでに紹介したパリ74番に見られる。ここでは、キリスト三態を各々マタイ、マルコ、ルカの3つのヘッドピースに組み合わせ、最後にヨハネのヘッドピースで、キリスト三態全部をもう一度繰り返し並べている[78]。一方、ミティリニ福音書ではインマヌエル、パントクラトール、日の老いたる者、というキリストの3つのイメージが、それぞれマタイ、マルコ、ヨハネと組み合わされ、ルカにはキリストのイメージはない。またマルコのヘッドピースでは、パントクラトールのキリストが画面全体を占めているために、福音書記者が描かれない。パリ74番が非常に洗練された形でキリスト三態と4つのヘッドピース、4人の福音書記者を組み合わせたのに対して、ミティリニ福音書ではあちこちに齟齬が生じているように見える。

　それでは、そもそも画家はなぜ、キリスト三態と4つのヘッドピースを組み合わせようとしたのだろうか。このような工夫は、キリストと福音書が一体であることを視覚化する試みであるように思われる。テッサロニキのシメオンが述べているように、福音書はキリス

トのテュポス[79]、キリストを模するもの、キリストをかたどるものだからである。典礼の小聖入の際に典礼行進によって運ばれる福音書は、キリストがこの世に現れたことを象徴するものと解釈される[80]。したがって、キリスト自身を表すところの福音書中に、著者である福音書記者肖像に加えてキリスト像を挿入しようという試み自体は、それほど不自然なものとは思われない。問題は、それをどのような形で福音書中に組み込むか、ということであった。

　画家の2番目の課題は、キリスト三態と4人の福音書記者をいかに関連づけるか、三態のうちどのキリストをいずれの福音書記者と組み合わせるか、ということだったように思われる。画家は問題解決の一端として、ヘッドピース中に福音書記者以外の人物を導入している。マタイのヘッドピースではキリストとマタイに2人の旧約の人物を組み合わせ、ヨハネのヘッドピースではキリストとヨハネに加えて天使を組み合わせている。一方、マルコとルカのヘッドピースは2つで1つの図像を形成するものとみなすことができるだろう。つまり、マルコのヘッドピースに描かれるキリスト、ルカのヘッドピースに描かれる福音書記者ルカ、同じくルカのヘッドピースに表される3人の福音書記者が、マタイあるいはヨハネのヘッドピースと対応するところの、ひとつの組を構成しているということである。いいかえれば、画家はマルコとルカのヘッドピースを、2つで1つと扱うことによって、本来4つあるヘッドピースを3つにまとめ、キリスト三態と各ヘッドピースを対応させようとしているのである。その結果、マルコには福音書記者なし、ルカにはキリスト像なしのヘッドピースがつけられることになったとはいえ、キリスト三態（インマヌエルのキリスト、パントクラトールのキリスト、日の老いたる者）は、福音書記者ヨハネ、マタイ、ルカとそれぞれ結びつけられた。さらにヨハネ、マタイ、ルカは、それぞれ右手に立つ1人の天使、2人の旧約の者たち、3人の福音書記者と組み合わされた。

　それではなぜ、福音書記者とキリスト三態を結び合わせる第3の人物として、天使、旧約の人物、福音書記者が選ばれたのか。まず、ヨハネと組み合わされる天使について考察したい。ヨハネと天使の組み合わせの典拠となるテキストは、ヨハネの黙示録第10章に求めることができるだろう。ヨハネは、天使が雲を身にまとい、天から下ってくるのを見（10：1）、天使の手から開かれた巻物を受け取る（10：8-9）。このヘッドピースでは、ヨハネと天使が向き合って描かれ、ヨハネが開かれた巻物を手にしていることから、黙示録の記述

が図像の下敷きとなっていることが推測される。それでは、なぜヨハネはここで黙示録の天使と組み合わされたのだろうか。ヨハネと組み合わされる天使は、ヨハネの黙示録的ヴィジョン、いいかえればヨハネの未来のヴィジョンを示すものと考えられる。

マタイと組み合わされる旧約の預言者は、キリスト以前、福音書記者以前の人物である。マタイ福音書冒頭は、「アブラハムの子ダビデの子、イエス・キリストの系図」という1文に始まり、アブラハムはイサクをもうけ、イサクはヤコブをもうけ、ヤコブはユダをもうけ、という具合に家系がえんえんと続き、最後に「ヤコブはマリアの夫ヨセフをもうけた。このマリアからメシアと呼ばれるイエスがお生まれになった」と記述される。続いて「見よ、おとめが身ごもって男の子を産む。その名はインマヌエルと呼ばれる」というテキストが出てくるため、マタイのヘッドピースに、旧約のアブラハム、ダビデに加えてインマヌエルのキリストが描かれるのは、一貫性ある選択といえる。繰り返していえば、マタイと組み合わされるのは、キリストにいたる旧約の者たち、すなわち福音書記者以前の者たちということである。

一方、ルカと組み合わされる3人の福音書記者は、福音書が書かれた同時代の人物とみなすことができる。それではなぜ、パントクラトールのキリストがルカに組み合わされたのだろうか。ルカ福音書冒頭のテキストによれば、大天使ガブリエルがマリアのもとに現れ、マリアがキリストを懐妊することを告知する。その中でガブリエルは、キリストの支配は永遠に終わることがないと述べている（1：33）。万物の統治者としてのキリストがルカによる福音書と組み合わされたのは、このような連関によるものかもしれない。あるいはまた、キリストと生活をともにし、その生涯を書きとめた福音書記者たちにとって、同時代を表すのにふさわしいのは壮年のキリスト像であった、とも推測される。

各福音書記者は、それぞれ過去、現在、未来を示唆する第三の人物と組み合わされた。このことは「神である主、かつておられ、今おられ、やがて来られる方」という黙示録の主に対する3つの形容と対応するものであるように思われる。ミティリニ写本は、過去を表す旧約の人物、同時代を表す福音書記者、未来を表す天使をそれぞれ福音書記者と組み合わせることによって、福音書記者とキリストの形容（かつておられ、今おられ、やがて来られる方）を並列しているのである。

キリストの属性は何も三態に限らない。たとえば「祭司としてのキリスト」を加えてキリスト四態とし、4つのヘッドピースと対応させることもできたはずである。しかしながら、キリスト三態は主に対する3つの形容と対応しており、四態によっては表しにくいメッセージがそこに込められているように思われる。3つの形容は、福音書の過去・現在・未来における普遍性を示すものである。したがって、特殊なヘッドピース図像は、福音書とキリストを一体に結びつけようとする試みであると解釈される。マルコのヘッドピースにだけ福音書記者が含まれない、ルカのヘッドピースに4人の福音書記者全員が描かれる、といった一見不可解に見える図像も、実は一貫したプログラムに基づいて注意深く練り上げられたものであり、キリストと福音書が一体であることを視覚化したものであるといえる。

「エッサイの木」

　ミティリニ写本には、ヘッドピースやキリストの生涯を描く連続説話場面の他に、全頁挿絵「エッサイの木」が1枚だけマタイ冒頭に挿入されている（図3-25）。「エッサイの木」は、マタイ冒頭のテキストで述べられている、キリストの系図（「アブラハムはイサクをもうけ、イサクはヤコブを、ヤコブはその兄弟たちを……エッサイはダビデをもうけた」）を表す図像である。「エッサイの木」に関する基本文献は、1980年のテイラーによる研究である[81]。テイラーは、「エッサイの木」という図像が生まれた契機、図像形成の過程、図像の意味を、東西キリスト教会に見られる18の作例をあげながら分析している。他作例との比較や年代別に発展の傾向をたどる研究は図像学に必須の手続きではあるが、ここでは紙面の都合上、ミティリニ写本に挿入された「エッサイの木」図像が写本中で果たしている役割に焦点を当て、先に検討したヘッドピースとの関わりの中でどのように解釈されるかを考えたい。

　ここで注目したいのは、ミティリニ写本の「エッサイの木」の構図が、磔刑の図像に類似しているという点である。十字架の左右に聖母とヨハネが立っているように、枝を大きくのばすエッサイの木の根元には聖母の父母アンナとヨアキムが立っている。

　テイラーが述べているように、「エッサイの木」はロゴスであるキリストが受肉して人となったことを表明するものである。キリストが人としての身体と魂とを持たないとしたら、キリストの受難と十

図3-25　ミティリニ男子高等学校 no. 9, fol. 8v: エッサイの木

図3-25b　拡大図（部分）: 木の両側に立つアンナとヨアキム

字架上の死は見せかけだけの無意味なものとなるだろう[82]。

　アレクサンドリアのキュリロス（378-444年）は、ネストリウス派に対抗してキリスト受肉の教義を全面展開したことで知られている[83]。キュリロスは、エッサイの根から生える枝と十字架を対置して述べている[84]。このことからも、両者が密接につながるものであったことがうかがわれる。したがって、ミティリニ写本の「エッサイの木」にキリストの十字架が重ねられていると見なすことは、それほど不自然なこととは思われない。「エッサイの木」はキリストが地上に生を受けるまでの系譜を表すとともに、ここには地上におけるキリストの生涯の終わりを表す磔刑の暗示があると筆者は考えている。

　ミティリニ福音書には、キリストの生涯のできごとを描く89の場面が描かれている。マタイ冒頭の「エッサイの木」はキリストの家系を示すものであり、いわば地上でのキリストを強調している挿絵群の出発点となっている。さらに磔刑の暗示をここに読み取るとすれば、地上におけるキリストの生涯の終点をも示すものと考えられる。

　一方、ヘッドピースのキリスト三態は「かつておられ、今おられ、やがて来られる方」すなわち限りある地上での生涯とは異なる、永遠なる存在を強調する。ここに、キリスト四態では表すことのできない、三態として描かれたことの意味があるように思われる。すなわちミティリニ写本では、「エッサイの木」とキリスト伝サイクルが地上におけるキリストの生涯を表す一方、ヘッドピース挿絵は地上の生涯のような始まりと終わりを有しない、永遠なるキリストをあらわしている。つまり、キリストの2つの属性、すなわち人であることと神であることが、福音書中の挿絵に並行して示されるのである。

　一見奇妙に思われるヘッドピースは、単に各福音書冒頭の1節を視覚化したものではなかった。不自然で、一貫性に欠けているように見えながら、実は考え抜かれたプログラムに基づくものであり、見る者にある特定のメッセージを伝えようとしている。伝統的な図像を用いながら、まったく新しい組み合わせを提示するミティリニの挿絵からは、まさにイメージが創り出される生成の現場が垣間見えるかのように思われる。

✣ 3　ビザンティン写本に見られる十字架挿絵とクリプトグラム

　本章1節と2節では、キリストの生涯を描いた連続説話場面を有する作例、図像を複雑に組み合わせることによって合成されたヘッドピースという、特殊な四福音書写本挿絵を取り上げて検討してきた。続いて、典礼用福音書抄本と説教集の写本につけられた挿絵を見ていきたい。ここで取り上げる作例は必ずしも四福音書写本ではないが、ビザンティウムにおいて、今日わたしたちが考える本の概念とはまったく異なる仕方によって写本がとらえられていたことを示唆するものであるように思われるため、あえてここで紹介することにしたい。

　「真の十字架」は、キリスト教世界における最も重要な聖遺物のひとつであり、エルサレムの聖墳墓聖堂、コンスタンティノポリスのハギア・ソフィア大聖堂におさめられた例をはじめとして、その断片はさまざまな場所に運ばれて広く行き渡り、数々の奇跡を引き起こした[85]。各所に散在するこうした「真の十字架」断片は、十字架用聖遺物容器（スタヴロテーク）の中におさめられる[86]。サハスは、ビザンティン社会がいかに聖遺物崇拝と緊密なつながりを持つものだったのか、さまざまな具体例をあげて説明している[87]。たとえばハギア・ソフィア建設の際には、建造物の安定を願って、レンガの間に聖遺物がおさめられたという。第7回ニカイア公会議は、新しく聖堂を献堂する際には祭壇上の容器に聖遺物をおさめるよう求めた。また、コンスタンティノポリスは、626年ペルシアによる包囲、717-718年アラブによる包囲から、「真の十字架」の奇跡によって解放されたと伝えられる。神による加護と勝利を保証するものとして、軍事遠征の際にも聖遺物がともに運ばれた。戴冠式、任官式、結婚式といった宮廷儀礼にも聖遺物が用いられた。また、自然災害や伝染病予防のために、「真の十字架」を掲げて町中を行進し、家々を浄めて回ったという。このように、聖遺物信仰はビザンティン社会において深く浸透するものであった。

　ビザンティン写本には、十字架型の挿絵が描かれることがあり、写本中に描かれた十字架挿絵は、スタヴロテークの中におさめられた十字架を想起させる。写本中に描かれた十字架には、スタヴロテークと対比しうるような働きがあったのではないか。いいかえれば、

写本は、読むための文字を記したものという、本来書物にそなわった機能以上のものを有していたのではないだろうか。ここでは、十字架挿絵の周囲に配されたクリプトグラム（隠し文字）の解読をとおして、写本に描かれた十字架の働きを解明することを試みたい。

　現存するビザンティン写本群は、ビザンティン帝国千百年の歴史の中で制作された膨大な量の写本のうちごくわずかな部分であり、今日ビザンティン写本の全体的な実態を知ることは難しい。しかしながら、現存する作例を対象とした調査が明らかにするところによれば、ビザンティン写本のサイズには定型と呼べるような一定の基準はなく、写本によってそのサイズは大きく異なっている[88]。第2章では、24cmを越える写本を大型と分類した。大型の中には、縦30cmをこえるものもあり、しばしば三百から四百フォリアの羊皮紙を用いて制作され、現代の図鑑や辞典のような厚みと重量を有する。また写本の表紙は木の板で作られ、板の表面は多くの場合皮によっておおわれるが、エマイユや宝石・貴石による装飾がほどこされた装丁板がとりつけられることもある[89]。このような場合、特に写本の外観は1冊の書物というよりは、むしろ大きな箱のように見える。たとえば、ヴェネツィアの聖マルコ図書館におさめられる福音書写本装丁板では、金属板の中央にエマイユ・クロワゾネによるキリスト立像が配され、その周囲を使徒らのメダイヨンが囲む（図3-26）[90]。聖マルコ大聖堂宝物館所蔵のスタヴロテークでは、中央にエマイユ・クロワゾネによる「キリストの磔刑」、それを取り囲むメダイヨン中にペトロ、パウロらの胸像が描かれる（図3-27）[91]。主題は異なるものの、長方形をいくつかの部分に区分し装飾する全体の画面構成は、両者に共通している[92]。言われなければ、どちらが本でどちらが箱なのか区別をつけがたい。こうしたスタヴロテークとの類似に顕著に見られるように、ビザンティン写本は、現代わたしたちが本とみなすような外観から大きくはずれ、しかもそこには「書き記された文字を読む」という現代の書物の概念の中におさまらない、特別の機能が備わっているように思われる。

　たとえば、6世紀の聖人伝によれば、イベリアの聖ペトロはコンスタンティノポリスから旅立つ時、聖ヨハネによって書かれた小さな書物をたずさえており、その書物には「真の十字架」断片がはめこまれていたと伝えられている[93]。十字架の断片はおそらく写本装丁板にはめこまれていたものと考えられ、このような記述は、聖遺物と写本とが完全に一体化させられた例を示すものであるといえよう[94]。

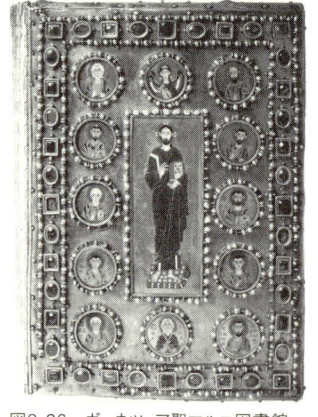

図3-26　ヴェネツィア聖マルコ図書館 福音書写本装丁板

図3-27　ヴェネツィア聖マルコ大聖堂宝物館　スタヴロテーク

大英図書館所蔵典礼用福音書抄本（add. 39603）

大英図書館所蔵の12世紀の典礼用福音書抄本（add. 39603）には、スタヴロテークとの顕著な類似が見られる[95]。本写本では、すべてのフォリオに十字架型の罫線が引かれ、テキストはそのレイアウトにしたがって書かれている（図3-28、口絵）[96]。すなわち、二百近いフォリアで十字架型のテキストがことごとく繰り返される。テキスト自体は羊皮紙上に書かれた平面だが、めくってもめくっても同じ形が繰り返されているために、平面上の十字架型が次第に立体的な厚みをおびているかのように見えてくる。写本自体に箱のような厚みがあり、その分の厚みが十字架型のテキストにも備わっているように感じられ、あたかも写本が十字架をその中におさめたスタヴロテークであるかのように見えるのである。

典礼用福音書抄本では、テキストが2コラムに分けて書かれることが多い[97]。それに対して、テキストを十字架型のレイアウトにおさめようとすれば、手本とは別の、特殊な罫線を引かなければならない。十字架型のレイアウトは、2コラムの場合に比べて余白部分が多く、羊皮紙の節約にはならない。典礼用福音書抄本は、もっぱら朗読のために用いられる。ところが、行によってテキストの長さが異なる十字架型は、行がそろった2コラムに比べて読みにくく、あまり朗読には向かないように思われる。つまり、十字架型のテキストは必ずしも典礼用福音書抄本の機能に適するものとはいえない。しかしながら制作者は、1冊の写本をいわば箱になぞらえ、テキストをあえて十字架と見立てることによって、十字架用聖遺物箱と典礼用福音書抄本を重ね合わせたと考えられる。

典礼用福音書抄本の場合、特にスタヴロテークとの間には形態上のみならず、機能上の類似をも指摘することができるように思われる。両者はいずれも典礼行進に用いられるからである。10世紀のハギア・ソフィア大聖堂のティピコン（典礼次第）によれば、コンスタンティノポリスでは年間68もの典礼行進がとり行われていた[98]。人々はある特定の場所に集合し、その日の目的地に定められた聖堂に向かって歩き出す。『バシリオス2世のメノロギオン』の挿絵は、そのような典礼行進のようすを描いている（図3-29）[99]。行列の先頭には、福音書を抱える総主教、行進用十字架をかかげた輔祭、ろうそくを手にした信徒の列が続く[100]。挿絵は、一団が聖堂の前に到着したところを描いており、この後一団は堂内に入り、リトゥルギア（奉神礼）が始まる。リトゥルギアにおいてもまた、典礼行進は形を変え

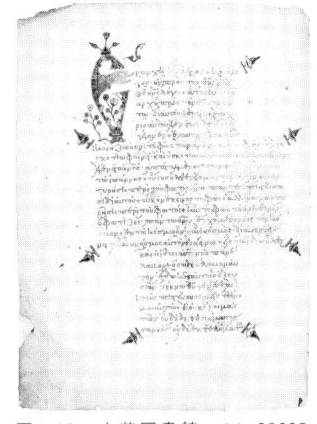

図3-28　大英図書館 add. 39603, fol. 1v: 十字架型レイアウトの典礼用福音書抄本

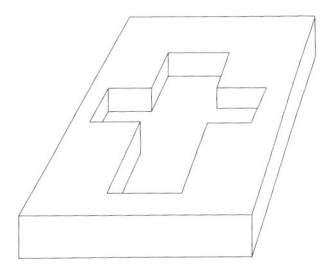

図3-28b　スタヴロテーク再現図

図3-29　ヴァティカン聖使徒図書館 Vat. gr. 1613, p. 142:『バシリオス2世のメノロギオン』

図3-29b　拡大図(部分):福音書と十字架を掲げる典礼行進

て繰り返される。タフトは、ことばが偏重される傾向にある西方のラテン典礼に対して、ビザンティン典礼では動きが重要な役割を果たしていることを指摘している[101]。「ことばの式」においてとり行われる小聖入では、典礼行進によって福音書が運ばれる。小聖入の行進の際ナオスに運ばれる福音書は、キリストがこの世に現れたことを象徴するものと解釈される。朗読の際には、典礼行進によって福音書が説教壇へと運ばれる。またエルサレム聖墳墓聖堂の9世紀のティピコンによれば、聖金曜日、エルサレム総主教は十字架を背負うキリストを模して、「真の十字架」を肩にのせて典礼行進したと伝えられる[102]。福音書とスタヴロテークは、イコンや行進用十字架と共に典礼行進の中で掲げられ、人々の前に示されたことがうかがわれる。福音書は、キリストのテュポス[103]、キリストをかたどるものであり、写本には「書き記された文字を読む」にとどまらない機能が備わっているといえよう。

ゲマトリア

ところで、ここでゲマトリアについて触れておきたい。ゲマトリアとは、アルファベットを数字に置き換えることによって、単語の総計文字数を算出し、同じ文字数の別の単語と結びつけるというものである[104]。ゲマトリアは、もともとユダヤ教のカバラ主義的解釈に由来する。カバラ主義者らは、神の啓示による隠されたコードによって、旧約聖書が書かれたと信じていた。たとえばダビデを表すヘブライ語は総計18で、生命を表す単語の総計と合致するため、ダビデと生命が等価と見なされた[105]。

グノーシス主義もまた、教義を語る際にゲマトリアを用いた。彼らは神の名を知るための手段を探し求めたが、神の名とは神に属するもの、すなわち神そのものであるために、神の名を知ろうとすること自体、矛盾をはらむものであった。神はそもそも言い表すことのできないものであり、その名をどうすれば知ることができるだろうか。こうした問いに答えるべく、グノーシス主義はある特殊な表現形式(ゲマトリア)を用いた。そこでは神の名が直接には表されず、神秘的な仕方によって内に含まれている。ゲマトリアは、神の名を隠し持つと同時にその名を明かすものであり、理解しがたいようなことがらに対して光を投げかけるものとみなされた[106]。

ビザンティン帝国では、アラビア数字が用いられることはなく、数字表記にはギリシア・アルファベットが使われていた。つまり、

1はA、2はB、3はΓ、4はΔによって表される。したがって、単語を数字に置き換えることは比較的容易である。こうしたゲマトリアに基づく解釈は、ユダヤ教のみならず、キリスト教教父らの文献中にも見いだすことができる。

イレナエウスは、ヨハネの黙示録（13：18）に記されている、獣の名を表す数字666について、ゲマトリアを用いて解釈し、その名はTEITANであろうとしている。アルファベットの合計（T＋E＋I＋T＋A＋N＝300＋5＋10＋300＋1＋50）が獣の名である666と合致するためである[107]。

カラブリア地方ロッサーノ主教テオファネス・ケラメウスは、ペトロが引き上げた網にかかった153匹の魚（ヨハネ21：11）について、ゲマトリアを用いて次のように解釈する[108]。創世記（24：15）に記されるリベカ（Rebekka、アブラハムの子イサクの妻）の名前の総数は153である（R＝100, E＝5, B＝2, E＝5, K＝20, K＝20, A＝1で、100＋5＋2＋5＋20＋20＋1＝153）。つまり、リベカの名前は魚の数と一致する。それゆえ、リベカは教会を象徴するものと解釈される。

テオファネスはマタイによる福音書に記された「善い方はおひとりである」（19：17）という箇所を、同じゲマトリアの手法によって解釈している。θεός（神）の総計とαγαθος（善い方）の総計284が合致するため、神＝善い方であるという説明である[109]。エジプトの隠修士マルクス（5世紀）もまた、パウロ（Παυλος）と知（σοφια）が等しいことを記している（いずれも総計781）[110]。

ニカイア公会議に出席した主教数は、記録によって異なるが、アタナシオスとヒラリウスは、それをあえて318人としている[111]。なぜなら、318はTIH（300・10・8）と表記され、Tは十字架、IHはイエスを意味するからである。つまり、数字中に何らかの意味あるメッセージを読み取ろうとすることは、それほど不自然なことではなかったことがうかがわれる。

残された史料は限られたものであり、ゲマトリアがどの程度浸透していたのかを知ることは困難である。またキリスト教のゲマトリア研究は1910–20年代に見られるものの[112]、あまりにも非科学的だからであろうか、昨今研究者によってまともに取り上げられることはなかった。しかしゲマトリアによって、十字架挿絵の周囲に隠されたクリプトグラム（隠し文字）を解読できるのではないかと考え、ここではあえてゲマトリアを持ち出した。

続いて、写本中に描かれた十字架挿絵の例を見ていきたい。いずれ

も十字架挿絵の周囲にクリプトグラム（隠し文字）が配されている[113]。隠されていたものが明らかにされるさまをその目で見る者は、十字架の神秘が働くその現場を目撃しているようなものである。こうしたクリプトグラムは、数字表記にも文字にも読むことができるギリシア・アルファベットの特性を利用したものといえる。

ヴァティカン聖使徒図書館所蔵典礼用福音書抄本1156番

ヴァティカン聖使徒図書館所蔵の典礼用福音書抄本 (Vat. gr. 1156) には、十字架の四方に文字を配する例が見られる（図3-30、口絵）[114]。移動日課のヨハネの部最後のフォリオには大きな十字架型のレイアウトにあわせてテキストが記され、十字架の左上、右上、左下、右下にEEPP、TTPP、CCPP、ΠTCCの大文字がそれぞれ配置されている。これらのクリプトグラムが何を意味するものであるか、解読の試みはこれまでなされてこなかった。そこで、前例と同じようにアルファベットを数字表記と見なすと、EEPPは5・5・100・100、TTPPは300・300・100・100、CCPPは200・200・100・100、ΠTCCは3・3・3・200・200と読むことができる。これらの数字をそれぞれ合計すると、EEPPは210、TTPPは800、CCPPは600、ΠTCCは409となる。ここでは210はEEPP、すなわち5・5・100・100に分けて表されているが、これはもっと簡単に200と10、つまりCIの2文字で表すことが可能である。同様に、TTPPの800はΩの1文字、CCPPの600はXの1文字、ΠTCCの409はΥΘと表すことができる。こうして導きだされた6つのアルファベットCI、Ω、X、ΥΘは、あるひとつの単語を分割したものである。その単語とはIXΘΥC「イクティス」すなわち魚である。イクティスが特別な単語であることは言うまでもない。この単語は、イエス・キリスト、神の子、救い主IHCOΥC XPICTOC ΘEOΥ ΥIOC CΩटHPの頭文字を表すものだからである[115]。

ここまでの解読の手順を確認のためもう一度繰り返したい。第1に、十字架の周囲に配置されたギリシア文字を数字として読み、それを合計する。その合計を最も単純な文字表記に戻すという作業によって、6つのアルファベットが導き出される。これは、イエス・キリスト、神の子、救い主の頭文字を表すものであり、十字架の上下左右に表された大文字は、「イクティス」を数字を媒介として変形させたものだったのである。一見不可解で無意味な文字列には、実はキリストの名前が隠されている、という仕掛けになっている。

図3-30　ヴァティカン聖使徒図書館 Vat. gr. 1156, fol. 69r: 十字架型レイアウトとイニシアル

さらに、十字架下の数字に注目したい。CCPPの600とΓΓCCの409を合計すると、その数字は1009となる。この1009という数字は、コンスタンティノポリスの総主教ミカエル・ケルラリオス[116]の名前と一致する。ΚΗROΥΛΑΡΙΟCを数字表記として読んでいくと、その合計（20・8・100・70・400・30・1・100・10・70・200）が1009となるからである。

次に、左下のCCPPの600と、右上のTTPPの800を合計してみよう。その合計1400は、ケルラリオスの役職名である「総主教」と一致する。ΠΑΤΡΙΑΡΧΗCを数字表記として読んでいくと、その合計（80・1・300・100・10・1・100・600・8・200）が1400となるからである[117]。十字架の左下と右下の合計、左下と右上の合計を計算して「総主教」「ケルラリオス」との一致を指摘したが、その際、左上のEEPPの210だけは用いていない。この部分を用いて何らかの意味ある単語を導き出すことができるのか、筆者には現在のところ解答の用意はない。

それでは、暗号の考案者である総主教ケルラリオスがどのような手順によってこのような文字の組み合わせを作り出したのか、彼が行った操作を始めから跡付けながら考えてみたい。彼は、自らの名を隠し文字として十字架の周囲に配置することを思いつき、第1に「総主教」「ケルラリオス」を数字に換算した（1400と1009）。さらに、彼は自らの名をキリストの名を表すイクティスと重ね合わせようとした。そのために、イクティスを数字に換算した（1219）。当然のことながら両者の合計は一致しない。それどころか、イクティスの合計1219では、「総主教」の合計1400を表すのに足りない。そこでΙΗCΟΥC ΧΡΙCΤΟC ΘΕΟΥ ΥΙΟC CΩΤΗΡのうち、最後の単語（CΩΤΗΡ）は頭文字のCのみならず、2番目の単語Ωをも含めることによって、イクティスの合計を1219から2019にまで引き上げている[118]。とはいえ、総主教＝1400、ケルラリオス＝1009と、イクティス＝2019は、このままではまだ合致しない。そこで考案者は、イクティスを4つの部分に分割することによって、部分的な一致を作り出すことを思いついた。すなわち2019を210、600、409、800に4分割すれば、600と800によって「総主教」の合計1400との一致を作り出すことができる。同様に、600と409によって「ケルラリオス」の合計1009との一致が実現する。いいかえれば、イクティスがIC・Ω・Χ・ΥΘの4つに分割されたのは、ΧとΩの合計、ΧとΥΘの合計を、それぞれ「総主教」の合計1400、「ケルラリオス」の合計1009と一致させるためである[119]。こうして、部分的ながら総主教ケルラリ

オスの名はキリストの名の中に織り込まれ、十字架の周囲に隠し文字として配置されたのである[120]。

パリ国立図書館所蔵ギリシア語写本510番
『ナジアンゾスのグレゴリオス説教集』

最後の例は、パリ国立図書館所蔵の『ナジアンゾスのグレゴリオス説教集』(Paris, B. N., gr. 510) である[121]。写本冒頭に、2枚の十字架の挿絵が見られる（fols. Bv と Cr）（図3-31、3-32）。一見、特に奇妙に見えるような点はなく、『バシリオス2世のメノロギオン』で典礼行進の先頭にかかげられていた行進用十字架に類似する装飾パターンである。十字架の上下には、キリストのモノグラムであるIC XCと、勝利者を意味するNIKAが配されている。十字架の腕には、ひもを編んだような装飾、しずく形のような装飾がほどこされている。これらは、一見すると単なる装飾のように見えるが、これはギリシア文字を表すものと見ることができるのではないだろうか[122]。すなわち、十字架の上側には右左あわせて4つのΛが配されているのである。一方、十字架の下側には、合計8つのMが見られる。これらの文字を上記の例と同じように数字表記として読んでみたい。Λは30、Mは40と読むことができる。ここで注目したいのは、文字の上につけられたしずく形の装飾である。十字架の下側では、しずく形は4つのMの真上で4回繰り返され、それぞれのMに属しているように見える。ところが十字架の上側では、しずくは左に3つ、右に3つの合計6個である。それぞれのΛの右肩と左肩、あるいは2つのΛの間につけられているために、どのしずくがどの文字に属するのかがあいまいで、下のMの例のように、しずくが文字にはっきりと属しているようには見えない。それゆえ、上側のしずくは単なる装飾であるように思われる。一方、下側のしずくは文字に属し、文字の一部として読むことができるのではないだろうか。ビザンティンのクリプトグラフィー（暗号法）では、数字の上のドットが10倍を表すことがある[123]。同様にMの上につけられたしずくを、ドットとして読むことはできないだろうか。本来Mは40を表すが、これをドットつきとみなすなら、40の10倍、すなわち400を表すことになる。このように計算していくと、十字架の上下につけられた文字の合計は1880となる。まず、上側のΛ4つについては、Λは30を表すため、30×4で120を表す。続いて下側のMについては、上段のMはドットつきであるため、400×4で1600になる。一方、下段のMはドットなしで

図3-31　パリ国立図書館 gr. 510, fol. Bv.:『ナジアンゾスのグレゴリオス説教集』十字架挿絵

図3-32　パリ国立図書館 gr. 510, fol. Cr.:『ナジアンゾスのグレゴリオス説教集』十字架挿絵

あるため、40×4で160になる。その合計（120・1600・160）は1880である。それでは、この1880はいったい何をあらわしているのだろうか。これは、この写本の制作に深く関わったとされる、コンスタンティノポリスの総主教フォティオスΦΩTIOCの名前と一致する。彼の名前を数字におきかえると、その合計（500・800・300・10・70・200）が1880となるからである。すなわち、一見特に変わったところのない十字架の装飾のように見えるが、ここには文字が隠されており、さらにその文字の中にはある意味がおりこまれ、それらを解読することによって、写本制作にかかわった人の名前が明らかにされる、という仕掛けになっているのである。

図3-32b　パリ国立図書館 gr. 510の書きおこし図

　それではフォティオスはなぜ自らの名前を隠し文字として十字架の周囲に配置したのだろうか。彼は、858年コンスタンティノポリスの総主教の座につくが、9年後に失脚、第8回公会議において、フォティオスとその一派を否認する主教らによって調印された公会議決定事項議事録が、「真の十字架」の上にのせられた、と伝えられている[124]。10年後フォティオスは総主教の座に返り咲くが、その際、「真の十字架」の前で1度おとしめられた自らの名前を、「真の十字架」の前で再び回復することを願って、写本の中に描かれた十字架の周りに自らの名を配したのではないか。誰にでも読める形ではなく隠し文字にしたのは、再び失脚するようなことがあった場合、敵に自分の名前を写本中から抹殺されることを恐れたと考えられる。事実フォティオスは886年に再び失脚、追放される運命をたどることになるが、隠し文字の中に残された彼の名前は、今日まで生き残ることになった。

　十字架の周囲に配された装飾は文字を暗示するものではなく、実際に使用される行進用十字架の装飾にならって描かれたものである、という反論が当然予想される。しかしながら、行進用十字架の装飾に見せかけることによって自らの名をそこに隠すことが制作者の意図だったとすれば、単なる装飾にすぎないという主張は、制作者のもくろみにはまったことになるだろう。「フォティオス」の合計1880が、4つのΛと8つのMに分割されたのは、左右対称に配置できる特定の文字を選択したためであると推測される。左右対称に文字を配置することによって、それらを文字ではなく装飾に近く見せようとしたのである[125]。

　ここで検討した2つのビザンティン写本に共通する要素は、十字架の四方に文字が配されるという点である。写本中におさめられた

十字架挿絵は、羊皮紙上に描かれた単なる挿絵ではなく、聖遺物容器におさめられた十字架を想起させる。描かれた十字架にもまた、奇跡を引き起こす力が備わっていると見なされたのではないだろうか。

　ダマスカスのヨアンニスによれば、「真の十字架」はキリストの聖なる体と血に直接触れて神聖化されたものであるがゆえに、それ自体崇拝すべきものである[126]。事実、「真の十字架」によって数多くの奇跡が引き起こされた。聖アレクシオス伝によれば、ローマでは、聖アレクシオスの遺体を探すために、「真の十字架」をおさめる聖遺物容器を先頭にかかげ、典礼行進がとり行われたと伝えられている[127]。アルメニアでは、聖フリプシメ聖堂に「真の十字架」がおさめられていたが、しばらくのあいだ行方不明になっていた。ところがヴァラク山の山頂で黙想する修道士トディクの目の前に輝く十字架が現れ、まさにその場所において、トディクは「真の十字架」を再発見したと伝えられる[128]。このように「真の十字架」には、病を癒す奇跡の力のみならず、隠されていたものを明らかにする力が備わっていた。写本中に描かれた十字架にもまた、隠された文字の謎を明らかにする神秘の力が備わっていると信じられていたかもしれない。いいかえれば、写本制作者が十字架の四方に隠し文字を配したのは、十字架が引き起こす奇跡によって文字に隠された真の意味が浮かび上がる、という着想に基づくものだったのではないか。ここでのクリプトグラム解読は、ギリシア文字を数字表記として読む、新しい解釈の可能性を提示する試みである。それが唯一の正しい解であると主張するものではない。しかしながら、十字架挿絵を写本に描いた制作者らの実像の一端を、ここにうかがうことができるように思われる[129]。

　本章で取り上げた特殊な四福音書写本は、いずれも独自のプランに基づいて注意深く挿絵を創りあげたものであった。理論上、ビザンティンのイメージに革新はないとされる。しかし、逆説的なことに、一見慣習的に見える図像のところどころに新しさが織り込まれる。刷新を前面に押し出すことなく従来の図像のように装いながら、しかしそこかしこには創意工夫がこらされた痕跡が見られる。また本章の最後に、四福音書写本以外のジャンルのビザンティン写本をあえて取り上げた。ビザンティウムにおいて、現代のわたしたちが有している書物の概念とはまったく異なる仕方で、写本がとらえられていたであろうことを示すためである。ここでもまた、十字架の

上下左右に IC XC NIKA を配する従来の定型を下敷きとしながら、制作者の独創性によって生み出された巧妙なしかけがその痕跡を残している。

　第 2 章、第 3 章において検討してきたように、ビザンティン四福音書写本群は、一方で標準型あるいは定型と呼びうる統一性・一様性を示し、一方でそれにあてはまらない多様性を有している。写本の内容と外観に大きなばらつきはなく、それらは時代の変遷にもかかわらず、ほぼ一定のまま保たれる。そのような統一的枠組の中にありながら、1 つひとつの写本は異なる環境において制作され、使用され、異なる歴史をたどって現在にいたっている。第 4 章では、ビザンティン社会、ことに典礼において福音書がどのような役割を果たしてきたのかという点に注目することによって、四福音書写本の一様性を支える背景を探る。

第4章
ビザンティン四福音書写本の画一性と多様性

1 帝国と典礼

　大英図書館の四福音書写本概観調査を行った結果、一見互いに矛盾し合うようにも見える2つの側面が浮かび上がってきた。1つは、四福音書写本というジャンル全般が画一性を有し、それを保ち続けようとする保守的な傾向が見られること。もう1つは、ジャンル全般としての画一性にもかかわらず、各々の写本には個別性がそなわっているということである。今日、書店で同一タイトルの本を複数手に取った時、1冊ずつ外観や内容が異なっているということはありえない。しかしながら、こうした現代の常識でビザンティン写本をとらえることはできない。活版印刷のような大量生産ではないため、各々の写本は作り手の個別の作業によって制作される。また、注文者の個人的な要請もそこに取り込まれる。それゆえ、1冊ごとに写本が異なる様相であったとしても不思議ではない。写本ごとにそのありようが大きく異なっている一方、四福音書写本を構成する諸要素にほとんどばらつきが見られないことも確かである。それでは、四福音書写本制作の伝統において、画一性を要請し、かつそれを保持することを要請したその要因とは、いったい何だったのだろうか。

　皇帝ユスティニアヌスが述べているように、すべてのキリスト教徒の一致、神が喜ばれるものはそれをおいて他にない[1]。東方正教会の神学者メイエンドルフによれば、帝国と教会が永遠不変の神の顕現を体現するものであること、それがビザンティン文明に終始一貫して見られる特色であった[2]。教会と典礼の伝統が真正の形式においてひとつに保たれることこそが必須であった[3]。典礼は永遠なる天上の秩序を、象徴的に視覚化したものである。したがって、典礼が多種多様でばらばらであったり、変化するようなことがあれば、それ

は秩序の崩壊ともとらえられかねない。永遠にして不変、唯一の存在である神が変わりゆくことはありえない。天上の秩序もまた不変であり、それを地上において映し出す典礼もまた不変でなければならない[4]。実際に典礼の形式が完成されるのは12世紀以降のことであるが[5]、この間典礼が変化してきたことは不問に付される。典礼にはバシリオス（379年没）、あるいはヨアンニス・クリュソストモス（39?年コンスタンティノポリス主教に着任）の名が付され、彼らの時代から、同様の典礼形式が継続してきたかのように振る舞われる。

一方、帝国の歴史をふりかえってみると、統一を維持し続けることがいかに困難であったかをうかがい知ることができる。帝国は、異なる言語・文化を有する集団を複数内包し、帝国の境界は拡大と縮小を繰り返す。飢餓、地震、病いが人々を襲う。こうした極めて不安定な状況下において、どのように帝国は統一体としてのアイデンティティーを定義づけ、保持し続けたのだろうか。その解は、正教会にあった。メイエンドルフによれば、典礼の伝統と慣習を、変わらずに保持し続けようとする（あるいは保持しているかのように見せかける）保守的な姿勢が、常にビザンティウムにおいて支配的であった。典礼こそが、変わりゆく社会において、正教会の変わらぬアイデンティティーを保ち続ける手立てであったからである[6]。

したがってその典礼において用いられるイメージもまたひとつに統合されたものでなければならない。福音書はキリストのテュポス、キリストをかたどるものであり、典礼では福音書がキリストの現存を象徴しつつ、さまざまな仕方によって用いられる。こうした役割を担う福音書もまた、不変かつ唯一でなければならない。加えてイコノクラスムを経た後、新しいイメージを創りだすことに対する規制がなされ、画家は手本の模倣を繰り返し、あえて新しい形を創造することをしなかった[7]。こうした正教会からの要請が、福音書とその挿絵の画一性を規定していた。

わたしたちは今日、オリジナリティに価値を見いだす。それゆえ、ビザンティン絵画のように単純な図像の繰り返しは、創造力の欠如のようにも見える。が、新しさや変化があえて避けられたために、何世紀にもわたって正教会（ひいては福音書）の不変性、真正性が保たれたともいえる。西方にも図像の慣習的な型はあったが、画家は多種多様な表現を次々に生み出していく（第7章参照）。あたかもそれが自らの技術を誇示する自己表現の場であるかのように[8]。西方においては、こうした個人的な創造力や想像力（それは時に幻覚と呼びうる

ものであったかもしれない)が、時に人を異端の方へと迷い込ませた、とホイジンガーは述べている[9]。

2 典礼における四福音書写本の役割

　ビザンティン典礼において、福音書はキリストの現存を具体的な形として表すものに他ならない。小聖入では、福音書がイコノスタシス背後の至聖所(ベーマ)から信徒の集うナオスへと運び出される。このことは、神の子がこの世に遣わされたことを象徴する。テッサロニキのシメオン(1429年没)によれば、司祭がベーマから吊り香炉を持って現れ、再びベーマへと戻っていく、この一連の動作が象徴するのは、神のひとり子が天上からわたしたちのもとへと遣わされ、わたしたちをともなって再び天上へと戻られることである。司祭が中央に立ち頭を垂れる時、それはキリストがわたしたちのために地上の中心で十字架にかけられ、冥府に降られたことを象徴する。司祭が再び顔を上げる時、それはキリストの復活を象徴する。司祭は福音書を高く掲げることによってそれを明示する[10]。
　大聖入では、パンとぶどう酒が至聖所(ベーマ)から信徒の集うナオスへと運び出され、再びベーマの祭壇上へと運び入れられる。アトス山ラヴラ修道院のニコラオス・カバシラス(1391年以降没)は、大聖入はキリストの埋葬を模倣すると述べている[11]。さらにモプスエスティアの主教テオドロス(428年没)によれば、助祭たちがパンを運び、それを祭壇上に置くことによって受難の象徴が完結する。祭壇上に置かれたパンは、受難を経て墓におさめられたキリストとみなされる[12]。コンスタンティノポリスの総主教ゲルマノス(733年没)は、説教壇は聖墳墓を表すものであるとしている。聖墳墓において天使はキリストの復活を宣言した。同じように、典礼では助祭が天使を象徴する役割を担い、説教壇において福音書を顕示することによってキリストの復活を表す[13]。典礼はキリストの生涯を象徴的に記念するものに他ならない[14]。
　典礼とは何かということについて、教父らはさまざまな定義を書き残している。偽ディオニュシオスの定義によれば、典礼とは、物質的なものが霊的なものへと昇華されること、下位にある多様な存在が完全にして一なる神へと昇華されることである[15]。またカバシラスの定義によれば、典礼とは、神とわたしたちとがつながるための手だてである[16]。マクシモス(580-662年)が述べているように、聖

堂のベーマは天上世界を表し、ナオスはその下にある世界を表す。ナオスの表す下の世界とは、感覚によって生きる者たちに与えられたものである[17]。感覚によって生きる者たちが、典礼を介して神とつながるために、ビザンティン典礼は人の五感に働きかける。キリストの生涯や聖人を描いた壁画とイコン。カバシラスによれば、こうした装置はわたしたちの魂に働きかける[18]。とめどなく唱えられる祈りと歌。あたりにたちこめる香の煙。コンスタンティノポリスのゲルマノスによれば、聖霊は炎と香の煙の中に見出される。炎は聖霊の神性を示し、香を炊く煙の匂いは聖霊が目に見えないままやって来てわたしたちを満たすことを示す[19]。こうして不可視不可触の聖霊は、感覚によってとらえ得るものに置き換えられる。ダマスカスのヨアンニス（675–749年頃）によれば、神の恩寵は物質の域へと降り、恩寵によって物質は変容させられる[20]。典礼において神の恩寵が地上の物質（炎や香の煙、福音書）に働きかけ変容を引き起こすことによって、香は聖霊の現存を、福音書はキリストの現存を顕示する媒介となりうる。写本の羊皮紙とインクは、神のことばへと変容させられる。

　マクシモスは、神とキリスト者とを結びつける教会の働きについて語る中で、次のように述べている[21]。数えきれないほどおびただしい数の男たち、女たち、こどもたち、彼らはみな1人ひとり異なっている。出生地も、外見も、言語も、習慣も、年齢も、考えも、力量も、振る舞いも、癖も、学業も、評判も、運も、性格も、縁故も、すべて異なっている。彼らはしかし、みな聖霊において再び創造される。聖霊はすべての人に等しく、1つの形と呼び名を与える。人々がみな、キリストの名を運ぶ者となるように。聖霊は、すべての人に唯一の、単純素朴で、決して分かつことのできない全一を与える。人々の間には無数の違いが存在しているが、こうした違いをこえて、あらゆる人々が聖霊とひとつになる。

　マクシモスによれば、真実とは単純素朴なもの、唯一のもの、一致しているもの、不可分にして不変のもの、動かしがたいもの、完全にして永遠なるものであり、その真実においてこそ、神のありようが明かされる[22]。真実が神を明らかにするように、福音書もまたそこで語られるキリストのことばと行いを通して神のすがたを明らかにする。ゆえに福音書もまた、真実がそうであるのと同じように単純素朴なもの、唯一のもの、一致しているもの、不可分にして不変でなければならないということになる。福音書の画一性と不変性

は、写本制作の歴史の中でこうして固く守られてきた。

✢ 3　変わりゆく写本

　新約聖書といえば、誰もが27書を含む現在の形を思い描く。しかしながら、当初から新約聖書がこの形であったわけでは決してない。新約聖書本文批評の研究者パーカーは、新約聖書が27書すべてを含む1冊の書物であるという概念は、西欧においてルネサンス以降印刷技術とともに一般化したものであり、初期のキリスト者らがもともとそのようなものを手にしていたわけではないことを強調している[23]。パーカーの概観調査によれば、福音書を含むギリシア語写本は2361現存している[24]。そのうち福音書のみを含むものは2152写本（うち198は断片）、新約聖書27書をすべて含むものは59写本、黙示録なしの新約聖書は150写本であるという。使徒書簡のうちどれを含むのか、どの順序で並べるのかは写本によって異なっている。

　四福音書もまた、当初から4つで1つの全体を形作っていたわけでは決してなく、当初はもっぱら口伝によるもので、書き記されたものが用いられるようになった後も、四福音書がすぐにひとつにまとめられたわけではなかった。唯一にして真正の教会が最初から存在していたのではなく、各地に散在するばらばらのキリスト者による共同体が、互いに認め合い、競合し合い、時に非難し合う中で存在していた[25]。こうした各地の共同体は、必ずしも四福音書をそろえて使用していたわけではなく、どれか1つの福音書だけを用いていたらしい。メツガーは、四福音書全文を巻物におさめようとした場合、1巻におさめられる分量は限られているため、複数巻に分けなければならなかったことを指摘している[26]。ある共同体が、1つの福音書のみを含む1巻を所有し、もっぱらそれを用いていたことを想像するのはそれほど難しいことではない。また福音書には、マタイによる、マルコによる、といったタイトルが付けられている。こうしたタイトルがつけられた最古の写本は3世紀のものであり、このことから、ある時期以降複数の福音書がタイトルによって区別されるようになったことがうかがわれる[27]。いいかえれば、それ以前のタイトルなしの写本の場合、複数の福音書を区別する必要がなかった、すなわち手元にある福音書だけが唯一のものとして用いられていたということになる。

　それでは、4つの福音書が1つのユニットとして用いられるよう

になったのはいつ頃のことだったのだろうか。イレナエウス（200年頃没）によれば、福音書は4つ以上に増やされることも、4つ以下に減らされることも許されない[28]。彼は4つの福音書を1つのユニットとしてとらえ、4つでなければならない理由について述べている。東西南北4つの方角、4つの風、エゼキエルと黙示録の4つの生き物、ノア、アブラハム、モーセ、キリストの4つの契約、すべて4であるため、福音書も4以外の数ではありえないという主張である。それは4つを1セットとしないで用いている人たち（たとえばルカによる福音書のみを用いるマルキオン）に向けて、4つ1組であることを主張するものでもある。パーカーによれば、現存するパピルスの例から、3世紀になってもまだ4つの福音書がばらばらに用いられていたらしい痕跡が認められるという。当時、四福音書以外の福音書もまた、多く回覧されていた。それぞれが異なる福音書を異なる仕方によって用いているうちは、複数存在する共同体どうしを1つにまとめあげることは難しい。正典と定めるもの以外を切り捨て、四福音書を1つにまとめることで合意をとりつけ、それが標準のスタイルとなるのは、ようやく4世紀に入ってからのことであった[29]。メツガーは、どのようなプロセスを経て正典化が行われたのかということについて、教父らが何も書き残していないことを指摘している[30]。今日知られているのと同じ新約聖書の27書が記されるのは、アレクサンドリアの主教アタナシオスの手紙（367年）が最初である。363年小アジアのラオディキアで行われた教会会議では、教会で正典のみを朗読し、正典ではないものを朗読しないという取り決めがなされているものの、何が正典で何が正典ではないのか、というリストは付されていない[31]。メツガーによれば、2世紀前半、ルカによる福音書のみを真正と主張したマルキオンのカノンに対抗して、キリスト教会においてカノンを定めようという動きが生じた[32]。現存するギリシア語写本のうち、新約聖書全体を含むものはむしろ少数であり、四福音書と使徒言行録、パウロの手紙のみ、使徒言行録と使徒書簡など、1つの写本が含む内容がまちまちであることから、「正典の書のみを含む新約聖書」という概念が、教義上根本的な重要問題ではなかったことがうかがわれる[33]。複数存在する福音書の中から唯一にして真正の福音書を定めるのではなく、4つの福音書を正典として残したために、後々、なぜ神の啓示によって書かれたキリストのことばと行いが4つもあるのか、しかも互いに一貫性を欠いているのか、という疑問を引き起こすことにもなったのだが、1つにまと

めようにも、4つの福音書それぞれがすでに広く知られすぎており、今さらどれか1つを選択する、あるいは4つを1つに作りかえるわけにはいかなかったということらしい[34]。四福音書の順序（マタイを先頭とするのか、ヨハネを先頭とするのかなど）にはいくつものバリエーションが存在していたため、四福音書が正典化された後でも、その全体像が固定化していなかったことがうかがわれる[35]。

　福音書のテキストもまた、今あるような形がオリジナルであったと単純にみなすことはできない。写本伝播の過程において、無意識のうちに生じる写字生の誤記に加えて、教会共同体の慣習に合うよう、語句の変更が意識的に行われることがあった。モデルとなる写本の言い回しに聞き慣れないものがあった場合、写字生はそれを自分にとって慣れ親しんだ語句に置き換えることもあった[36]。中でも、4つの福音書間に齟齬が見られる場合、それを打ち消す（あるいは弱める）ために語句の変更を行い、辻褄を合わせようとした痕跡さえ見られる[37]。互いによく似ていると同時に、差異を含んでいる各々の福音書を、ひとつの調和ある全体としてまとめ上げること、それは写本制作の当初から人々の関心の的であったことがうかがわれる。こうした関心は、福音書が4つ1組であることが固まった後の写本制作においても継続しており、福音書記者の肖像は、その関心を視覚的に表現したものであるように思われる。27書を含む新約聖書が確固たる正典、動かしがたい不変のものとみなされるようになる以前、福音書写本は、あたかも生きているかのように変化していくものだった。四福音書が固定化された後も、写本制作の現場では、1冊1冊の写本が異なる仕方によって仕上げられていった。一方、そこには不変を要請する外からの力が働いていた。現在わたしたちの手元に残された四福音書写本に見られる画一性と多様性は、互いに矛盾し合うもののように見えるが、写本制作を取り巻く環境のありようを映し出したものであるといえる。

4　描かれた福音書

　聖堂のドームに描かれるパントクラトールのキリストは、貴石によって飾られた装丁板つきの書物をしばしば手にしている（図4-1）。開かれた頁に文字が記されていない限り、それが何の書物であるのか判断しがたいとはいえ、ニコラオス・メサリテスは、聖使徒聖堂のパントクラトールを描写する中で、キリストが手にしているのは

図4-1　パレルモ、カッペッラ・パラティーナ：福音書を抱えるドームのキリストと四隅の福音書記者

図4-2　ミストラ、メトロポリ聖堂壁画：「空の御座」の上に置かれた書物

福音書であると述べている[38]。福音書はキリストをかたどるものであり、パントクラトールのイメージにおいて、両者（キリストと福音書）はまさに1つに重ねられる。福音書を抱えるキリストのすがたはまた、幼子キリストを抱える聖母を想起させる。聖母の腕の中にいる幼子キリストは、天上と地上をつなげるために受肉した。パントクラトールのキリストの腕に抱えられた福音書もまた、天上（ドーム）と地上（ナオス）を橋渡しするものであるように見える[39]。ドームを支える四隅のペンデンティヴ（あるいはスキンチ）には4人の福音書記者が描かれ、壁面には福音書を手にした教父や聖人たちが描かれる[40]。ペンデンティヴの福音書記者が書き記す各々の福音書は、ド

ームのパントクラトールのキリストの手の中でひとつに統合される。その福音書は、ペンデンティヴ下の壁面の聖人たち、ひいては典礼を執り行う司祭の手元へと渡される。描かれた福音書、実物の福音書は、聖堂の中にあって上へあるいは下へと自在に移動する。ドームの真下において福音書を掲げて典礼行進が行われる時[41]、ドームのキリストが手に抱えていた福音書は典礼に参列する人々の目の前に降りて来ている。キリストのすがたは、はるか高いところのドームにとどまるが、福音書が典礼の空間に降りてくることによって、ドームのキリストとナオスの人々とが結ばれる。福音書はまさに、神とわたしたちとがつながるための手立てであった。

「空の御座」（エティマシア）の図像に描かれる玉座の上に、福音書が置かれることがある（図4-2）。エティマシアとは、キリストの再臨と最後の審判を示唆する図像である。御座に着くはずの再臨のキリストはいまだ顕われず、キリストのために準備された玉座は空のままで、そこにはキリストの代わりに福音書が置かれている。再臨の日、キリストは空の椅子に置かれた福音書を手にとってその御座に着くであろう。その時、椅子に残されていた福音書は、再びキリストと1つになる。

「空の御座」の構図は、別の文脈に応用されることがある。公会議の図像である（Paris, B. N., gr. 510, fol. 355r）（図4-3）[42]。半円状のシントロノンに主教らが座り、中央には誰も座っていない玉座と開かれた福音書（文字は判読できない）が描かれている。公会議の席に福音書を置くことは、当時の慣習に従うものであった[43]。玉座の福音書は、キリスト自身が公会議の場にいますことを暗示するものであろう。「空の御座」は、キリストの再臨と審判を示唆する図像である。そのため「空の御座」から借用された玉座と福音書は、公会議における決議が、最後の審判において下される審判と同じように正義であることを示唆するものであるかもしれない。キリスト自身によって下された審判と同じ絶対的なものであることを見る者に知らしめる。

もう1つの公会議図像（Vat. gr. 1613, fol. 108r）では、シントロノンに座る主教1人ひとりが、書物（おそらく福音書）を腕に抱えている（図4-4, 口絵）。ここでの構図は、「聖霊降臨」（ペンテコステ）の図像を借用したものであるように見える。ペンテコステにおいて、弟子の1人ひとりに聖霊が降ったように（使徒言行録2：1）、公会議の席で主教たちにもまた（弟子たちと同じように）聖霊が降った、ということを伝えようとするものだろうか。ペンテコステにおいて、弟子たちは聖

図4-3　パリ国立図書館 gr. 510, fol. 355r: 公会議席上の書物

図4-4　ヴァティカン聖使徒図書館 Vat. gr. 1613, fol. 108r: 公会議出席者が手にする書物

図4-5　シナイ山聖エカテリニ修道院イコン：武器を手にする騎乗のセルギオスとバッコス

図4-6　シナイ山聖エカテリニ修道院イコン：書物を手にするアタナシオスとキュリロス

霊に満たされ、ほかの国々のことばを語りだすが（使徒言行録2：4）、ここでは逆に、主教たちは（みなそろって手にする福音書が示すように）全員一致したことばを語り、公会議での決議が満場一致であることを視覚化しているように見える。

　最後に、シナイ山の2つのイコンを紹介したい。1つは聖セルギオスとバッコスを描いたイコン（13世紀後半の制作）で、2人は馬に乗り、武器を手にしている（図4-5、口絵）[44]。イコンの反対側の面には聖母子が描かれ、2人の戦士聖人は、聖母子を守るために戦っているかのように見える。もう1つのイコンには、アレクサンドリアの主教アタナシオス（373年没）とキュリロス（444年没）の2人が描かれる（図4-6、口絵）[45]。聖セルギオスとバッコスのように武器を手にするかわりに、2人は本を手に抱えている。アタナシオスは生涯を通してアリウス派と、キュリロスはネストリウス派と戦った。彼らの武器となったのは槍ではなく、福音書、神のことばである。彼らは福音書を引用することによって、自らの正しさの後ろ盾とした[46]。

　ビザンティウムの人々は、福音書をどのようなものとしてとらえていたのか。それを、現代わたしたちが考えるところの、書物の定義や機能から類推することは難しい。彼らにとって、それは単に読むための書物ではなく、キリストをかたどるものとして聖堂（ドーム、ベーマ、ナオス）を自在に行き来するもの、キリスト再臨の日までキリストが座るべき空の玉座に置かれキリストの到来を待つもの、公会議の決議の正しさあるいは一致を視覚化して伝えるためのもの、異教と戦う武器、そして何よりも、神と人とをつなげるための手立てであった。

第5章
大英図書館所蔵の典礼用福音書抄本と新約聖書写本の概観

　福音書記者の肖像は本来四福音書写本に描かれるものであったが、四福音書写本のみならず、典礼用福音書抄本（レクショナリー）や新約聖書写本に挿入されることもあった。この章では、こうした異なる文脈に置かれた福音書記者の肖像を取り上げ、四福音書という本来のジャンルから別のジャンルに移転していった図像が、新しい文脈においてどのように機能したのか、という点について探りたい。典礼用福音書抄本や新約聖書写本と比較することによって、四福音書写本挿絵の特性をさらに際立たせることができるだろう。

1　大英図書館所蔵の典礼用福音書抄本

典礼用福音書抄本の外観

　典礼用福音書抄本とは、典礼において朗読される福音書の章句を教会暦にしたがって編纂したものである。写本の平均的な大きさ（27.4cm）は、四福音書写本（19.4cm）に比べてはるかに大きい。典礼用福音書抄本の7割以上が、2コラムのレイアウトを採用している点も、四福音書写本とは大きく異なっている。四福音書写本で2コラムのレイアウトを採用する作例は、全体の7％にすぎない。2コラムのレイアウトは、1コラムに比べて、より大きな羊皮紙を必要とする。コラムとコラムの間に余白を確保する必要があるためである。1フォリオあたりの行数を平均してみると、典礼用福音書抄本（23.9行）、四福音書写本（23.0行）で、写本の大きさはかなり違っていても、行数に大きな違いは見られない。1cmにおさめられる文字数は、典礼用福音書抄本2.1文字、四福音書写本2.9文字で、典礼用福音書抄本の文字の方が大きい。大きい文字は、典礼用福音書抄本のより大きなフォーマットにふさわしいものである。つまり、典礼用福音書抄本には、大型で2コラムのレイアウトに大きな文字という、四福音書写本とは異なる要素が備わっている。典礼行進において掲

げたり運んだりするのにふさわしい、大きいものが必要とされたのであろう。

　典礼用福音書抄本は、典礼における朗読用の写本であるため、大きな写本の大きな文字は、1コラムで各行の長さが長いレイアウトよりも、朗読者にとって読みやすいものであったはずである。行の左端から読み始めて、右端まで読み終えるとき、次の行の始まり（左端）が視界に入っていることが望ましい。その程度の短い行を維持するために、2コラムのレイアウトが採用されたのだろう。2コラムの典礼用福音書抄本の行の長さは、平均6.6cmで、この長さはどの写本においてもそれほど大きな違いがない。ところが1コラムの四福音書写本の行の長さは、写本によって大きく異なっている。朗読する際の見やすさは、典礼用福音書抄本にとって重要な要素であったらしい[1]。典礼用福音書抄本を制作するにあたっては、四福音書写本とは異なる機能を備えたものであることが充分に考慮され、羊皮紙の大きさを決定し、ルーリングパターンを引くところから、四福音書写本とは異なる準備がなされていたことがうかがわれる。

典礼用福音書抄本の再利用

　大英図書館の典礼用福音書抄本に見られるひとつの特徴は、パリンプセストである[2]。パリンプセストとは、古い羊皮紙の断片を別の写本用に再利用することである。そこに記されていた文字が消されて、上書きがなされる。add. 14637とadd. 14638は、もともとギリシア語の典礼用福音書抄本であったが、シリア語写本に作り直された。Oriental 4714（5）では、もともとのギリシア語の上からコプト語が記されている。10世紀（Burney 408）、11世紀（add. 31919）、12世紀（add. 10068）のギリシア語典礼用福音書抄本は、それぞれヨアンニス・クリュソストモスの説教集（14世紀）、メノロギオン（15世紀）、詩編註解（13世紀）に作り直された。この他にも、ギリシア語写本の羊皮紙を再利用することによって傷んだ装丁を補強している例がある（adds. 27300, 35123, 25881）。

　大英図書館の四福音書写本にも、2件ほどこうしたパリンプセストの例が見られる（add. 17211, add. 31919）が、典礼用福音書抄本ほど多くはない。四福音書写本には、後世の書き込みがしばしば見られるものの、文字が消されて別の写本に再利用されるよりは、四福音書写本のまま使い続けられることの方が多かったように見える。シナクサリオンとメノロギオンが後から加えられた作例が多く残されて

おり、四福音書写本が人の手から手へと渡りながら、長期間使用されたことを物語っている。

　四福音書写本と典礼用福音書抄本がこうした異なる歴史をたどることになったひとつの理由として、後者（典礼用福音書抄本）が、個人の所有というよりは教会、修道院の所蔵であったことが考えられる。典礼用福音書抄本の中には、24cm以下の比較的小さな写本も2割程度含まれる。1コラムで、音声記号がなく、朗読用に制作された典礼用福音書抄本とは明らかに異なる外観である。こうした典礼用福音書抄本は、大勢の参列者を前に、典礼において朗読されるものというよりは、個人が手元においで使用していたものかもしれない。一方、四福音書写本の中には、同じく2割程度、24cmを越える比較的大きな写本が含まれている。大型写本の場合、四福音書写本であってもしばしば2コラムが用いられ、個人が手元におくものというよりは、典礼の場において用いられた典礼用福音書抄本に近い。したがって、典礼用福音書抄本がもっぱら典礼のために用いられ、四福音書写本が個人の手元において用いられたと結論づけることはできない。とはいえ、典礼用福音書抄本は、本来（個人よりは）共同体における利用を前提として制作されたものであろう。典礼用福音書抄本が、修道院など共同体の所蔵するものであったとすれば、個人が所有するものよりも、1つの場所にとどまることが多かったと推測される。

　典礼用福音書抄本の機能は典礼に限定されたもので、決められた日に、決められた朗読箇所を開く。それに比べて、四福音書写本は、始めから終わりまで通して読むこともできるし、似たような内容の箇所について、各福音書を比較しながら読むこともできる。いつどこからでも読み始めることができる。シナクサリオンとメノロギオンつきの四福音書写本であれば、典礼用福音書抄本のように、その日の朗読箇所を開くこともできる。個人の所有であれば、遺品として次の世代に引き継がれることもあっただろうし、人手に渡ることがあったかもしれない。その結果、複数の使い手のもとで、それぞれの要請にしたがって付加が行われ、使い継がれたと想像される。個人の所有する写本が、百年あるいはそれ以上の年月、使われないまま保存され、その後別の写本に書き直されることは想像しにくいが、それが修道院の図書館であれば、ありうることだったかもしれない。修道院に図書館と写本制作工房の両方が備わっていたとすれば、すでにどのような写本を所蔵しているのか、新たにどのような

写本を制作する必要があるのかを考えて、使わなくなった写本を再利用することもありうる[3]。典礼用福音書抄本がもともと比較的大きな羊皮紙を用いて作られ、典礼にふさわしい外観であるよう、ある程度厚みのある良質の羊皮紙で作られたことも、再利用しやすい材料を提供することになった理由のひとつであろう。

典礼用福音書抄本の挿絵

大英図書館所蔵の写本の場合、挿絵を有する典礼用福音書抄本の割合（9％）は、挿絵を有する四福音書写本の割合（39％）に比べてはるかに低い。典礼用福音書抄本では、挿絵の優先順位は高いものではなかったらしい。四福音書写本の場合、挿絵の有無と、写本の大きさあるいは羊皮紙の質の間には、必ずしも密接な関係は見られない。典礼用福音書抄本では、26–31cmの大型の中でもさらに大きな写本の場合にのみ挿絵がつけられている。しかも多彩色のヘッドピース、イニシアルの飾り文字で、しばしば金箔をともなう（add. 21260, Harley 5785）。とはいえ、良質の羊皮紙を大量に用いた、多彩色のヘッドピースを有する明らかに高価なものであっても、挿絵なしというケースもある（add. 39604, add. 29731）。挿絵が必要であれば、挿入することも可能であったはずだが、挿絵なしでも写本は充分に機能するものと判断されたらしい。つまり挿絵入りの典礼用福音書抄本の場合、典礼での使用の際には特に必要ないものであるが（必要であるとすればどの写本にもそなわっていたはずである）、あえて挿絵を入れる選択がなされたということになる。

典礼用福音書抄本の挿絵において特徴的なことは、いわゆる典型的な福音書記者の肖像を有するものが7例のうち3つしかないということである（Arundel 547, add. 21260, Harley 5785）。残り4例のうち2例は、4人全員を写本冒頭にいっしょに描いている（add. 37007, Egerton 2163）。写本冒頭にヨハネの肖像だけが挿入され、他の3人の肖像が切り取られた痕跡のないもの（つまり、もともと他の3人の肖像はなかったと考えられるもの）は、4人の福音書記者を1組とする福音書写本挿絵を見慣れている者にとっては、大変奇妙なものであるように見える（add. 37008）。四福音書写本の中でも、ヨハネの肖像は、室内で筆記するすがたであったり、パトモス島でプロコロスとともに描かれたり、いくつかのバリエーションを有するものではあるが、未完の写本、再製本の際の落丁、故意の切り取りの結果ではなく、制作当初からヨハネの肖像だけを含むという四福音書写本は見たことがな

い。福音書記者の肖像の代わりに、写本冒頭に十字架の下のキリストを描いた典礼用福音書抄本も見られる（add. 37006）。こうした挿絵つき典礼用福音書抄本の中から、特殊な福音書記者の肖像を2点取り上げることによって、典礼用福音書抄本と四福音書写本につけられる挿絵の違いについて見ていく。

　第1に、四福音書写本の福音書記者肖像と、典礼用福音書抄本の福音書記者肖像を区別することはできるだろうか。画家は、四福音書写本と典礼用福音書抄本で、意識的に福音書記者の肖像を描き分けたであろうか。四福音書写本において各福音書冒頭に、マタイ、マルコ、ルカ、ヨハネの順に肖像が挿入されるのに対して、典礼用福音書抄本では順序が異なる。典礼用福音書抄本の前半（シナクサリオン）は、4つのセクションからなり、各セクションの冒頭に肖像が置かれる。復活祭から聖霊降臨までのセクションの冒頭には、ヨハネの肖像が置かれる。続いて、聖霊降臨から新年までのセクションはマタイの肖像、新年からレントまでのセクションはルカの肖像、最後に、レントから復活祭までのセクションはマルコの肖像である[4]。各セクションは、冒頭に肖像がおかれる福音書記者によって記された福音書から主に朗読箇所が選ばれるが、同じセクションの中に、別の福音書から抽出された箇所が含まれることもある。つまり、朗読箇所を継ぎ合わせてできた1つのセクションは、もともと福音書記者によって書かれたテキストとは、かなりの度合いにおいて様相を違えている。各肖像が向き合っているイニシアル（セクション冒頭の始まりの語）も、四福音書写本とは異なる。典礼用福音書抄本では、マタイのイニシアルはBの代わりにE、マルコのイニシアルはAの代わりにT、ルカのイニシアルはEの代わりにTである。ヨハネのイニシアルは典礼用福音書抄本でも四福音書写本と同じである。典礼用福音書抄本においては、厳密に言えば、福音書記者の肖像は、そのセクションを著した著者のすがたではない、ということになる。典礼用福音書抄本に肖像の挿絵が少ないのはこのためであるかもしれない。

　それでは、四福音書写本とは異なるテキストの配列は、典礼用福音書抄本の記者肖像に影響しただろうか。作例数が限られているために、厳密に答えることは難しい。各セクションの冒頭に記者肖像を配置する3作例では、四福音書写本のやり方に従った挿絵が見られる（Arundel 547, add. 21260, Harley 5785）。これら3作例の肖像と、四福音書写本の福音書記者肖像との違いを見分けることはできそうにな

い。記者が手にする羊皮紙に記されたイニシアルが異なっているために（add. 37007）、それが四福音書写本ではないことがわかる、という程度である。いうなれば、四福音書写本の肖像と、典礼用福音書抄本の肖像は、交換可能である。典礼用福音書抄本に記者の肖像を入れようという決断がなされた場合、四福音書写本の肖像を手本にしたことは想像にかたくない。福音書記者の肖像は、2つの異なるジャンル間で、交換可能であったと思われる。

一方、典礼用福音書抄本に見られる特殊な挿絵は、四福音書写本とは異なる独自の環境にふさわしいものとして創りだされたと考えられる。一見四福音書写本の肖像とよく似ているものであっても、典礼用福音書抄本の挿絵は、四福音書写本とは別の何か新しいものを生み出した。

大英図書館所蔵のエジャトン2163番（13世紀の制作とされる）では、キリストを中央に配し、その周囲を4つのメダイヨンが囲んでいる（図5-1）[5]。各々のメダイヨンには、福音書記者の半身像が描かれる。メダイヨンは、葡萄の蔦によって互いに結びつけられている（fol. 1v）。4人全員が写本冒頭に描かれるという例は、四福音書写本ではまれである。4つのメダイヨンはキリストを取り囲む4つの糸巻きのようにも見える。見る者の視線は、1人の記者から別の記者へ、メダイヨンの円形をたどりながら移っていく。その際、糸巻きのようにぐるぐると巡る葡萄の蔦に導かれて、必ず毎回中央のキリストに立ち戻り、そこから次の記者像へと向かうことになる。各福音書記者は、キリストを介して互いに結ばれる。こうした描き方は、各セクション冒頭に1人ずつ配するやり方よりもはるかに効果的に福音書記者同士のつながりを表現することができる。各々の記者は自らの本をキリストへと差し出し、キリストの手にある本は、それらがひとつに統合されたことを伝えている。典礼用福音書抄本の内容は、ばらばらに解体された福音書のいわば断片部分を継ぎ合わせたものにより構成されるが、それが再びひとつの全体へとまとめあげられたことを、挿絵は伝えている。

大英図書館所蔵の典礼用福音書抄本 add. 37008（1413年制作）のヨハネは、大変奇妙である（fol. 1v）（図5-2）[6]。ヨハネの肖像が四福音書写本の定型パターンを模倣していることは確かであるが、ここでは、挿絵が典礼用福音書抄本にふさわしいものに大幅に改変されたようすを見てとることができる。

ヨハネは椅子というよりは収納箱のようなものの上に座って筆記

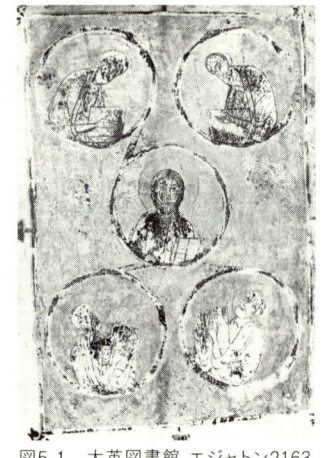

図5-1　大英図書館　エジャトン2163, fol. 1v: キリストと四福音書記者

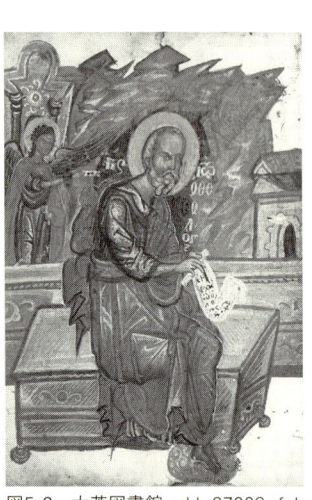

図5-2　大英図書館　add. 37008, fol. 1v: 洞窟とヨハネ

している。この挿絵で特徴的な点は、前景が室内を表しているのに対して、低い壁面の背後に、大きな洞窟をともなう外の風景が見られることである。一見、この組み合わせはそれほど奇異なものには思われない。なぜなら、見る者は、ヨハネが室内にいる場合と、パトモス島の洞窟の前にいる場合の両方を見慣れているからである。しかしながら、両方をひとつに組み合わせた図像は大変珍しく、奇妙に見える。もう1つの特徴は、天使の存在である。天使もまた（それほど頻繁とはいえないとしても）マタイのシンボルとして肖像とともに描かれることがあるため、福音書記者とともに描かれる天使の存在は、一見それほど奇異なもののようには思われない。しかしながら、室内と洞窟の組み合わせ、天使の存在は、通常の四福音書写本のヨハネの肖像には決して見られない、大変特殊なものである。いったい何のためにこのような挿絵が創り出されたのか。この挿絵は見る者に何を伝えようとしているのか。

　洞窟の前の天使は、キリストが復活した後の空の墓を想起させる。天使は小さな巻物を手にしており、2文字（συ）をかろうじて読みとることができる。それは、天使が女たちに語ったことばの一部を表すものかもしれない。「ご覧なさい」Ἰησοῦν ζητεῖτε（マルコによる福音書16：6）。ところが、墓を訪れた女たちはここには描かれていない。ここでは、天使は女たちに語りかけるかわりに、ヨハネに向かってキリスト復活の知らせを伝えているように見える。キリストはこの洞窟にはもはやいない、復活されたのだと。とすれば、この挿絵は、まさに復活祭にふさわしいものであることになる。ヨハネの肖像から始まるセクション冒頭は、復活日を祝うものである。この写本中に、他の3人の肖像が挿入されていた痕跡は認められない。ヨハネの肖像は、したがって福音書記者従来の役割よりもはるかに大きな、写本全体の幕開けとなる巻頭挿絵の役割を担っているものかもしれない。コンスタンティノポリスのゲルマノスは述べている。説教壇は聖墳墓を表し、そこで天使はキリストの復活を宣言した。典礼では助祭が天使を象徴する役割を担い、その助祭が福音書を掲げることによってキリストの復活が表される[7]。ここでは写本の冒頭において、復活の喜びと驚きが絵画化され、教会において最も重要な祭日である復活日の朗読がここから始まる。四福音書写本でヨハネの肖像だけを描くとしたら、それは著しくバランスを欠くものとなるが、典礼用福音書抄本であったために、四福音書写本とは異なる挿絵がここに導入された。画家は、四福音書写本ではなく典礼用福音書抄

本の挿絵であることを十分に意識していたことがうかがわれる。ヨハネの肖像は四福音書のパターンから大きく外れたものとなったが、それは典礼用福音書抄本という別の環境にふさわしい挿絵を創りだすためであったように思われる。異なる2つのジャンル（四福音書写本と典礼用福音書抄本）とが出会ったところに、はからずも新しい図像を創造する機会が生み出された。

ヴァイツマンは、11世紀以降四福音書写本挿絵に典礼用福音書抄本の影響が見られるようになると繰り返し主張している[8]。彼の主張に賛同する研究者も少なくない。第3章で取り上げたハーリー福音書 (Harley 1810) の挿絵は、「聖母の眠り」、「冥府降下」、「聖霊降臨」など福音書に含まれない、典礼的な要素を色濃く反映している。したがって、挿絵入り典礼用福音書抄本の影響が認められることを確認できる。しかしながら、ハーリー福音書は挿絵入り四福音書写本の中でも、例外的な作例である。パリの四福音書写本 (Paris, B. N. gr. 74) についても、同じことがいえる。ヴァイツマンはここでも典礼用福音書抄本の影響を指摘しているが、祭礼図像をサイクル（連続説話場面）として有している典礼用福音書抄本は、極めて例外的である[9]。つまり、ヴァイツマンは、典礼用福音書抄本の中からいくつかの特殊な作例を選択し、四福音書写本中で特異な位置を占める例外的な作例への影響を語っている。したがって、ヴァイツマンの主張する影響関係を、広く一般に見られるものととらえることはできない。典礼用福音書抄本というジャンル全体が、挿絵入り四福音書写本に影響を与えたかのようなヴァイツマンの主張は、誤解を招きかねない。大英図書館における調査の結果、挿絵の有無は、典礼用福音書抄本と四福音書写本では、割合が大きく異なっていることがわかった。典礼用福音書抄本に挿絵を入れようという選択がなされる割合は、四福音書写本に比べてはるかに低いものであった。典礼用福音書抄本に挿絵を入れる場合、それが福音書記者の肖像である場合には特に、画家は四福音書写本を参照したと考えられる。ヴァイツマンの理論は、ジャンル全体の中で、きわめて限定的な、特殊なケースにのみあてはまるものであり、典礼用福音書抄本と四福音書写本との間に、常に彼が主張するような関係が見られるというわけではない。

✢2　大英図書館所蔵の新約聖書写本

大英図書館が60を越える四福音書写本を所蔵しているのに対し

て、ギリシア語新約聖書写本は7点のみである。新約聖書の内容は、写本ごとに異なっている。7点中3写本（add. 11837, add. 17469, add. 28815 + Egerton 3145）は、新約聖書を構成するテキストをすべて含む。3写本（add. 11836, add. 16184, add. 39590）は四福音書、使徒言行録、使徒書簡のみで、ヨハネの黙示録を含まない。そのうち1点は、巻末に詩編と頌歌（Odes）を含んでいる（add. 11836）。残りの1点は、部分的に破損しているため、テキストの内容を確認できない（Burney18）。7点の新約聖書写本中2写本にのみ（add. 11836, add. 28815）挿絵が見られる。

　今日、四福音書のみを含む聖書というのは想像しにくい。ところが、ビザンティウムでは、逆の状況が見られた（第4章参照）。なぜビザンティンの写本制作現場では、新約聖書写本よりも四福音書写本が多く作られたのだろうか。第1に、物理的な問題があるだろう。新約聖書全体のテキストを筆写するためには、最低三百フォリア（add. 11837のケースでは五百フォリア）の羊皮紙を要する。これだけの分量の写本を制作するとなれば、時間も制作費もかかる。羊皮紙は、装丁板によって固く閉じておかないと、自然に波うち小口部分が外に広がってしまう。分厚い写本は保管しにくく、決して使いやすいものではなかっただろう。こうした実際的な理由に加えて、象徴的な意味において、四福音書のみを1つのまとまりとしようとしたと考えられる。繰り返し述べているように、福音書はキリストのテュポス（かたどり）であり、キリスト自身と重ね合わされる。一方、新約聖書に含まれる使徒言行録や使徒書簡などは、使徒らの手によって書かれたものである。タイトルも、福音書がKATA IΩANNHN（ヨハネの言うところによれば）であるのに対して、書簡はIΩANNOY（ヨハネの）である。それゆえ、四福音書とそれ以外の書とを物理的にひとまとまりとすることを、あえてしなかったのではないだろうか。福音書以外の新約聖書の各書から、典礼で朗読箇所が抽出されることもあったが、それらはプラクサポストロスと呼ばれる別の1冊にまとめられた。四福音書以外の新約聖書の各書が重要ではないということではないが、今日手にする新約聖書からは想像しにくい仕方によって、四福音書からは明確に切り離されていた。

　新約聖書写本を制作するためには、四福音書写本のおよそ2倍の量の羊皮紙と2倍の制作時間を要する。それでも注文主は四福音書ではなく、あえて新約聖書を注文したのだから、大英図書館の新約聖書写本は、何か特別な状況のもと注文者の要請にしたがって制作されたものと考えられる。とはいえ、新約聖書写本のデザインやレ

イアウトが、四福音書を模範として作られたであろうことは想像にかたくない。

　add. 28815（10世紀制作）と add. 11836（11世紀制作）は、いずれも挿絵入り新約聖書写本であるが、写本の全体的な様相は大きく異なっている。add. 28815の方が10cm近く大きい。この写本には、四福音書、使徒言行録、使徒書簡（未完成）が含まれるが、使徒書簡の順序は不規則である。ヤコブの手紙、ペトロの手紙、ヨハネの手紙、ユダの手紙が、パウロの手紙よりも前におかれている。ガラテヤの信徒への手紙の後は、未完成である。add. 11836は、四福音書、使徒言行録、使徒書簡（現在の新約聖書と同じ順序）、詩編、頌歌を含む。したがって、同じ新約聖書写本とはいえ、単純に比較することはできない。一方、2つの写本の挿絵はともに、いかに福音書とそれ以外の部分をよどみなく結びつけるのか、福音書に特別の重きをおきつつ新約聖書としての1冊のまとまりを作り上げるにはどうすればよいのか、四福音書写本の挿絵にどの程度依拠し、どのように新約聖書写本にふさわしい挿絵を作り出すのか、といった問いに対して答えようとしているように思われる。

　add. 11836に含まれる挿絵は以下のとおりである。パントクラトールのキリストを描いたヘッドピース（fol. 5r）（図5-3）[10]。福音書記者ルカの肖像（fol. 60v）、福音書記者ヨハネの肖像（fol. 97v）。使徒言行録冒頭の6人の使徒の肖像（fol. 124v）（図5-4）。詩編と頌歌につけられた半頁または全頁挿絵10点（fols. 267v, 296r, 297v, 298r, 300r, 300v, 301v, 302r, 302v, 304r）（図5-5）[11]。詩編冒頭、複数のフォリアが欠損しているため、ここに挿絵があったかどうか確認できない。福音書記者マタイの肖像（fol. 4v）は、かつてパントクラトール（fol. 5r）と向き合っていたが、失われてしまった。マルコの肖像も欠損している。ルカ、ヨハネ、そして失われたマルコの肖像は、いずれも定型どおりヘッドピースと向き合っている（いた）ため、マタイだけがパントクラトールと組み合わせられたことは、バランスを欠いているように見える。とはいえ、マタイ冒頭のテキストはキリストの系図の説明から始まっており、ヘッドピースの植物文は、キリストの系図を表す図像「エッサイの木」に見られる、四方へと枝葉を伸ばす木を想起させる。そのため、マタイによる福音書の冒頭に、植物文に囲まれたキリストが、まったく無関係におかれているというわけではない。

　福音書記者肖像のうち、現存するのはルカとヨハネのみである。彼らは、四福音書写本の福音書記者肖像と見分けがつかない。それ

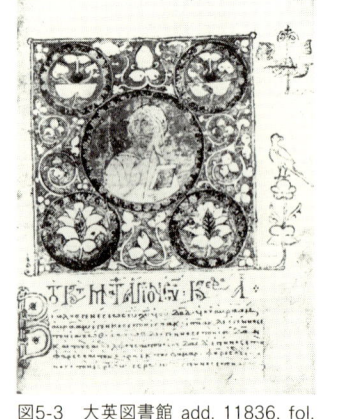

図5-3　大英図書館 add. 11836, fol. 5r: パントクラトールのキリスト

では四福音書写本から転用された福音書記者肖像と、四福音書写本には本来描かれないその他の挿絵は、どのように結びつけられているのだろうか。

　使徒言行録の巻頭には、ルカ、パウロ、ペトロ、ヤコブ、ユダ、ヨハネの6人の使徒を描いた全頁大の挿絵がある[12]。挿絵の枠は6分割され、6人の使徒がそれぞれの枠内に配される。彼らは本または巻物を手にしているが、筆記する動作は見られず、みな話しかけるような動作をしている。使徒言行録の著者ルカと、各書簡の著者たちが一堂に会し、巻頭挿絵を形づくることで、四福音書とは別の書物の始まりであることが明示される。

　add. 11836では、詩編に続いて頌歌が配されている。頌歌とは、日々の聖務日課の際に用いられるもので、出エジプト記や預言書、ルカによる福音書に基づく9つの頌歌がある（紅海を渡り終えた後のモーセとイスラエルの民による海の歌、申命記に基づくモーセの歌、サムエルを出産したハンナの祈り、預言者ハバククの賛美の歌、復活を求めるイザヤの祈り、魚に呑み込まれたヨナの祈り、燃え盛る炉に投げ込まれた3人の祈り、イエスを身ごもったマリアの賛歌、洗礼者ヨハネの父ザカリアの預言）。各々の頌歌冒頭に、歌や祈りをささげる当人のすがた（モーセ、ハンナ、ハバククら）が描かれる。全頁大に単独で表される福音書記者、全頁大の6つの枠に描かれる6人の使徒らの肖像とは異なり、頌歌の挿絵はテキスト・コラムの行間に描かれている。1人ひとりの頭上には神の手が描かれ、彼らの祈りや歌が神によって聞き届けられたかのように見える。イエスを身ごもったマリアの頌歌（図5-5）では、右上角の4分の1円の方に向かってマリアが祈りをささげている。

　巻頭のヘッドピースに描かれたキリストは本を抱え、右手で祝福のしぐさをしている。パントクラトールのキリストが手にする本は一般に福音書であるが、ここでは福音書、使徒言行録、使徒書簡、頌歌がすべて含まれている本であるかもしれない。福音書記者の肖像、6人の使徒、頌歌の歌い手を表すそれぞれの挿絵は、全頁大挿絵、テキスト行間の挿絵、単独の全身像、複数の半身像と、一見まとまりないもののようにも見える。それぞれの書が異なるものであることを明示するために、あえて異なるタイプの挿絵が選択されたのかもしれない。一方、巻頭のキリストが手にする本は、それらばらばらの作者によって記された書を、ひとつにまとめ上げる。福音書記者によって記された福音書、使徒たちの手による言行録と書簡、祈る人々の頌歌はすべて巻頭のキリストの書物の中に集約され、そ

図5-4　大英図書館 add. 11836, fol. 124v: 6人の使徒

図5-5　大英図書館 add. 11836, fol. 304r: マリアの頌歌

の手の中に受けとめられる。新約聖書が現在あるような1冊の完結した書物ではなかったことを考えるなら、各々の書の区別を際立たせつつ1つにまとめあげるための手だてとして、挿絵が利用されていることは注目に値する。四福音書写本とは異なる新約聖書写本にふさわしい挿絵が考案されるに至る、画家の思考の過程がここに残されているように思われる。

add. 28815は、10世紀に制作された挿絵入り新約聖書写本である[13]。現存する挿絵は3点のみで、ルカの肖像（fol. 76v）（図5-6）、ヨハネの肖像（fol. 126v）（図5-7）、使徒言行録冒頭におかれるもう1つのルカの肖像（fol. 162v）（図5-8）[14]である。マタイとマルコの肖像は欠損している。それ以外に挿絵がかつてあった形跡は残されていない。それゆえ、もともとの挿絵はマタイとマルコの肖像を含む全5点であったと思われる。

2点あるルカの肖像のうち最初のルカ（ルカによる福音書につけられた挿絵）の背景には、大きなニッチが描かれている。ニッチには、吊るしランプが灯されている。一般に肖像に含まれるのは、椅子、足台、書見台、ペン、ナイフ、インク壺などで、ニッチもランプも福音書記者の肖像に描かれることはまれである。実際の写本工房では、ランプが必需品だったと想像されるが、肖像にランプが含まれるこ

図5-6　大英図書館 add. 28815, fol. 76v: 吊るしランプとルカ

図5-7　大英図書館 add. 28815, fol. 126v: 蝋燭とヨハネ

図5-8　大英図書館 add. 28815, fols. 162v, 163r: 使徒言行録冒頭のルカ

とはほとんどない。記者肖像の背景はしばしば金箔におおわれ、神の光によって満たされている。そのような場所にランプの光は必要ない、と考えられたのだろうか。ここでも背景は金箔でおおわれているため、ランプは必要ないようにも見える。しかし、ここではランプを上から吊るすために大掛かりなニッチ状のセッティングがしつらえられ、しかもランプがそこにあることをあえて指し示すかのように、ルカのまなざしはまっすぐにランプを見つめている。ルカとともに描かれるランプは、過ぎ行く時間を暗示しているようにも見える。ランプのオイルが少しずつ減っていくにつれてランプは軽くなり、逆側につるされている重しが下に下がり、それとともにランプは上方へと引き上げられていくだろう。

　ヨハネとともに描かれるのは、細長く背の高い蠟燭である（fol. 126v）。ランプ同様、こうした蠟燭が記者肖像の中に含まれることはまれである。ヨハネは低い椅子に座り、前屈みの姿勢をしているために、挿絵の下半分だけを占めている。ヨハネの低い前屈みは、すっと伸びた蠟燭と対比的である。蠟燭の背が実際にこれほど高かったとしたら、手元のペンや羊皮紙を照らすためには実用的とはいえない。ここでも蠟燭は、時間とともに溶けていき、過ぎ行く時間を暗示しているように見える。蠟燭とランプという福音書記者肖像には珍しい要素をあえて取り入れ、それを強調して描くことによって、挿絵は何を伝えようとしているのだろうか。

　次に、2番目のルカの肖像を見てみよう。ここでは、ルカが使徒言行録の著者として描かれている。冒頭に作者の肖像を入れるという点は、福音書のやり方を踏襲している。挿絵入り使徒言行録は四福音書写本ほど多く制作されたものではなかったため、画家の手元には、直接手本となるようなものはなかったかもしれない。画家は、福音書の挿絵を参照し、筆記するための道具や、それを置く台をここ使徒言行録冒頭の挿絵にも描き入れているが、福音書につけられた肖像と異なる点といえば、ルカが立ち上がっていることである。また、福音書記者肖像に含まれていたランプや蠟燭は見当たらない。巻物を手にして立つルカのすがたは、むしろ預言書写本につけられる預言者の肖像を思わせる（図5-9）。

　それでは、使徒言行録のルカは、なぜ室内に座って筆記する福音書記者のようなすがたではなく、預言者の肖像になぞらえて描かれたのだろうか。ひとたび使徒言行録の本文に立ち入ってみると、特に冒頭と巻末において、預言者らのことばが頻繁に引用されている

図5-9　ヴァティカン聖使徒図書館 Vat. gr. 1153, fol. 54v: 預言者ハガイ

ことに気づく。使徒言行録冒頭、マティアが11人の使徒に加えられた時、ペトロはダビデの預言を引用して人々に語りかけた（1：16）。聖霊降臨の後のペトロの説教にも、ヨエル、ダビデ、モーセの預言が引用される（2：14以下）。ステファノもまた、殉教の前に、アブラハムやモーセを引用して説教を行った（7：1以下）。使徒言行録の巻末はパウロの宣教によってしめくくられる。パウロはここで、その説教の中にイザヤの預言を引用している（28：26–27）。預言者たちのことばを引用しながら語られる使徒たちの説教を書きとめ、ルカはこの使徒言行録を書き上げた。そのルカがあたかも預言者の1人であるかのように描かれたのは、画家がテキストの内容をふまえた上で選択した描き方であったかもしれない。

　使徒言行録のルカは、福音書記者の肖像とは一線を画するすがたで描かれた。それでは、福音書記者の肖像に描かれていたランプと蠟燭の光は、使徒言行録のルカの肖像においてどのように引き継がれているのだろうか。後者には蠟燭もランプもなく、挿絵中には解読の手がかりとなりそうなものがない。そこで、あえて挿絵の隣（見開きの右側）に書かれた使徒言行録冒頭のイニシアル（fol. 162v）に注目してみたい。このイニシアルは、同じ写本の中の他のどのイニシアルとも異なっている。他のイニシアルは多彩色で、細い金の線による縁取りが施され、小さな円や楕円、優雅な曲線といった装飾をともなって書かれている。ところが、このイニシアルTだけは装飾が一切なく、単純な縦横の線によって構成される。Tの外枠は赤の線で縁取られ、枠内は金一色である。このイニシアルTは、意図的に十字架に似せて作られたものかもしれない。十字架には、縦横の長さが同じもの（ギリシア十字）、縦に対して横が短いもの（ラテン十字）、キリストの罪状を記す板と足を打ち付ける板を加えた、横腕が合計3本見られるもの（ロシア十字）など、いくつもの種類が見られる。アルファベットのTをかたどった十字架は、タウ十字と呼ばれる。エゼキエルの預言に出てくる「印」（9：4, 6）が「タウ」と訳されたことに由来すると伝えられる[15]。

　ヴェルソ（左側の頁）のルカは、イニシアルT（タウ十字）の方を見ている。あたかもキリストの磔刑を見ているかのように。キリストの地上での生涯を記した福音書の挿絵には、ランプと蠟燭が描かれていた。キリストが十字架にかけられてそのいのちが尽きた時、ランプと蠟燭の灯火もまた燃え尽きたかもしれない。しかしそれですべてが終わったわけではなかった。使徒言行録のルカがまっすぐに

見ている金の十字架は、今や燃え尽きたランプと蠟燭にかわって、彼を照らす光の源であるかもしれない。しかもその十字架の光は、地上のランプや蠟燭のように燃え尽きることがない。

アレクサンドリアのクレメンス（215年没）は、十字架、光、炎に言及している。クレメンスによれば、火の柱（モーセを導いた）は、聖なる光の象徴である[16]。聖なる光は地上を通り過ぎて、十字架によって再び天へと戻っていった。挿絵に描かれているのは、火の柱ではなく蠟燭とランプの光であるが、これらの光もまた、モーセを導く火の柱同様、福音書記者を導く。さらに、火の柱が十字架によって天へと戻ったように、蠟燭とランプの光もまた、十字架（イニシャルTのタウ十字によって表される）によって天へと戻っていくものかもしれない。またクレメンスは、祭壇上の7つの腕を持つ燭台の蠟燭を、キリストの象徴であるとしている。キリストは光を放ち、人々を照らす。キリストを信じる者たち、キリストに希望をおく者たちは、キリストの光によって照らし出される[17]。福音書記者たちもまた、蠟燭やランプの光、キリストの光に照らされて福音書を記した。蠟燭が燃え尽きて、キリストが天に戻られた今、彼らを照らすのは、タウ十字の光である。

add.28815の画家は、預言者の肖像を借用することによって、福音書とは異なる使徒言行録の著者ルカの特性を伝えている。さらに、ランプや蠟燭の光と金の十字架とを対比することによって、四福音書と使徒言行録とを対比しつつ繋げようとする、画家の工夫の跡を見てとることができるだろう。

本章では、大英図書館所蔵の典礼用福音書抄本、新約聖書写本4点の挿絵を見てきた。これらの作例からは、福音書の挿絵を基本に据えながらも、別のコンテクストにふさわしい挿絵を作り出そうとする画家の創意工夫のあとが見られる。画家は自らの創造力を誇示しようとして、こうした新しい挿絵を生み出したわけではないだろう。ビザンティン写本研究者ラウデンは、ビザンティン画家が伝統的な規範の制約のもとにあったことを強調している。彼らは、教会と人々から受け入れられるような図像を描くことにこころを砕いた。新しい図像を創出したとしてもそれは受け入れられず、革新的であると同時に正統であることはできなかった[18]。ところが、画家たちの工夫のあと、従来の（四福音書写本の）挿絵とは異なる要請に答えようとした痕跡は、確かにここに残されている。

四福音書写本の場合、個々の写本は差異を多く含んでいるとはいえ、基本的にすべての写本は画一性を共有している。一方、典礼用福音書抄本、新約聖書写本の挿絵は、すでに打ち立てられた定型（四福音書写本挿絵）を模倣しつつ、自らの文脈に合わせて定型を巧みに応用した。その結果、これまでにない何か新しいものがそこに生まれた。既存のイコノグラフィーに依拠しているために、その新しさは一見それほど目立つことがない。その一方で、新しい文脈にふさわしい、これまでにないものを創り出している。こうしたやり方はビザンティン写本制作の特徴的なパターンを示すものであり、ビザンティン挿絵画家の創造性について考える上で、大きなヒントを与えてくれる。

第6章
ビザンティン帝国周辺地域に見られる四福音書写本挿絵

　本章では、ビザンティン帝国周辺地域の四福音書写本挿絵を見ていきたい。帝国は拡大と縮小を繰り返し、どこまでをビザンティウム、どこからを周辺と見なすのか、確定することは難しい。ここではギリシア語以外の写本（アルメニア語、コプト語、シリア語、スラヴ語の作例）を取り上げる。こうした地域では、どのような四福音書写本挿絵が描かれたのだろうか。周辺地域の作例はどの程度ビザンティン写本を模倣し、どの程度そこから離れたものを作り出したのか。
　700年頃までの福音書写本は、ギリシア語、ラテン語、コプト語、いずれの写本もマジュスキュルと呼ばれる大文字で記されている（ただしシリア語はあてはまらない）。そのため、一見どの言語なのかわからないほど互いによく似ている。単語ごとの区切りがなく、角張った大文字が几帳面にそろえて配置される。8世紀後半にミナスキュル（小文字）が導入されると、各言語による写本の外観も大きく異なるようになった。各言語・文化圏において、独自のレイアウト、装飾、そしてビザンティウムには見られない図像が生み出された。もともとビザンティウムのイコノグラフィーを模倣するものであっても、そこから驚くほど多様な挿絵が創り出された。1つの種から、何百という異なる果実が実るように。
　複数の文化圏を比較しようという場合に、ビザンティウムの四福音書写本はある基準を提供してくれる。ビザンティンのイコノグラフィーに基づいて、各地でさまざまなバリエーションが生み出されたからである。以下にビザンティン写本を1つの尺度として、各作例を検討していくが、本章は、異文化間の写本比較という大変大きなテーマの第一歩にすぎず、取り上げる作例の数は限定的なものとならざるをえない。ここではアルメニア、コプト、シリア、スラヴ語の福音書写本（または典礼用福音書抄本）挿絵をいくつか紹介するにとどまり、それ以外の主要周辺地域、たとえばキエフ・ルーシ、グルジア、エチオピアの写本、アラビア語訳の福音書写本など、取り

上げることのできない作例が多くあることを記しておく。

　イコノクラスム論争終結（843年）以降、ビザンティン帝国は領土を拡大し、軍事力のみならず政治、外交、宗教上の影響力を増していった。帝国の周辺といえば、北（ブルガリアやキエフ・ルーシ）ではキリスト教への改宗が行われ、東ではすでに数百年前にキリスト教化していたグルジア、アルメニアとの接触があった。帝国の南は7世紀以降イスラムの支配下に入るが、シナイ山など正教会の共同体は帝国との接触を保っていた。キエフ・ルーシでは、ローマ・カトリック教会、ユダヤ教、イスラム教との接触がある中で、コンスタンティノポリスの正教会の信仰を採用することが選択された。ビザンティウムこそが、それらの中で最も秀でた文明であると考えられたからである。こうした周辺の地域では、ビザンティン帝国の芸術を取り入れるにあたり、各々の有する独自の文化・伝統に照らして帝国の標準型を変形させ、採用したことが指摘されている[1]。

　アルメニア教会は451年のカルケドン公会議を承認しなかったために、その信仰はコンスタンティノポリスの正教会からは切り離されたものであった。近隣のイスラム、グルジア、そしてビザンティン帝国に侵略され国土を失ったアルメニアは、キリキアに新たな地を求めた。キリキアのアルメニア王国（1198-1375年）では、ビザンティンのイコノグラフィーを取り入れながら、独自の信仰を表すのにふさわしいようそれらを改変し、写本を制作した[2]。以下に取り上げるアルメニア語写本は、いずれもこの時期に制作されたものである。

　シリア、コプトの教会もまた、コンスタンティノポリスの正教会とは神学上異なる信仰を持ちながら、キリスト教世界の中心として影響力を持つビザンティウムを模倣した。コプト語写本については、ソハグの白の修道院ほか、ファイユームやワディ・ナトゥルーンの修道院で制作されていたことが知られている[3]。コプト語の場合、サヒド、ボハイラ（典礼用の言語）、ファイユーム、アクミームなど方言がいくつも存在するために、本文校訂が困難であることが指摘されている[4]。今後すべてのコプト語写本のリスト化を行い、制作年代が記されているものに基づいて、制作年代が確定できる写本を選り分け、年代の前後関係を整理し、編年を行う作業が残されている[5]。

　シリア教会はコプト教会と比べて地理上の広がりが大きく、ユーフラテスの北（オスロエネ）、チグリスの北（アディアベネ）、シリア、フェニキア、メソポタミアあたりから、ペルシア、イラン平原、ア

ラビア半島へと広がっていった。シリア教会はいくつかの派に分類される。東シリアの流れをくむネストリウス派とカトリック教会に帰属するカルデア派、西シリアの流れをくみ単性論を唱えるシリア正教会、そしてマロン派である。ペシッタと呼ばれるシリア語訳改訂版聖書には、ペトロの手紙1と2、ヨハネの手紙2と3、ユダの手紙、ヨハネの黙示録が含まれない。それらはいずれもシリア教会ではカノンと認められていない書だからである。シリア語福音書の歴史において必ず言及されるのは、タティアノスによって著されたディアテッサロンである。ディアテッサロンとは四福音書を1つに編集したもので、シリア教会において広く知られ人気の高かったものであるが、全文を含む写本が現存しないために、もともとシリア語で書かれたのか、ギリシア語で書かれたのかということは不明である（断片、あるいはラテン語訳の写本が現存している）[6]。ディアテッサロンは四福音書を1つにまとめるにあたり、アポクリファの要素を取り込んだり、いくつかの福音書に共通して語られるにもかかわらずある部分をすっかり削除したりしている（たとえばマタイ冒頭のキリストの系図）。一方、四福音書はディアテッサロンとは区別され、「分割された福音書」という別の名称を付されていた。シリア語写本は、6-7世紀と11-13世紀の作例が多く現存し、写字生により制作年の記録が残されているものも多い。11-13世紀の間に制作された写本群には20の典礼用福音書抄本が含まれ、キリストの生涯を描いた挿絵を多数有する写本も見られる。それらの図像はいずれも、ビザンティン挿絵のイコノグラフィーと合致するものであることが指摘されている[7]。写本制作の拠点としては、メリテネ、モスル（イラク）、エデッサ、トゥル・アブディン（トルコ南東部）などが知られている。以下に取り上げるシリア語写本も、この時期に制作された。

✣ 1 　アルメニア語の四福音書写本

キリキア・アルメニア王国の写本挿絵には、ラテン・カトリック教会の図像を借用したものが見られ、エルサレムのラテン王国の写本を参照していたことが指摘されている[8]。また、イスラム教の写本との比較も行われている[9]。とはいえ、写本制作の基盤として規範となったのは、常にビザンティウムの写本であった。カーは、フィレンツェのフリーズ・ゴスペルを模倣したアルメニア語福音書写本（『8人の画家の福音書』と呼ばれる。Erevan, Matenadaran, Ms. 7651)、アトス山のデ

ィオニシウ・レクショナリーを模倣したアルメニア語福音書写本（Walters Art Museum, Ms. W. 539）を例としてあげている。いずれも同時代のビザンティン写本や、数多くコピーされた典型的ビザンティン写本ではなく、数世代前の、しかも当地ビザンティウムではほとんどコピーされることがなかった例外的な作例をあえて選択し、規範としている[10]。カーによれば、アルメニアの写本制作は単なるビザンティウムの模倣ではなく、それを規範としながら画家は想像力の翼を大きく広げた。

　ビザンティウムには見られないアルメニア独自の図像も散見される。たとえば、「キリストの磔刑」には、カルケドン派を離れたアルメニア独自のキリスト観が反映され、十字架上の死においてさえ、キリストの神性が強調されるという[11]。また「降誕」にはアルメニア語の外典を典拠として、エバの頭蓋骨が描かれることがある。助産婦を探しに出かけたヨセフが女と出会い、「あなたは誰ですか」と尋ねたところ、女はヨセフに「わたしは自分自身の救いをこの目で確かめるためにやって来ました」と語ったと伝えられる[12]。さらに、ビザンティン四福音書写本とは大きく異なっている点に、豪華な装飾をともなう対観表がある。ビザンティウムでは、対観表を含まない四福音書も多く、含まれている場合であっても単純な枠のみの表である場合が多い。一方、アルメニアの対観表は多彩色の緻密なデザインである（図6-1）。その理由として、アルメニアの神学者ネルセス（1102-1173年）の名があげられる[13]。ネルセスのマタイによる福音書注解によれば、福音書に先立つ対観表は、福音書へと進み行くための霊的な準備のためのものである。さらに10の対観表には、さまざまな意味が込められている。たとえばそれは楽園の庭であり、ノアの箱船であり、アブラハムの祭壇であり、契約の箱であり、ソロモンの神殿であり、聖なる教会そのものでもある。こうした豊かな解釈が、ビザンティウムとは異なる華やかに飾り立てられた対観表を生み出した[14]。

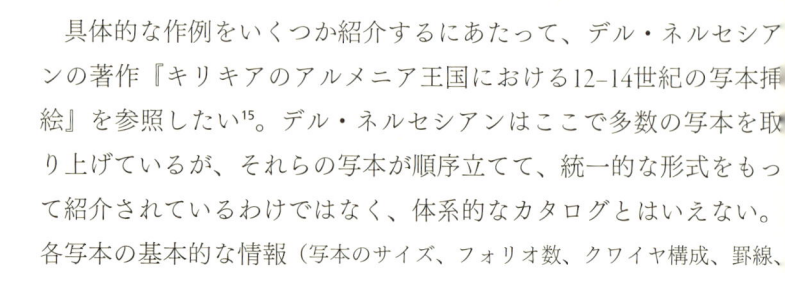

図6-1　ヴェネツィア、メヒタル会修道院 1925, fol. 10r: アルメニア語福音書の対観表

　具体的な作例をいくつか紹介するにあたって、デル・ネルセシアンの著作『キリキアのアルメニア王国における12-14世紀の写本挿絵』を参照したい[15]。デル・ネルセシアンはここで多数の写本を取り上げているが、それらの写本が順序立てて、統一的な形式をもって紹介されているわけではなく、体系的なカタログとはいえない。各写本の基本的な情報（写本のサイズ、フォリオ数、クワイヤ構成、罫線、

文字のタイプ、装飾の種類、失われた挿絵の痕跡、装丁など）は含まれていない。それよりはむしろ、写本の制作者、寄進者、図像の比較に重きがおかれている。多数の写本が次々に取り上げられ、あるいは複数の写本が同時に論じられているために、1つの写本についてまとまった情報を得たいという場合には、やや不便である。さらに各写本が有する複数の挿絵は、比較のため、もとの写本から切り離され、別の写本から取り出された挿絵と隣どうしに並べられる。そのため、ある1つの写本中で、複数の挿絵がどのような順序で挿入されているのか、という点がわかりにくい。著者は、挿絵に見られる特異な点を指摘するとともに、比較の結果挿絵間にどのような違いが見られるのかを記述しているが、なぜこうした違いが生じたのかという問いにまでは踏み込んでいない。とはいえ、図版六百点以上を含むデル・ネルセシアンの著作は、アルメニア語写本挿絵について知るための第一歩として大変有用である。ここでは、本書の中から作例をいくつか取り上げて、アルメニア語四福音書写本挿絵がどのような点においてビザンティウムのそれとは異なっているのかという点に注目したい。

寄進者の肖像

　アルメニア語写本では、ビザンティン四福音書写本よりも頻繁に、寄進者の肖像が描かれる。コロフォンが記される例も多い[16]。寄進者の肖像は、彼らが何を願って写本を注文したのかを知るためのてがかりとなりうる。寄進者は、単独で描かれることもあれば、配偶者や家族とともに描かれることもある。キリスト、聖母とともに描かれることもある。玉座のキリストの前にひざまずく寄進者[17]、両腕を広げたキリストの半身像の下に描かれる寄進者[18]など、構図はさまざまであり、寄進者を描くための定型があったわけではないらしい。

　数ある寄進者像の中に、キリストの生涯を描く連続説話場面に寄進者自身が入り込んで描かれる例がある（Jerusalem, Armenian Patriarchate, cod. 1973, 1346年制作）[19]。「降誕」(fol. 8v)（図6-2）、「エルサレム入城」(fol. 14r)（図6-3）には、よく見ると女王マリアムとその娘フェミが紛れ込んでいる[20]。フェミは「降誕」に助産婦役として登場し、キリストの産湯の器に湯を注いでいる。「エルサレム入城」では、キリストが進みゆく道に服を広げて敷物の代わりとしている。マリアムは、「十字架降架」で十字架の下にひざまずく (fol. 258v)（図6-4）。キリストの

図6-2　アルメニア教会総主教座 cod. 1973, fol. 8v:「降誕」

図6-3　アルメニア教会総主教座 cod. 1973, fol. 114r:「エルサレム入城」

図6-4　アルメニア教会総主教座 cod. 1973, fol. 258v:「十字架降架」

生涯の初めから終わりまで、寄進者はその場に参加し、しかも助産婦として、あるいは入城への道を整える者としてキリストに仕えている。「降誕」、「エルサレム入城」といったキリスト伝サイクルの挿絵は、ビザンティン図像を踏襲するものである。ところが、説話場面の中へと自ら入り込むこうした描き方は、ビザンティウムの規範を大きく踏み越えたものである。個人の肖像を含む描き方は、従来の図像定型を崩すことになってしまう。ビザンティウムは複数の言語・文化圏の中心にあって、それらの模範となるべきものであった。こうした状況において、手本となるべきもの、それ自体が始終すがたを変えていくようであっては、手本としての機能を果たすことができない、という危惧があったとしても不思議ではない。周辺地域の写本との比較は、それらとは大きく異なっているビザンティン写本のあり方を、逆に際立たせてわたしたちに示してくれる。

福音書記者のシンボル

アルメニア語の四福音書写本に描かれる福音書記者のシンボルは、しばしば各福音書冒頭のイニシアルと組み合わされる。たとえばマルコによる福音書冒頭のイニシアルU (Erevan, Matenadaran, cod. 311, 1066年制作) は、有翼の獅子をかたどっている（図6-5）[21]。獅子は翼を上に向けて伸ばし、後ろを振り返っている。大変奇妙なことに、獅子の背中にはキリストが立ち上がっている。デル・ネルセシアンは、この図像の意味は不明であるとしている。なぜシンボルとキリストを組み合わせる奇妙な図像がここに導入されたのだろうか。キリストは、獅子とその翼によってかたどられるイニシアルUをかえって邪魔しているようにも見える。ところが、よく見るとキリストは両腕を左右に広げ、獅子の背中に立ち上がることで、アルメニア文字のՔをかたどっているように見える。Քはキリスト（K'ristos）の頭文字である。マルコによる福音書は「神の子イエス・キリストの福音の初め」という1文から始まっているため、マルコのシンボルに加えてキリストを描くことによって、テキスト冒頭の内容を視覚化しようとしたのかもしれない。

アルメニアの「磔刑」図像に描かれるが、ビザンティンの「磔刑」図像には見られないものに、十字架の足もとにうずくまる獅子がある[22]。これはアルメニア語に翻訳された『フィジオロゴス』に基づく図像であるという。『フィジオロゴス』によれば、雌獅子が出産するが、胎児は死産であった。死産の子は3日間その場に横たわった

図6-5 マテナダラン古文書館 cod. 311, fol. 83r: マルコによる福音書冒頭 有翼の獅子をかたどるイニシアル

図6-6 ニュージュルファ聖救世主修道院 546/25, fol. 13v: 急降下する天使とマタイ

ままであった。3日目に雄獅子がやってきて息を吹き込み、子が息を吹き返すまで吠え続けた。こうして生き返った子獅子は、磔刑から3日後に復活したキリストと重ねあわされ、「磔刑」図像に含まれるようになった。マルコによる福音書冒頭のイニシアルの獅子は、マルコのシンボルであると同時に、キリストをそこに描き加えることによって、キリスト復活のシンボルとしても機能するものとなった、といえるかもしれない。

次に、ビザンティンにはありえないような、大胆なシンボルを紹介したい（New Julfa, Monastery of the Holy Savior 546/25, 1215年制作）[23]。マタイの肖像では、シンボルの天使が上から真っさかさまに急降下してくる（図6-6）[24]。マルコとルカのシンボルは、動物のすがたでありながら後ろ足で立ち上がり、人の立ちすがたのように描かれている。その大きさは、福音書記者と同じくらいである（図6-7、6-8）。シンボルと福音書記者は正面から互いに見つめ合っている。シンボルが右側から、福音書記者が左側から本に触れているために、あたかも両者が本の表紙と裏表紙となって、1冊の福音書を形づくっているかのように見える。

ヨハネの肖像にシンボルはなく、代わりにプロコロスが描かれている。ヨハネは膝を折り曲げて地面から飛び上がっている（図6-9）。デル・ネルセシアンは、ヨハネの奇妙な動作を画家の誤りとみなしている[25]。確かにヨハネの動作は何を表そうとするものか、説明しがたいが、必ずしも誤りではないようにも思われる。ヨハネの動作は、マルコのシンボルを繰り返している。マルコのシンボルは、後ろ足を伸ばし、前足の膝を曲げて大きく前へと踏み出している。ヨハネの動作もまた、これに近い。福音書記者にしてはあまりにも不自然な動作であるが、なぜ画家はあえてシンボルの動作をヨハネの肖像において繰り返し用いたのだろうか。ヨハネはプロコロスとともに描かれ、プロコロスが筆記する本来福音書記者が担う役割を引き受けている。プロコロスを入れたために、ヨハネのシンボル（鷲）を入れるスペースが残されていなかった。そのため画家は、ヨハネをシンボルの型に重ね合わせて描くことによって、ヨハネにシンボル的な役割を演じさせているのかもしれない。ヨハネは神の手の方を振り返り、右手をあげてこれに答え、シンボル同様神に近い存在であることを示しているようにも見える。アルメニアの画家の創意工夫は、後ろ足で立ち上がるシンボルや、地面から飛び跳ねるような福音書記者といった、ビザンティウムには見られない図像を生み

図6-7 ニュージュルファ聖救世主修道院 546/25, fol. 97v: 後ろ脚で立ち上がる獅子とマルコ

図6-8 ニュージュルファ聖救世主修道院 546/25, fol. 151v: 後ろ脚で立ち上がる雄牛とルカ

図6-9 ニュージュルファ聖救世主修道院 546/25, fol. 241v: 飛び上がるヨハネとプロコロス

出した。

福音書記者の肖像と説話場面

次に取り上げる写本は、1260年トロス・ロスリンにより制作された（Jerusalem, Armenian Patriarchate, cod. 251）[26]。写本冒頭にエウセビオスの手紙、対観表、奉献銘文が記されている（fols. 3v-14）。各福音書冒頭に福音書記者の肖像が描かれている。マタイだけは、「マギの礼拝」を描いた説話場面の中にその肖像が組み込まれている（fol. 15v）（図6-10）。他の3人の福音書記者像は、単独で室内に座って筆記する一般的なパターンにしたがって描かれている[27]。説話場面と肖像が組み合わされる例はビザンティン写本にも見られる[28]。しかしながら、ここではなぜマタイだけが説話場面と組み合わされることになったのだろうか[29]。しかもマタイの肖像は、説話場面の一部に入り込んで、通常のイコノグラフィーとは明らかに異なる図像を作り出している。

全頁大の挿絵は上下2段に分けられ、画面のほぼ5分の4が上段に割り当てられている。上段では、「キリスト降誕」の洞窟と飼い葉桶を背景に聖母子が座し、献げ物を手にした3人のマギが腰をかがめて近寄っている。その後ろには、キリストを礼拝するために訪れた人々の列が続く。左上方には羊飼いへのお告げが描かれ、下段右手には「キリストの産湯」が描かれる。一見「キリスト降誕」の要素が多く含まれているように見えるが、キリストは飼い葉桶の中に横たわるすがたではなく、「マギの礼拝」の主題に重点が置かれている[30]。

画面中で奇異に感じられるのは、下段左端に挿入された福音書記者の肖像である。「マギの礼拝」と組み合わされ、「キリストの産湯」と並列におかれる福音書記者は他に類例がない[31]。画家は、「マギの礼拝」に福音書記者肖像を挿入するにあたり、その存在が他の登場人物から浮いてしまわないようにある工夫をしている。「降誕」の場面において、しばしばヨセフは画面下の隅に背を丸めて座るすがたで描かれる。つまり本来ヨセフが配置されるべき位置に福音書記者をおくことによって、あたかも福音書記者を「降誕」の一部であるかのように扱っている（ここではヨセフは上段左端に立つ）。

福音書記者をひとつの基点とする三角形の構図の中に、幼子キリストが2度繰り返されている。聖母のひざの上のキリスト、そして助産婦のひざに抱えられたキリストである。聖母、助産婦と似たよ

図6-10　アルメニア教会総主教座 cod. 251, fol. 15v:「マギの礼拝」に組み込まれたマタイ

うな動作を繰り返して、福音書記者はひざの上に巻物を広げている。ここでは三角形の構図中に、キリストの3つの異なる側面が、3つの異なる形態によって暗示されているように思われる。第1に、暗い洞窟を背景に光輝く金のニンブスとともに描かれる中央のキリストは、世の光としてのキリストを表すように思われる。キリスト自身、「わたしは光として世に来た」と述べている（ヨハネ12：46）。第2に、助産婦に抱えられた裸の幼子は、受肉したキリスト、肉体を持つ人としてのキリストと見ることができるだろう。ヨハネによる福音書は、初め神と共にあったことばが、肉となったと語っている（ヨハネ1：1-14）。第3に、福音書記者が巻物に書き記すことばは、ロゴス（ことば）としてのキリストに対応している。キリストとともに描かれる聖母と助産婦に対して、福音書記者を同列と見なすことがはたして妥当か、という異論もありうるだろう。彼はキリストを抱いているわけではないからである。しかし、福音書記者像が上段場面と何の関連もなくここに置かれたとは考えにくい。三角形の構図中におさめられた3人（聖母、助産婦、マタイ）の似たような動作の繰り返しの中に、何らかの意味上の連関が示唆されているように思われる。

さらに、このキリストの3要素はマギのささげる3つの贈り物[32]、黄金、没薬、乳香（マタイ2：11）とも対応している。黄金の献げ物は光としてのキリストに対応する。没薬の献げ物は受肉した人としての肉体を持つキリストと結びつけられるように思われる。福音書に記されているとおり、ユダヤ人の埋葬の習慣では遺体に没薬をそえるからである（ヨハネ19：40）。2世紀のリヨンの主教イレナエウスもまた、マギの献げ物である没薬は死を暗示するものであると述べている[33]。最後に、乳香はロゴスとしてのキリストと関連づけられるだろう。アレクサンドリアのキュリロスは、祭壇で混ぜ合わせた香をたくアロン（出エジプト30：7, 34）を引用し、続いて「神、すなわちロゴスは肉となった」と述べている。香を混ぜ合わせることと、ロゴス（キリスト）の受肉（神の子が人と1つになること）が並列して語られる[34]。

アルメニア語の幼児伝によれば、3人のマギはそれぞれ別のビジョンを見たという。ガスパールは栄光の玉座につくキリストを見た[35]。バルタザールは数千の軍勢がひれ伏す天の司令官としてのキリストを見た。メルキテールはキリストが死んでよみがえるのを見た。一方、前出のイレナエウスは、黄金は王としてのキリスト、乳香は神

としてのキリスト、没薬は死ぬ運命にある人としてのキリストを表すとしている。つまり3人のマギによる3つのビジョンは、イレナエウスによる献げ物の説明と結びつき、黄金は王として玉座に着くキリスト、乳香は万軍の主なる神であるキリスト、没薬は人としてのキリストを表すものとみなすことができるかもしれない。

キリストの3要素とマギの献げ物を結びつけて挿絵を解釈する必然性はあるのか、という問いに対しては、福音書記者マタイが「降誕」よりは「マギの礼拝」に重点がおかれた場面と組み合わされたことを指摘したい。挿絵では明らかにマギの担う役割が強調され、しかもその中には本来そこにはいないはずの福音書記者が入り込んでいる。そのため両者の間にある何らかのつながりが、挿絵を読み解く鍵となっているように思われる。挿絵は、光・ことば・肉というキリストの3つの側面を示すとともに、それらをマギの献げ物と結びつけることによってさらに強調していると解釈できるのではないだろうか。

ナジアンゾスのグレゴリオスは、キリストの形容として「献げ物」という語をあげている[36]。次いでキリストの呼び名を以下のように列挙している。第1に「御言(ことば)と呼ばれるのは、キリストと父なる神との間に、ことばと知性（νοῦς）との間にあるのと同じような関係があるためである。第2に「光」と呼ばれるのは、キリストがロゴスといのちにおいて浄められた霊（ψυχή）の輝きであるからである。第3に「人」と呼ばれるのは、罪以外はわれわれと同じ肉体になったからである[37]。つまり、ことば・光・肉は、グレゴリオスによるキリストの定義に基づくものでもある[38]。

「降誕」の祭日に典礼でマタイ冒頭のテキストが朗読されることから、「降誕」は従来マタイとの結びつきが強い。そのため、「降誕」の洞窟を背景とする「マギの礼拝」は、他の3人の福音書記者ではなく、マタイと組み合わされたと考えられる。写本冒頭に位置するマタイが「マギの礼拝」と組み合わされた結果、挿絵は写本全体の巻頭挿絵となっているように思われる。他の3人の福音書記者は説話場面と組み合わされない単独像であり、マタイだけが4人の中で突出してバランスを欠いているように見えるが、写本全体の巻頭挿絵と見なせば、それほど不自然ではない。一見伝統的なビザンティンのイコノグラフィーにしたがうものであるように見えるが、挿絵は「マギの礼拝」を不自然な形で2分割し、福音書記者肖像を加えることによって、そこに福音書の中核となるべきメッセージ、すな

わちキリストはことばであり、受肉した人であり、光であるというメッセージを凝縮し視覚化している。

「生命の木」と梯子

各福音書冒頭に描かれる「生命の木」は、ビザンティン四福音書写本には見られないアルメニア独自の図像であり、マシューズはこれを「生命の木としての十字架」と呼んでいる（図6-11）[39]。次に紹介する写本でも、ヨハネによる福音書冒頭に「生命の木」のように見える図像が挿入されているが、よく見るとその細部にはかなり特異な要素が含まれている（Erevan, Matenadaran, cod. 9422, 13世紀制作）（図6-12）[40]。本来「生命の木」が描かれるべき場所に、あたかも「生命の木」であるかのように挿入されているのは、実は木ではなく梯子である。地面には人が眠り、天使たちが梯子を昇り降りしている[41]。梯子のいちばん上にはマンドルラがあって、その中に父と子と聖霊が描かれている。梯子を昇り降りする天使といえば、真っ先に思い出すのは創世記のヤコブの物語である（28：12）。しかしながらデル・ネルセシアンによれば、この挿絵はヤコブの夢を表すものではなく、図像の源泉は12世紀アルメニア語に翻訳された『バルナバの書簡』に求められる。デル・ネルセシアンは、同書簡の「天地創造」についての文章を引用し、天使は天地創造のために費やされた日数を象徴する、と説明している[42]。ところがデル・ネルセシアンは、梯子それ自体や下に眠る人をどう説明すればよいのか、という点については触れていない。

この梯子の図像はヨハネによる福音書冒頭の挿絵であり、冒頭近くのテキストには、まさに梯子と天使を想起させる記述がある。「はっきり言っておく。天が開け、神の天使たちが人の子の上に昇り降りするのを、あなたがたは見ることになる」（1：51）。ヨハネの福音書のテキストが旧約の「ヤコブの夢」を下敷きとしていることは明らかであり、図像の源泉はやはり「ヤコブの夢」に求める方が自然であるように思われる。ただし創世記の「ヤコブの夢」と明らかに異なっているのは、梯子の四隅を福音書記者のシンボルが支えている点である。また、天使たちが産着にくるまれた幼子を腕に抱えている点、父と子と聖霊が描かれる点、聖霊を表す鳩のくちばしから、川のように水が流れ出ている表現も、「ヤコブの夢」には出てこない細部である。

こうした要素を説明するテキストは、実はヨハネによる福音書自

図6-11　グニエズノ大主教区公文書館 fol. 327r: アルメニア語福音書の「生命の木」

図6-12　マテナダラン古文書館 cod. 9422, fol. 249r: ヨハネによる福音書冒頭

体の中にある。「だれも水と霊によって生まれなければ、神の国に入ることはできない」(3:5)。つまり、挿絵中でマンドルラの中の聖霊から流れでる水は、テキストの「水と霊」を表すものととらえられる。さらに産着の幼子は、水と霊によって新しく生まれた人が天へと運ばれて行くようすを表しているように見える。キリストは「人は、新たに生まれなければ、神の国を見ることができない」と弟子たちに語っている。それに対して弟子の1人ニコデモは、「年をとった者が、どうして生まれることができましょうか。もう1度母の胎内に入って生まれることができるでしょうか」と尋ねている (3:3-4)。キリストと弟子とのこうした対話を踏まえて、水と霊によって新しく生まれた人が、母の胎内から生まれたばかりの幼子のように描かれたと考えられる。挿絵は、本来「生命の木」が描かれる場所におかれ、しかも天使たちの翼が枝葉のように伸びているために、「生命の木」を見慣れている者にとってみれば、それほど奇異に感じるものではなかっただろう。が、よく見るとそれはよくある図像の型を用いた、別の新しい図像である。天使たちによって、水と霊によって新しく生まれた人たちが、神の国へと運ばれていく。梯子の下を支えるシンボルは、四福音書こそが、神の国へと至る道筋の始発点であることを示すものであるように見える。「生命の木」はこうして天へと至る梯子へと変容させられた。画家が何を伝えようとしてこの図像を作り出したのか、作り出す際に手がかりとなったものは何であったのか、この図像はイメージ生成のプロセスを、わたしたちの目の前に開示してくれる。

図6-12b　拡大図(部分):「生命の木」を模した天へと至る梯子

✥2　コプト語、シリア語の四福音書写本と典礼用福音書抄本

　コプト美術は、ビザンティン美術の一部と見なされることが多く、概説書などでは特に、コプト絵画、彫刻、タピストリーの作例がビザンティン美術に含まれるものとして分類される。が、こうした分類に異を唱える研究者もおり、彼らはビザンティン美術の影響を否定するものではないが、ビザンティンの題材をコプト独自の様式に練り直し作りかえたものとしてコプト美術をとらえている[43]。ビザンティン美術との接触は、7世紀エジプトがアラブの支配下に入るまでの二百年間と、エジプトのトゥールーン朝、ファーティマ朝がビザンティン帝国に対して門戸を開くようになった9世紀から12世

紀に顕著に見られる。

　先に紹介したデル・ネルセシアンの著作は、六百を越える図版を有している。そのため、ビザンティン四福音書写本には見られない、アルメニア独自の図像とはどのようなものなのか、特異な図像はアルメニア写本全体の中でも珍しいものか、あるいはビザンティン写本を見慣れている者にとって珍しく感じられるだけで、アルメニア写本の中ではそれほど珍しくない図像なのか、といったことを知るのはそれほど難しいことではない。ところが、コプト語、シリア語写本には、そのような手がかりをつかむための第一歩となるような本は近年出版されていない[44]。各々の論文において論じられている個別の作例をいくつか集めてみたとしても、それらがコプト語、シリア語写本において一般的な図像なのか、全体の集合の中で特異な位置を占めるものなのか、判断しがたい。したがって、ビザンティン写本には見られない特異な図像があったとしても、それがその言語・文化圏では一般に広く見られるものであったのか、あるいはその場限りのイノヴェーションであったのか、すぐさま結論を下すことができない。ここでは、いくつかの限られた例ではあるが、ビザンティン図像を模範としながら、そこから逸脱する要素を有するコプト語、シリア語写本を取り上げる。それはどのような逸脱であり、見る者に何を伝えようとしているのか、という点について考えてみたい。

　ヴァティカン聖使徒図書館所蔵のコプト語四福音書写本（Biblioteca Apostolica Vaticana, Copto 9, 1204/5年制作）では、福音書記者が単独ではなく、別の人物とともに描かれる[45]。マタイは玉座のキリストとともに描かれ、キリストに本をささげている（fol. 22r）（図6-13）。マルコ（fol. 146r）は、大天使ミカエルとともに描かれる（図6-14）。ルカの肖像（fol. 236v）にも天使が現れるが、名前は記されていない（図6-15）。ヨハネの肖像では、両腕を差し上げて祈る聖母が挿絵の右半分に描かれている（fol. 388v）（図6-16）。福音書記者が他の人物と組み合わされる例は、ビザンティン四福音書写本挿絵にも見られるが、（ヨハネとプロコロスの組み合わせを除けば）必ずしも一般的な描き方とはいえない。ここでの組み合わせは、少なくともマタイとヨハネについては、各福音書冒頭のテキストに関連する人物を用いているように見える。マタイによる福音書はキリストの系図から始まっているために、冒頭の登場人物にふさわしい者としてキリストが選ばれたのだろう。

図6-13　ヴァティカン聖使徒図書館 Copto 9, fol. 22r: キリストとマタイ

図6-14　ヴァティカン聖使徒図書館 Copto 9, fol. 146r: 大天使ミカエルとマルコ

図6-15　ヴァティカン聖使徒図書館 Copto 9, fol. 236v: 天使とルカ

図6-16　ヴァティカン聖使徒図書館 Copto 9, fol. 388v: 聖母とヨハネ

ヨハネによる福音書冒頭には「言は肉となって、わたしたちの間に宿られた」と記されている。キリストの受肉という冒頭のテキストに基づいて、キリストを宿した聖母がここに描かれたと推測される。それでは、マルコとルカの天使もまた、福音書冒頭のテキストに基づくものだろうか。マルコによる福音書冒頭は、主の道を準備するためにキリストより先に遣わされる使者について述べている。またルカによる福音書は洗礼者ヨハネの誕生から始まり、ヨハネの誕生は天使によってザカリアに告げられる。つまりマルコ、ルカの肖像と組み合わされた天使もまた、福音書冒頭に登場する天使たちを想起させるものではある。とはいえ、いずれの天使も、福音書中に名前は記されていない。それではなぜ、マルコの天使にのみミカエルの名前が記されているのだろうか。

コプト教会では、大天使ミカエルが聖母と並ぶほど重要な位置におかれ、毎月12日の典礼において大天使ミカエルが記念される（ただしユリウス暦とは異なる）[46]。2人の天使のうちミカエルにのみ名前が記されたのは、ビザンティンの慣習にはないような仕方でミカエルに特別の重きをおく、コプト教会ならではのものであったと推測される。

それでは、ルカではなくマルコと大天使ミカエルがともに描かれたのはなぜだろうか。マルコによる福音書はキリストの洗礼から始まっており、キリスト洗礼の場面には天使が登場する。天使はミカエルと特定されているわけではないが、『パウロの黙示録』（外典）は、大天使ミカエルが罪人に洗礼を授けたと語っている[47]。またコプト教会は、もともとマルコによるアレクサンドリアへの宣教を基盤としていたために、福音書記者の中で特にマルコに重きがおかれた。マルコはコプト教会において圧倒的な存在であり、同じくコプト教会で重要視されるミカエルと結びつけられたのかもしれない。

挿絵中にギリシア語の銘文が記されていることから、画家がビザンティン四福音書写本を手本としていたことがうかがわれる。しかしながら、画家はビザンティンの規範を離れ、ビザンティン写本には見当たらないような挿絵を生み出した。ビザンティウムにも、福音書記者が他の人物とともに描かれる例や、4人の福音書記者がキリストとともに描かれ、キリストに書物をささげる例などが見られるが[48]、こうした図像がビザンティウムにおいて一般に広く用いられることはなかった。つまり、コプト語写本の画家はここで、ビザンティン写本の標準的なイコノグラフィーではなく、あえて例外的

158

な図像を選択して模倣している。画家は、例外的なビザンティン図像をもとに、単にそれを繰り返すだけではなく、そこから新しい組み合わせを考案した。こうした画家の姿勢とは対照的に、ビザンティウムでは、基本的に単調な繰り返しが避けられることはなかった。四福音書写本は不変のものととらえられ、不変性こそが、真正であることの証しであった。帝国の周辺地域では、ビザンティウムにおいて重きが置かれてきた、決して移ろいゆくことのない不変性が、それほど厳密にはとらえられていなかった、ということかもしれない。

　シリア語典礼用福音書抄本の挿絵には、福音書記者が2人1組で、書見台の左右に向かい合わせに座る例（Mardin, l'évêch syro-orthodoxe, fols. 5v–6r, 13世紀制作）[49]、福音書記者の肖像とともに木が描かれているために室内なのか屋外なのか判然としない例（London, B.L., add. 7170, fols. 5v–6r, 1220年頃の制作）[50]など、ビザンティン写本には類例が見られない図像がある。ここでは大英図書館所蔵の1点を紹介したい（大英図書館 Or. 3372, fols. 4v–5r, 12/13世紀の制作）[51]。全142フォリア、縦34cm×横22cmの大型写本である。写本冒頭見開きの2フォリアに「キリストの降誕」「洗礼」「エルサレム入城」の3場面が配され、最後の場面に4人の福音書記者がそろって描かれる（fols. 4v–5r）（図6-17、6-18）。各福音書記者はそれぞれ十字架つきの福音書を手に、左からマタイ、マルコ、ルカ、ヨハネの順で正面向きに座っている。この他、8つの祭日の朗読箇所が装飾文によって飾られるとともに、「昇天」の朗読箇所に先立って金の十字架が描かれる（fol. 96v）。キリストの生涯を描く連続説話場面は、冒頭の2フォリアのみである。それではなぜ、キリストの生涯の中からこの3場面が選ばれ、福音書記者が組み合わされたのか。写本冒頭見開きの挿絵中で、福音書記者はどのような役割を果たしているのだろうか。

　「降誕」「洗礼」「入城」の3場面に共通することは、キリストがある場所からどこか別の場所に「入っていく」ことを示している点であるように思われる。第1に、「降誕」はキリストがこの世に生まれたこと、いいかえるなら天上の世界から地上へとやってきたことを示している。また「洗礼」では水の中に「入り」、ここからキリストは公生涯に入る。さらに「エルサレム入城」では都の門を「入り」、同時にそれは受難への入口となっている。キリストの生涯の中から場面選択を行うにあたり、最後の場面として「磔刑」ではなく「入

図6-17　大英図書館 Or. 3372, fol. 4v:「降誕」「洗礼」

図6-18　大英図書館 Or. 3372, fol. 5r:「エルサレム入城」と四福音書記者

城」が選ばれたのは、「入る」という仕業に強調点がおかれたためであると推測される。ただし「降誕」に対して「地上に入る」という表現が妥当であるかという疑問、それを洗礼の水に入る時の「入る」と同列に扱うことができるかという疑問もありうるだろう。とはいえ、地上における生涯の出発点である「降誕」、公生涯に入る「洗礼」、受難への入口である「入城」が、キリストの生涯における3つの区切りを表し、そこから新たな局面に入っていくことは確かである。

「降誕」「洗礼」「入城」は、リトゥルギア（奉神礼）の3部構成に対応している。リトゥルギアは「奉献礼儀」「ことばの式」「信者の聖体礼儀」の3部により構成され、それぞれの部分がキリストの生涯の各時期に対応するものと解釈される[52]。第1に降誕から洗礼まで、第2に洗礼後の伝道期間、第3に受難と死と復活である。特に第3部の始まりを示す大聖入では、イコノスタシスの北門からナオスへ出て、中央の王門から再びベーマへと入る典礼行進が執り行われ、これは「エルサレム入城」を象徴的に表すものと解釈される[53]。つまり、写本中に選ばれた3場面は典礼の構成と対応しているといえる[54]。

4人の福音書記者は「エルサレム入城」の真下にそろって正面向きに描かれ、あたかもエルサレムの門を通り抜けてやってくるキリストを待ち構えているかのようである。福音書記者肖像はあくまで独立した肖像であって、説話場面との関連はないという異論があるかもしれない。ここでは、連続する4コマの一環に配されていることから、説話場面の自然な流れの中に位置づけて解釈することが可能であるように思われる。このような位置に配された福音書記者は、キリストの生涯のはじめから通して見渡しているといえるかもしれない。

ろばの上に座るキリストは、書物を腕に抱えている。エルサレム入城の時点で福音書はまだ書かれていないために、この表現は奇妙に思われる。キリストの手にする書物は、下段で福音書記者が抱える福音書によって繰り返される。「降誕」場面では、2人の天使、聖母、ヨセフの4人が飼い葉桶のキリストをぐるりと取り囲んでいる。「洗礼」では、3人の天使と洗礼者ヨハネの4人がキリストを囲み、水から上がるキリストは天使たちによって迎えられる。同様に、エルサレムの門を通り抜けたキリストは、4人の福音書記者たちによって迎えられるかのような視覚効果が、ここに作り出されている。

エルサレム入城でキリストを迎える人々は門前に描かれているため、キリストを迎えるのは福音書記者ではない、という反論に対しては、上下2場面を区切るアーケードに注目することによって答えたい。都の門の上に取り付けられたアーチの意匠が、福音書記者の頭上でも繰り返され、彼らが座る場所と都の門との連続が示唆されているからである。キリストが手にする書物には彼の生涯が凝縮され、それが福音書記者たちの手に引き渡される。ここでは、福音書記者が筆記する動作は描かれない。その代わりに、「降誕」や「洗礼」でキリストを取り囲み、キリストを迎え入れた者たちの役割を、福音書記者が最後にもう1度繰り返している。

　各場面は伝統的なビザンティンのイコノグラフィーから大きく逸脱するものとはいえない。しかしながら、3つの説話場面の終わりに福音書記者を組みこむことによって、室内で筆記する従来の肖像によっては伝えられない福音書記者の特別の役割、すなわち「キリストの生涯を受け止め、迎え入れる者たち」という役割が視覚化されているように思われる。4人の頭上に描かれたアーチは、対観表をも想起させる。4人は対観表によって示されるような調和のうちにキリストを出迎える。ビザンティンの図像を下敷きとしながら特別のメッセージをそこに織り込もうとしたシリア語写本の画家の創意の一端を、ここに見てとることができるだろう。

3　スラヴ語の四福音書写本

　アルメニア語写本に見られる「生命の木」の図像は、各福音書冒頭の右手余白に大きく描かれるため、左手のイニシアルは（それとバランスをとるかのように）しばしば長く引き延ばされて余白を飾っている。さらに西方の写本には、アルメニア語写本以上に余白を装飾によって埋め尽くそうとする傾向が見られる。装飾パターンは、絶え間なく起伏を繰り返し、余白を浸食し、テキストが記された行間の隙間にまで入り込んでいく。余白が、画家の想像力を発揮する場を提供していたかのように見える。

　一方、ビザンティン写本には、余白に説話場面を描く詩編写本や、行間に聖人を描く典礼用福音書抄本はあっても、四福音書写本の余白が装飾文によって埋められることはない。本文のために準備されたルーリング・パターンの欄外は、余白のまま残される。そのため、挿絵がテキストの行間に差し挟まれる四福音書写本（フリーズ・ゴス

図6-19　フィレンツェ、ラウレンツィアナ図書館 Plut. VI 23, fol. 15v: フリーズ・ゴスペル

ペルと呼ばれる）は、ビザンティン四福音書写本の中でも特殊な作例である（Florence, Biblioteca Medicea Laurenziana, Plut. VI 23, 11世紀の制作）（図6-19)[55]。写本のサイズ（20.4cm×16.0cm）は、典礼に用いられる大型の四福音書写本ほど大きなものではなく、テキストは1コラムである。文字のサイズは極めて小さく、挿絵に描かれる人物の頭ほどの大きさである。1コラムのレイアウトに沿って、フリーズ状の挿絵が左から右へ途切れることなく続く。一般の四福音書写本に見られる全頁大または半頁大の挿絵は、テキストから独立した枠に囲まれているが、ここではテキストの行間に挿絵が配置されているために、あたかもテキストを読む時のように、挿絵を左から右へと読むことができる。人物も、枠内に閉じ込められていない分、自由に左から右へと動いていくように見える。テキストと挿絵は、本来写本の中で異なる役割を担うものであるが、通常の写本と比較すると、ここでは両者がはるかに近づいている。

　何がこうした形式のもととなったのか、なぜこのような形式が生み出されたのか。これまでにも研究者らは説明を試みてきた。先行研究の指摘するところによれば、フリーズ・ゴスペルにおけるテキストと挿絵の関係は、巻物のそれに近い。福音書のテキストと、キリストの生涯を描く多数の連続説話場面を有する巻物がかつて存在しており、それが冊子体の形の写本に取り入れられる際、テキストの長さに従って挿絵も適宜分断され、その結果現在のようなフリーズ・ゴスペルができあがったという。冊子体（コデックス）の写本が多く制作されるようになるのにともなって、巻物の形式は徐々に使われなくなっていく。すたれてしまった巻物の形式をあえて選択し、写本にあてはめようとした結果、フリーズ・ゴスペルが生まれたという。巻物の形式の福音書写本（しかも多数の連続説話場面を有する）がかつて存在しており、それを模倣したというこの仮説が正しいものであるかどうかは別として、フリーズ・ゴスペルがビザンティン四福音書写本中できわめて特異な位置を占めていることは確かである。制作者あるいは注文者は、通常の四福音書写本とは異なるものを求めていた。フィレンツェのフリーズ・ゴスペルと類似する作例は、ビザンティン四福音書写本では、パリ国立図書館に所蔵される1点のみ（Paris, B.N., gr. 74）である[56]。こうした形式を引き継いだのは、ビザンティウムの四福音書写本ではなく、コプト語（Paris, B.N., copt 13）、アルメニア語（Matenadaran, Ms. 7651）、そして以下に取り上げるスラヴ語など、むしろ周辺地域の福音書写本であった。

第6章　ビザンティン帝国周辺地域に見られる四福音書写本挿絵

『イヴァン・アレクサンダル大帝の福音書』(London, B.L., add. 39627, 1356年制作) は、ビザンティンのフリーズ・ゴスペル (Paris, B. N., gr. 74) を模倣したものであるといわれている[57]。ブルガリアのイヴァン・アレクサンダル大帝が1355年に発注、翌年完成した写本で、シメオンという1人の写字生が全文を担当している。挿絵は複数の画家の手によると言われている。本写本は、9世紀ブルガリアのキリスト教化と、それにともなうキリル文字の発明から500年を経た、ブルガリア最後の文芸繁栄の産物と位置づけられる。この繁栄を最後に、ブルガリアは1393年オスマン帝国の支配下に入った。

キリストの生涯を描く367挿絵の中に六百を越える連続説話場面が含まれている。「降誕」、「変容」など複数回描かれる場面もある。パリのフリーズ・ゴスペルとの大きな相違は、大帝とその家族の肖像を含んでいること、写本献呈挿絵の登場人物として、パリ写本に描かれる修道院長の代わりにイヴァン大帝が描かれていること、そして大帝の名を書き込んだ魔方陣が含まれることである。この魔方陣 (fol. 273v) は、縦横各25文字、合計625文字が書き込まれた正方形で、イヴァンを表すῶを正方形の中心の升目に配し、そこから縦横斜めに広がっていく形で「イヴァン・アレクサンダル大帝の四福音書」という文字がびっしりと並べられる（図6-20）。

福音書記者の肖像は、全頁大の挿絵に単独で描かれる代わりに、各福音書冒頭のヘッドピースに組み込まれている。福音書記者は中央のメダイヨン中におさめられ、枝葉や蔓の装飾文に取り囲まれる。フィレンツェのフリーズ・ゴスペル（ラウレンツィアナ図書館 VI. 23）では、福音書記者の肖像は、室内に座る標準的なタイプである[58]。挿絵の大きさは全頁大で、その枠内に配された福音書記者の肖像は、おのずと大きなものとなっている。その結果、福音書記者の肖像と、フリーズ状の挿絵に現れる登場人物との大きさの違いがあまりにも大きく、バランスを欠いているように見える。一方、福音書記者の肖像を（全頁大の挿絵ではなく）ヘッドピースに組み入れたパリのフリーズ・ゴスペルと『イヴァン・アレクサンダル』のヘッドピースでは、福音書記者の肖像は、フリーズ状の挿絵の登場人物と同じくらいの大きさである。そのため、写本全体を通して人物の大きさが一貫している。

『イヴァン・アレクサンダル』のヘッドピースには、福音書記者以外の人物も描かれている[59]。マタイのヘッドピース (fol. 6r) では、「日の老いたる者」という銘文をともなう玉座のキリスト、2人のセラ

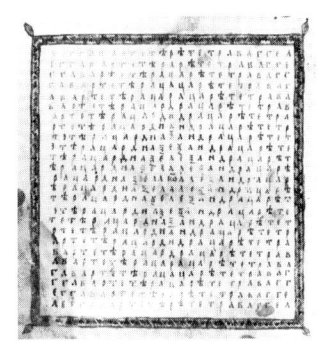

図6-20　大英図書館 add. 39627, fol. 273v: イヴァン・アレクサンダル大帝の魔方陣

図6-21　大英図書館 add. 39627, fol. 6r: マタイのヘッドピース

図6-22　大英図書館 add. 39627, fol. 88r: マルコのヘッドピース

図6-23　大英図書館 add. 39627, fol. 137r: ルカのヘッドピース

フィムが福音書記者の上に配されている（図6-21）[60]。ヘッドピースの右下、左下にはそれぞれ、アブラハムとイサクが描かれる。マルコのヘッドピース（fol. 88r）では、キリストの描かれる場所はマタイと同じであるが、ここでは顔のタイプがより年若いキリストに変えられ、銘文はIC XCとなっている（図6-22）。セラフィムの代わりに、洗礼者ヨハネとイザヤが組み合わせられる。ルカのヘッドピース（fol. 137r）にもキリストのすがたは描かれるが、ここでは年若いキリストではなく、壮年である（図6-23）。ここではメダイヨンが1つだけで、ザカリアが描かれている。ヨハネのヘッドピース（fol. 213r）は変則的で、福音書記者の下に3つのメダイヨンが配される（図6-24）。各々のメダイヨンには、異なるタイプのキリストが描かれている。壮年のキリスト（パントクラトール）、年老いたキリスト（日の老いたる者）、若いキリスト（インマヌエル）である。3つともIC XCという銘をともなっている。

　福音書記者と預言者の組み合わせは、各福音書冒頭の内容をそれぞれ指し示している。マタイのヘッドピースに見られるアブラハムとイサクはキリストの系図を示し、洗礼者ヨハネ（マルコのヘッドピース）、ザカリア（ルカのヘッドピース）もまた福音書冒頭のテキストに基づく（マルコ1：2-3とルカ1：5）。フリーズ・ゴスペルでは、テキストの行間に挿絵が配され、両者の近い関係が維持される。同様にヘッドピースにおいても、テキストと挿絵の近さが意識されていたことがうかがわれる。

　各々のヘッドピースには、預言者らに加えて、キリスト三態（日の老いたる者、インマヌエル、パントクラトール）が描かれている[61]。マタイ、マルコ、ルカの三福音書は、同じキリストの生涯を語りながら、少しずつ異なる視点からそれをまとめた。各ヘッドピースにそれぞれ異なったキリストのすがたを配することによって、三福音書間の違いを視覚的に伝えている。一方、ヨハネのヘッドピースではキリスト三態が全部いっしょに描かれているため、三福音書においてそれぞれに語られてきたキリスト像が、ヨハネによる福音書において、ひとつに統合されたかのような印象を与える[62]。マタイ、マルコ、ルカのヘッドピースでは旧約の預言者らとキリスト（三態）の間に福音書記者が配され、あたかも福音書記者が旧約から新約への橋渡しをしているかのようにも見える。

　福音書記者以外の人物を導入することによって各福音書冒頭を図示する場合、別のパターンもありえたはずである。すでに取り上げ

たヴァティカン聖使徒図書館所蔵のコプト語四福音書写本では、マタイとキリスト、マルコと大天使ミカエル、ルカと天使、ヨハネと聖母を組み合わせることによって、やはり冒頭のテキストを暗示していた。ところがここで各福音書のヘッドピースに選ばれたのは、大天使や聖母ではなく、預言者らである。それはなぜだったのか。この点については、以下に立ち戻って検討したい。

『イヴァン・アレクサンダル』では、4人の福音書記者は冒頭のヘッドピースのみならず、各福音書において、連続説話場面の最後の場面に再び描かれる。マタイによる福音書の巻末において、挿絵は上下2段のフリーズ状に分けられ、上段には復活のキリストが弟子たちの前に現れたところが描かれ、下段には福音書記者とイヴァン大帝が向き合うすがたで描かれている（fol. 86v）（図6-25）。こうした並列によって暗示されるのは、上段で弟子たちがキリストに出会ったように、イヴァンもまたマタイの福音書を介してキリストと出会うであろうというメッセージかもしれない。マルコによる福音書巻末に見られる挿絵もまた、上下2段に分けられている（fol. 134v）（図6-26）。上段には昇天のキリストとそれを見上げる弟子たち、下段には本を抱え、イヴァンを祝福するようなしぐさのマルコが描かれている。上段で弟子たちが昇天のキリストを見たように、マルコの手にする福音書を介して、イヴァンはキリストの生涯の目撃者となる。ルカもまたイヴァンとともに描かれているが、ルカによる福音書巻末ではなく、ヨハネによる福音書ケファリアの上に描かれているため、連続説話場面と上下に配列されているわけではない（fol. 212v）[63]。ヨハネによる福音書巻末は、マタイ、マルコ同様上下2段の挿絵で、上段に12使徒が1列に並んでいる。下段には、イヴァンとヨハネがともに描かれる（fol. 272v）（図6-27）。イヴァンは福音書記者に導かれて、あたかも12使徒の末尾に連なろうとしているかのように見える。つまりここでは、福音書記者（マタイ、マルコ、ヨハネ）がイヴァンとキリスト（あるいはイヴァンと使徒）をつなげる、いわば仲介の役を担っている。仲介という役割は、本来福音書記者が担うものではなかったはずである。が、『イヴァン・アレクサンダルの福音書』では、第1にヘッドピースにおいて福音書記者がキリストと預言者（あるいはキリストより前の時代に生きていた人々）の間に配されて、両者をつないでいる。巻末では、福音書記者がキリストとイヴァン大帝（キリストより後の時代に生きる人）をつなげている。こうして福音書記者は、福音書冒頭から巻末に至るまで、ある一貫した役割を担う者として

図6-24　大英図書館 add. 39627, fol. 213r: ヨハネのヘッドピース

図6-25　大英図書館 add. 39627, fol. 86v: マタイによる福音書巻末

図6-26　大英図書館 add. 39627, fol. 134v: マルコによる福音書巻末

図6-27　大英図書館 add. 39627, fol. 272v: ヨハネによる福音書巻末

描かれている。福音書記者は、預言者からキリストへ、キリストから大帝へと、途切れることのないつながりを受け渡してゆく。途切れることなく続くフリーズ状の挿絵の流れにのって、あたかも巻物がくるくると巻き取られながらつながっていくように。絶えることのない連続性を表すために、巻物の形式がふさわしいものとみなされ、巻物形式を写本にあてはめた特殊なモデルがあえて採用されたのではないか。巻物を模した外形は、キリストに連なる者でありたいという、注文者の願いと最も合致するものであったように思われる。皇帝は、キリストに連なる者たちの最後尾に続く者として描かれているが、写本巻末の魔方陣ではその名前が正方形の中央に置かれ、そこから四方八方にその名前が広がっていく。大帝は、首都トゥルノヴォを新しいコンスタンティノポリス、新しい正教会の中心としようとしたと伝えられる。キリストに連なる者たちの最後尾を引き継ぎ、さらにその最後尾から今度は自らを中心に据えて、外へとその力を及ぼし広げていこうとするすがたが、魔方陣によって象徴的に示されているように思われる。

　ところで福音書記者とキリストが組み合わされる例は、ビザンティン写本中に（フリーズ・ゴスペル以外にも）いくつか見られる。たとえば4人の福音書記者全員が1つのフォリオに描かれ（fol. 11v）、見開き反対側のフォリオ（fol. 12r）に描かれたキリストの方に向かって1歩踏み出しているもの（Vat. gr. 756）（図6-28）[64]、見開きの2フォリアではなく、同じフォリオの一方の側に4人の福音書記者、もう一方にキリストが描かれるもの（Venice, Biblioteca Marciana, gr. Z540, fol. 12v）（図

図6-28　ヴァティカン聖使徒図書館 Vat. gr. 756, fols. 11v, 12r: 福音書記者とキリスト

6-29)⁶⁵、2人の福音書記者がキリストの左右に描かれるもの（Sinait. gr. 221, fol. 1r, 1175年制作）⁶⁶、4人の福音書記者を描く4つのメダイヨンが、中央のキリストのメダイヨンを取り囲むもの（London, B. L., Egerton 2163、第5章参照）、福音書記者のメダイヨンがキリストの両側に置かれるが、キリストはメダイヨン中ではなく全身像で描かれるもの（Mt. Athos, Monastery of Great Lavra, A92, fol. 1v）⁶⁷。そのため、福音書記者とキリストをともに描くこうしたタイプには、一見多くのバリエーションが存在していたかのように見える。しかしながら、各々のバリエーションは1度現れただけで、ビザンティン四福音書写本において繰り返し手本として用いられるような図像の定型とはなることはなかった。バリエーションはいずれも主流から外れたところにあり、各々のケースにおいて、画家（あるいは寄進者）が、特別な図像を採り入れることを決断したと想像される。制作者が工夫をこらした結果、これらのバリエーションは、「福音書はいかにあるべきか、その挿絵はどのようなものであるべきか」という従来の規範から外れかけたものとなっている（制作者がどの程度意識していたか不明であるが）。そのためか、各々の作例においてこらされた制作者の工夫や選択は、ビザンティウムの四福音書写本制作の主流とはなりえなかった。「4人の福音書記者によって書かれた」という福音書の定義の最も根本にあるものを視覚化し直接伝える挿絵だけが、繰り返し繰り返し描かれた。わかりやすい定義を直接に、単純明快に視覚化した挿絵だけが、ゆらぐことなく定型としてとどまり続けるに足る、堅固なものであった。固く打ち立てられた定型は、数多くのバリエーションが同時に存在することをゆるさず、たとえ新しいタイプが突発的に生み出されたとしても、その場限りのものであって、それが主流を形成している定型と入れ替わるようなことはありえなかった。

　新たなアイディアを生み出す制作者の創造性や試行錯誤は、イメージが変化していくところに何らかの形で痕跡を残している。そのため変化の過程、あるいは変化を経て生み出された結果の方に、わたしたちの関心は向かいがちである。しかしながら、ビザンティン四福音書写本の全体像をとらえるためには、変化することのなかったイメージに着目すること、新しく創り出されたバリエーションが定着することがなかったという事実に着目することも、重要なことのように思われる。西方やビザンティン周辺地域の作例が示すとおり、人々の創り出すイメージは、絶えず変化し、展開していく。しかしながら、わたしたちはここであえて立ち止まって問うべきであ

図6-29　ヴェネツィア聖マルコ図書館 Mar. gr. Z 540, fol. 12v: 福音書記者とキリスト

ろう、イメージが変化することのなかったビザンティウムとは、いったいどのような世界であったのか。変化しなかったのはなぜか。変化しないイメージは、どのようなあり方において存続したのか。

　ビザンティウムの周辺において、もともと４人の福音書記者によってギリシア語で書かれた（とみなされていた）福音書という唯一の源泉から、何千何百という写本が模倣された。写本制作の過程で、福音書のテキストが不変ではありえなかったように、福音書写本挿絵もまた（理論上不変であることを前提としながら）おどろくほど多様なものが生み出された。各々の写本は制作時の状況、制作者の考えを反映し、手本となる図像を写すにあたって、それぞれに異なるやり方を実践している。画家は、手本をそのまま忠実に写すこともあるが、しばしば必要と思う部分のみを取り入れ、ある要素については都合がいいように変えていく。また、変更した部分が目立たないように、手本の示す慣習的な型のすきまに変更をもぐりこませようとすることもある。同じキリスト教の信仰を持つものでありながら、周辺地域の福音書写本挿絵は、ビザンティウムのそれと比べて、はるかに多様な仕方で展開した。

　最後に、アルメニア語、コプト語、シリア語、スラヴ語の福音書写本挿絵は、それぞれ独自の「標準型」あるいは「定型」を有していたか、という問いが残されている。彼らがたびたび立ち戻って拠り所とした「定型」、さまざまなバリエーションを生み出すおおもととなったところの「定型」は、各々の文化圏の中に独自に存在していたのだろうか。それよりは、ビザンティウムの福音書挿絵こそが、彼らにとってもまた拠り所となる「定型」であったように思われる。写本は持ち運びが容易であり、２つの言語による銘文が記された写本からは、ビザンティンの画家が周辺地域へと旅していたことが推測される。旅する写本はイメージの源として、周辺の人々にモデルとなる図像を提供し、旅する画家はそれぞれの場所で求めに応じてふさわしいイメージを創り出していったのかもしれない。が、最後に記したこの疑問に答えるためには、見るべき写本は山のように残されている。わたしたちの探求の旅は、ここから先へとさらに続いていく。

第7章
西方の福音書記者

　福音書記者の肖像は、ビザンティン四福音書写本のみならず西方の写本にも描かれる。ところがそのイコノグラフィーは、ビザンティウムに比べてはるかに多様である。肖像が伝えようとするメッセージ、挿絵の働きもまた、東方のそれとは大きく異なっている。そこで本章では東西の福音書記者の特性を明らかにするために、西方の作例をいくつか取り上げて比較してみたい。両者の間に見られる明らかな違いとは何か。いったい何がこうした違いを引き起こすもととなったのか。

　西方の美術様式がロマネスク、ゴシック、ルネッサンスと発展していく一方、ビザンティンの様式には、西方ほど顕著な変化や多様性は見られない。福音書記者の肖像についても同様のことが言える。700年頃までのラテン語とギリシア語福音書写本はよく似ている。ところが、それ以降両者は互いに異なる仕方によって写本挿絵を制作するようになっていく。東西教会は1054年に分裂するが、もともとキリスト教というひとつの宗教のもとにあったはずである。それではなぜ西方では多様なイメージが生み出され、東方では生み出されることがなかったのか。西洋美術史では、様式上、図像上の発展は、時代の変遷にしたがって展開していったもののようにとらえられるが、はたしてそれは自然な展開であったと言えるのだろうか。このような発展が何世紀にもわたって見られないという、西方とは正反対のあり方がある時期まで存続していたという事実は、わたしたちに何を語っているのだろうか。

✧ 1　西方の写本制作

　ここで西方の写本制作の変遷を短くたどり、以下に取り上げる写本がどのあたりに位置づけられるものなのか、簡略に紹介しておく[1]。カッシオドルス（487-583年）は、著作 *Institutiones divinarum et saecularium litterarum* の中で写本制作や製本技術について記している。以降、それが西方における写本制作活動の基盤となった。写字生、挿絵画家、製本の技術の修業は主に修道院で行われ、西ヨーロッパ各地の修道院に写本制作の拠点がかたちづくられていった。

　聖コロンバ（540年頃–615年）らアイルランドの修道士による宣教の結果、各地にキリスト者たちの共同体が形成され、アイルランド、ノーサンブリアにおいて、今日よく知られている『ケルズの書』（800年頃）、『リンディスファーンの福音書』（700年頃）（図7-1）などの豪華写本が制作された。ブリテン島とアイルランドで制作された当時の写本には、文字と装飾を一体化させようとする特徴が見られ、一般にインシュラー写本と呼ばれている。

　一方大陸では、ベネディクト会修道院の拠点モンテカッシーノ（529年頃設立）において写本制作が行われていたほか、7–8世紀には、ボニファティウス（675年頃–754/5年）設立によるエヒテルナッハやフルダの修道院において写本制作が行われた。イングランド、ヨーク出身のアルクィン（735–804年）がトゥールの司教を務めていた時代、同地において全1巻の聖書写本が複数制作された。以下に取り上げる『ヴィヴィアンの聖書』はここトゥールの写本工房で制作された。カロリング朝期には、シャルル・マーニュとその後継者シャルル禿頭王らの宮廷工房に加えて、ランスやメッツにも皇帝とのつながりを有する工房があった。『サン・パオロの聖書』、『ソワソンの福音書』はいずれもこうした範疇に位置づけられる。オットー朝の主な写本工房としてはライヒェナウ、トリーア、ロルシュなどの地名があげられる。以下に取り上げる『オットー3世の福音書』は、ライヒェナウにおいて制作されたといわれている。

　インシュラー写本以降、イングランドでは10世紀後半に写本工房が再び活性化し、ウィンチェスター、カンタベリーにおいて写本制作が行われた。ノルマン征服（1066年）以前のイングランドの写本は、アングロ・サクソン写本と呼ばれる。ノルマン征服はイングランドにおける写本制作を滞らせるどころか、逆に新しい刺激をもたらした。以下に取り上げる『エクセター大聖堂の福音書』は、イングランドのエクセターにおいて、ノルマン征服後に制作されたものであるが、同時にアングロ・サクソン写本挿絵の特徴を引き継いでいる。

　スペインの写本挿絵のうち現存するものは、アストゥリアス王アルフォンソ3世の時代（10世紀）以降に制作されたものである。首都

図7-1　ロンドン大英図書館 Cotton Ms. Nero D. IV, fol. 211r:『リンディスファーンの福音書』ヨハネ

がオヴィエドからレオンに移されたのにともない、レオンにおいて聖書写本が複数制作された。以下に取り上げる『レオン大聖堂の聖書』はここに属する。レオンの聖書の他、リエバナのベアトゥス（798年没）による『黙示録注解』の挿絵入り写本が複数制作されたが、西ヨーロッパの他の地域では同ジャンルの写本は見られない。

　11世紀から12世紀にかけて、ロマネスク期の写本の特徴といえば、修道院で制作される大型聖書写本であったが、1100年以降写本工房のあり方に変化が生じる。それまで修道院や宮廷付きの工房であったものが世俗化し、しかも挿絵画家は各地を移動しながら制作に携わるようになった。ある地の写本工房において、出自の異なる者たちが１冊の写本挿絵を分担することもあったため、もはや修道院付き写本工房のような、特色ある「派」を想定しにくくなる。『モスタインの福音書』の制作はこの時期にあたる。

　ゴシック期になると、写本制作は各地の修道院付きであるところから、当時次々に設立された大学と結びつき、ボローニャ、パドヴァ、パリ、オックスフォード、プラハ、ハイデルベルクといった大学都市において写本制作が行われるようになった。それらの工房では大学で学ぶためのテキストが制作されたほか、学生１人ひとりが所有できるような、小型聖書が多数制作されるようになった。聖職者に限らず世俗の人々もまた、聖務日課書や詩編写本を求め、ことに聖務日課書の短縮版である時禱書の人気が高まった。

　それでは、西方の写本制作の変遷を短くたどったところで、以下に個別の作例を取り上げ、福音書記者とシンボルの描き方に注目してみたい。

✢ 2　福音書記者とシンボル

　東西の福音書写本挿絵を比較してみると、福音書記者とシンボルの描き方に大きな違いが見られることに気づく。ここでは、ビザンティン四福音書写本ではありえないような大胆な仕方によって表される、西方の福音書記者とシンボルの作例をいくつか紹介したい。

　ところで、福音書記者のシンボルとはそもそも何だろうか[2]。旧約の預言者エゼキエルが神と出会った時、彼は４つの生き物を見た（エゼキエル書1：4-14）。「それぞれが４つの顔を持ち、４つの翼を持っていた。その顔は人間の顔のようであり、４つとも右に獅子の顔、左に牛の顔、そして４つとも後ろには鷲の顔を持っていた」。ヨハネに

よる黙示録にもまた同じような記述が見られる（4：6-8）。「この玉座の中央とその周りに4つの生き物がいたが、前にも後ろにも一面に目があった。第1の生き物は獅子のようであり、第2の生き物は若い雄牛のようで、第3の生き物は人間のような顔を持ち、第4の生き物は空を飛ぶ鷲のようであった」。これらの4つの生き物は、2世紀以降イレナエウス、エピファニオス、ヒエロニムスらによって新約聖書の四福音書記者と結びつけられるようになった。たとえばエピファニオスは次のように述べている。「マタイによる福音書は、東方のマタイによってヘブライ語で書かれた。そのシンボルはケルビムの人の似姿にある。マルコによる福音書は牛の似姿のもと、マルコによってローマで書かれた。ルカによる福音書は、パウロによって伝えられ、ルカによって獅子の似姿のもとに書かれた。ヨハネによる福音書は、鷲のシンボルの似姿のもと、パトモス島において書かれた」[3]。

　ローマ教皇グレゴリウス1世のエゼキエルについての説教（593年）によれば、マタイによる福音書は、人として生まれたキリストの家系から始まっており、人のシンボルと結びつけられる。マルコによる福音書は、砂漠の叫びから始まっているために、獅子と結びつけられる。ルカによる福音書は、犠牲の物語から始まるため、犠牲の牛と結びつけられる。神のことばから始まるヨハネによる福音書は、鷲と結びつけられる[4]。さらにグレゴリウスは、キリストは人の罪を贖うために彼自身人となり、牛のように犠牲となって死に、獅子のようによみがえり、鷲のように昇天した、としている。

　福音書記者肖像とシンボルが組み合わせて描かれる作例は、ビザンティン福音書写本の中では少数派である。シンボルが頻繁に福音書記者とともに描かれる西方のラテン語福音書写本に比べて、その差は顕著である。ネルソンはその理由を次のように考えている。たとえばエピファニオスはマルコを牛と結びつけているが、ヒエロニムスはマルコを獅子と結びつけている。どの福音書記者をどのシンボルと結びつけるのか、教父らの間に相違が見られ、そのためビザンティンではシンボルを描き入れることに対して消極的だったのではないか、という説明である[5]。ネルソンは、シンボルが描かれるビザンティン四福音書写本挿絵を網羅的に収集し、記者とシンボルとの組み合わせに見られるバリエーションを詳細に検討するとともに、13世紀以降ヒエロニムスのパターンが優勢になることを明らかにしている。ネルソンは、これを当時ビザンティン社会に広く見られた

西方からの影響の一貫としてとらえている。一方ガラヴァリスは、福音書の序文（ヒュポテシス）に注目することによって、西方からの影響を唱えるネルソンに反論している[6]。福音書序文とは一般に、教父による著作の引用に基づくもので、福音書の内容、またその著者について説明する中で、各福音書記者が4つの生き物のうちいずれかと結びつけられている。序文中にこのような記述が見られるとすれば、ビザンティン福音書記者肖像に挿入されるシンボルについて、何も西方からの影響を持ち出すことはないというのがガラヴァリスの主張である。

　ここで留意すべき点は、シンボルを含むビザンティン福音書記者肖像は、シンボルを含まないものに比べてはるかに少ないという点である。ガラヴァリスが主張するように、福音書序文中に見られるシンボルについての記述が、挿絵中にシンボルを含むことを要請したとすれば、なぜシンボルはまれにしか描かれなかったのだろうか。ガラヴァリスは、なぜシンボルがビザンティン福音書挿絵に挿入されたのか、という点を明らかにしようとしているが、なぜシンボルはまれにしか挿入されることがなかったのか、という点については答えていない。それは、ビザンティン四福音書写本におけるイメージの役割について考える上で、示唆に富んだ問題であるように思われるため、後に立ち戻って検討したい。

　東方のギリシア語四福音書写本とは対照的に、西方ではシンボルが頻繁に描かれる[7]。それも、ほぼ例外なくヒエロニムスのパターンにしたがって、マタイと人、マルコと獅子、ルカと牛、ヨハネと鷲が組み合わせられる。シンボルの挿入はビザンティンに比べてはるかに頻繁であるのみならず、その表現はバラエティーに富み、豊かな想像力とともに生み出された。ノーデンファルクは、西方の作例を多数収集し、シンボル図像の変遷をたどっている[8]。福音書記者肖像の中で、シンボルと記者とをそれぞれどのように配置し、両者を結びつけるのか。両者はそもそもどのような関係のものであったのか。人、獅子、牛、鷲の似姿の下に書かれたという教父らの記述は、両者の関係を具体的に示すものではない。したがって、画家たちは異なるタイプを次々と創作し、両者のつながりを描き出そうとした。それでは西方の福音書記者肖像の中では、シンボルはいかなる役割を果たしているのか。また福音書記者とシンボルとのつながりは、どのように異なる仕方によって表現されたのだろうか。

『ヴィヴィアンの聖書』

　第1の作例はパリ国立図書館所蔵の聖書写本、『ヴィヴィアンの聖書』である。845/6年、シャルル禿頭王のためにトゥールで制作された (Paris, B. N., lat. 1, fol. 329v)[9]。全頁挿絵は、マイエスタス・ドミニを中心に据え、キリストの周囲を預言者とシンボルが囲んでいる（図7-2）。縦長の菱形枠がキリストを囲み、その外側を長方形の枠が囲む。4つのシンボルは菱形の四隅に、4人の福音書記者は長方形の四隅にそれぞれ配置されている[10]。

　ケスラーは、『ヴィヴィアンの聖書』をはじめとするトゥール派の聖書に見られる福音書巻頭挿絵を比較し、キリストを中心に福音書記者とシンボルが周囲を取り囲む図像の源泉を探ることを試みている[11]。ケスラーは、9世紀の黙示録図像にこうした構図との類似が見られることを指摘している。また球形の玉座を描いた先行例として、ローマのサンタ・コスタンツァ聖堂（4世紀）をあげているほか、円形やアーモンド型マンドルラの先行作例として、ビザンティンの「キリスト昇天」や「エゼキエルの幻視」（テッサロニキのオシオス・ダヴィッド、5世紀）を提示している。さらにケスラーは、図像の典拠となった文献の出所について、エゼキエルの預言（1：4以下）、黙示録（4：1以下）、イザヤの預言（66：1）、ヒエロニムスの著作 *Plures fuisse*（エゼキエル書と黙示録を援用しつつ4つの福音書の真正性を確言するもの）をあげている。ケスラーの結論によれば、トゥール派のマイエスタス・ドミニは、ビザンティンとローマの図像が融合したところに生じたものであるが、こうした構図中に、キリスト、四福音書記者、シンボルに加えて預言者像が含まれた意味については、完全に解明することは難しいとしている[12]。確かに『ヴィヴィアン』のマイエスタス・ドミニとビザンティン写本のヘッドピース（図7-3）との間には類似が認められるが（中央のキリスト、それを取り囲むシンボル、四隅の福音書記者）、類似点を指摘するだけでは図像の意味を知ることはできないだろう。

　この他、複数の研究者から、中央の菱形をコスモロジカルなシンボルととらえる解釈が出されている[13]。古代末期の天文学写本に見られる、四角形を用いることによって世界を図解する概略図が、その典拠としてあげられている。以下では、こうした先行研究をふまえ、菱形（内側の枠）と長方形（外側の枠）2つの図形が重ね合わされた意味について改めて考えてみたい。

　2つの図形によるフレームは、1つの平面上に2つの異なる視点

図7-2　パリ国立図書館 lat. 1, fol. 329v:『ヴィヴィアンの聖書』マイエスタス・ドミニ

図7-3　オックスフォード、ボドレイアン図書館 E. D. Clarke 10, fol. 2v: マイエスタス・ドミニ

を組み合わせるための工夫であるように思われる。いいかえれば、四福音書記者は地上に座り（足下に草が生えている）、上（あるいは下）を向いて、空高く浮かぶキリストとシンボルを見つめている。すなわち、地上から眺めたところの空が、菱形の内側に描かれている。菱形の外側は逆に、空から見た地上の福音書記者を描いている。このように、2つの異なる空間（空から見下ろす地上、地上から見上げる天上）が、2つの図形を重ね合わせることによって、みごとに1つに合成されているのである。画面の上半分を空に、下半分を地上に分ける構図では、キリストは上半分に押し込まれ、画面中央を大きく占めることができない。そこでキリストを中央に大きく配するための解決策として、2つの視点を1つに重ね合わせる特別な構図が生み出されたと考えられる。この画面中では、キリストを囲む天上のシンボルは、菱形の太い枠によって、地上の福音書記者から切り離されている。両者はこのように、異なる領域に住まう別々の存在として、明確に区別される。

『サン・パオロの聖書』

第2の例は、『サン・パオロの聖書』(Rome, Abbazia di S. Paolo fuori le mura, Bible, fol. 287v) に見られる、福音書記者ヨハネとシンボルである（図7-4）[14]。四福音書写本の場合、各福音書冒頭にそれぞれの福音書記者の肖像が配されるが、聖書写本の場合には福音書冒頭の巻頭挿絵のみで、『サン・パオロの聖書』のように各福音書に肖像がつけられることはまれである[15]。福音書記者とシンボルは、アーチ状の太い帯によって隔てられているが、ヨハネはシンボルの方を見上げ、シンボルは彼に指示を与えるかのように翼を広げている。シンボルの足下の本には文字が書き込まれているが、ヨハネの本は罫線のみで文字はない。指示に従ってこれから書き始めるところらしい。ここではシンボルを外に、ヨハネを室内に配置して、アーチによって両者を別々の空間に隔てている。ただし、両者は互いに顔を見合わせているため、つながりが断たれてしまっているわけではない。このような分割の仕方は、『ヴィヴィアンの聖書』の図形的なパターンを想起させる。『ヴィヴィアンの聖書』では、福音書記者が4人ともみな菱形枠の外に出されていた。仮に挿絵全体を4つに分割してみよう。（均等な分割とは言えないが）各々の部分に福音書記者とシンボルが1組ずつ含まれるように挿絵を切り分け、左下のひとつ（全体のほぼ4分の1にあたる）を取り出してみよう。左下の福音書記者が右上の

図7-4　サン・パオロ・フォリ・レ・ムーラ大聖堂 fol. 287v:『サン・パオロの聖書』シンボルとヨハネ

シンボルを見上げている構図は、そのまま『サン・パオロの聖書』に当てはまる。『ヴィヴィアン』を4分割したこの部分の福音書記者とシンボルは、右下から左上の斜めの線によって隔てられている。『サン・パオロ』もまた、同じように両者を隔てている（ただし、斜めの線ではなくアーチであるが）。ニーズは、『サン・パオロ』の福音書記者とシンボルの挿絵が、珍しい構図であることから、画家は『ゴデスカルクの福音書』を参照していたとしている[16]。が、『ゴデスカルク』には、福音書記者とシンボルの間をしきるような隔たりの描写は見られない。むしろ、マイエスタス・ドミニの構図から派生した構図として見る方が自然ではないだろうか。

『ソワソンの福音書』

西方でしばしば見られるものに、半円形のリュネットにシンボルが描かれ、その真下に福音書記者が描かれるという構図がある[17]。600年頃に制作された『アウグスティヌスの福音書』(Cambridge, Corpus Christi College, Lib. Ms. 286) に、すでにこの構図が見られる[18]。リュネットの弧に沿うようにシンボルが翼を広げるようすは、詩編の「あなたの翼の陰でわたしは喜び歌います」（63：8）を思い起こさせる。『アウグスティヌス』では福音書記者は正面観で描かれているが、カロリング朝写本『ソワソンの福音書』(Paris, B. N., lat. 8850) は、椅子を斜めに配置することによって奥行きを作り出している（図7-5）[19]。背景の壁面は、六角形（あるいは八角形）の室内の一部であるかのように描かれる。それにともなって、リュネット部分にもまた奥行きが作り出された。そのためリュネット内部は平面的半円というよりは、ドームのように見える。福音書記者の背後には複数の窓が描かれ、シンボルの背景は青一色であることから、福音書記者は室内に、シンボルは屋外にいるように見える。ドーム状のリュネットは、福音書記者のいる室内を屋根のように覆うと同時に、シンボルのいる天上をも表すものかもしれない。天上のシンボルと地上の福音書記者。もともと異なるところに住まう両者を、どのように結びつければよいのか。その問いに対する答えとして、ここではシンボルと福音書記者が出会うに最もふさわしい場所として、天上を表しつつ室内を覆う天井となるような、ドーム状のリュネットが作り出された。

『サントールの福音書』

カロリング朝の写本群から最後に取り上げるのは、『サントールの

図7-5　パリ国立図書館 lat. 8850, fol. 180v:『ソワソンの福音書』リュネットに描かれたシンボルとヨハネ

福音書』(Paris, B. N., Arsenal Ms. 1171) である（図7-6、口絵)[20]。ここでは、福音書記者マタイが八角形の城壁に囲まれている。本来城壁の上側に描かれるはずの空と雲が、城壁の内側にマタイの背景として描かれ、雲の中から福音書記者のシンボルが小さくすがたを現す。このような城壁の描き方については、『聖フローリンの福音書』断片 (Düsseldorf, Landesbibliothek, B. 113) との類似が指摘されているが[21]、たとえ図像の源泉が明らかになったとしても、なぜここで挿絵画家が城壁を借用したのか、それによって何を伝えようとしているのかを、さらに問う必要があるだろう。

　ここに描かれているのは聖堂ではなく城壁の壁面であるが、八角形の図形はアーヘンのシャルル・マーニュの宮廷礼拝堂を想起させる。礼拝堂の八角形のプランは、もともと初期キリスト教の洗礼堂（アキレイア、グラード、ポレチュなど）に遡る（図7-7)[22]。福音書記者を取り囲む八角形は、こうした洗礼堂のプランを想起させる。

　洗礼堂に据えられた八角形の洗礼槽を満たす水は、エデンの園の4つの川（創世記2：10）にたとえられる。ヨアンニス・クリュソストモスは洗礼の水をνάματαと呼ぶ。これは泉から流れ出る水のことで、彼は洗礼堂とエデンの園とを対比してとらえている[23]。アンブロシウスの De paradiso によれば、キリストは楽園の泉であり[24]、エルサレムのキュリロスによれば、洗礼は楽園の入口である[25]。さらにニュッサのグレゴリオスは、アダムが楽園から追放されたように、洗礼志願者は楽園の外にいるが、今やその扉は開かれる、と語っている[26]。

　楽園の4つの川は、とりもなおさず4人の福音書記者と結びつけられる。ヒエロニムスは『マタイによる福音書注解』において、4つある福音書の数の意味が聖書の中に織り込まれているとして、エデンの4つの川をあげている[27]。すなわち八角形によって福音書記者を取り囲む構図は、洗礼堂ひいてはエデンの4つの川を想起させるものであり、4つの川＝4人の福音書記者という解釈を視覚的に表現するための工夫であったと考えられる。

　それでは（洗礼堂を想起させる）八角形の城壁に囲まれ、福音書記者とともに描かれるシンボルは、福音書記者とのどのようなつながりを表しているだろうか。詩編においてしばしば語られるように、神の威力は雲の彼方にあって（68：35）、神は上から雲に命じて天の扉を開き（78：23）、雲を駆って進まれる（68：5）ため、雲の背後には神の存在が暗示されていると見なすことができるだろう。その雲の中から現れたシンボルは、キリストが洗礼を授けられた時、天が開

図7-6　パリ国立図書館、アルスナル 1171, fol. 17v：『サントールの福音書』城壁に囲まれたマタイ

図7-7　グラード、八角形の洗礼堂

き、神の霊が鳩のようにキリストに降った、その鳩を思わせる。その時、天から神の声が聞こえた（マタイ 3：13 以下）。洗礼堂のようなセッティングは、4 つの川と四福音書記者を重ね合わせるための工夫であるばかりでなく、さらにキリストの洗礼を想起させ、キリストに降った神の霊（鳩）とシンボルとを対比的に描くことによって、福音書記者が今まさに神の声を聞いていることを伝えている。

　四福音書記者の顔のタイプは、ヨハネは老人でルカは青年というように、ビザンティンでは必ず明確に描き分けられるが、西方ではそれほど厳密に区別されない。顔のタイプよりはむしろ、銘文やシンボルとともに描くことによって、福音書記者が誰であるかを示している。シンボルと福音書記者はいわば一体であり、シンボルが記者のアイデンティティーを表す。

　これまでに見てきたように、シンボルの位置は各写本によって異なっている。シンボルが福音書記者の頭上リュネットの中に描かれる場合、シンボルはその中にとどまっているが、リュネットから外に出されたシンボルは、より自由にふるまう。こうした場合のシンボルは、福音書記者の頭上にとどまって、福音書記者が誰であるのかを示すしるしというよりは、福音書記者とはまったく別の存在のように描かれる。それゆえ、両者をどのように結びつければよいのか、画家は新たに考えなければならなかった。福音書記者の座像を正面観に配し、シンボルをその頭上に描いている時には考えずにすんだ、新たな課題が出てきたということである。両者のつながりがさまざまに考案され、西方では福音書記者とシンボルの間に、次々と新しいバリエーションが生み出された。シンボルは全身描かれることもあれば、半身のこともある。福音書記者よりも小さいこともあれば、人と同じ大きさのこともある。福音書記者の近くに描かれることもあれば、遠くにいることもある。福音書記者の頭上にいることもあれば、地面に降りてくることもある。福音書記者の背後にいることもあれば、向かい合うこともある。福音書記者に触れていることもある。こうして、数えきれないほどのバリエーションが生まれ、両者のつながりはさまざまな仕方によって表された。

『エクセター大聖堂の福音書』

　次に取り上げるのは、1080 年頃の制作とされる四福音書写本である（Paris, B. N., lat. 14782）（図7-8）[28]。シンボルは画面上端に描かれ、福音

図7-8　パリ国立図書館 lat. 14782, fol. 16v:『エクセター大聖堂の福音書』シンボルに背を向けるマタイ

書記者と同じ空間内に位置している。つまりここでは『サン・パオロの聖書』のように両者が太い枠によって切り離されているわけではない。ところが、シンボルは福音書記者の方をまったく向いていない。マタイはシンボルに背を向け、一方、シンボルは上下さかさまに描かれ、あたかもマタイの背中に向かって飛び込んでいくかのように見える。ここでは構図中に異なる大きさの2つの円が用いられ、シンボルと福音書記者とが別々の円の弧上に位置しているように見える。それはあたかも、2つの滑車が互いに反対方向に回っているかのようである。2つの円は呼応しあい、ある1点において接触しているが、同時に異なる軌道を描いている。このような構図は、シンボルと福音書記者が別々の軌道をたどる別々の存在であることを説明するとともに、両者がある1点（すなわち福音書を記すというその1点において）出会うことを示しているかのようである。シンボルが手にするほどかれた巻物は、2つの弧をつないでいるようにも見える。外枠のメダイヨンにはコンパスの使用が見られ[29]、2つの円を下敷きとするマタイとシンボルの構図にも、コンパスが用いられたと考えられる。

『モスタイン福音書』

次の例は『モスタイン福音書』と呼ばれる四福音書写本で、1120年頃の制作とされる（Pierpont Morgan Library, M 777）（図7-9）[30]。先行研究は、9世紀ランス制作の『エッボ福音書』(Épernay, Bibliothèque municipale, Ms. 1, fol. 90v)との類似を指摘している[31]。『エッボ福音書』のルカは、獅子の足付きの椅子に腰掛けている。獅子はあくまで椅子の足であるが、木彫というよりはリアルな動物の顔や足が描かれているために、あたかも本物の獅子の上にルカが座っているように見える。さらに肝心のルカのシンボル（雄牛）は右上にとても小さく描かれているために、シンボルよりもルカの下半身を支える椅子（獅子）の方がはるかに目立つ。そのため獅子をシンボルと見間違えて（あるいは故意にシンボルと読み替えて）『モスタイン福音書』のようなイコノグラフィーがつくり出されたということは、ありうることかもしれない。ともかくも、シンボルの上に座る福音書記者の肖像は、非常に特異なイコノグラフィーである。『モスタイン福音書』以前の、カロリング朝写本や、後期アングロ・サクソン写本には、このような大型のシンボルは見られない。

これまで研究者らは、この特殊な図像の源泉を探ることを試みて

図7-9　ピアポント・モーガン図書館　M 777, fol. 37v:『モスタイン福音書』シンボルの上に乗るルカ

きた³²。その結果、オリエントの星座図像、天文学の写本に見られる4元素挿絵などが、そのモデルとして指摘されてきた。たとえばツェロスは、12世紀ドイツの天文学写本（Vienna, Nationalbibliothek Ms. 12600, fol. 30）を比較作例として取り上げている。同写本では、鷲、獅子、ケンタウロス、グリュフォスの上に、空気、火、土、水の4つを擬人化した像が座っている。4人の福音書記者は、空気、火、土、水の4要素とも結びつけられることがあるため、『モスタイン福音書』の画家が4要素の擬人像をモデルとして採用した可能性は高い³³。

　それでは、そもそもなぜ画家は、聖書写本ではなくまったく別のジャンルから挿絵のモデルを採用したのだろうか。このような特殊な図像によって、画家は何を表現しようとしたのか。特殊な図像は、一般的なタイプの福音書記者肖像が表現しえないところの何かを表そうとしているはずであり、そのような画家の意図を解読することもまた（図像の源泉探しや様式史的研究にとどまらない）美術史研究の役割であろう。

　ここでは、通常のシンボルと福音書記者の位置関係が逆転させられている。一般に、有翼のシンボルは天上の存在として画面の上側に、一方、地上の福音書記者は下側に描かれる。両者はある一定の距離によって隔てられるのが一般的である。ところが、ここでは福音書記者がシンボルの上に座っている。重量感ある太めの福音書記者の身体は、重力によって下方へと引っ張られ、全身の体重をかけてシンボルを下へと押さえつけているかのようである。一方、有翼のシンボルはそれとは逆に、上へと向かう方向性を示唆している。シンボルは、あたかも福音書記者の身体を宙に浮かび上がらせるかのように、下からそれを持ちあげている。福音書記者とシンボルは、こうして互いに押し合い、結び合っている。この図像に見られる、親密とさえいえるような両者の関係は、太い枠によって隔てられる例、あるいはある1点のみの接点を有する例とは顕著に異なっている。互いに押し合う親密な近さにありながら、同時に両者は各々のアイデンティティーを失わず、したがって完全に合体しているわけではない。図像は、福音書が書かれる時、天上のシンボルが地上へと降り立ち、シンボルの力を借りて地上の福音書記者が上へと押し上げられることを示しているように思われる。

『レオン大聖堂の聖書』

　福音書記者とシンボルとの関係を探る最後の作例として取り上げ

るのは、スペインのレオン大聖堂所蔵の聖書写本である（図7-10）。写本は920年の制作とされる（Biblioteca de la Catedral, cod. 6, fol. 212）[34]。写本は聖マリア・聖マルティヌス修道院の院長マウルスのために制作された。制作全般にかかわった修道士ヴィマラと、挿絵と文字の両方を担当した助祭ヨアンニスの名が知られている。

同時代のスペインでしばしば描かれていたのは、人の身体とシンボル（動物）の頭部とを合体させるタイプであったが、ここでは画家はそのような従来の描き方に従わない、新たなイコノグラフィーを生み出している。

ルカはそのシンボルを肩に背負っており、本来シンボルに属するはずの翼が、ルカの腕につけられている。こうして、人間の身体と動物の形は完全に合体させられた。ここでは人間らしい（あるいは動物らしい）自然な描写はほとんど残されていない。すべては平面化され、さらに線化されている。層状の線が幾重にも重ねられ、人と動物とを躊躇なく合体させている。有翼の人物をルカとみなさず、天使がシンボルをかついでいるという見方もある[35]。が、ルカの巻頭挿絵として天使をあえて登場させることはふさわしいだろうか。ここではやはり、有翼の人物は天使ではなくルカであり、本来シンボルにつけられているはずの翼がルカにつけられ、両者の合体、融合を視覚化していると考えられる。

線化されたところの人物と動物の合成像は、しばしば人の形を模して形成されるイニシアル、あるいはモノグラムを想起させる。事実、斜め上に向かって伸ばされたルカの両腕と、下方に向かって広げられた彼の翼は、アルファベットのXをかたどるものであるように思われる。さらに、誇張された牛の胴体と、棒のようなルカの身体のコンビネーションは、アルファベットのPとみなすことができるだろう。福音書記者とシンボルの組み合わせは、ギリシア・アルファベットのXとPの組み合わせ、すなわちキリストのモノグラムに基づいているのである。牛が福音書記者をシンボライズする一方、福音書記者と牛との組み合わせが、キリスト自身をシンボライズしている。

福音書記者とシンボルは、円の中におさめられている。この円は、しばしばキリストを取り囲むことのあるマンドルラを思わせる。たとえば「キリストの変容」の図像において、キリストのマンドルラはしばしば幾重にも光線を放って描かれる。この福音書記者もまた、円の中にあって光に包まれているかのように見える。異なる色の細

図7-10　レオン大聖堂図書館 cod. 6, fol. 212: シンボルを肩に担ぐルカ

い帯を層状に重ねて構成される人体は、虹の帯のようにも見え、あたかも身体を光が貫いているかのように見える。いわばルカの身体は光によって形成された身体であり、それはもはや地上に属する身体ではない。福音書記者はシンボルと合体させられるのみならず、キリストのモノグラムをかたどることによって、キリストとも1つにされた。こうして地上の人は天上の人へと変容させられた。

　ここまで検討してきた西方の福音書記者とシンボルの図像は、それぞれ異なるユニークな表現によって、記者とシンボルとの関係を視覚化している。『ヴィヴィアンの聖書』は異なる2つの図形を重ね合わせることによって両者を別の領域に住まうものとして明確に切り離していた。それに対して、記者とシンボルがある1点において接触する滑車を構図の下敷きとしたもの、両者が互いに押し合ってその近さを強く表すもの、結びつくどころか記者とシンボルを完全に合体させるものなど、さまざまなバリエーションが見られた。これらの例からうかがうことができるのは、記者とシンボルのつながりやかかわりを表現するための理想的な表し方、あるいは「定型」「規範」といえるようなものは存在せず、それぞれのケースが独自に最もふさわしい表現を探求しているということである。西方の作例は、画家たちが写本制作の現場において、記者とシンボルとの関係を表すべく、試行錯誤を重ねてきたことを示すものにほかならない。

　ここで、シンボルが東方（ビザンティン）四福音書写本において、西方のように広く描かれることがなかったのはなぜか、という点について考えてみたい。西方と東方に見られるこのような違いは、両者が異なる仕方によってイメージをとらえ、イメージを作り上げてきたことを示している。第1に留意すべきことは、キリストのシンボルとしての神の子羊の表現もまた、東方では普及することがなかったという点である。7世紀、トゥルッロの公会議は神の子羊の描写を禁じる決定を下している[36]。なぜならキリストは人の形によって描かれるべきであり、それはキリストのロゴス、受肉、受難、そして死と復活を想起させるものでなければならない。ところが神の子羊は、キリストの犠牲のささげものとしての一側面を表現するにとどまり、キリストの全体性を象徴するものではない。キリストとそのシンボル（子羊）が完全に等しいものでないとすれば、福音書記者とシンボルの間の関係はどうなるのだろうか、という懸念が東方の画家たちの中にあったとしても不思議ではない。人、獅子、牛、

鷲の似姿の下に各福音書が書かれたという教父らによる説明は、描き手にしてみればむしろあいまいであり、記者とシンボルのつながりがどのようなものであったのか、それをどのように表現すればよいのか、従うべき決定的な「規範」がなかったことも、東方の画家が積極的にシンボルを描こうとしなかったひとつの理由であろう。イコノクラスム以降東方の画家にとって、新しいイメージを創造すること、独自の創意工夫によって新しい図像を導入することは禁じられていた。従うべき「規範」がない場合には、目立った創意工夫をするよりは、むしろシンボルの表現そのものを避ける方が賢明だったのかもしれない。

とはいえ、東方でもシンボルを含む四福音書写本挿絵は制作された。大英図書館所蔵の add. 11838（1326年制作）を見てみよう（図7-11）[37]。マタイの肖像では、シンボルは右上隅の4分の1円の中におさめられている。シンボルは閉じられた本を持っているが、それをマタイに手渡そうとしたりはしていない。一方マタイも、シンボルが手にする本を手本として参照しようというつもりはないらしい。書見台には別の本が置かれているからである。彼は下を向いて自分が手にしている本を見ており、シンボルの存在に気づいてさえいないように見える。こうしたようすは、マタイのみならず他の3人（マルコ、ルカ、ヨハネ）にも共通する。つまり、シンボルを描き入れることにしてはみたものの、福音書記者とのつながりを示すべく新たな表現を試みるよりは、あえてつながりと言えるようなものを作り出すことなく、両者を無難なところへ配置した、という印象である。

図7-11　大英図書館 add. 11838, fol. 12v: シンボルに気づかないマタイ

西方では東方とは逆に、神の子羊も福音書記者のシンボルも描き続けられる。西方の画家は、決定的な「規範」がないという事実を逆に創作の絶好の機会ととらえ、実にさまざまな解釈を探求し、絵画化している。東西の対照的なありようは、イメージの役割とは何か、イメージをどのように認識するのかということに対する、東西の根本的な違いを明確に示している。西方の作例をいくつか紹介する中で、各々が大きく異なっていることを示してきたが、制作地や制作年代が異なっているのだから、挿絵の描き方が異なるのは当たり前であると思われるかもしれない。しかしながら、それがビザンティン挿絵では決して当たり前のことではなかった。

ビザンティウムにおいては、キリストのすがたを描いたイメージは、天上の本質を映し出す「窓」のようなものととらえられていた。キリストのすがたは、当然のことながら昔も今もこれからも決して

変わることがない。だとすれば、それを映すところのイメージもまた、変化（発展）するはずはなく、もしイメージに人の手による改変が加えられるようなことがあれば、あきらかにそれはキリストの真のすがたから離れたものとなってしまう。ビザンティンの人々は常に、変わることのないイメージを介して、不変なる神の存在に触れようとしていた。ある時期以降、ことばあるいは論理によって神を認識しうると考えるようになった西ヨーロッパの人々とは異なり、ビザンティン世界では、ことばよりもイメージが圧倒的な働きを続けたのである。

❖ 3　福音書記者の変容

『オットー3世の福音書』(Munich, Bayerische Staatsbibliothek, clm. 4453) は、998年〜1001年頃にライヒェナウで制作された四福音書写本である。写本は、皇帝の肖像、12の対観表、四福音書記者の肖像、各福音書冒頭の装飾頭文字、キリストの生涯を描く29の連続説話場面の合計51の挿絵を含む。中でも四福音書記者肖像は、室内で記者が筆記する従来のタイプからかけ離れた特異なすがたで表されているため、研究者の注目を集めてきた。ここでは第1に、2001年に刊行された『オットー3世の福音書』のモノグラフに基づいて、写本の来歴を紹介するとともに、写本の構成要素を簡約に記述する[38]。第2に、挿絵に関する先行研究を概観する。その際、皇帝の肖像とキリスト伝サイクルの先行研究にも触れることになるが、福音書記者肖像についての論考を主に紹介したい。第3に、先行研究をふまえた上で、特異な福音書記者肖像のイコノグラフィーが見る者に何を伝えようとしているのかを明らかにすることを試みたい。

『オットー3世の福音書』は、1803年バイエルン州立図書館に収められるまで、バンベルク大聖堂に所蔵されていた[39]。バンベルクは、オットー3世の後継者であるハインリッヒ2世が、即位後の1007年に司教区と定めたところである。そのため、18世紀には、この写本をハインリッヒ2世に帰属するものとみなす見解も出されていた[40]。しかしながら、他のオットー朝写本との様式比較や、髯のない若々しい皇帝の肖像が、21歳で夭逝したオットー3世を表すのにふさわしいと考えられる点、皇帝にともなって描かれる擬人像が、オットー3世のかかげるローマ中心の皇帝理念と合致する点から、現時点では、本写本をオットー3世に帰属させる見解が主流となっている[41]。

ハインリッヒ2世は、オットー3世から写本を相続し、バンベルク大聖堂に収めたものと考えられる。1127／8年付のバンベルク大聖堂所蔵品目録には、七百を越える品目があげられ、その中には12冊の書物が含まれている[42]。ただし各品目に対する記述は短く、『オットー3世の福音書』がそのうちの1冊であったかどうか確定できない。目録の記述に照らして確実に本写本と同定できるのは、1554年の目録以降である[43]。目録中に、装丁板に取り付けられた象牙浮彫「聖母の眠り」に関する記述が含まれるようになったためである。

　装丁板の大きさは338cm×245cm、中央にビザンティンの象牙浮彫「聖母の眠り」が配され、その周囲には貴石がはめこまれている。羊皮紙の大きさは334cm×242cm、写本は全278フォリアによって構成される。写本は、四福音書によせられた3つの序文（fols. 1r-6r）から始まり、マタイによる福音書章立てのリスト（fol. 6v）、マタイによる福音書序文（fol. 9v）、対観表（fols. 11v-22r）、ささげものを手に皇帝へと歩みよる4人の擬人像（fol. 23v）、玉座の皇帝の肖像（fol. 24r）、福音書記者マタイの肖像（fol. 25v）、マタイ福音書冒頭の装飾頭文字（fol. 26r）、キリストの生涯を描く説話場面の順に続く[44]。各福音書の構成を見てみると、福音書序文、章立てのリスト、福音書記者肖像、装飾頭文字、キリスト伝サイクルの5要素が、1つの単位をかたちづくっていることがわかる。キリスト伝サイクルの挿絵数は、マタイ、マルコ、ヨハネの各福音書にそれぞれ7挿絵、ルカ福音書には8挿絵が挿入され、各福音書に配された場面数には大きな不均衡は見られない[45]。

　ここで本写本の研究史を簡略に振り返っておきたい[46]。18世紀以降、本写本は学究的関心を集めるようになり、1912年、最初のモノグラフが刊行された[47]。当初、論点として取り上げられたのは、銘文をともなわない皇帝の肖像が、誰を表しているのかという点であった。

　次に、その制作地をめぐって、ライヒェナウ、トリーア、レーゲンスブルクなど、さまざまな見解が出された。1991年に出版されたオットー朝写本研究の集大成を目指すマイヤー＝ハーティングの著作では、ライヒェナウを制作地とする従来の説が踏襲されている[48]。制作年代については、同じくオットー3世に帰属させられる『アーヘン福音書』（『リウタール福音書』とも呼ばれる、アーヘン大聖堂宝物館）や、1007年から1012年の間に制作された『ハインリッヒ2世の典礼用福音書抄本』（Munich, Bayerische Staatsbibliothek, clm. 4452）など、複数の

写本との比較により、1000年前後の制作と見なされている[49]。複数の画家が挿絵を分担しているという点で、研究者の意見は一致している。1978年には、写本のファクシミリが刊行された[50]。

　シュラムは、印章、硬貨、写本装丁板、写本挿絵、象牙浮彫に表されたオットー３世の肖像、合計18点の作例をカタログ化し、『オットー３世の福音書』中に見られる皇帝の肖像を、印章や硬貨のオットー３世像と比較している[51]。さらに『アーヘン福音書』、『フラウィウス・ヨセフス写本』（Bamberg, Staatsbibliothek, Class. 79）、『バンベルクの黙示録』（Bamberg, Staatsbibliothek, Bibl. 140）との比較（いずれもオットー３世の肖像）、シャンティイのオットー２世の肖像（Chantilly, Musée Condé, Ms. 14 bis, 1フォリオのみ現存）との比較が行われてきた[52]。『オットー３世の福音書』の皇帝の肖像は、古代ローマ帝国における皇帝のイコノグラフィーや、カロリング朝の君主像をモデルとしている。玉座の皇帝にともなって、都市や地方の擬人像が描かれる例は、*Notitia Dignitatum*（ローマ帝国の官位表）の彩飾写本に見られる[53]。『オットー３世の福音書』の擬人像は、皇帝に近い側から順に、ローマ、ガリア、ゲルマニア、スクラヴィニアを表している（図7-12）。この配列には、ガリアのアーヘンを中心と定めた皇帝シャルル・マーニュに対して、ローマを中心にすえることによって、古代ローマ帝国の刷新をめざしたオットー３世の帝国理念が反映されているという[54]。擬人像はキリストに書物をささげる４人の福音書記者を想起させる（図7-13）。ケラーの見解によれば、典礼で用いられる福音書写本に皇帝の肖像が挿入されたのは、典礼を介して神の恩寵が皇帝に働きかけ、それによって皇帝が正当かつ合法的に統治を行うためであった[55]。

　『オットー３世の福音書』のキリスト伝サイクルに見られる特徴

図7-12　バイエルン州立図書館 clm. 4453, fols. 23v, 24r:『オットー３世の福音書』　オットー３世の肖像と4人の擬人像

図7-13　パリ国立図書館Copte 13, fol. 2v: キリスト；フーリア・アートギャラリー no. 55, 11: 4人の福音書記者

は、四福音書に配分された29の挿絵が、できごとの時系列を乱すことなく、四福音書の始まりから終わりまで全体を通して一貫したサイクルをかたちづくっているという点である[56]。マタイ福音書では幼児伝が、マルコ、ルカ福音書では公生涯の中から奇跡やたとえ話が、ヨハネ福音書では受難伝が、それぞれ挿絵化された。各々の福音書中に、独立した個別のキリスト伝サイクルを4つ並行して挿入するやり方とは異なり、四福音書を通してキリストの生涯を始めから終わりまでたどることができる。ところが、マタイに幼児伝を配したために、「受胎告知」や「降誕」など、本来マタイには出てこないテキストの挿絵がマタイによる福音書につけられることになった。また、ヨハネ福音書の受難サイクル中には、ゲッセマネで祈るイエスが挿入されているが、ゲッセマネの記述があるのは、マタイ、マルコ、ルカのみである。さらに、複数の主題を1つの挿絵内にまとめたために、挿絵がテキストから切り離され、本来のテキストから隔たった位置に挿入されたものもある。したがって、ここではテキストと挿絵の対応関係を重視するよりは、四福音書全体に、キリストの生涯を一貫した時系列にしたがって挿入していくという原則が重視されたことがうかがえる。

キリスト伝サイクルの比較作例としてあげられるのは、ケルンで制作された『ヒトダ福音書』(Darmstadt, Landesbibl., Ms. 1640) や『エヒテルナッハのアウレウス写本』(Nürenberg, Germanisches Nationalmuseum, Hs. 156142)、エル・エスコリアル所蔵の『ハインリッヒ3世の福音書』(El Escorial, Real Biblioteca, Cod. Vitr. 17) などであるが、いずれも場面選択や主題の組み合わせ、挿絵位置は異なっている。たとえば、『ヒトダ福音書』と『アウレウス写本』では、各福音書冒頭の全頁挿絵に複数

図7-14　バイエルン州立図書館 clm. 4453, fol. 25v:『オットー3世の福音書』正円光背のマタイ

図7-15　バイエルン州立図書館 clm. 4453, fol. 94v:『オットー3世の福音書』アーモンド型光背のマルコ

図7-16　バイエルン州立図書館 clm. 4453, fol. 139v:『オットー3世の福音書』アーモンド型光背のルカ

場面を集めて描いているのに対して、『ハインリッヒ3世の福音書』の挿絵はテキスト中に適宜分散させられる。その『ハインリッヒ3世の福音書』では、テキストと挿絵との対応関係が重視され、「昇天」の挿絵（マルコ福音書末尾）に続いて「ザカリアへの預言」（ルカ冒頭、キリスト降誕前のエピソード）が配されるなど、『オットー3世の福音書』のように四福音書全体を通じて一貫したサイクルが見られるというわけではない。こうした比較作例から、『オットー3世の福音書』に見られるキリスト伝サイクルが、独自に練り上げられたプログラムに基づいていたことがうかがわれる[57]。

続いて、四福音書記者の肖像に関する先行研究を見ていくことにしたい。『オットー3世の福音書』の福音書記者肖像（図7-14、7-15、7-16、7-17、口絵）は、これまでにいくつもの写本と比較検討されてきた。特にヴァティカン聖使徒図書館所蔵の『バルベリーニ写本』(Vatican, Biblioteca Apostolica Vaticana, Cod. Barberini, lat. 711) との間に並行関係が見られることは、早くから指摘されてきた[58]。その他にも、同じライヒェナウ派に分類される写本群の中から、本写本よりも制作年代の早い『エグベルティ典礼用福音書抄本』(Trier, Staatsbibliothek, Ms. 24)、あるいは本写本に続いて1000年以降に制作された典礼用福音書抄本 (Munich, Bayerische Staatsbibliothek, clm. 4454)、ケルンの福音書写本 (Köln, Cathedral, Ms. 218)、『バンベルクの旧約聖書註解』(Bamberg, Staatsbibliothek, Bibl. 76) が比較作例としてあげられてきた。

1930年代、トルネイは『オットー3世の福音書』に見られる特異な福音書記者を、「幻視者」と解釈した[59]。「わたしはまた、別の天使が空高く飛ぶのを見た。この天使は、地上に住む人々、あらゆる国民、種族、言葉の違う民、民族に告げ知らせるために、永遠の福音を携えて来て、大声で言った。『神を畏れ、その栄光をたたえなさい。神の裁きの時が来たからである』」（ヨハネの黙示録14：6-7）を引用し、特異な福音書記者肖像は、黙示録の記述を反映したものであるという解釈を提出した。福音書記者の肖像とともに描かれる天使と預言者のモティーフの典拠として、「第7の天使がラッパを吹くとき、神の秘められた計画が成就する。それは、神が御自分の僕である預言者たちに良い知らせとして告げられたとおりである」（同10：7）という箇所をあげている。川のモティーフについても、同じく黙示録の中から「渇いている者には、命の水から値なしに飲ませよう」（同21：6）を引用している。トルネイは、『オットー3世の福音書』と『バルベリーニ写本』を比較し、両者がほぼ同時期に、共通の手本を

参照して制作されたとしている。さらに両写本に共通する図像の源泉として、マント状の天空を頭上に掲げるコエルス（天空神ウラノスのラテン語名）をあげている。福音書記者肖像では、コエルスの掲げる天空が円に置き換えられた、とトルネイは主張している。

ヴァイスバッハは、黙示録を典拠とする「終末を幻視する福音書記者」というトルネイへの反論として、「天の領域から地上へとインスピレーションを伝達する役割をになう福音書記者」という解釈を提出した[60]。ヴァイスバッハによれば、頭上に円を掲げる福音書記者は、（トルネイの主張するような）コエルスを典拠とするものではない。ここには旧約の預言者が描き込まれ、旧約と新約が1つの源泉のもとにあることが示されている。ヴァイスバッハは、旧約の預言者、福音書記者、シンボルがともに描かれる『グランドゥヴァル聖書』（London, B. L., add. 10546）のマイエスタス・ドミニを比較の対象として引用している。

ヴァイスバッハは、同じくトルネイに反論するホヴェイの説を紹介している。ホヴェイは、特異な福音書記者の源泉として、ラヴェンナのサン・ヴィターレ聖堂に見られる、メダイヨンを両側から支える天使の図像をあげている[61]。さらにパルミラのカタコンベ壁画（2世紀半ば）には、有翼の勝利の女神が、死者の像を描いた円形の盾を頭上に掲げている作例が見られる。カロリング朝の例としては、パスカル1世（817-824年）によって建立されたローマのサンタ・プラセーデ聖堂のサン・ゼノ礼拝堂天井モザイクがあげられる。ヴァイスバッハは、ホヴェイの説を援用することによって、コエルスを福音書記者図像の典拠とみなすトルネイ説を重ねて否定している[62]。が、たとえ類似する図像をたぐり寄せ、特異な図像の源泉を突き止めることができたとしても、なぜサン・ヴィターレやサン・ゼノのモザイクに見られる天使のイコノグラフィーが、あえて福音書記者肖像に用いられたのか、それによって制作者は何を伝えようとしたのか、という問いに対する答えは、空欄のまま残されている。

「わたしたちもまた、このようにおびただしい証人の群れに囲まれている」（ヘブライ人への手紙12：1）を引用して、特異な福音書記者肖像の説明を試みるビショフの説は、1963年に出版された[63]。ビショフは、ヘブライ人への手紙を典拠として、旧約と新約を結びつける図像が作りだされたと考えている。ビショフはまた、福音書記者がひざに5冊の本を抱えているという珍しい図像に注目し、旧約の五書を表すものと解釈している。

図7-17　バイエルン州立図書館 clm. 4453, fol. 206v：『オットー3世の福音書』菱形光背のヨハネ

1964年に出版されたシュラーデの論文は、聖書の引用をいくつも積み重ねることによって、福音書記者肖像の解釈を試みるものである[64]。第1に、アブラハム、イサク、ヤコブ、ヨセフ、モーセといった旧約の登場人物の偉業をたたえる「ヘブライ人への手紙」第11章が引用される。また、雲や水に言及する詩編（77：17, 18：12）、イザヤ書（5：6, 60：8）、ヨブ記（26：8）が引用される。聖書の記述にとどまらず、シュラーデは、雲と預言者を重ね合わせるリヨンの主教エウケリウス、モーセを雲とみなし彼のことばを稲妻にたとえるヒエロニムスにも言及し、雲の持つ象徴的意味について考察している。

　以上、図像の典拠として天空神コエルスをあげるトルネイ、トルネイ説を否定するヴァイスバッハの主張、「ヘブライ人への手紙」を典拠と考えるビショフの説、福音書記者肖像の頭上に展開する雲の領域をめぐるシュラーデの解釈を紹介した。1966年、ホフマンは上記の先行研究とは異なる視点から、画期的な図像解釈を提出した[65]。以降、『オットー3世の福音書』における福音書記者肖像に正面から取り組む論文はなく、新たな見解も出されていない。というのも、ホフマンが福音書記者肖像を余すところなく検討し、これまでにない新解釈を打ちだしたために、ホフマンを越える（あるいはくつがえす）新たな解釈を出す余地はもはや残されていないように思われたからであろう。とはいえ、各福音書記者の背後に描かれるマンドラの図形（正円・アーモンド型・菱形）に特定の意味を見いだそうとするホフマンの説は、挿絵の解釈を必要以上に複雑にしてしまっているようにも思われる。

　ホフマンは、マタイ、ルカ、マルコ、ヨハネの順で福音書記者を検討している。マタイの肖像に出てくるアブラハムは、福音書冒頭に記述されるイエス・キリストの系図に基づいているという。さらに、人（マタイのシンボル）と受肉、獅子（マルコのシンボル）と復活、雄牛（ルカのシンボル）と十字架、鷲（ヨハネのシンボル）と昇天を結びつけるイレナエウスの説教を引用し、マタイと受肉とのつながりを確認した上で、マタイの円型光背を、聖餐用のパンをのせる円形のパテナ（聖体皿）を表すものと解釈している。また、マタイの肖像に描かれた、水を飲む人々と雲の描写について、岩から水をわき出させ、雲の柱に導かれたモーセのタイポロジーであるとしている。パテナから連想される聖餐用のパンもまた、モーセのマナと結びつけられる。

　続いてホフマンは、『ゲラシウス典礼書』（Vatican, Biblioteca Apostolica

Vaticana, Cod. Reg. Lat. 316, fol. 132）の十字架モティーフが、ルカ肖像の構図の下敷きとなっていると主張する。十字架の中央を占める小羊のメダイヨンと、『オットー3世の福音書』のルカが掲げる雄牛のメダイヨンとが類似しているためである。加えて、「磔刑」、「雄牛のメダイヨン」、「室内で筆記するルカ」の三者が組み合わされる『ベルンヴァルト福音書』（Hildesheim, Cathedral Treasury, Cod. 18, fol. 118v）を引用し、犠牲のささげものという点において、小羊と雄牛は相互に交換可能なシンボルであると説明する。その上で、雄牛を描いたルカの肖像には、『ベルンヴァルト』に描かれているような「磔刑」の含意を読み取ることができると主張する。雲の中に十字架と預言者が現れる例として、サンタポリナーレ・イン・クラッセ聖堂のアプシスにも言及している[66]。

　マルコ肖像については、マンドルラではなく外枠の建築モティーフに焦点が当てられる。マルコのシンボルである獅子は復活を表し、切妻屋根を配した建築は、キリストの葬られた墓を表しているという。また、マルコが肩からかけている巻物は、司祭のストールを表すものと解釈される。

　ヨハネのシンボルである鷲は昇天と結びつけられる。ホフマンによれば、ヨハネの菱形の光背は、キリスト昇天の丘を表している。その傍証として、『ベルンヴァルト福音書』のヨハネの肖像が引用される。『ベルンヴァルト』では、ヨハネの頭上に三角形に盛り上がった丘が描かれ、昇天するキリストが丘を昇っていく。そのため『オットー3世』のヨハネの菱形光背もまた、『ベルンヴァルト』の昇天の丘と同一の内容（すなわち「キリストの昇天」）を表すものと解釈される。またホフマンは、『バンベルクの旧約聖書註解』（Bamberg, Staatsbibliothek, Bibl. 76, fol. 11r）を引用し、メドゥーサの頭の装飾モティーフを配した切妻屋根、ならびに「visio」（幻視）という単語の頭文字とともに描かれた預言者イザヤの肖像に注目している。『オットー3世』のヨハネ肖像に描かれた切妻屋根もまた、同じようなメドゥーサのモティーフによって装飾されているため、『オットー3世』のヨハネの肖像は、『旧約聖書註解』のイザヤの肖像と同じく、「visio」（幻視）を表すことになるという。

　以上ホフマンの見解をまとめると、マタイの正円光背はパテナを表し、マルコの建築はキリストの墓を表す。ルカの雄牛には「磔刑」の含意、ヨハネの菱形光背には「昇天」の含意が見られる。各福音書記者の頭上に描かれた合計20人の預言者は、黙示録に出てくる24

人の長老と対比される。各福音書記者がひざに乗せる5冊の書物は、旧約のモーセ五書と対応し、福音書がそれに続く第6番目の書物であることを表すという。最後に、雲のモティーフを「人の子が大いなる力と栄光を帯びて天の雲に乗って来るのを見る」(マタイ24：30) によって説明し、天空神コエルスを図像の源泉と主張したトルネイの説を改めて支持している。

ホフマン以降、1991年のマイヤー＝ハーティングは、四福音書記者肖像の中から特にルカの肖像に焦点を当て、特異なルカの肖像が黙示録の記述から引き出されたとしている[67]。肖像の分析に当たって、マイヤー＝ハーティング自らの見解を打ちだすよりも、ホフマンの説を紹介することに終始している。先端に向かって広がる光線の描写が、天使のトランペットのように見えることから、ここにも黙示録の含意を読み取ることができるという自身の見解が、短く加えられている。

2001年に出版されたモノグラフ中でミュタリッヒは、福音書記者肖像の原型として古代末期の著者肖像をあげ、著者にインスピレーションを与えるミューズと、福音書記者にインスピレーションを与えるシンボルとを並列して提示している。続いてカロリング朝写本の福音書記者肖像との比較を試みているが、現存するカロリング写本中に、モデルとなった作例は見当たらないとしている[68]。さらに、各福音書記者に付された銘文を検討し、銘文の内容が肖像の解釈に直接関係するものではないこと、引用のもととなった著作を特定できないことを述べている[69]。ミュタリッヒの結論によれば、福音書記者肖像の中核をなすプログラムは、新約と旧約の対置である。そのためミュタリッヒは、福音書記者と旧約の預言者がともに描かれる他の図像（マイエスタス・ドミニ）を取り上げているが、このような比較は先行研究においてすでに行われてきたもので、特に新しい解釈が出されているわけではない。

以上見てきたように、先行研究は福音書記者肖像の解釈について、さまざまな見解を提出してきた。特異な図像の源泉として、いくつもの候補があげられているが、90年代のマイヤー＝ハーティングが60年代のホフマンの説を全面的に踏襲していることからもうかがえるように、四福音書記者肖像の解釈は、60年代以降ほとんど研究者によって顧みられることがなかった。しかしながらここで改めて福音書記者の肖像について考えてみたい。その際、これまで言及されることのなかった、同じく『オットー3世の福音書』中に見られる

図7-18　バイエルン州立図書館 clm. 4453, fol. 113r:『オットー3世の福音書』「キリストの変容」

「キリストの変容」(fol.113r) の図像をあげたい (図7-18)。立像と座像といった違いはあるものの、正面観で、両目を大きく見開き、ひじを曲げて腕を上に持ち上げるキリストのすがたは、明らかに福音書記者によって繰り返されている。頭上から四方八方に降り注ぐ光線の描写も共通している。「キリストの変容」は、福音書挿絵の中で唯一旧約の預言者（モーセとエリヤ）が登場する場面でもある。

『オットー3世の福音書』のキリスト伝サイクル中に見られる「変容」にはマンドルラが描かれていないが、ビザンティンの図像では、変容するキリストの背後にさまざまな形のマンドルラが描かれる。顔が太陽のように輝き、服が光のように白くなった（マタイ17：2）という聖書の記述は、光の描き方を細部にわたって特定するものではない。教父たちの「キリストの変容」についての記述もまた、光を視覚化する際の手がかりとなるような具体的なものではない。そのため「キリストの変容」図像の制作者たちは、工夫をこらしてさまざまな表現を生みだし、「変容」の場面における特別な神の光を伝えようとした。その結果、「キリストの変容」作例では、何よりも光の表現が際立つことになった。正円の光背、菱形の光背、四隅が丸みを帯びたいびつな四角に近い光背、何層にも色分けされたマンドルラ、＋と×を重ね合わせた光線、光背下部から突起する光線、円に星型を貼り付けた光背など、実にさまざまな作例が生みだされた（図7-19、20、21）。各々の光背の図形に特定の意味を見いだそうとするホフマンの解釈を否定するものではないが、福音書記者ごとに異なっている形の光背は、「変容」図像にしばしば見られるような、光の多様な表現を反映する光背のバリエーションではないだろうか。

それでは、「キリストの変容」に重ね合わされた福音書記者は、見る者にいったい何を伝えようとしているのか。なぜ画家はキリスト伝サイクルの諸場面の中から「変容」を選び、それを福音書記者の肖像と重ね合わせようとしたのか。

「変容」で、「これはわたしの愛する子、わたしの心に適う者。これに聞け」（マタイ17：5）という神の声が雲の中から聞こえたように、福音書記者たちもまた、今まさに雲の中から聞こえてくる預言者らの声を聞いているように見える。「変容」の場面において、人であるキリストは変容し、神としてのすがたが初めて弟子たちの前で明かされた。同じように、神の啓示を受けて変容する福音書記者のすがたが、ここに表されているように思われる。本来室内で筆記しているはずの福音書記者は、ここでは雲から聞こえる神の声とともに輝

図7-19　ダフニ修道院：「キリストの変容」

図7-20　カストリア、アギオス・ニコラオス・トゥ・カスニヅィ聖堂：「キリストの変容」

図7-21　パリ国立図書館 gr. 1242, fol. 92v：「キリストの変容」

き出したキリストのすがたを想起させるものへと変容させられた。画家は「変容」の図像を参照しつつ福音書記者の肖像とそれを重ね合わせることによって、本来の福音書記者肖像を大きく変容させた。

ここで、先行研究が記者肖像の図像の典拠としてあげていたサン・ゼノ礼拝堂天井モザイクに立ち返ってみよう。先行研究は類似作例としてサン・ゼノをあげているものの、なぜ福音書記者を表すのに天使の図像を借用したのか、それによって画家は何を伝えようとしたのか、という点についての解答は出されていない。

サン・ゼノのモザイクでは、4人の天使が腕を伸ばし、頭上でキリストのメダイヨンを掲げている（図7-22）。仮に4人の天使を『オットー3世の福音書』の福音書記者に置き換えてみよう。サン・ゼノの天使に替えて4人の福音書記者を1つの画面中に集めて合成してみると、各福音書記者が掲げるシンボルと預言者のさらに上に（サン・ゼノと同じように）キリストのすがたが浮かび上がるだろう。つまり『オットー3世の福音書』の福音書記者の構図は、メダイヨンを掲げる4人の天使をばらばらに切り離したようなものであり、それは、それぞれ別々にキリストの生涯について語っているように見える4つの福音書が、1つの全体を形づくることによって初めて、その中心にキリストの真のすがたが立ち現れるということを暗示するための工夫であったかもしれない。

キリストのメダイヨンを中心としてそれを四方から支える天使（福音書記者にも置き換えられる）は、全体として十字架を形づくっているようにも見える。十字架を下敷きとするこの構図は、八角形の洗礼堂の4つの辺から（1辺おきに）4つの川が流れ出るような図形に置き換えられるかもしれない。4人の福音書記者は、楽園の川が4つ

図7-22　サン・ゼノ礼拝堂モザイク：キリストと天使

の支流となって地上へと流れ出したように、楽園の泉(アンブロシウスによれば、楽園の泉はすなわちキリストを意味する)から地上へと流れ出る4つの川となって、神のことばによってその地を潤す。

　特殊な福音書記者肖像は、4人の福音書記者の「変容」を表すものであると同時に、4人それぞれの頭上にいますキリストのすがた(4人が一堂に会することによって初めて浮かび上がるキリストのすがた)を暗示するものであるように思われる。

4　東西における四福音書挿絵の相違

　こうした特殊な福音書記者肖像は、ビザンティウムでは決して生み出されることがなかった。福音書記者が変容することなど決してありえないことであった。西方では、画家たちは既存の図像を自在に組み合わせながら、次々に新しいイコノグラフィーを創り出していった。ビザンティン写本におけるイメージのあり方は、慣習的に定められた図像を数世紀にわたって繰り返し描き続けるというものであり、それを見慣れている目にとって、西方の画家が新しいイメージを創り出すその幅広さには驚かざるをえない。制作現場で次々に生み出される新しい図像には、画家個人の解釈が反映される。一方、ビザンティウムでは、こうした個人の解釈が挿絵に反映されることはない。個々の解釈をさしはさんで挿絵を創りだしたなら、永遠にひとつであるところの神の表現が、何十何百通りにも増えてしまいかねない。

　西方の画家は新しい図像を描くことに躊躇しなかったが、東方の画家にとってイメージは自らの手によって創りだすものではなく、天上の原型をうつし出すものであった。「人の手によらない(アヒロペイトス)」イメージ、それこそが、東方のイメージ形式の根幹にあるもので、西方では逆に、画家が自らの手によって新しいイメージを開拓していった。たとえて言うなら、西方ではゴシック建築のように、人の手によってより高いところへと尖塔が築かれていった(図7-23)。あたかも人がその手を高く伸ばすことで神に届こうとするかのように。一方、ビザンティン聖堂では、ドームにキリストのすがたが描かれ、神自身が地上近くまで降りてきてそのすがたを人々に顕している(図7-24)。同じように神を探し求めながら、彼らは異なる方向を向いていたように見える。

　12世紀後半以降、新約旧約の両方を1巻に含んだ聖書写本が多く

図7-23　アミアン、ゴシックの大聖堂

図7-24　ダフニ修道院：パントクラトールのキリスト

制作されるようになったために、西方では四福音書写本の数は減少していく。それとともに、写本のサイズも変化した。個人が所有する、持ち運びに便利な、小さなフォーマットが標準となった。聖書全文を含む厖大な量のテキストを筆写するため文字は小さく、小型であるために厚みが増して、写本全体の外観は大きく変化した。パーカーによれば、こうした小型の聖書写本が、印刷が行われる際のモデルとなったという[70]。

　こうした劇的な変化は、ビザンティウムには見られない。聖書写本よりも四福音書写本の制作が続けられた。レイアウトも文字のサイズも、以前と変わらないままであった。西方では聖書写本の需要が増加し続け、需要増大の要請に応えるべく活版印刷の技術がもたらされたが、その技術革新がビザンティンにおいて大きな影響をおよぼすことはなかった。オスマン帝国では、16世紀になっても印刷機の使用を規制していたために、もとビザンティン帝国であった地域では、印刷ではなく写本制作が続けられた[71]。そのためポスト・ビザンティンの時代に入った後も（写本制作の当初からそうであったように）、写本は写字生の手によって書き続けられた。

　ビザンティウムは、（現実はともかく理念上）常に１つの帝国であることを目指していた。その帝国とともにある教会もまた、１つに統合されたものであり、教会の分裂は避けるべきものであった。教会の一体性、全一を保持するために、教会は図像の生成を制御し、それによって図像の分化や分裂、多様化を避けようとした。ただ１つの教会を表すのにふさわしいただ１つの図像、真正の図像を描き続けることを要請したのだと考えられる。教会が１つであるように、福音書もまた唯一不変のものであり、新しいイメージ、特異なイメージを四福音書写本挿絵中に取り入れることは、その不変の本質を維持するためにも避けるべきであった。こうして福音書（ひいては教会）の正当性・真正性が、ビザンティン帝国千年の歴史を通じて堅固に保ち続けられた。

　一方、ビザンティン帝国のようにシステマティックな支配体制は、アングロ・サクソン、カロリング朝、オットー朝、カペー朝時代のそれぞれの地域には敷かれていなかった。諸地域において複数の諸侯らが個別に支配を行い、彼らがビザンティン帝国のように１つの帝国に統合されることはなかった。教会もまた、ローマ教皇、修道院、各地の大聖堂などの間で隔たりを有していた。こうした状況のもとで、西方のそれぞれの地域において、図像がばらばらに展開してい

ったとしても不思議ではない。パーカーは、ラテン語の新約聖書写本を概観する中で、ラテン語のアンシャル文字が地域ごとに大きく異なっていること、写本制作のやり方に地域の特性が反映されていることを指摘している[72]。それゆえ、6世紀以降に制作された写本については、制作地を特定することが可能であるという。グラバールもまた、古代末期から中世の西ヨーロッパで制作された作品は、地方色が濃いことを指摘している。各地の領主や有力な修道院長がそれぞれに芸術活動を推し進めた結果、西方では、ビザンティンの単調な作品に比してはるかに大胆で多様な作品が生み出された[73]。1054年の東西教会分裂以降、西方のローマ・カトリック教会はコンスタンティノポリスの正教会の教義に従うことをやめ、聖なるイメージとそれに対する崇拝のあり方について、正教会の教義からは逸れていくことになる。こうして正教会からすれば受け入れがたいような、多様な解釈に対して開かれた宗教作品が生み出されることになった[74]。

　本章では、西方の福音書記者肖像全体を概観したわけでは決してなく、限られた数点を紹介したにすぎない。とはいえ、定型を繰り返すビザンティン福音書記者からはかけ離れた多様性の一端をうかがい知ることはできるだろう。

　東方、西方の四福音書写本挿絵に見られる統一性と多様性は、政治、社会、教会、神学を巻き込んだ、東西に見られる違いを如実に反映するものであった。福音書記者の肖像は、西方と東方においてそれぞれ独自に展開してゆくイメージの世界を端的に示すものと言えよう。

結論

　ビザンティウムにおいて、四福音書写本が大変に重要であったことは疑いようがない。現存する四福音書写本の数は、他のどのジャンルの写本よりも多く、制作の頻度は重要度を反映している。それでは、ビザンティン四福音書写本の本質とは何か。四福音書写本全般にあてはまる特性とは何か。どのような概念をもって四福音書写本をとらえればよいのか。写本制作において、福音書がなぜこれほどまでに大きな割合を占めていたのか。標準型と呼べるようなものはあったのか。どの程度の範囲において、バリエーションが見られ、こうしたバリエーションはどこから、またなぜ生じたのか。標準型があるとすれば、時代の変遷にともなってその型も変化をとげたのか。本書は、こうした問いに答えるために書かれた。

　第1章では、先行研究を概観し、これまでビザンティン四福音書写本研究がどのように展開してきたのか、という点について紹介した。先行研究はどのような問題提起を行っているのか。どのようにそれに答えているのか。各々の研究はどのように異なるアプローチの仕方を行っているか。こうしたアプローチには、どのような利点があり、どのような不都合があるのか。厖大な先行研究によって開拓されてきたさまざまなアプローチを検討した上で、本書がとるべき研究の方法、手順、その妥当性を探ることを試みた。筆者は本書において、1冊の写本の物理的側面を分析するコディコロジーの手法と、写本挿絵の主題を解釈するイコノグラフィーの手法を組み合わせたアプローチを選択した。

　第2章では、大英図書館所蔵の四福音書写本を概観調査することによって、四福音書がどのようなものとしてとらえられていたのか、四福音書の概念とその全体像を明らかにすることを試みた。各写本の概観、内容を構成する要素を調査し、それを踏まえた上で、ビザンティン四福音書写本の「標準型」を再構成することを試みた。ヘッドピース、ケファリアのタイトル、アンモニアン・セクションは

福音書写本にとって必要不可欠な要素であり、およそどの写本にもほぼ例外なく含まれている。一方、福音書記者の肖像、エウセビオスの手紙、対観表、序文、結語、シナクサリオンとメノロギオンは任意に選択される要素であった。

　この章ではまた、大英図書館所蔵の四福音書写本に見られる福音書記者の肖像について取り上げ、4人の肖像が1冊の写本の中でいかにシンフォニックな全体を形づくるものとして描き出されたか、という点を明らかにした。他の章で取り上げた写本の大半は、先行研究によって出版された図版だけを頼りに論じているが、ここで取り上げた作例については、複製ではなく原物の写本を実見した。

　このように第2章では、四福音書写本の標準型と呼びうるものを提案した。続く第3章では、こうした標準型にあてはまらない独自の挿絵を有する四福音書写本を取り上げた。それによって、標準型からどの程度の範囲まではずれることがありうるのかを確かめるためである。大英図書館のハーリー福音書ほか、キリストの生涯を描く連続説話場面が、全頁大・半頁大、あるいは余白挿絵としてつけられる四福音書写本は、標準型から照らしてみれば、特別なものであったように思われる。この他、同じく標準型にはあてはまらない特殊なヘッドピース図像を取り上げた。第3章の最後に取り上げた数点の写本は、典礼用福音書抄本や説教集など、必ずしも四福音書写本ではなかった。しかしながら、隠されたメッセージを含む数点の写本は、ビザンティウムにおいて、今日わたしたちが考える本の概念とはまったく異なる仕方によって写本が理解されていたことを示唆するものであるように思われたため、あえて本章で紹介した。

　第2章、第3章において現存する四福音書写本を概観したところ、ビザンティウムにおける四福音書写本制作の際立った特色が浮かび上がった。互いに相容れないようにも見える2つの面、すなわち不変かつ画一的である側面と、多様性を含んだ側面、この2つが同時に併存するという特色である。全般としては、内容や外観の基本的な部分は不変である。こうした不変の枠組みの中で、各々の写本は固有の歴史を有している。異なる注文者、制作者によって作られ、さまざまな取捨選択の結果、写本を構成する要素が決定され、異なる人々によって引き継がれ、使い続けられた。第4章では、ビザンティウムにおいて、四福音書写本に不変かつ画一的であることを要請したものはいったい何であったのか、不変の枠組みの中にしかし確実に見られる多様性は、どのように説明しうるのか、という点を

探った。

　福音書記者の肖像は、四福音書写本のみならず、典礼用福音書抄本、新約聖書写本にもつけられることがあった。第5章では、四福音書写本以外の写本ジャンルにおいて、記者の肖像がどのように用いられたのか、もともとのジャンルから別のジャンルに移されるにあたって、どのような工夫がなされたのか、あたらしい環境において、記者の肖像はどのような働きをになうものとなったか、という点を検討した。本章もまた、大英図書館所蔵の典礼用福音書抄本と新約聖書写本を実見することによって得られた知見に基づいている。典礼用福音書抄本、新約聖書との比較を行うことによって、ビザンティン四福音書写本の特徴をさらに明確にとらえることが可能となった。その特徴とは、福音書記者肖像の定型を厳密に維持しようとする傾向は、四福音書写本にこそ認められるものである、ということである。

　第6章では、アルメニア語、コプト語、シリア語、スラヴ語の福音書写本を取り上げてビザンティン四福音書写本挿絵との比較を行った。周辺地域の福音書挿絵は、ビザンティウムの定型を図像の源泉として、しばしばそこに立ち戻って模倣を試みる一方、定型を離れてさまざまなバリエーションを独自に生み出した。正教会の中心に花開いたビザンティン帝国の四福音書写本は、周辺地域にとって、よりどころとなるような基盤、模範を提供したが、周辺地域ではそれをそのまま採用し模倣するばかりではなく、あえて改変し自らのコンテクストに適合するものへと作り変えた。その結果、周辺地域の福音書挿絵では、ビザンティウムには見られないさまざまな図像が生まれた。

　西方における福音書挿絵は、ビザンティウムとその周辺地域のそれに比べてはるかに多様であり、ビザンティン四福音書写本の不変にして画一的な特質の対極にあるものだった。第7章では、ビザンティウムとは比較にはならないほど徹底して思い切った、西方独特の福音書図像に焦点を当てた。西方では、福音書というたったひとつの源泉から、数えきれないほどの、さまざまに異なるイメージが生み出された。こうした比較を介して、ビザンティン四福音書写本の特色を、より明確にとらえることができるだろう。イメージ形成のあり方を律する根本原理、規範、信条は、東方と西方において、まったくといっていいほど異なっていた。

　こうしたイメージの果たす役割の違いは、イコノクラスムを経験

したかしなかったかというところからしばしば説明される。加えて、東方と西方がまったく異質な社会であったことも、その理由のひとつだったように思われる。シェヴチェンコによれば、ビザンティウムはあらゆる文明世界をそのもとに統治する普遍的な帝国であり、ビザンティン皇帝とは、世界全土を支配する者のことであった[1]。帝国の長い歴史をとおして変わることなく、ビザンティン帝国は、自らをキリスト教世界の中心に位置するものととらえ、複数の言語文化集団を統合することをめざした。広大な領域を治めるにあたって、よりどころとなった根本的な発想とは、帝国の普遍性、不可分性であった。ところが西方のラテン・カトリック世界では、規模の小さい、さまざまに異なる集団が、互いに競い合い、共存しあっていた。各々の集団は、異なる土地に根ざし、大小の人口規模と異なる言語文化を有し、ビザンティウムとは異なる制度（いわゆる封建制）を有していた。それは、単一の帝国というあり方の対極といえるようなものであった。東西のイメージにおける相違は、こうした異質な社会と平行するものかもしれない。唯一の支配者であろうとするビザンティン皇帝、すべてをあまねく治め制御しようとするビザンティン帝国。そこでは、四福音書挿絵もまた、真正性を保持する不変かつ唯一のものであることが求められた。そうした東方のあり方からは想像しがたい勢いで、西方ではあらゆるイメージが育ち花開いた。

　本書を通して、わたしは厖大な量のデータに埋没することなく、包括的な視点を持ち続けようとした。四福音書写本制作を手がかりとしてビザンティウムを眺めてみたときに、いったいどのような像が見えてくるのか、という視点である。イメージを作り出した無名の個人、彼らの考えや願い、彼らが身をおいていた社会のありようを知りたいと考えた。画家の想像力にまでふみこもうとする図像解釈のやり方については、主観的にすぎるという批判もあるだろう。当然のことながら、美術史研究の基本的なアプローチは、分析や論証を重んじる。いつ、どこで誰によってそれが制作されたのか、ということが第1に問われ、研究者はたとえば、1つの写本中で何人の画家が挿絵を担当したか、1人の画家がどの挿絵を担当したか、といったことを判別しようと試みる。また、同一の画家（あるいは1つの工房）が手がけたと思われる写本群を同定しようと試みる。制作年代の下限と上限を見定めることも、研究者に課せられた課題である。しかしながら、これらの問題設定の仕方は、ビザンティン美術の本質的なある面と両立しないように思われることがある。作品は

本来、特定の場所、特定の時代、特定の個人によって制作されたものであり、そのような作品の属性が、作品自体を限定的なものとする。ところがビザンティン美術には、ある特定の時間（時代）、場所、個人を越えようとする意志が働いているように見えるからである。1つひとつの作品がめざすところのこととは、個性や独自性を打ち出すのではなく、それらを越えたところにある永遠、あるいは普遍であったとさえ思われる。いいかえれば、本来の美術史的なアプローチは、作品自体がおおい隠そうとしていることをあえて明るみに出そうとしているともいえるだろう。こうしたアプローチから得られた結論は、作品を理解する上で大切な要素であるとはいえ、作品の意志に反して研究者によって（無理矢理に）引き出された結論といえなくもない。写本は、それ自身が独自のことばをもってわたしたちに何かを語りかけている。ビザンティン美術と従来の美術史的アプローチは、両立しえないとまでは言わないにせよ、互いに近しい、親しい関係にあるとは言いがたい。それゆえ、わたしはあえて従来の問題提起の仕方、あるいは論証の仕方を越えたところで、写本それ自体が語っているところのことに耳を傾けたいと願った。逆説的なことに、こうしたアプローチによって、個人の存在を前面に打ち出さない態度、普遍的かつ不変であるという外見を装ってはいるが、確実にそこに存在していた各々の制作者のすがたが立ち現れる。

　ビザンティン美術は回顧的で、過去の方を向いていると言われることがある。たとえばパレオロゴス朝の画家は、その手本を、10世紀のマケドニア朝の作品に求めた。それは、単に古きよき時代を懐かしむ、回顧的な姿勢だろうか。彼らは過去の方を向いているようにも見えるが、本当に彼らが探し求めていたのは、過ぎ去りし古きよき時代というよりはむしろ、永遠、と呼びうるような何かだったのではないか。彼らが求めていた永遠とは、過去も現在も未来も変わることのないものであったと思う。彼らが手本として過去の作例を用いたのは、変わることのないものを表すための手だてだったのではないか。人は、自分の存在を限定する時間あるいは場所を、乗り越えてゆくことができるだろうか。ビザンティン美術は、それができると信じていた人々によって作り出されたものだったかもしれない。

　ビザンティウムは、複数の言語文化集団を含む正教会の地平において常に優位に立ち続けるものであり、キリスト教世界の統合をめざし続けた。分裂し、その結果対立し合うキリスト教ではなく、1

つのキリスト教会であること。四福音書写本の画一性、一様性が体現しようとしたのは、このことではなかったか。帝国はキリスト教世界の中心に位置すべきものであり、それと同じように、福音書はキリスト者の信仰の中心にすえられるものであった。福音書に見られる、常に変わることなく、1つであろうとするあり方は、教会と帝国が常に変わることなく1つであろうとする、そのあり方それ自体と重なるものであった。四福音書写本制作には常に人の手が介在し、図像にバリエーションが生じることは避けがたかった。とはいえ、バリエーションが公然と自己主張したり、本来の定型を塗りかえたりすることはなかった。ビザンティン四福音書はキリストのテュポスとして、永遠に変わることないキリストのすがたを体現し続けたのである。

おわりに

　本書は、ロンドン大学コートールド研究所に提出した博士論文『挿絵入りビザンティン四福音書写本とビザンティウムにおけるイメージの役割について』に基づいている。2003年に博士号を取得、その後いくつかのジャーナルに成果の一部を発表してきたが、提出から9年を経た今日、ようやく1冊の書物として上梓する機会を得た。わたしにとって生まれて初めての著書であり、このよろこびは何にもかえがたい。

　指導教授であったジョン・ラウデンと1対1でのトュートリアルは、毎回2時間近く、4年半で40回以上に及ぶものであった。わたしの原稿を読んで、指導教授はいつも建設的な批判、洞察力に富んだ指摘をしてくれた。論を展開するにあたって、最も基本的な土台となるところこそクリスタルのようにクリアーでダイヤモンドのように確固たるものでなければならない。トュートリアルの最初に言われたこのことばを、わたしは忘れたことがなかった。

　ロンドンは、本当にすばらしい環境であった。1997年、テッサロニキにおいて「アトス山の至宝」展が開催され、修士コース担当のロビン・コーマック教授、コースの学生たちとともにテッサロニキを訪れた。留学中、この他にもビザンティン美術、西洋中世美術の展覧会が欧州中で多数開催され、写本、イコン、聖遺物などを実見する機会に恵まれた。たとえば、「聖なるロシアの美術」展（ロンドン、1998年）、「ローマとビザンツ」展（ミュンヘン、1998年）、「神との対話」展（ロンドン、1998年）、「マケドニア中世の至宝」展（パリ、1999年）、「シナイ、ビザンティウム、ロシア」展（ロンドン、2000年）、「民衆の福音書」展（ローマ、2000年）、「エチオピアの箱船」展（パリ、2000年）、「聖地キプロス」展（ロンドン、2000年）、「ラヴェンナのモザイク」展（ロンドン、2000年）、「神の母」展（アテネ、2000年）、「アルメニア美術」展（ロンドン、2001年）、「天国へと続く道」展（ユトレヒト、アムステルダム、2001年）、「ビザンティウムの至宝」展（パリ、2001年）。

展覧会の他、オックスフォード大学で開催されたグリンフィールド連続講演会（1998年）、コートールド研究所で開催されたフランク・ディヴィス記念連続講演会（1999年）は、ともに挿絵入りの写本をテーマとして取り上げるものであった。こうした連続講演会では、ジョン・ラウデン他、A. W. カー、マイケル・カミーユといった著名な研究者が各国から集い、彼らの研究成果に直接触れる機会を得た。大英博物館のディヴィッド・ブクトンによるビザンティン・セミナーでは、博物館所蔵の作品を、展示ケースから取り出して間近に見る、あるいは手で触れてみるという、大変貴重な体験をした。ロンドンから参加したトルコ・リキア地方の聖堂発掘調査もまた、得がたい体験であった。
　大英図書館、ランベス・パレス図書館、パリ国立図書館の写本閲覧室で、わたしはしばしば閉館時間まで写本を見てすごした。
　「皺を伸ばし、ひろげたこの羊皮紙から、長い間消えていた生命の香りが沈黙のうちに立ちのぼる気がしないだろうか」。歴史家 G. デュビーは、その著作『歴史は続く』（松村剛訳、白水社、1993年）の中で、このように書いている。「八百年前、鵞ペンをとり、インクに浸し、まるで永遠に向けて碑文を刻むかのように慎重に文字を書きつらねはじめた男の存在が、そこにはたしかに強烈に残っている」。
　写本閲覧室で、書見台の上に開いた写本のフォリオを繰りながら、「デュビーが言っていたのは、ああ、このことだったかもしれない」と思った。写本閲覧室で、写本番号を記入した紙を係の人に渡すと、箱に入った写本を書庫から出してきてくれる。いったいどんな写本に出会えるのかと、毎回こころ躍らせながら受け取った箱の蓋を開いた。
　写本は生きている。本当に、生きものの匂いがする。表紙の木の板には虫喰いの穴があき、乾いた手触りの羊皮紙は波打ち皺がより、その表面には羊の毛穴のあとが見られる。変色したフォリオや剥落した彩色は、多くの人の手が写本に触れていたことを伝えている。溶けてこぼれた蠟の跡が点々とついているもの、水をかぶってインクが滲んでいるもの。それは、数多くの写本を前に、そこから聞こえてくるビザンティンの人々の声に耳を傾ける体験であったと思う。こうした体験から、本書は生まれた。大英図書館の写本閲覧室で、ビザンティン写本の装丁板に手をふれ、フォリオをめくる、この何にもかえがたい体験こそが、本書を完成させるところへとわたしを導いた、原動力に他ならない。わたしは自らの発見と感動を記録し、

伝えたいと思った。なぜこのような挿絵を描いたのか、と疑問に思いながら見ているうちに、画家自身の答えが挿絵の中から聞こえてくるような驚きと気づきを、わたしはぜひとも書きとめたいと願った。実際に写本を手にとってフォリオを1枚1枚めくっていくという、信じがたいほどに豊かな体験は、写本を見ているわたしに、それこそ湧き上がり溢れ出るかのようなインスピレーションを与えてくれた。出版された複製を見ているのとはまったく異なる体験が、ビザンティウムの写本制作の現場にわたしを近づけた。

ラウデンはニューヨーク、メトロポリタン美術館所蔵の『ジャハリス・レクショナリー』をテーマとする著作の序文において、3世紀ローマの著作家であるテレンティアヌスを引用している[1]。テレンティアヌスによれば「あらゆる本には語るべき物語がある」。もちろん、語りたい物語があるからこそ人は本を著すのだろう。テレンティアヌスのことばは、それだけにとどまらない。「あらゆる本には運命がそなわっている」。「本の運命は読者にかかっている」。あまりにも真実をついたことばに、思わず頁をめくる手を止めた。ビザンティン四福音書写本のリサーチを重ねる中で、わたしは、それぞれの写本がたどってきた運命と向き合ってきた。ある1冊の写本をどのように用いるか。使い手の要請に従って何かを書き加えるのか、使わずに大切に保管するのか、解体して別の写本に再利用するのか。ひとつの本の運命は、まさにどのような読み手に出会うかにかかっている。

もちろん、現在出版される本であっても、新刊書として書店の店頭に並び、読者と出会い、読み終わって不必要と思われれば古本屋または廃棄処分へ、ということはあるにしても、こうした本の消費を、ひとつの本にそなわった運命とよぶには少しおおげさであろう。本によってはベストセラーになったり賞を受賞したりするものがあるかもしれない。しかし、こうした本の中で、複数の所有者の手を点々と渡り、時にすがたかたちを変えながら、数百年を生き延びる本がいったいどれだけあるだろうか。

ビザンティン四福音書写本研究は、現代の本の概念にはおさまることのない、写本のあり方をわたしたちに示してくれる。厚みのある木の板、金属板や宝石、貴石のほどこされた装丁は、本というよりは何か貴重なものをおさめるための箱のようにも見える。写本とは、単なる読み物ではなかった。「読まれるための文字を記して綴じ

たもの」という現代の本の定義には、あてはまらないような役割を担っていた。

　ここでわたしはあえてもう一度問いたい。わたしたちにとって、本とは何か。本を読むとはどういうことなのか。インターネットが普及する前の時代に海外で暮らした経験のある人は、日本語に飢えるということがどういうことか、身をもって知っているだろう。ロンドン留学時代、わたしは日曜日だけ日本語の新聞を買って、書評欄を読むことを楽しみにしていた（毎日買うには日本語の新聞は高かったし、研究の妨げになると思って日本語はなるべく読まないようにしていた）。新聞を買うと、社説、政治面、経済面、広告欄のみならず、囲碁将棋の対戦結果に至るまで、隅から隅まで目を通した。それほど日本語に飢えていた。とはいえ日本で生活する普段のわたしは活字中毒というほどではなく、書誌マニアでも愛書家でも蔵書家でもなかった。それがいつしか写本を自らのテーマとするようになると、不思議なことに、それまでなら気づかずに通り過ぎていたであろう、本を描いた作品、本をモティーフにした作品に目をとめることが多くなった。序論においてこうした作品の中から2点（ゴッホと荒木）を紹介

コリン・ライド『本のある静物』(2010年, #R1481)

したが、最後にここ「おわりに」において、もう1点紹介したい。

コリン・ライドの『本のある静物』。何冊もの本が積み重ねられ、水中に沈められている、あるいは氷河の一角に閉じ込められている。これは本の墓標だろうか。本はここでもはや頁を開かれて読まれることもなければ、呼吸することもできない。本の運命とは、こんなふうに水中に沈められ、あるいは氷浸けにされて、忘れ去られてしまうようなものなのだろうか。たとえそうであったとしても、それでも書かずにはいられない人々がいた。その人たちの手からは、次々に書きたいことばが流れ出す。それは尽きることのない水源からこんこんと水が湧き出で溢れ出すようなものであったかもしれない。するとこれは本の行き着く墓場ではなく、逆に本の始まりの場所、人々の創造の源泉、溢れ出す創造の泉が、ガラスの形を借りて表されたということだろうか。しばらく眺めているうちに、その両方であるように見えてきた。本の始まりであり、かつ行き着く墓場でもあるところ。それがこれほどまでに美しい場所であるとしたら、なぜ人は書かずにはいられないのか、にわかに納得がいく。

わたしたちにとって本とは何だろうか。ゴッホ、荒木、ライドの作品はいずれも（それぞれ異なる形によってではあるが）その問いに答えようとしている。同じように、ビザンティン写本もまた、その問いに対する1つの答えを体現している。ビザンティン四福音書とそれにともなって描かれた挿絵は、時代の隔たりを越えて見る者になお多くを語りかけ、ビザンティン独自のコードに従って展開された本の世界、イメージの世界へとわたしたちを招いている。

最後に、わたしをビザンティン美術史の領域へと導いてくださった早稲田大学名誉教授故髙橋榮一先生、同教授益田朋幸先生、刊行の機会を与えてくださった創元社社長矢部敬一氏、編集部の山口泰生氏、細やかな本造りに力を注いでくださった編集工房レイヴンの原章氏、上野かおる氏、尾崎閑也氏、大石十三夫氏に感謝の意を表したい。

2012年9月7日

著者識

注

序論

1 序論前半をまとめるにあたり、以下の文献に依拠した。L. James, "Byzantium: a Very, Very Short Introduction," in L. James, ed., *A Companion to Byzantium* (West Sussex, 2010), 1–8.
2 H. Maguire, "Byzantine Art History in the Second Half of the Twentieth Century," in A. Laiou and H. Maguire, eds., *Byzantium. A World Civilization* (Washington, D. C., 1992), 119–155.
3 J. Lowden, *Illuminated Prophet Books. A Study of Byzantine Manuscripts of the Major and Minor Prophets* (University Park, 1988), 91.
4 K. Aland, *Kurzgefaßte Liste der griechischen Handschriften des Neuen Testaments* (Berlin, New York, 1994²).
5 四福音書写本のモノグラフには、コルウェルによる『カラヒサール福音書』、マテューズによる『グラジョール福音書』、カヴァッロによる『ロッサーノ福音書』がある。
6 12世紀後半から13世紀にかけて、キプロスとパレスチナ近辺で制作された一群の写本。
7 P. L. Vocotopoulos, "The Headpieces of a Gospel Book of the so-called Nicaea Group," *ΔΧΑΕ* 4, 9 (1979), 133–141.
8 J. Lowden, *The Octateuchs. A Study in Byzantine Manuscript Illustration* (University Park, 1992); Lowden, *Illuminated Prophet Books*; J. Lowden, *The Making of the Bibles Moralisées*, 2 vols. (University Park, 2000).
9 A. P. Kazhdan, "Innovation in Byzantium," in A. R. Littlewood, ed., *Originality in Byzantine Literature, Art and Music* (Oxford, 1995), 1–14.

第1章

1 現存する挿絵入り旧約八大書はわずか5写本、預言書写本は挿絵のないものを含めて50冊程度である。典礼において朗読される福音書の章句を教会暦にしたがって編纂した典礼用福音書抄本は、四福音書とほぼ同数かそれ以上の写本が現存している。
2 新約聖書本文批評、本文校訂の分野におけるビザンティン四福音書写本研究の蓄積は厖大であるが、それらの成果が美術史の分野と結びつけて語られることはこれまでなかった。
3 K. Aland, *Kurzgefaßte Liste der griechischen Handschriften des Neuen Testaments* (Berlin, New York, 1994²).
4 I. Hutter, *Corpus der byzantinischen Miniaturenhandschriften. Oxford Bodleian Library*, vol. 1 (Stuttgart, 1977). 全3巻。ここでは第1巻をとりあげる。
5 Hutter, *Corpus*, 8–9.
6 Hutter, *Corpus*, 102–104, 75–76.
7 A. Marava-Chatzinicolaou and C. Toufexi-Paschou, *Catalogue of the Illuminated Byzantine Manuscripts of the National Library of Greece*, vols. 1, 2 (Athens, 1978–85). 第3巻に福音書写本は含まれない。
8 写本間の縁戚関係を洗い出すために、テキストを1語1句照合する方法は正当であるが、このようなやり方は美術史家の間ではなされてこなかった。
9 S. M. Pelekanides, et al., *The Treasures of Mount Athos: Illuminated Manuscripts*, 4 vols. (Athens, 1973–91).
10 B. M. Metzger and B. D. Ehrman, *The Text of the New Testament. Its Transmission, Corruption, and*

Restoration (2005, Oxford⁴).

11 H. C. Evans, ed., *The Glory of Byzantium: Art and Culture of the Middle Byzantine Era, A. D. 843–1261* (New York, 1997); H. C. Evans, ed. *Byzantium: Faith and Power (1261–1557)* (New York, 2004); A. Cutler, et al., eds., *Byzantium 330–1453* (London, 2008).

12 S. Gentile, *Oriente cristiano e santità. Figure e storie di santi tra Bisanzio e l'Occidente* (Venice, 1998); F. D'Aiuto, et al., eds., *I vangeli dei popoli* (Rome, 2000).

13 C. Stiegemann, ed., *Byzanz. Das Licht aus dem Osten. Kult und Alltag im Byzantinischen Reich vom 4. bis 15. Jahrhundert* (Mainz, 2001); *Byzanz. Pracht und Alltag* (Bonn, 2010).

14 L. Wamser, ed., *Die Welt von Byzanz-Europas östliches Erbe* (Munich, 2004).には、展覧会カタログの網羅的なリストがある。

15 G. Vikan, ed., *Illuminated Greek Manuscripts from American Collections* (Princeton, 1973).

16 A. M. Friend, Jr., "The Portraits of the Evangelists in Greek and Latin Manuscripts," *Art Studies* 5 (1927), 115–147; A. M. Friend, Jr., "The Portraits of the Evangelists in Greek and Latin Manuscripts, part II," *Art Studies* 7 (1929), 3–29.

17 R. P. Bergman, "Portraits of the Evangelists in Greek Manuscripts," in Vikan, ed., *Illuminated Greek Manuscripts from American Collections* (Princeton, 1973), 44–49.

18 *Byzance. L'art byzantin dans les collections publiques françaises* (Paris, 1992).

19 J. Lowden, "Review of Kurt Weitzmann and George Galavaris, *The Monastery of Saint Catherine at Mount Sinai: the Illuminated Greek Manuscripts, vol. 1, From the Ninth to the Twelfth Century*," *Burlington Magazine* 133 (1991), 714.

20 H. Evans and W. D. Wixom, eds., *The Glory of Byzantium. Art and Culture of the Middle Byzantine Era, A. D. 843–1261* (New York, 1997).

21 K. Corrigan in Evans, *The Glory of Byzantium*, 90–91.

22 ここでは、はじめにあげた第2、第3のカテゴリーをあわせて紹介する。また、四福音書写本以外の写本についても簡単に言及する。なお、ビザンティン写本全般を概観する概説書としては、A. Dzhurova, *Byzantinische Miniaturen. Schätze der Buchmalerei vom 4. bis zum 19. Jahrhundert* (Darmstadt, 2002); G. Galavaris, *Το βυζαντινό εικονογραφημένο χειρόγραφο. Προσφορά του καλλιτέχνη στο Θεό* (Athens, 1994).

23 K. Weitzmann and H. L. Kessler, *The Illustrations in the Manuscripts of the Septuagint, 1. The Cotton Genesis: British Library, Codex Cotton Otho B. VI* (Princeton, 1986); K. Weitzmann, *The Joshua Roll: A Work of the Macedonian Renaissance* (Princeton, 1948); J. Lassus, *L'illustration byzantine du Livre des Rois, Vaticanus Graecus 333* (Paris, 1973).

24 E. De Wald, *The Illustrations in the Manuscripts of the Septuagint, III. Psalms and Odes, 2, Vaticanus graecus 752* (Princeton, 1942); H. Buchthal, *Codex Parisinus Graecus 139* (Hamburg, 1933); S. Der Nersessian, *L'illustration des psautiers grecs du moyen âge: Londres, add. 19352* (Paris, 1970); C. Barber, ed., *Theodore Psalter. Electronic Facsimile* (London, 2000); S. Dufrenne, et al., *Der Serbische Psalter. Faksimile-Ausgabe des Cod. Slav. 4 der Bayerischen Staatsbibliothek München* (Wiesbaden, 1978); K. Corrigan, *Visual Polemics in the ninth-century Byzantine Psalters* (Cambridge, 1992).

25 E. C. Colwell and H. R. Willoughby, eds., *The Four Gospels of Karahissar* (Chicago, 1936); H. R. Willoughby, et al., *The Elizabeth Day McCormick Apocalypse* (Chicago, 1940).

26 T. Mathews and A. K. Sanjian, *Armenian Gospel Iconography: the Tradition of the Glajor Gospel* (Washington, D. C., 1991).

27 M. -L. Dolezal, *The Middle Byzantine Lectionary: Textual and Pictorial Expression of Liturgical Ritual* (PhD dissertation, University of Chicago, 1991).

28 T. Masuda, *Η εικονογράφηση του χειρογράφου αριθ. 587μ. της Μονής Διονυσίου στο Άγιο όρος. Συμβολή στη μελέτη των βυζαντινών ευαγγελισταρίων* (PhD dissertation, University of Thessaloniki, 1990).

29 J. Lowden, *The Jaharis Gospel Lectionary. The Story of a Byzantine Book* (New York, 2009).

30 K. Weitzmann, *The Miniatures of the Sacra Parallela, Parisinus Graecus 923* (Princeton, 1979); G. Cavallo, *Codex purpureus Rossanensis. Museo dell'Arcivescovado, Rossano, Calabro* (Rome, 1987); L. Brubaker, *Vision and Meaning in Ninth-Century Byzantium. Image as Exegesis in the Homilies of Gregory of Nazianzus* (Cambridge, 1999); D. Verkerk, *Early Medieval Bible Illumination and the Ashburnham Pentateuch* (Cambridge, 2004). サクラ・パラレッラについては、エヴァゲラトゥが最新の成果を発表している。M. Evagelatou, "Word and Image in the Sacra Parallela (Codex Parisinus Graecus 923)," *DOP* 62 (2008), 113–197.

31 パリ国立図書館所蔵の四福音書写本Paris. gr. 74については、オモンによる図版集が刊行されている。H. Omont, *Évangiles avec peintures byzantines du XIe siècle*, 2 vols. (Paris, 1908).

32 E. Yota, *Le tétraévangile Harley 1810 de la British Library. Contribution à l'étude de l'illustration des tétraévangiles du Xe au XIIIe siècle* (PhD dissertation, Fribourg, 2001). http://ethesis.unifr.ch/theses/ にて全文が公開されている。

33 C. Meredith, "The Illustration of Codex Ebnerianus: A Study in Liturgical Illustration of the Comnenian Period," *Journal of the Warburg and Courtauld Institutes* 29 (1966), 419–424. 同様の組み合わせが見られる四福音書については、K. Benda and J. Myslivec, "The Illuminations of the Codex Mavrocordatianus," *Byzantinoslavica* 38 (1977), 1–13.

34 O. Gebhardt, *Evangeliorum codex graecus purpureus Rossanensis* (Leipzig, 1880); A. Haseloff, *Codex purpureus Rossanensis: Die Miniaturen der griechischen Evangelien-Handschrift in Rossano* (Berlin, 1898); A. Muñoz, *Il codice purpureo di Rossano e il frammento sinopense* (Rome, 1907); A. Grabar, *Les peintures de l'Évangéliaire de Sinope* (Paris, 1948); G. Cavallo, *Codex purpureus Rossanensis. Museo dell'Arcivescovado, Rossano, Calabro* (Rome, 1987); P. Sevrugian, *Der Rossano-Codex und die Sinope-Fragmente: Miniaturen und Theologie* (Worms, 1990).

35 K. Weitzmann, *Die byzantinische Buchmalerei des 9. und 10. Jahrhunderts* (Berlin, 1935; Vienna, 1996²).

36 キリスト伝を描く連続説話場面が、テキストとテキストの間に帯状に挿入される。ギリシア語では2写本（Florence, Laur. VI. 23ならびにParis. gr. 74）のみ現存。

37 S. Tsuji, *The Study of the Byzantine Gospel Illustrations in Florence, Laur. Plut. VI. 23, and Paris. Bibl. Nat. cod. gr. 74* (unpublished PhD dissertation, Princeton University, 1968); S. Tsuji, "The Headpiece Miniatures and Genealogy Pictures in Paris. gr. 74," *DOP* 29 (1975), 165–203; S. Der Nersessian, "Recherches sur les miniatures du Parisinus Graecus 74," *JÖB* 21 (1972), 109–117; J. Anderson, *The New York Cruciform Lectionary* (University Park, 1992); J. Anderson, "The Seraglio Octateuch and the Kokkinobaphos Master," *DOP* 36 (1982), 83–114; J. Anderson, "The Illustrated Sermons of James the Monk: Their Dates, Order and Place in the History of Byzantine Art," *Viator* 22 (1991), 69–120; N. P. Ševčenko, *Illustrated Manuscripts of the Metaphrastian Menologion* (Chicago, 1990); J.-C. Lechner, "Quelques remarques sur le rapport entre texte et image dans le psautier Athonis Pantocratoris 61," *Arte medievale* NS 1 (2002), 25–34; L. Brubaker, "The Bristol Psalter," in Ch. Entwistle, ed., *Through a Glass Brightly. Studies in Byzantine and Medieval Art and Archeology* (Oxford, 2003), 127–141; I. Hutter, "Le copiste du Métaphraste: on a Centre for Manuscript Production in Eleventh-Century Constantinople," in G. Prato, ed., *I manoscritti greci tra riflessione e dibattito* 2 (Florence, 2000), 535–586; K. Linardou, "The Kokkinobaphos Manuscripts Revisited: The Internal Evidence of Books," *Scriptorium* 61 (2007), 384–407; R. Etzeoglo, "Bibliographical Activities at Mistra during the Thirteenth and Fourteenth Centuries," *ΔXAE* 4, 26 (2005), 181-192 (in Greek); A. Saminsky, "Illuminated Manuscripts from Antioch," in C. Hourihane, ed., *Interactions: Artistic Interchange between the Eastern and Western Worlds in the Medieval Period* (Princeton, 2007), 188–208; A. Quandt and A. Wallert, "The Technical Study of a Later Thirteenth-Century Byzantine Marginal Psalter from the Walters Art Gallery," in A. Roy and P. Smith, eds., *Painting Techniques: History, Materials, and Studio*

Practice (London, 1998); C. Barber, "In the Presence of the Text: a Note on Writing, Speaking and Performing in the Theodore Psalter," in L. James, ed., *Art and Text in Byzantine Culture* (Cambridge, 2007), 83–99.

38 Willoughby, *The Rockefeller McCormick New Testament*; Colwell, *The Four Gospels of Karahissar*; A. W. Carr, "Chicago 2400 and the Byzantine Acts Cycle," *Byzantine Studies* 3/2 (1976), 1–29; P. Canart, "Les écritures livresques chypriotes du milieu du XIe siècle au milieu de XIIIe et le style palestino-chypriote 'epsilon'," *Scrittura e civiltà* 5 (1981), 17–76; A. W. Carr, "A Group of Provincial Manuscripts from the Twelfth Century," *DOP* 36 (1982), 39–81; A. W. Carr, "Gospel Frontispieces from the Comnenian Period," *Gesta* 21 (1982), 3–20; E. Gamillscheg, "Fragen zur Lokalisierung der Handschriften der Gruppe 2400," *JÖB* 37 (1987), 313–321; A. W. Carr, *Byzantine Illumination, 1150–1250: the Study of a Provincial Tradition* (Chicago, 1987).

39 P. L. Vocotopoulos, "The Headpieces of a Gospel Book in the so-called Nicaea Group," *ΔXAE* 4, 9 (1979), 133–141; H. Buchthal, "Studies in Byzantine Illumination of the Thirteenth Century," *Jahrbuch der Berliner Museen* 25 (1983), 27–102.

40 H. Buchthal and H. Belting, *Patronage in Thirteenth-Century Constantinople: An Atelier of Late Byzantine Book Illumination and Calligraphy* (Washington, D. C., 1978).

41 J. Lowden and R. Nelson, "The Palaeologina Group: Additional Manuscripts and New Questions," *DOP* 45 (1991), 59–68. 同グループに加えられた諸写本については59–60参照。

42 R. Nelson, *Theodore Hagiopetrites. A Late Byzantine Scribe and Illuminator* (Vienna, 1991).

43 J. Lowden, *Illuminated Prophet Books: a Study of Byzantine Manuscripts of the Major and Minor Prophets* (University Park, 1988); J. Lowden, "Observations on illustrated Byzantine Psalters," *AB* 70 (1988), 242–260; J. Lowden, *The Octateuchs: a Study in Byzantine Manuscript Illustration* (University Park, 1992); K. Weitzmann and M. Bernabò, *The Illustrations in the Manuscripts of the Septuagint 2. The Byzantine Octateuchs*, 2 vols. (Princeton, 1999); S. Dufrenne, *L'illustration des psautiers grecs du moyen âge* (Paris, 1966); S. Dufrenne, *Tableaux synoptiques de 15 psautiers médiévaux à illustrations intégrales issues du texte* (Paris, 1978).

44 J. Lowden, "Byzantium Perceived through Illuminated Manuscripts: Now and Then," in R. Cormack and E. Jeffreys, eds., *Through the Looking Glass. Byzantium through British Eyes* (London, 2000), 85–106; J. Lowden, "The Transmission of 'Visual Knowledge' in Byzantium through Illuminated Manuscripts: Approaches and Conjectures," in C. Holmes and J. Waring, eds., *Literacy, Education and Manuscript Transmission in Byzantium and Beyond* (Leiden, 2002), 59–80.

45 L. Brubaker, "Text and Picture in Manuscripts: What's Rhetoric Got to Do with it?" in E. Jeffreys, ed., *Rhetoric in Byzantium* (Aldershot, 2003), 255–272; L. Brubaker, "Every Cliché in the Book: the Linguistic Turn and the Text-Image Discourse in Byzantine Manuscripts," in L. James, ed., *Art and Text in Byzantine Culture* (Cambridge, 2007), 58–82.

46 G. Grassi, "In margine al <corpus degli oggetti bizantini in Italia>: il Vangelo miniato dell'Istituto Ellenico di Venezia," in A. Iacobini, ed., *Bisanzio, la Grecia e l'Italia* (Rome, 2003), 103–118; A. Dzhurova, *L'enluminure de l'Evangéliaire grec No 17 de la Bibliothèque Zosimaia de Jannina* (Iōannina, 2005); E. Maayan-Fanar, "The Fragmentary Body: the Place of Human Limbs in Byzantine Illuminated Initials," *Byzantion* 76 (2006), 241–263; E. Maayan-Fanar, "The Scribe as Artist in the Chrysostom Manuscript in Venice: Reconstruction," *Scriptorium* 59 (2005), 119–131; I. Hutter, "La decoration et la mise en page des manuscrits grecs de l'Italie méridionale: quelques observations," in A. Jacob, et al., eds., *Histoire et culture dans l'Italie Byzantine. Acquis et nouvelles recherches* (Rome, 2006), 69–93.

47 K. Maxwell, "Paris, Bibliothèque Nationale de France, codex Grec 54: Modus Operandi of Scribes and Artists in a Palaiologan Gospel Book," *DOP* 54 (2000), 117–138.

48 S. Kadas, "Η εικονογράφηση των Ευαγγελισταρίων του Αγίου Όρους," in *Αφιέρωμα στη μνήμη Στυλιανού Πελεκανίδη* (Thessaloniki, 1983), 54–67.

49 Carr, *Byzantine Illumination*, passim. ただし、カーのアプローチはデコラティヴ・グループをさらに初期・中期・後期のサブ・グループに分類しようとするものであり、キリスト伝サイクルのプログラム論に主眼がおかれているわけではない。

50 G. Galavaris, *The Illustrations of the Prefaces in Byzantine Gospels* (Vienna, 1979); R. Nelson, *The Iconography of Preface and Miniature in the Byzantine Gospel Book* (New York, 1980). 福音書記者の象徴についてはノルデンファルクも参照。V. C. Nordenfalk, "Der inspirierte Evangelist," *Wiener Jahrbuch für Kunstgeschichte* 36 (1983), 175–190.

51 A. Iacobini and L. Perria, "Un Vangelo della Rinascenza macedone al Monte Athos. Nuove ipotesi sullo Stavronikita 43 e il suo scriba," *Rivista di studi bizantini e neoellenici* n. s. 37 (2000), 73–98; I. Spatharakis and G. Bartholf, "An Eleventh Century Illuminated Manuscript on Amorgos," *BZ* 96 (2003), 218–221.

52 I. Spatharakis, *The Left-Handed Evangelist. A Contribution to Palaeologan Iconography* (London, 1988).

53 スパタラキスがヴァトペディ938としている写本には、アトス山のカタログではヴァトペディ937という番号がふられている。Spatharakis, *The Left-Handed Evangelist*, 42, figs. 5, 27, 45, 55; Pelekanidis, *The Treasures of Mount Athos*, figs. 248, 261, 263, 267.

54 書見台の羊皮紙に記された福音書冒頭の語句に誤りは見られないものの、ナイフを手にする動作は、誤りを修正しているものとみなすことが自然だろう。

55 「書く」という動作を強調するプログラムであるとすれば、なぜマルコだけがペンではなくナイフを持つのか、という疑問が出されるかもしれない。パトモス、ヴァトペディの例からわかるように、ナイフを持つマルコがひとつのタイプとして確立しており、それが「書く」という動作を強調するプログラムに都合のよいものとして採用されたのではないだろうか。

第2章

1 断片のみ現存するもの (add. 11859, add. 11860, add. 11868B, add. 17136, add. 17211, add. 19389, add. 31919, add. 34274, add. 35123, add. 41180, Cotton, Tit. C. XV, or. 4717, or. 4919, or. 4923)、1453年以降の作例 (Harley 5736, Harley 5790)、ならびにバイリンガル四福音書写本 (add. 24112) を除く。

2 ラウデンは、ヴァトペディ修道院所蔵の詩編写本の概観調査を行い、写本の大きさを基準とする写本数の分布図を作成した。分布図では、24cmを境に写本数に大きな変化が見られることから、ラウデンはこれをひとつの基準として、24cm以上の写本を大型と呼んでいる。J. Lowden, "Observations on Illustrated Byzantine Psalters," *AB* 70 (1988), 242–260.

3 後世の手によって、羊皮紙や紙が挿入されているケースも見られる。

4 Metzger, *The Text of the New Testament*, 26.

5 大英図書館写本読書室の研究員によれば、前世紀の修復作業の場合、オリジナルの状態を保存することを考慮しない修復保全がしばしば行われた。

6 B. M. Metzger, *The Canon of the New Testament. Its Origin, Development, and Significance* (Oxford, 1987), 263.

7 写本装丁については、P. Canart, et al., *Legature bizantine vaticane* (Rome, 1988); K. Houlis, "A Research on Structural Elements of Byzantine Bookbindings," in M. Maniaci and P. F. Munafò, eds., *Ancient and Medieval Book Materials and Techniques*, vol. 2 (Vatican, 1993), 239–268; J. Szirmai, *The Archaeology of Medieval Bookbinding* (Aldershot, 1999). ビザンティン写本の製本は、背バンド

（背の綴じ緒）がなく、背表紙に隆起が見られず、開いた時完全に平になるという点で、西ヨーロッパのカロリング朝以降の製本と大きく異なっている。

8　Harley 1810のヘッドピースには鳥や動物モチーフが見られるが、後世の加筆によるものと思われる。ここにキリストの生涯を表す説話場面が配される例もあるが（オックスフォード、ボドレイアン図書館所蔵エブネリアヌスの新約聖書ほか）、大英図書館所蔵の四福音書写本にそのような例は見られない。

9　Add. 39593は24cmを超える大型写本であるが、そのヘッドピースは単色である。

10　Metzger, *The Text of the New Testament*, 38–39.

11　後世、シナクサリオンとメノロギオンが加えられた例としては、add. 17982、add. 39594、Harley 5567がある。

12　Harley 1810, Harley 5567, Harley 5784, Burney 20, add. 35030, add. 37001.

13　Metzger, *The Text of the New Testament*, 34.

14　ケファリアとリストの詳細は、H. von Soden, *Die Schriften des Neuen Testaments in ihrer ältesten erreichbaren Textgestalt hergestellt auf Grund ihrer Textgeschichte*, I (Göttingen, 1902), 402–475.

15　シナクサリオンとメノロギオンは福音書巻末に加えられることが多い。巻頭に加えられる例はまれである。本文余白に朗読箇所を指示する表示が書きつけられることもある。

16　G. Galavaris, *The Illustrations of the Prefaces in Byzantine Gospels* (Vienna, 1979), 26. イレナエウス、エピファニオスら教父のテキストから引用される。内容についてはガラヴァリスを参照。

17　M. Richard, *Inventaire des manuscrits grecs du British Museum* (Paris, 1952), 74–75. 複数の写本の所有者であった収集家の名前を挙げておきたい。Curzon (adds. 39591, 39592, 39593, 39594, 39595, 39596, 39597); S. P. Lambros (adds. 22736, 22737, 22738, 22739, 22740, 22741); J. Burgon (Egerton 2783, 2784, 2785, 2610); A. Askew (adds. 5111–5112, 5107, 5117); César de Missy (adds. 4949, 4950–4951); S. Butler (adds. 11838, 11839); J. Covel (Harley 5776, 5777); H. Freeman (adds. 24373, 24376); J. Gibson (Harley 5538, 5784); B. Mould (Harley 5559, 5567); T. Rodd (adds. 17470, 15581).

18　たとえば、第6代ノーフォーク公爵H. Howardは、Arundel 1–550の写本を所有していた。彼のコレクションには、四福音書写本1冊（Arendel 524）を含むさまざまなジャンルの写本が含まれていた。カーソンのコレクション（adds. 39583–39624）には、四福音書写本の他に、詩編、レクショナリー、使徒言行録と使徒書簡、グレゴリオス・ナジアンゾスの説教集、ヨアンニス・クリュソストモスの説教集他が含まれる。R. Curzon, *Visits to Monasteries in the Levant* (London, 1865), 309, 315–320; R. Nelson, "The Italian Appreciation and Appropriation of Illuminated Byzantine Manuscripts, ca. 1200–1450," *DOP* 49 (1995), 209–235; R. Cormack, " 'A Gentleman's Book': Attitudes of Robert Curzon," in R. Cormack and E. Jeffreys, eds., *Through the Looking Glass: Byzantium through British Eyes* (Aldershot, 2000), 147–162.

19　Burney 21, Egerton 2784, Egerton 2785, Harley 1810, Harley 5567, Harley 5647, Harley 5777, add. 5117, add. 18211, add. 22506, add. 37485, add. 37586.

20　Richard, *Inventaire*, 74–75.

21　装丁については以下の文献参照。B. Atsalos, "Sur quelques termes relatifs à la reliure des manuscrits grecs," in K. Treu ed., *Studia Codicologia* (Berlin, 1977), 15–42; J. Irigoin, "La reliure byzantine," in E. Baras et al., *La reliure médiévale* (Paris, 1978), 23–35.

22　L. Nees, "Problems of Form and Function in Early Medieval Illustrated Bibles from Northwest Europe," in J. Williams, ed., *Imaging the Early Medieval Bible* (University Park, 1999), 131.

23　Richard, *Inventaire*, 74–75.

24　朱色は、ケルメスかアカネらしい。ケルメスナラに寄生するカーミンカイガラムシか

ら赤色染料が採集される。あるいは、アカネの根から赤色染料が採られる。が、色のもととなった素材を厳密に特定することは難しい。発色の仕方は、どのように採集されたか、どのような添加物が加えられたかによって異なるからである。C. A. Porter, "You Can't Tell a Pigment by Its Color," in L. L. Brownrigg, ed., *Making the Medieval Book: Techniques of Production* (London, 1995), 111–116, colour plate 1; D. V. Thompson, *The Materials of Medieval Painting* (London, 1936).

25　Richard, *Inventaire*, 44.
26　H. Buchthal, *The "Musterbuch" of Wolfenbüttel and its Position in the Art of the Thirteenth Century* (Vienna, 1979), fig. 51.
27　The British Library, *Summary Catalogue of Greek Manuscripts*, vol. 1 (London, 1999), 112–113.
28　セレウケイアはアンティオキの近くに位置する。一方、ボストラはシリア南部である。
29　The British Library, *Summary Catalogue*, 154–155.
30　キリスト教徒とイスラム教徒の関係については、L. A. Hunt, *Byzantium, Eastern Christendom and Islam* (London, 1998).
31　The British Library, *Summary Catalogue*, 30.
32　写本を贈り物として用いる例については、J. Lowden, "The Luxury Book as Diplomatic Gift," in J. Shepard and S. Franklin, eds., *Byzantine Diplomacy* (Aldershot, 1992), 249–260.
33　ニーズは、豪華な写本が贈答品として用いられたこと、それらの写本の保存状態がよいのは、ほとんど開かれることがなかったためであるとしている。Nees, "Problems of Form and Function," 176.
34　C. Mango, *Byzantium: The Empire of New Rome* (London, 1980), 238–239.
35　C. Diehl, "Le trésor et la bibliothèque de Patmos au commencement du 13e siècle," *BZ* 1 (1892), 488–525; C. Astruc, "L'inventaire dressé en septembre 1200 du trésor et de la bibliothèque de Patmos. Édition diplomatique," *Travaux et Mémoires* 8 (1981), 15–30. 1200年のカタログには、6冊のレクショナリーと6冊の福音書が含まれている。
36　D. C. Parker, *An Introduction to the New Testament Manuscripts and Their Texts* (Cambridge, 2008), 30–34.
37　Richard, *Inventaire*, 2; W. H. P. Hatch, *Facsimiles and Descriptions of Minuscule Manuscripts of the New Testament* (Cambridge, 1951), 198, pl. LXIII.
38　J. H. Stubblebine, "Byzantine Influence in Thirteenth-Century Italian Panel Painting," *DOP* 20 (1966), fig. 17; G. Matthiae, "Sulle origini della pittura paleologa," *Rivista dell'Istituto Nazionale d'Archeologia e Storia dell'Art* 18 (1971), 101–179, figs. 58–60; D. Buckton, ed., *Byzantium. Treasures of Byzantine Art and Culture from British Collections* (London, 1994), 192–194; The British Library, *Summary Catalogue*, 29. この他の文献については以下を参照。Buckton, *Byzantium*, 194.
39　*ODB*, vol. 1, 12, s. v. <Acheiropoieta>.
40　Richard, *Inventaire*, 74; Buckton, *Byzantium*, 196.
41　A. M. Friend, "The Portraits of the Evangelists in the Greek and Latin Manuscripts, Part II," *Art Studies* 7 (1929), pls. 14, 19; Richard, *Inventaire*, 39; K. Weitzmann, *Studies in Classical and Byzantine Manuscript Illumination* (Chicago, 1971), fig. 202; C. N. Constantinides and R. Browning, *Dated Greek Manuscripts from Cyprus to the Year 1570* (Nicosia, 1993), 134–137.
42　Friend, "The Portraits," pls. 14, 19.
43　スタヴロニキタのヨハネもまた、左を向いているが、建築や背景は異なっている。
44　建築の上部に、小さなキボリウム型のモティーフがとりつけられることがある（大英図書館所蔵の福音書写本Burney 19）。2本の柱に支えられたティンパヌムを記者の頭上に導入した例もある（ボドレイアン図書館所蔵エブネリアヌスの新約聖書）。ただしこれは祭礼図像をティンパヌムの中に描くためのセッティングであり、add. 22506のヨ

ハネと比較しうるものではない。キボリウム自体は、「神殿奉献」や「使徒の聖体拝領」の図像に描かれるため、珍しいものではない。福音書記者がキボリウムの下に描かれる例は、他に類例がないものと断定できないものの、福音書記者肖像の図像を網羅的に収集・記述した *Reallexikon zur byzantinischen Kunst* (Stuttgart, 1971) の中には出てこない。

45 Ševčenko, "The Cave of the Apocalypse," 169–180.
46 たとえば、大英図書館所蔵の福音書写本 add. 24376。
47 たとえば、大英図書館所蔵の福音書写本 add. 22739。
48 たとえば、大英図書館所蔵の福音書写本 add. 16943。画家はその場その場にふさわしい構図を選択している。各々のヨハネ肖像に見られる違いからは、何を読み取ることができるだろうか。いくつものパターンを有するヨハネの肖像は、それぞれ他の3人の福音書記者とどのように結びつけられているのだろうか。こうした疑問に答えるべく、筆者は add. 24376、add. 22739、add. 16943 のヨハネを詳細に検討した。M. Takiguchi, *Illuminated Gospel Books and the Perception of the Role of Images in Byzantium* (PhD dissertation, Courtauld Institute of Art, 2003), 66–76.
49 F. E. Brightman, "The *Historia Mystagogica,* and other Greek Commentaries on the Byzantine Liturgy," *Journal of Theological Studies* 9 (1908), 258. また、ピシディアの詩人ゲオルギオス（631/634年没）は、「洞窟」という語句によって小礼拝堂を比喩的に言い表している。L. Sternbach, "Georgii Pisidae carmina inedita," *Wiener Studien* 13 (1891), 1; 14 (1892), 51.

第3章

1 J. Lowden in J. Turner, ed., *The Dictionary of Art*, vol. 9 (New York, 1996), 608–610, s. v. <Early Christian and Byzantine Art, Greek Manuscripts>.
2 add. 24376 には合計4場面のキリスト伝サイクル（「受胎告知」「降誕」「洗礼」「冥府降下」）があったと推測されるが、現存するのは「受胎告知」1点のみである。
3 O. Dalton, *Byzantine Art and Archeology* (Oxford, 1911), figs 157, 161, 162; O. Dalton, *East Christian Art: a Survey of the Monuments* (Oxford, 1925), 311, pl. LVII. 2; A. Grabar, *La peinture religieuse en Bulgarie* (Paris, 1928), 368; E. C. Colwell and H. R. Willoughby, eds., *The Four Gospels of Karahissar* (Chicago, 1936), 483; O. Demus, *The Mosaics of Norman Sicily* (London, 1950), 435; C. Meredith, "The Illustration of Codex Ebnerianus. A Study in Liturgical Illustration of the Comnenian Period," *Journal of the Warburg and Courtauld Institutes* 29 (1966), 422; V. Lazarev, *Storia della pittura bizantina* (Turin, 1967), 253; R. Hamann-MacLean, "Der Berliner Codex Graecus Quarto 66 und seine nächsten Verwandten als Beispiele des Stilwandels im frühen 13. Jahrhundert," in F. Dettweiler et al., *Studien zur Buchmalerei und Goldschmiedekunst des Mittelalters* (Marburg an der Lahn, 1967), 236; G. Vikan, ed., *Illuminated Greek Manuscripts from American Collections* (Princeton, 1973), 42; R. Nelson, *The Iconography of Preface and Miniature in the Byzantine Gospel Book* (New York, 1980), 70; A. W. Carr, "Gospel Frontispieces from the Comnenian Period," *Gesta* 21 (1982), 3, 16–17; H. Buchthal, "Studies in Byzantine Illumination of the Thirteenth Century," *Jahrbuch der Berliner Museen* 25 (1983), 45, 90; A. W. Carr, *Byzantine Illumination, 1150–1250: the Study of a Provincial Tradition* (Chicago, 1987), 50–69; D. Buckton, ed., *Byzantium. Treasures of Byzantine Art and Culture from British Collections* (London, 1994), 179–180. この他の文献については Carr, *Byzantine Illumination*, 251–252. 参照。
4 カーの言う12の主要な祭礼図像とは、「受胎告知」「降誕」「神殿奉献」「洗礼」「変容」「ラザロの蘇生」「エルサレム入城」「磔刑」「冥府降下」「昇天」「聖霊降臨」「聖母の眠り」である。キッツィンガーが指摘しているように、12の祭礼図像は中期ビザンティンにおいてひとつの明確なカテゴリーとして成立した。くわえて12の祭礼図像にとど

まらず、よりゆるやかでより多くの場面を含む祭礼図像もまた存在した。E. Kitzinger, "Reflections on the Feast Cycle in Byzantine Art," *CA*, 36 (1988), 51.

5 Carr, *Byzantine Illumination*, 58. いわゆる「レクショナリー・サイクル」が見られる典礼用福音書抄本（レクショナリー）については、A. W. Carr, "A Group of Provincial Manuscripts from the Twelfth Century," *DOP* 36 (1982), 56, note 102 参照。

6 E. Yota, *Le Tétraévangile Harley 1810 de la British Library. Contribution à l'étude de l'illustration des tétraévangiles du Xe au XIIIe siècle* (PhD dissertation, Fribourg, 2001).

7 デコラティヴ・スタイルについては、Carr, "A Group of Provincial Manuscripts," 39–81; Buchthal, "Studies in Byzantine Illumination," 45, 90. 参照。

8 この仮説に対して、挿絵選択は制作者が特定のプログラムに基づいて行ったものではなく、単なる思いつきによる不規則な挿入にすぎないという反論が想定される。しかしながら、1冊の写本制作には羊百頭以上の羊皮紙を要し、高価であったことから、周到に企画、制作されたことは疑いない。

9 P. Gallay, tr., Grégoire de Nazianze, *Discours 38–41*, Sources chrétiennes 358 (Paris 1990), 209.

10 図版が暗いために不明瞭であるが、筆者は大英図書館での調査の際これを実見している。

11 J. A. McGuckin, *The Transfiguration of Christ in Scripture and Tradition* (New York, 1986).

12 Grégoire de Nazianze, *Discours 38–41*, 189.

13 *The Oxford Dictionary of Byzantium*, vol. 1 (Oxford, 1991), 251, s. v. <Baptism>.

14 「ラザロの蘇生」と「エルサレム入城」の2場面はいずれも12大祭図像中に含まれ、常に連続して描かれる。

15 エフェソの信徒への手紙（5：2）で述べられているように、キリストは「ご自分を香りのよい供え物、つまりいけにえとしてわたしたちのために神に献げてくださった」。

16 このような主張に対して、各福音書はあくまでキリストの生涯の中の主要なできごとを中心に場面選択をしたものであり、特定の登場人物を中心にすえているわけではないという反論が想定される。しかしながら、それでは福音書に典拠を持たない2図像「聖母の眠り」と「聖霊降臨」に関して、なぜそれらがあえて選択されたかを説明することができない。ルカが聖母サイクルであり、ヨハネが使徒サイクルであったとすれば、「聖母の眠り」と「聖霊降臨」がそこに挿入された積極的な理由を説明することができる。さらに「洗礼」と「洗礼者ヨハネの断頭」はマタイ・マルコ・ルカ共通の物語であり、それらがマタイやルカではなく、マルコに2場面セットで挿入されたことの必然性を説明するためには、マルコが洗礼者サイクルであると考えることが合理的であろう。

17 祭礼図像と福音書記者肖像の組み合わせについては、ラウデンによる以下の項目を参照。*The Dictionary of Art*, vol. 9, 608–610, s. v. <Early Christian and Byzantine Art, Greek Manuscripts>. 一般に、マタイと「降誕」、マルコと「洗礼」、ルカと「洗礼者ヨハネの誕生」または「受胎告知」、ヨハネと「冥府降下」が組み合わされる。これらの挿絵は各福音書冒頭部分のテキストが朗読される祭日に対応するものであることが、メレディスによって指摘されている。Meredith, "The Illustration of Codex Ebnerianus," 419–424.

18 ナジアンゾスのグレゴリオスは「洗礼」と「聖霊降臨」にあらわれる聖霊を並列し、それを「創造する霊」であると述べている。P. Gallay, tr., Grégoire de Nazianze, *Discours 27–31*, Sources chrétiennes 250 (Paris, 1978), 334–335; *PG* 36:168.

19 リヨンのイレナエウスによれば「霊は人々の中で神の意志を実現し、人々を古い状態からキリストを通して新しい状態へと再創造」した。A. Rousseau, tr., Irénée de Lyon, *Contre les hérésies 3*, Sources chrétiennes 211 (Paris, 1974), 331.

20 ヨハネ福音書冒頭のテキストは、復活日の典礼で朗読されるために、復活を表す挿絵

「冥府降下」が、しばしばヨハネ福音書と結びつけられる。ところがハーリー福音書では、「冥府降下」はヨハネ冒頭に配置されなかった。このことについての筆者の説明に対して、次のような異論が想定される。すなわち、ヨハネ福音書冒頭のテキストは復活についてのできごとを語っているわけではない。ゆえに隣接するテキストに直接結びつかない「冥府降下」はヨハネ福音書冒頭にはふさわしくないと考えられた、という異論である。しかしながら、ルカ・サイクルに含まれる「聖母の眠り」の隣接のテキストは、聖母に言及するものだが、その死を直接語るものではない。ハーリー福音書中には、テキストと直接結びつかない挿絵が他に含まれるということである。

21　美術史では、イコノクラスム以降ラテン帝国成立まで（843–1204年）をビザンティン中期とする。特に11世紀後半から12世紀初頭、彩飾写本制作はその最盛期を迎えた。

22　A. W. Carr, "A Group of Provincial Manuscripts," 56, note 102. Paris, B. N., gr. 115; Paris, B. N., gr. 74; Wien, Nationalbibliothek, theol. gr. 154; Parma, Biblioteca Palatina, Palat. 5; Florence, Biblioteca Laurenziana, Plut. VI. 23; Istanbul, Ecumenical Patriarchate, 3; Athens, National Library, 93; Paris, B. N., Suppl. gr. 914; Athens, Byzantine Museum, 820; Berlin, Staatsbibliothek, gr. Quarto 66; Chicago, Univ. Lib. 965; Kiev, National Academy of Sciences of Ukraine, A 25; Leningrad, Saltykov-shchedrin State Public Library, gr. 105; Leyden, University Library, gronov. 137; London, British Library, Harley 1810; Mytilene, Library of Boy's Gymnasium, 9; Malibu, J. Paul Getty Museum, Ludwig II 5; Mount Athos, Monastery of Iviron 5; Paris, B. N., gr. 54. キリスト伝サイクルについての近年の研究としては、E. Yota, "Un tétraévangile byzantin peu connu: le suppl. gr. 914 de la Bibliothèque nationale de Paris," ΔΧΑΕ 4, 26 (2005), 165–180.

23　K. Treu, Die griechischen Handschriften des Neuen Testaments in der UdSSR (Berlin, 1966), 339–341; R. Hamann-MacLean, "Der Berliner Codex," 235; Galavaris, The Illustrations of the Prefaces, 101; Nelson, The Iconography of Preface, 63; Carr, "Gospel Frontispieces," 3, 5–6, 14–16, 18, 20; Carr, Byzantine Illumination, 50–69. この他にA. Saminsky, "The Message of the Greek Four Gospels from Kief and the Problem of the 'Decorative Style' Group," Acts. XVIIIth International Congress of Byzantine Studies, (Moscow, 1991), 253–261があるが筆者は未見。

24　Carr, Byzantine Illuminations, 59–60.

25　カーによれば「降誕」はfols. 5–10の間、「パンと魚の奇跡」はfols. 44–45の間に挿入されていた。Carr, Byzantine Illuminations, 59–60.

26　カーによれば「神殿奉献」はfols. 161–162の間、「埋葬」はfols. 244–245の間に挿入されていた。Carr, Byzantine Illuminations, 59–60.

27　Carr, Byzantine Illuminations, 60.

28　キリスト三態（インマヌエル、パントクラトール、日の老いたる者）の1つ。マタイ福音書の「見よ、おとめが身ごもって男の子を産む。その名はインマヌエルと呼ばれる」（1：23）を典拠とする図像で、ひげのない短い髪のキリスト。

29　カーはこの2挿絵を解釈するにあたり、アンナ・コムネナによる若きキリストについての詩に言及している。アンナ・コムネナによれば、若きキリストは「父なる神の御子、母のない、永遠の存在」であるとともに「処女から生まれた御子、父を持たず、現世的な時間の中に存在する者」である。キエフ福音書では、インマヌエルが父なる神とともに描かれているわけではないが、父なる神はそもそも図像に描かれることがなかった。Carr, "Gospel Frontispieces," 14–15.

30　マルコは四福音書中最もテキストが短く、マルコだけで独立した挿絵サイクルを作る代わりに、マタイ・サイクルとの合体が行われたと推測される。これに対して、マルコのテキストは短いとはいえ、独立した福音書なのだから、マタイとマルコが1つのサイクルを構成することは考えにくいという反論が想定される。各福音書に配置される挿絵数は3：1：4：9で、いずれにせよばらつきが見られるため、マルコのみ1場面

であっても不自然ではないともいえる。しかしながら、マルコ以外の三福音書はそれぞれ、複数場面によって、始まりと中間部と終わりのあるサイクルを形成している。そのため、本来キリストの生涯を描く一連の物語の1場面であるはずの「昇天」が1場面だけで孤立するのはむしろ不自然であり、何らかの形で物語の一貫の中に位置づけられるべきであろう。やはりマルコの「昇天」はマタイ・サイクルの延長と見なすことが妥当ではないだろうか。

31　Carr, *Byzantine Illuminations*, 61.

32　マルコに同場面が欠けているのは、マルコ福音書のテキストが他よりも短く、ここではマルコが独立した挿絵サイクルを有する代わりに、マタイとともにひとつのサイクルを作っているためであると考えられる。

33　ただしこれらの箇所に用いられる「見る」というギリシア語動詞は同一ではなく、ὁράω, θεωρέω, βλέπω, εἶδον, ἰδού が使い分けられている。とはいえ、このような動詞の違いを挿絵中に描き出すことは困難であり、挿絵中に繰り返されるテーマを「見る」という行為でくくることは妥当であると思われる。

34　このような主張に対して、マタイ、ルカ、ヨハネで3回繰り返される空の墓周辺でのできごとは、何も「見る」という行為の強調ではなく、文字どおり復活のキリストの強調である、という反論が想定される。たとえそうであったとしても、「ノリ・メ・タンゲレ」という、ビザンティン福音書写本挿絵にまれな場面をあえて取り入れてまで復活を強調したかった理由を説明する必要があるだろう。筆者は、復活のキリストの強調に加えて、別の点にも反復の理由があったのではないかと考えている。

35　インマヌエルの反復が「見る」ことの強調であるという筆者の推論に対して、2点の異論が想定される。第1に、デコラティヴ・グループに属する写本中には、ヘッドピースにキリストの胸像を組み入れた例が他にもあり（たとえば大英図書館所蔵 add. 11836 など）、インマヌエルをヘッドピースに組み込んだキエフ福音書は、単にそのパターンにしたがったものである、という異論である。しかしながら、インマヌエルを5回反復するのはキエフ独自のプログラムであり、デコラティヴ・グループ中でキリスト胸像を有する他の作例をあげるだけでは説明がつかない。第2の異論は、インマヌエルのもともとの意味、すなわち「神が我らと共におられる」（イザヤ8：10）というメッセージの強調である、というものである。そうであるとすれば、インマヌエルの巻頭挿絵ならびにヘッドピースと、各福音書の挿絵サイクルはどのようにつながるのだろうか。3回繰り返される「空の墓」の挿絵は、どのように説明すればよいのだろうか。筆者は、インマヌエルと挿絵サイクルは、何らかの仕方によって互いに結び合うものと考えている。

36　Symeon of Thessalonika, *Expositio de divino templo*, PG 155: 274; J. Lowden, "Luxury and Liturgy: the Function of Books," in R. Morris, ed., *Church and People in Byzantium* (Birmingham, 1990), 263.

37　R. Taft, "How Liturgies Grow: the Evolution of the Byzantine <Divine Liturgy>," *Orientalia Christiana Periodica*, 43 (1977), 359.

38　J. Dumortier, tr., Jean Chrysostome, *Homélies sur Ozias (In illud, Vidi Dominum)*, Sources chrétiennes 277 (Paris, 1981), passim.

39　A. Rousseau, tr., Irénée de Lyon, *Contre les hérésies 4*, Sources chrétiennes 100 (Paris, 1965), 649.

40　D. Anderson, tr., St. John of Damascus, *On the Divine Images. Three Apologies against those who Attack the Divine Images* (New York, 1980), 80, 16.

41　O. Demus, *The Mosaics of Norman Sicily* (London, 1950), 406, 434–435; *Byzantine Art, an European Art* (Athens, 1964), cat. 317; Lazarev, *Storia della pittura bizantina*, 212–213; A. W. Carr, *The Rockefeller McCormick New Testament: Studies toward the Retribution of Chicago University Library Ms. 965* (unpublished PhD dissertation, University of Michigan, 1973), passim; A. M. Chatzinicolaou and C.

Toufexi-Paschou, *Catalogue of the Illuminated Byzantine Manuscripts of the National Library of Greece*, vol. 1 (Athens, 1978), 224-243; R. Nelson, *Text and Image in a Byzantine Gospel Book in Istanbul (Ecumenical Patriarchate, Cod. 3)* (unpublished PhD dissertation, New York University, 1978), passim; E. Constantinides, "The Tetraevangelion, Manuscript 93 of the Athens National Library," *ΔΧΑΕ* 4, 9 (1977-79), 185-215; Carr, *Byzantine Illumination*, 46-47, 58, 65-66, 100, 136, 143. この他の文献についてはChatzinicolaou, *Catalogue of the Illuminated Byzantine Manuscripts*, 224; Constantinides, "The Tetraevangelion," 185, note 1. 参照。

42 この挿絵がつけられたルカ福音書（23：11）によれば、ヘロデはイエスを侮辱したあげくピラトに送り返しており、座像の人物がヘロデなのかピラトなのか決め手はない。

43 ヨハネ福音書中に「最後の晩餐」の記述は含まれない。ここでは「裏切りの予告」（13：21以下）が「晩餐」の構図によって表されている。

44 Constantinides, "The Tetraevangelion," 185-215.

45 Chatzinicolaou, *Catalogue of the Illuminated Byzantine Manuscripts*, 224-243.

46 Constantinides, "The Tetraevangelion," 195.

47 アテネ福音書の奇跡伝挿絵と受難サイクルはいずれもキリストの生涯の一連のできごとの一部分であり、両者の間に筆者が考えるようなつながりはない、とする反論が想定される。アテネ福音書において、受難伝に重点が置かれていることは明らかである。ただし受難伝のみ挿絵化すると、各福音書の後半に挿絵が集中することになる。そこで前半部にも受難伝以外の挿絵が配分されたが、この時、キリストの生涯を表す代表的な諸場面、すなわち「降誕」「洗礼」「変容」などではなく、奇跡伝が選択されたのはなぜだろうか。上記の反論はその点を説明することができない。一方、奇跡伝挿絵を受難サイクルと関連づけてとらえれば、前半に奇跡伝挿絵が選択されたことの必然性を説明しうる。

48 不正な管理人（ルカ16：1-13）は、主人の財産を無駄使いした罪人であるが、同時に主人に対して借りがあった人々の負債を軽くすることによって、彼らの苦しみを取り除いた。彼は人々の苦難とともにあってそれを取り除く者であったために、受難と復活を強調するプログラムにふさわしいと判断されたのではないか。

49 Grégoire de Nazianze, *Discours 27-31*, 238-239; *PG* 36:112.

50 Grégoire de Nazianze, *Discours 27-31*, 222-223; *PG* 36:101.

51 S. Beissel, *Geschichte der Evangelienbücher* (Freiburg, 1906), 45, 57; H. Gerstinger, *Die griechische Buchmalerei* (Wien, 1926), 33; J. J. Tikkanen, *Studien über die Farbengebung in der mittelalterlichen Buchmalerei* (Helsingfors, 1933), 100, 111, 130, 158, 164, 166, 169, 189; Österreichische Nationalbibliothek, *Buchkunst des Morgenlandes* (Wien, 1953), cat. 39; P. Bubel and H. Gerstinger, *Beschreibendes Verzeichnis der illuminierten Handschriften in Österreich. Die byzantinischen Handschriften IV, 2. Die Handschriften des X.-XVIII. Jahrhunderts* (Leipzig, 1938), 21-31; O. Mazal, ed., *Byzanz und das Abendland* (Graz, 1981), 478-479, cat. 379. この他の文献についてはMazal, *Byzanz und das Abendland*, 479 参照。

52 四福音書記者中ヨハネのみ「神学者」と形容されることがある。また典礼用福音書抄本は復活祭に読まれるヨハネ福音書（1：1-17）から始まり、ヨハネが巻頭におかれて重視される。すでに検討したキエフ福音書においてもヨハネに含まれる挿絵数が他の共観福音書よりも際立って多い。ただし、複数のキリスト伝挿絵を有する福音書写本全般にこのような傾向が見られるというわけではない。

53 マタイ、マルコ、ルカの冒頭で天使が3回反復されるのは、冒頭のテキストを単純に挿絵化した結果、偶然天使となっただけである、という異論があるかもしれない。しかしながら、厳密にいえばマタイ冒頭はキリストの家系図、マルコ冒頭は洗礼者ヨハネについての記述である。したがって、天使を冒頭にそろえて置いたのは意図的な操

54 マタイ、マルコ、ヨハネの最後の場面で、弟子とキリストが 3 度繰り返されるのは意図的な操作であるとする主張に対して、次のような異論が想定される。すなわち、単に各福音書末尾のできごとを挿絵化した結果そうなったにすぎないという異論、つまりマタイ、マルコ、ヨハネの最後の場面が共通項によってくくられるのは、制作者の特別な意図とはかかわりなく、復活のキリストを末尾に置くことによって各サイクルを完結しようとした結果、自然にそうなっただけである、という異論である。しかしながらこのような異論は、各サイクルは何も福音書最後のエピソードまで描かなくては完結できないというわけではない、という点を見落としている。たとえば、キエフ福音書のマタイ・サイクルは「復活のキリストに出会う女たち」すなわちウィーン福音書のひとつ手前の場面で終わっている。また、ハーリー福音書のマタイ・サイクルは「最後の晩餐」で終わっている。このことから、ウィーン福音書では、あえて各福音書最後のエピソードが選択されていることがわかる。その理由は、マタイ、マルコ、ヨハネの最後の場面で共通項を作り出すためであったと推論される。

55 マタイ、ルカ、ヨハネの共通性は、図像上特に指摘できるようなものは見当たらない。あえてあげるとすれば、離反を後悔するペトロ（マタイ）、取税人（ルカ）、姦通の女（ヨハネ）が、いずれも罪人の悔悛を描いている点であろう。

56 Istanbul, Ecumenical Patriarchate, Cod. 3.

57 G. D. Mansi, *Sacrorum conciliorum noza et amplissima collectio XIII* (Paris, 1902), 252; C. Mango, *The Art of the Byzantine Empire 312–1453. Sources and Documents* (Toronto, 1986), 172; D. Sahas, *Icon and Logos: Sources in Eighth-Century Iconoclasm* (London, 1986), 178, 180.

58 写本の記述は、P. Vocotopoulos, "L'évangile illustré de Mytilène," *Studenica et l'art byzantin autour de l'année 1200* (Beograd, 1988), 377–382 に基づく。

59 *Byzantine Art, an European Art* (exhibition catalogue, Athens, 1964), no. 318; V. Lazarev, *Storia della pittura bizantina* (Turin, 1967), 335, note 57; P. L. Vocotopoulos, "The Headpieces of a Gospel Book in the so-called Nicaea Group," *ΔXAE* 4, 9 (1979), 133–141; A. W. Carr, "Gospel Frontispieces from the Comnenian Period," *Gesta* 21 (1982), 3–20; A. W. Carr, *Byzantine Illumination, 1150–1250: the Study of a Provincial Tradition* (Chicago, 1987); P. L. Vocotopoulos, "Two Unpublished Illuminated Manuscripts in Athens," in *Byzantine East, Latin West. Art-Historical Studies in Honor of Kurt Weitzmann* (Princeton, 1995), 465–467.

60 写本にはコロフォンが残されておらず、制作地、制作年代、制作者に関する情報はない。

61 ミティリニの連続説話場面には、「ラザロの蘇生」「洗足」「冥府降下」といった主要場面が含まれない。一方、「洗礼」と「エルサレム入城」がマタイとマルコで繰り返されるなど、重複する場面が見られる。さらにヴォコトプロスは、「洗礼」に見られるデーモンのモティーフ、聖母を含まない「昇天」、キリストの墓を参る聖女たちの数など、特殊な点を指摘している。

62 A. W. Carr, "A Group of Provincial Manuscripts from the Twelfth Century," *DOP* 36 (1982), 39–81. カーを中心とする、デコラティヴ・グループの先行研究については、Vocotopoulos, "Two Unpublished Illuminated Manuscripts in Athens," 465, note 5.

63 D. W. Riddle, et al., *The Rockefeller McCormick New Testament* (Chicago, 1932); E. C. Colwell and H. R. Willoughby, eds., *The Four Gospels of Karahissar* (Chicago, 1936).

64 Carr, *Byzantine Illumination*, 1.

65 Vocotopoulos, "The Headpieces," 140–141. 同様の組み合わせは、Walters Art Gallery W 522; Florence, Laurenziana, VI 23; Paris, B. N., gr. 74; gr. 64; gr. 61 に見られる。

66 パントクラトールという銘文をともなう図像が見られるのは12世紀以降で、イエス・

キリストを表すIC XCをともなって描かれる作例が多く見られる。*The Oxford Dictionary of Byzantium*, vol. 1 (Oxford, 1991), 438, s. v. <Christ Pantokrator>.

67 Athens, Benaki, 34. 3, fol. 1r; Jerusalem, Taphou 47, fols. 39r, 90r; Kiev 25, fols. 4r, 95r, 153r, 252r; Lavra B 26, fols. 13r, 109r; St. Petersburg, gr. 105, fol. 11r; London, B.L., add. 11836, fol. 5r; Oxford, Christ Church, W. Gr. 31, fol. 1r; Palermo 4, fols. 4r, 119r; Vatopedi 882, fol. 10r; Vatopedi 939, fol. 37r; Berlin, gr. oct 13, fol. 193r; Lavra A 32, fol. 64r; Athens, Spiro Loverdo Library, Cod. 4, fols. 1r, 72r, 117r. Vocotopoulos, "Two Unpublished Illuminated Manuscripts in Athens," 466. キリスト胸像は、インマヌエルの場合も、パントクラトールの場合もある。たとえば、ヴォコトプロスが上記の論文中で紹介しているスピロ・ロヴェルド図書館所蔵のギリシア語写本4番（四福音書）では、マタイとルカのヘッドピースにインマヌエルのキリスト、マルコのヘッドピースにパントクラトールのキリストが描かれる。ヨハネのヘッドピースは現存しない。

68 福音書記者と第2の人物の組み合わせについては、G. Galavaris, *The Illustrations of the Prefaces in Byzantine Gospels* (Vienna, 1979); R. Nelson, *The Iconography of Preface and Miniature in the Byzantine Gospel Book* (New York, 1980); R. Kahsnitz, " 'Matheus ex ore Christi scripsit': zum Bild der Berufung und Inspiration der Evangelisten," in *Byzantine East, Latin West* (Princeton, 1995), 169–176.

69 Nelson, *The Iconography of Preface and Miniature*, 7–10.

70 Florence, Biblioteca Laurenziana, cod. VI 18, fol. 17v.

71 N. P. Ševčenko, "The Cave of the Apocalypse," *ΕΤΑΙΡΕΙΑ ΒΥΖΑΝΤΙΝΩΝ ΚΑΙ ΜΕΤΑΒΥΖΑΝΤΙΝΩΝ ΜΕΛΕΤΩΝ ΔΙΠΤΥΧΩΝ ΠΑΡΑΦΥΛΛΑ 2* (1989), 169–180.

72 ロンドン、ヴィクトリア・アンド・アルバート美術館所蔵の象牙浮彫。

73 Koutloumousiou, cod. 61, fol. 50v.

74 Koutloumousiou, cod. 61, fol. 112v.

75 S. Tsuji, "The Headpiece Miniatures and Genealogy Pictures in Paris. Gr. 74," *DOP* 29 (1975), 165–203.

76 Vocotopoulos, "The Headpieces," 140–141. 天使としてのキリストについては、*The Oxford Dictionary of Byzantium*, vol. 1 (Oxford, 1991), 438, s. v. <Christ as Angel>.

77 キリスト三態については、A. Grabar, "La représentation de l'intelligible dans l'art byzantin du Moyen Age," *Actes du Ve congrès international des études Byzantines* II (Paris, 1948), 55–56; E. H. Kantorowicz, "Puer Exoriens. On the Hypapante in the Mosaics of S. Maria Maggiore," in H. Rahner and E. von Severus, eds., *Perennitas. Beiträge zur christlichen Archäologie und Kunst, zur Geschichte der Literatur, der Liturgie und des Mönchtums sowie zur Philosophie des Rechts und zur politischen Philosophie. P. Thomas Michels OSB zum 70. Geburtstag* (Münster, 1963), 118–135.

78 パリ74番ヨハネ福音書のヘッドピースに見られるキリスト三態については、益田朋幸「ビザンティン写本挿絵におけるヨハネ福音書冒頭部分の絵画化」『美学』172 (1993), 17–19.

79 Symeon of Thessalonika, *Expositio de divino templo*, *PG* 155, 274; J. Lowden, "Luxury and Liturgy: the Function of Books," in R. Morris, ed., *Church and People in Byzantium* (Birmingham, 1990), 263.

80 R. Taft, "How Liturgies Grow: the Evolution of the Byzantine <Divine Liturgy>," *Orientalia Christiana Periodica* 43 (1977), 359.

81 M. D. Taylor, "A Historiated Tree of Jesse," *DOP* 34–35 (1980–1981), 125–176.

82 Taylor, "A Historiated Tree of Jesse," 143–144.

83 L. R. Wickham, *Cyril of Alexandria. Select Letters* (Oxford, 1993), xi.

84 Cyrillus, *De adratione et cultu in spiritu et veritate*, *PG* 68: 673.

85 「真の十字架」とはキリストが磔にされた十字架のことで、皇帝コンスタンティヌスの母ヘレナがエルサレムで発見したと伝えられる。フロロウにより、聖人伝や教会財産

目録などの諸文献から「真の十字架」に関する記述が千例以上収集され、年代順にカタログ化された。A. Frolow, *La relique de la vraie croix: recherches sur le développement d'un culte* (Paris, 1961).

86 「真の十字架」ならびにスタヴロテークについての研究は、60年代のフロロウが出発点となるが、近年クライン、フリューザンらによる研究成果が次々に加えられている。クラインは、エルサレム、コンスタンティノポリス、ローマとその他の西ヨーロッパ地域において、典礼や宮廷儀礼の場で「真の十字架」がどのように用いられたのか、第1次史料を丹念に収集し、それらに基づいて再構成を試みている。クラインは、スタヴロテークの形態の変化をたどり、西ヨーロッパのスタヴロテークに見られるエルサレム、コンスタンティノポリスからの影響について、具体的な作例を取り上げながら検討している。厖大な量の1次史料、2次資料の文献表をともなうクラインの著作は、今後スタヴロテーク研究を行う上で、重要な出発点となるだろう。H. A. Klein, *Byzanz, der Westen und das 'Wahre' Kreuz. Die Geschichte einer Reliquie und ihrer künstlerischen Fassung in Byzanz und im Abendland* (Wiesbaden, 2004); J. Durand and B. Flusin, eds., *Byzance et les reliques du Christ* (Paris, 2004).

87 S. Mergiali-Sahas, "Byzantine Emperors and Holy Relics. Use and Misuse of Sanctity and Authority," *JÖB* 51 (2001), 41–60.

88 ラウデンは、アトス山ヴァトペディ修道院所蔵の詩編写本のサイズについて統計的調査を行っている。J. Lowden, "Observations on Illustrated Byzantine Psalters," *AB* 70 (1988), 242–260.

89 写本装丁板については、T. Velmans, "La couverture de l'Évangile dit de Morozov et l'évolution de la reliure byzantine," *CA* 28 (1979), 115–136. 参照。

90 H. C. Evans and W. D. Wixom, eds., *The Glory of Byzantium. Art and Culture of the Middle Byzantine Era, A.D. 843–1261* (New York, 1997), cat. 41.

91 Evans, *The Glory of Byzantium*, cat. 37.

92 十字架用聖遺物容器の形態については、箱型のほかに、トリプティク型、聖墳墓を模した建築型、小型の胸飾り用、4葉型、ガラス瓶などがフロロウによって分類されているが、ここでは特に箱型のものに注目した。A. Frolow, *Les reliquaires de la Vraie Croix* (Paris, 1965), passim.

93 Frolow, *La relique*, 50.

94 聖遺物を装丁板にはめこんだ現存作例に、ブリュッセル王立図書館所蔵のラテン語福音書写本(lat. 11970)がある。Frolow, *Les reliquaires*, 71.

95 D. Buckton, ed., *Byzantium. Treasures of Byzantine Art and Culture from British Collections* (London, 1994), 163–164, fig. 179; J. C. Anderson, *The New York Cruciform Lectionary* (University Park, 1992), 76–80, 87–89.

96 十字架型ほか、特殊なテキストのレイアウトについてはH. Belting and G. Cavallo, *Die Bibel des Niketas. Ein Werk der höfischen Buchkunst in Byzanz und sein antikes Vorbild* (Wiesbaden, 1979) 参照。

97 典礼用福音書抄本とは、典礼において朗読される福音書の章句を、教会暦にしたがって編纂したもの。ロンドン大英図書館所蔵の典礼用福音書抄本およそ70写本中、7割が2コラムを採用している。

98 J. Mateos, *Le typicon de la grand église* (Rome, 1962–63); J. A. Cotsonis, *Byzantine Figural Processional Crosses* (Washington, D. C., 1994), 15.

99 J. Lowden, *Early Christian and Byzantine Art* (London, 1997), fig. 161.

100 テッサロニキの主教シメオン(1416–1429年)は、典礼行進について次のように書き残している。「イコン、聖なる十字架、そして聖人の聖遺物を手にし、わたしたちは方々

へ行進する。わたしたちの住まい、道、水、空気、地面、町、汚されたそれらのものは、わたしたちが歩を進めることによって、神のみ恵の中で浄化される」。H. Simmons, tr., Symeon of Thessalonike, *Treatise on Prayer* (Brookline, Mass., 1984), 91–92. また、ヨアンニス・クリュソストモスは、典礼行進によって、「町全体がわたしたちの聖堂となる」と語っている。John Chrysostom, *PG* 49, 155; J. Baldovin, *The Urban Character of Christian Worship: the Origins, Development and Meaning of Stational Liturgy* (Rome, 1987), 257.

101　R. Taft, "How Liturgies Grow: the Evolution of the Byzantine <Divine Liturgy>," *Orientalia Christiana Periodica* 43 (1977), 359.

102　Frolow, *La relique*, 65.

103　Symeon of Thessalonika, *Expositio de divino templo*, *PG* 155, 274; J. Lowden, "Luxury and Liturgy: the Function of Books," in R. Morris, ed., *Church and People in Byzantium* (Birmingham, 1990), 263.

104　イソプセフィ（ギリシア語で「同じ数の小石」の意味）とも呼ばれる。*Dictionnaire d'archéologie chrétienne et de liturgie* (Paris, 1907–53), s. v. <Isopséphi>.

105　E. Bischoff, *Mystik und Magie der Zahlen* (Wiesbaden, 1920). キリスト教のゲマトリアについては、F. Dornseiff, *Das Alphabet in Mystik und Magie* (Berlin, 1925); F. J. Dölger, *Das Fisch-symbol in frühchristlicher Zeit* I (Rome, 1910), 309–311.

106　*Dictionnaire d'archéologie chrétienne et de liturgie*, s. v. <Isopséphi>.

107　*Dictionnaire d'archéologie chrétienne et de liturgie*, s. v. <Isopséphi>; *PG* 7: 1206.

108　Theophanes Kerameus, *Homilia* 36, *PG* 132: 696.

109　Theophanes Kerameus, *Homilia* 45, *PG* 132: 840.

110　Marcus Eremia, "Sermo dogmaticus adversus eos qui dicunt sanctam carnem non fuisse unitam cum verbo," in J. Cozza-Luzi and A. Mani, *Novae Patrum Bibliothecae* vol. 10/1 (Vatican, 1905), 201–247.

111　アタナシオス（*Epistula ad Afros episcopos*）、ヒラリウス（*Collectio antiariana II*, 9, 7）による解釈。上智大学中世思想研究所『中世思想原典集成二　盛期ギリシア教父』平凡社（1992）、28.

112　先に挙げたDornseiff、Dölgerの他に、T. S. Lea, *Materials for the Study of the Apostolic Gnosis*, 2 vols. (Oxford, 1919–22).

113　十字架の周囲にクリプトグラムが配されたスタヴロテークの例については、フロロウが数点挙げている。Frolow, *La relique*, 340, 574, 663, 771, 872. ハンガリー、エステルゴム大聖堂所蔵のスタヴロテーク（1150年頃）には、十字架横木の上下左右に、4つのXが配されている。モスクワ、受胎告知聖堂のスタヴロテーク（1382年）には、未解読のクリプトグラムが見られるという。ヴェネツィア、アカデミア所蔵のスタヴロテーク（1446-59年?）には、ΤΚΠΓ ΤΤΔΦ ICXC NIKA ΦΧ ΦΠのクリプトグラムが見られ、いずれもある文言の頭文字であることが解明されている。

　　硬貨に刻印された十字架とその周囲に配されたアルファベットの例については、L. Travaini, "La croce sulle monete da Costantino alla fine del medioevo," in B. Ulianich, ed., *La Croce. Iconografia e interpretazione* (Napoli, 2007), 7–40.

　　ウォルターは、聖堂壁画、石棺彫刻、写本挿絵に見られる十字架とクリプトグラムの作例について概観調査を試みている。写本挿絵には15の例が見られ、その大半が四福音書またはレクショナリーであるという。ただし写本番号が挙げられているのは2点のみ（Paris, B. N. gr. 510, fols. Bv, C と Vatican, reg. gr. 1, fols. 2, 3v）で、その他は明記されていない。聖堂壁画については、キプロス島の聖ネオフィトス修道院（1200年頃）、カッパドキアの5つの聖堂、テッサロニキの聖ニコラオス・オルファノス聖堂（1310–1320年）、カストリアの聖タクシアルヒス聖堂（1359-1360年?）、メテオラの神殿奉献聖堂があげられている。ウォルターによれば、アトス山の作例については、いくつか出版されているものの、体系的な収集は行われていない。また石棺彫刻については、パザ

ラスがギリシアの作例を収集している以外は、体系的な収集がいまだに行われていないという。C. Walter, "The Victorious Cross in Byzantine Tradition," in *La Croce*, 41-48.

ネオフィトス修道院のイコノスタシスに据えられたエレウーサのイコン背面に見られるクリプトグラム（ΜΓΧΒ）については、C. Mango and E. J. W. Hawkins, "The Hermitage of St. Neophytos and its Wall Paintings," *DOP* 20 (1966), 162-163, figs. 58, 59.

十字架の周囲にクリプトグラムを配するイコンについては、M. Acheimastou-Potamianou, "The Virgin ΗΑληθινή: A Palaiologan Icon from the Gerokomeiou Monastery in Patras," in C. Moss and K. Kiefer, eds., *Byzantine East, Latin West. Art-Historical Studies in Honor of Kurt Weitzmann* (Princeton, 1995), 471-476; G. Babić, "Les croix à cryptogrammes peintes dans les églises Serbes des XIIIe et XIVe siècles," *Byzance et les Slaves: Études de civilisation: Mélanges Ivan Dujčev* (Paris, 1979), 1-13. 参照。ポタミアヌは、パトラスのゲロコメイウ修道院所蔵の聖母子のイコン裏面に描かれた十字架と、それを取り囲むクリプトグラムを取り上げている。ΦΧ は φῶς Χριστοῦ（キリストの光）という単語の頭文字を表すなど、クリプトグラムはいずれも解読されている。ポタミアヌが脚注にあげているように、ハツィダキスがアテネのビザンティン美術館所蔵の5つのイコン（いずれも十字架とそれを取り囲むクリプトグラムを有する）について論じているが、筆者は未見。

柱身に刻まれた十字架については、N. K. Moutsopoulos, *Crossed Columns* (Athens, 2004).

なお、J.-M. Prieur, *La croix dans la littérature chrétienne des premiers siècles* (Bern, 2006). は十字架に言及する教父らの文献を網羅的に収集したもので、十字架がどのように理解され、とらえられてきたのか、その文化的コンテクストを知るために有用である。

114 I. Spatharakis, "An Unusual Iconographic Type of the Seated Evangelist," *ΔΧΑΕ* 4, 10 (1980-81), 138, note 6; M.-L. Dolezal, *The Middle Byzantine Lectionary: Textual and Pictorial Expression of Liturgical Ritual* (PhD dissertation, University of Chicago, 1991).

115 ただし、最後の単語（CΩTHP）については、頭文字のCのみならず2番目のΩをも含めている。

116 V. Grumel, *Le Patriarcat Byzantin. Les regestes des actes du patriarcat de Constantinople*, Fasc. III (Paris, 1947), 1-16; V. Laurent, "Le titre de patriarche oecuménique et la signature patriarcale," *REB* 6 (1948), 5-26; V. Laurent, *Le corpus des sceaux de l'empire Byzantin, tome V: L'église* (Paris, 1963), 14; F. Dvornik, "Preambles to the Schism of Michael Cerularius," in *Photian and Byzantine Ecclesiastical Studies* (London, 1974), 155-169; F. Tinnefeld, "Michael I. Kerullarios, Patriarch von Konstantinopel (1043-1058). Kritische Überlegungen zu einer Biographie," *JÖB* 39 (1989), 95-127. Kerularios はドイツ語圏では伝統的にKerullariosと綴られ、12世紀の写本中にも同様の綴りが1例見られるが、語源学的に正しいのは前者であり、後者は一種のバリエーションとされる。Tinnefeld, "Michael I. Kerullarios," 96.

117 キリストの名と自らの名を重ねるにあたり、なぜIC XC NIKAではなくIXΘYCが用いられたのか、という疑問が出されるかもしれない。IC XCはキリストの名そのものである。それに対して、IXΘYCは頭文字の合成であり、キリストの名がその背後に含まれている。同様に、ここではIXΘYCの背後にケルラリオスの名が隠されている。自らの名をキリストの名そのものと直結させるのではなく、IXΘYCを媒介として両者を結ぶことが考案されたのではないか。

118 2番目の文字を加える場合、Ωに限らず、H・P・Eでもよかったのではないかという異論があるかもしれない。それらの文字を1文字付加しただけでは1400に達しないことから、Ωが加えられたと考えられる。

119 以上の説明は、解読の手順を逆に述べただけで、作り手の手順に必然性が見いだせないという反論が想定される。ここでは、IXΘYCと自らの名を重ねることを目的としているという前提に立って、それを実現させるために各段階で合理的な方法を選んでい

120 セルビアのグラチャニツァ聖堂ナオス南壁のニッチにも、十字架を取り囲む EE PP TT PP のクリプトグラムがあるが、その意味はいまだに解読されていない。G. Babić, "Les croix à cryptogrammes peintes dans les églises Serbes des XIIIe et XIVe siècles," *Byzance et les Slaves: Études de civilisation: Mélanges Ivan Dujčev* (Paris, 1979), 1–13. バビッチは、この論文の中で13–14世紀セルビアの聖堂壁画に見られる十字架とそれを取り囲むクリプトグラムの例を収集、解読している。セルビア聖堂壁画の場合、クリプトグラムは、IC XC NIKA といったよくあるタイプ以外にも、さまざまな例が見られる。バビッチは、スタロナゴリチノ（1318年）やグラチャニツァ（1321年）の聖堂壁画において、十字架とともに描かれた EEEE、ペーチ（1375–1380年）に見られる XXXX、グラチャニツァに見られる PPPP などをリスト化している。いずれも典礼で唱えられる文言や、聖書の語句からの引用で、頭文字だけを記したクリプトグラムであることが解明されている。一方バビッチは、いまだに解読されていないクリプトグラムもあげている。たとえばスタロナゴリチノのイコノスタシスに見られる ENBK、グラチャニツァに見られる EE PP TT PP のほか、セルビア語のクリプトグラムにも未解読のものが残されている。

いまだに文字としては解読されていないという ENBK を、仮に数字に置き換えてみよう。その合計は77となる。そのため、ENBK は OZ と等しいことがわかる [E (5) + N (50) + B (2) + K (20) = 77 = O (70) + Z (7)]。OZ は ὁ ζῶν（生きている者）と読むことができるのではないだろうか。ὁ ζῶν という表現は、ヨハネによる福音書1：26、同6：57に見られる。

グラチャニツァの EEEE と PPPP は、いずれも単語の頭文字としてすでに解読されているが、これを仮に数字に置き換えるなら、EEEE= 5 + 5 + 5 + 5 =20、PPPP=100+100+100+-100=400となり、20=K、400=U であるため、いずれも別のアルファベットを表すものとみなすことも可能である。K は κύριος（主）、U は υἱός（息子）を表すものととらえることもできるだろう。こうしたゲマトリアによる解読は、バビッチが提案する解読（典礼の文言や聖書から引用された語句の頭文字）を否定するものではなく、その背後にさらに隠されたコードがあるのではないか、という仮説に基づくものである。

121 S. Der Nersessian, "The Illustrations of the Homilies of Gregory of Nazianzus. Paris. gr. 510. A Study of the Connections between Text and Images," *DOP* 16 (1962), 195–228; L. Brubaker, "Politics, Patronage and Art in Ninth Century Byzantium. The Homilies of Gregory of Nazianzus in Paris (B. N. gr. 510)," *DOP* 39(1985), 1–13; 石塚晃「パリのグレゴリオス写本（Cod. gr. 510）における『ダヴィデの塗油』」『美のパースペクティヴ』鹿島出版会（1989）, 119–133; 辻佐保子「『パリ五百十番』とその周辺」『ビザンティン美術の表象世界』岩波書店（1993）, 489–503; I. Spatharakis, "The Portraits and the Date of the Codex Par. Gr. 510," in *Studies in Byzantine Manuscript Illumination and Iconography* (London, 1996), 1–12; L. Brubaker, *Vision and Meaning in Ninth-Century Byzantium. Image as Exegesis in the Homilies of Gregory of Nazianzus* (Cambridge, 1999); 永澤峻「ビザンティン中期の或る挿絵写本―通称〈パリの五一〇番〉をめぐって」『和光大学表現学部・人間学部紀要別冊エスキス』（2001）, 147–160.

122 先行研究は、写本制作年代を推定する際、Paris. gr. 510の皇帝肖像とともに、この十字架挿絵について検討している。また、近代の再製本からオリジナルの製本状態を再構成する際にも十字架挿絵に言及しているが、装飾をギリシア文字と見なす見解は、これまで提示されることがなかった。

123 V. Gardthausen, *Griechische Palaeographie* (Leipzig, 1879), 307–319. 1020年、修道士ミカエルによりサレルノで制作された写本（Sankt-Peterburg, cod. 71）には、ゲマトリアの手法により解読することで、彼自身の名前が浮かび上がるクリプトグラムが記されている。
KK BB TT aa BB IK, KK ΛMKΛ aa TT ΛM PP

ガルドタウゼンは、クリプトグラムを数字に置き換え（40 8 600 1 8 30 40 70 50 1 600 70 200）、さらにそれをアルファベットに置き換えることによって、ここからΜΗΧΑΗΛ ΜΟΝΑΧΟΣ修道士ミカエルの名前が浮かび上がることを指摘している。ガルドタウゼンは、aaを2ではなく1と見なしている。またBBは4のはずであるが、ガルドタウゼンはこれを作り手による誤りと考え、8と見なしている（ΔΔとすべきところBBとしてしまったということらしい）。

さらにガルドタウゼンは、オックスフォード、ボドレイアン図書館所蔵のギリシア語写本Barroc. 33（16世紀）に記されたドットつきの数字から、ある人名を解読している。

5 1 2 7 3 1 7 4 ἱερέως 3 7 4 3 1 2 1 7 4 ἐν ἔτει

ドット1つは10倍、ドット2つは100倍を表すため、数字はそれぞれ50 10 20 70 30 1 70 400 300 70 400 30 1 20 10 70 400を表すことになる。これらの数字をさらにアルファベットにおきかえてみると、νικολαου του λακιου、すなわち司祭ニコラオスの名前が浮かび上がる。ドットを打つことで10倍を表す例については、以下も参照。F. Wisse, "Language Mysticism in the Nag Hammadi Texts and in Early Coptic Monasticism I: Cryptography," *Enchoria* 9 (1979), 101–120.

124　Frolow, *La relique*, 222.
125　ここで想定される反論は、左右対称の文字は何もΜとΛに限らず、Ο・Ω・Ι等でもよかったのではないか、というものである。確かにΩ2箇とΟ4箇を用いて、あるいはΩ2箇とΟ2箇とΙ14箇を用いて、左右対称の配置による1880を作り出すことは可能である。しかしながら、Ο・Ω・Ιはいずれもフォティオス自身の名の中にそのまま使われる文字である。自分の名前をなるべく隠すようにしたいと願っていたとすれば、名前に使われない文字の方を選択したとしても不思議ではない。
126　G. Vikan, "Art, Medicine, and Magic in Early Byzantium," *DOP* 38 (1984), note 6.
127　Frolow, *La relique*, 187.
128　Frolow, *La relique*, 213.
129　筆者の解読に対して、十字架の周囲に配されたクリプトグラムから寄進者の名前が浮かび上がることなどありえない、ビザンティン世界における神と個人の位置づけについての無理解に由来する誤った解釈である、現代人の心性を読み込んだ解釈であって歴史研究としては説得力がない、といった批判があるだろう。こうした批判については、Carmina figurataの例をあげることで反論したい。Carmina figurataとは詩の一種で、通常のレイアウト（各行を左から右へ、上から下へと読み進むレイアウト）に綴られた詩に、特殊なフォーム（人の形や十字架など）の中に綴られた別の節や語句を組み合わせたものを言う。T. Turner, ed., *The Dictionary of Art*, vol.5 (New York, 1994), s. v. <Carmina figurate>, 779.

Carmina figurataが見られる写本に、ラテン語詩の詩人フラバヌス作 *In honorem sanctae crucis* が綴られた、ヴァティカン聖使徒図書館所蔵のCod. Reg. lat. 124がある。C. Chazelle, *The Crucified God in the Carolingian Era* (Cambridge, 2001); M. Perrin, *Rabani Mauri. In Honorem Sanctae Crucis* (Turnhout, 1997); M. Perrin, tr., Raban Maur, *Louanges de la sainte croix* (Paris, 1988); M.-C. Sepière, *L'image d'un dieu souffrant (IXe-Xe siècle)* (Paris, 1994); G. d'Onofrio, "La teologia della croce in epoca carolingia," in B. Ulianich, ed., *La croce. Iconografia e interpretazione (secoli I - inizio XVI)* (Napoli, 2007), 271–319.

第1詩では、見開きの左側（ヴェルソ）に、両腕を水平に広げたキリストの姿が描かれ、キリストの光背や身体の内側に書き付けられた語句と、キリストの背景に記された詩が重ね合わされている（fol. 8v）。こうした特殊なフォーマットにおさめられた詩は、文字を読み慣れた人であっても解読しにくいものであったために、詩の読み方

を解説する文章が見開きの右手（レクト）に記されている。詩の大半は、キリストの名を列挙したもので、たとえば神としてのキリスト、三位一体の一位格としてのキリスト、受肉した人としてのキリストが挙げられている。つまり、キリストの身体の形に合わせて配された文字から、キリストの名が浮かび上がるという仕組みである。

第23詩（fol. 30v）には十字架が描かれており、十字架の内側と十字架の背景にそれぞれ語句が記される。十字架先端には6つの小さな四角が設けられ、各々の四角にも文字がおさめられている。さらに十字架交差部には、キリストの名が記されている。縦書きのCRISTUSと横書きのIESUSとが、3番目の文字Sのところで交わって十字を形作り、描かれた十字架の交差部に重ねられる。十字架の中から視覚的にキリストの名が浮かび上がる。

さらに第28詩（fol. 35v）では、描かれた十字架のもと、詩の作者であり写本制作にもかかわったとされるフラバヌス自身が、身を低くしてひざまずく姿勢で描かれている。その身体に重ねて綴られた文字列の中からは、彼自身の名前（Hrabanus）が浮かび上がる。

これらの文字は、クリプトグラムのように隠されているわけではないが、一見しただけで読み方を理解できるものではなく、隣頁の解説を読みながら挿絵に重ねられた文字を解読することが求められる。挿絵と文字の複雑な組み合わせの中には、キリストの名、写本制作者自身の名が織り込まれている。十字架の周囲に配された文字から制作者の名前が浮かび上がるという発想は、写本制作の中で実際に行われていたことであることがわかる。

ここでは十字架の周囲に配された文字から制作者の名前が浮かび上がる例として最もわかりやすく顕著なラテン語写本を取り上げたが、Carmina figurataはギリシア語写本にも見られる。ヘランドナーは、13の例を挙げて各々の読み方について解説し、カロリング写本のみならず、ビザンティウムにおいても、十字架、キリストのモノグラム（XとPを重ね合わせたもの）といった図形状にレイアウトされた詩が知られていたことを示している。W. Hörandner, "Visuelle poesie in Byzanz," *JÖB*, 40 (1990), 1–42; W. Hörandner, "Ergänzendes zu den byzantinischen Carmina Figurata. Akrosticha im Cod. Laur. Plut. VII 8," in *Syndesmos. Studi in onore di Rosario Anastasi*, vol. 2 (Catania, 1994), 89–202. 献呈詞中に人名が埋め込まれ、文章中から頭文字を拾い上げることでエウドキア・マクレンボリティッサの名前が浮かび上がる例（Paris, B. N. gr. 922）、聖母にささげられた7行詩の中に、作者であるマヌエルの名前が埋め込まれた例（Adrianople, cod. 1099）などが取り上げられている。

第4章

1　Justinian, *Confessio rectae fidei, PG* 86: 993; C. Mango, *Byzantium: The Empire of New Rome* (London, 1980), 104.
2　J. Meyendorff, *Byzantine Theology: Historical Trends and Doctrinal Themes* (New York, 1974), 54.
3　J. Meyendorff, *The Byzantine Legacy in the Orthodox Church* (New York, 1982), 120.
4　Meyendorff, *The Byzantine Legacy*, 121.
5　*ODB*, vol. 2, 1240–1241, s. v. <Liturgy>.
6　Meyendorff, *Byzantine Theology*, 115.
7　D. Sahas, *Icon and Logos: Sources in Eighth-Century Iconoclasm* (Tronto, 1986), 178, 180.
8　J. Huizinga, *The Autumn of the Middle Ages* (Chicago, 1996), 338.
9　Huizinga, *The Autumn of the Middle Ages*, 224.
10　H. L. N. Simmons, tr., Symeon of Thessalonike, *Treatise on Prayer* (Brookline, Massachusettes, 1984),

58–59.
11 J. M. Hussey and P. A. McNulty, tr., Nicholas Cabasilas, *A Commentary on the Divine Liturgy* (London, 1960), 1–9.
12 P. Meyendorff, tr., St Germanus of Constantinople, *On the Divine Liturgy* (New York, 1984), 31; Homily 15, ch. 26; R. Tonneau and R. Devreesse, *Les homélies catéchétiques de Théodore de Mopsueste* (Vatican, 1949).
13 Meyendorff, *On the Divine Liturgy*, 43; Germanus, *On the Divine Liturgy*, PG 98: 384–453.
14 R. Taft, "The Liturgy of the Great Church: an Initial Synthesis of Structure and Interpretation on the Eve of Iconoclasm," *DOP* 34/35 (1980/81), 63.
15 Meyendorff, *On the Divine Liturgy*, 27; Pseudo-Dionysius, *The Ecclesiastical Hierarchy*, PG 3: 369–485.
16 Hussey and McNulty, *A Commentary on the Divine Liturgy*, 43. カバシラスによれば、神は与え、司祭は与えられたものを感謝して受け取る。また司祭が差し出すささげものは、神によって受け入れられる。Hussey and McNulty, *A Commentary on the Divine Liturgy*, 111.
17 Meyendorff, *On the Divine Liturgy*, 37; Maximus the Confessor, *Mystagogy*, PG 91: 657–718.
18 Hussey and McNulty, *A Commentary on the Divine Liturgy*, 30.
19 Meyendorff, *On the Divine Liturgy*, 87; Germanus, *On the Divine Liturgy*, PG 98: 384–453.
20 McGuckin, *Standing in God's Holy Fire. The Byzantine Tradition* (London, 2001), 91.
21 Berthold, tr., Maximus Confessor, *Selected Writings* (London, 1985), 187–188; Maximus, *Mystagogy*, PG 91: 657–718.
22 Berthold, *Selected Writings*, 191; Maximus, *Mystagogy*, PG 91: 657–718.
23 D. C. Parker, *The Living Text of the Gospels* (Cambridge, 1997), 196.
24 D. C. Parker, *An Introduction to the New Testament Manuscripts and their Texts* (Cambridge, 2008).
25 Parker, *The Living Text*, 22.
26 B. M. Metzger, *The Canon of the New Testament. Its Origin, Development, and Significance* (Oxford, 1987), 109.
27 Parker, *An Introduction to the New Testament Manuscripts*, 313. タイトルについて、ヘンゲルは興味深い指摘をしている。福音書のタイトルは、「マタイの福音書」（Gospel of Matthew）でも、「マタイの手による福音書」（Gospel by Matthew）でもなく、「マタイの言うところによる福音書」（Gospel according to Matthew）であることから、真の著者はマタイではなくキリストであることが示されているという。M. Hengel, *The Four Gospels and the One Gospel of Jesus Christ* (London, 2000), 49.
28 A. Rousseau, tr., Irénée de Lyon, *Contre les heresies, Livre III*, Sources chretiennes 211 (Paris, 1974), 159–171.
29 Parker, *The Living Text*, 22, 26. パーカーは、主教の力が増大したことにより、こうしたことがらを制御することが可能になったことを指摘している。
30 Metzger, *The Canon*, 7, 212.
31 Metzger, *The Canon*, 210. 正典のリストを含むものは、後世の写本に見られる。
32 Metzger, *The Canon*, 90–99.
33 Metzger, *The Canon*, 217. 一方ラテン教会では正典の線引きが厳密に行われていた。Metzger, *The Canon*, 229.
34 Parker, *The Living Text*, 74. パーカーは、各福音書中の主の祈りに注目している。主の祈りは福音書ごとに異なっており、複数のバージョンが存在する。どれか1つにまとめあげるには、各々のバージョンが知られすぎていたことを指摘している。
35 Metzger, *The Canon*, 296–297.
36 Parker, *An Introduction to the New Testament Manuscripts*, 110.
37 Parker, *The Living Text*, 120.

38 C. Mango, *The Art of the Byzantine Empire 312–1453. Sources and Documents* (New Jersey, 1972), 232.

39 展覧会カタログ『ビザンティウムの栄光』においてブラウンは、次のように述べている。わたしたちが（展覧会において）見ているものとは、ビザンティンの人々が強く望んでいたこと、すなわち、はるか遠く隔たっているように見える天上と地上とが、アートによって１つに結ばれる世界である。P. Brown, "A More Glorious House," *New York Review of Books* (May, 1997), 19–24.

40 たとえば、キエフのハギア・ソフィア大聖堂。O. Povstenko, *The Cathedral of St. Sophia in Kiev* (New York, 1954), 121.

41 T. Mathews, "The Transformation Symbolism in Byzantine Architecture and the Meaning of the Pantokrator in the Dome," in R. Morris, ed., *Church and People in Byzantium* (Birmingham, 1990), 208.

42 C. Walter, "Icons of the First Council of Nicaea," in *Pictures as Language. How the Byzantines Exploited them* (London, 2000), 166–187.

43 L. Brubaker, *Vision and Meaning in Ninth-Century Byzantium* (Cambridge, 1999), 212.

44 Y. Piatnitsky, et al., eds., *Sinai, Byzantium, Russia. Orthodox Art from the Sixth to the Twentieth Century* (St. Petersburg, 2000), 252–254, cat. S 63.

45 Piatnitsky, *Sinai, Byzantium, Russia*, 157–158, cat. B 131. ２人の祭日（１月18日）を記念するイコンである。

46 *PG* 42: 299; F. Williams, tr., *The Panarion of Epiphanius of Salamis, Books II and III* (Leiden, 1987), 379. *PG* 42: 297; P. R. Amidon, tr., *The Panarion of Epiphanius of Salamis* (Oxford, 1990), 269.

第5章

1 レイアウトについては以下参照。J. Leroy, *Les types de réglure des manuscrits grecs* (Paris, 1976); D. Muzerelle, "La facture du livre médiéval," in L. Holtz, et al., *Le livre au Moyen âge* (Paris, 1988), 64–68; J. Monfrin, et al., *Mise en page et mise en texte du livre manuscrit* (Paris, 1990), 61–127. 読みやすさについては以下参照。R. Bergeron and E. Ornato, "La lisibilité dans les manuscrits et les imprimés de la fin du Moyen âge," *Scrittura e Civilta* 14 (1990), 151–198.

2 パリンプセストについては以下参照。N. Tchernetska, "Greek-Oriental Palimpsests in Cambridge: Problems and Prospects," in C. Holmes and J. Waring, eds., *Literacy, Education and Manuscript Transmission in Byzantium and Beyond* (Leiden, 2002), 243–256.

3 ギリシア語を消してシリア語が上書きされた例もあるが、使われずに保管されていたギリシア語写本がシリアの修道院にあったということか、あるいは再利用を目的としてギリシア語写本が入手されたのか、不明である。

4 肖像の順序は厳密なものではなく、これに従わない例も見られる。

5 G. Galavaris, *The Illustrations of the Prefaces in Byzantine Gospels* (Vienna, 1979), fig. 59; M. Richard, *Inventaire des manuscrits grecs du British Museum* (Paris, 1952), 85.

6 Richard, *Inventaire*, 69; A. C. Palau, "Manoscritti Epiroti a Londra (British Library) ed a Oxford (Magdalen College)," *Codices Manuscripti* 20/21 (Decembre, 1997), 3–37.

7 P. Meyendorff, tr., *St Germanus of Constantinople, on the Divine Liturgy* (New York, 1984), 43.

8 K. Weitzmann, "Byzantine Miniature and Icon Painting in the Eleventh Century," in H. L. Kessler, ed., *Studies in Classical and Byzantine Manuscript Illumination* (Chicago, 1971), 271–313; K. Weitzmann, "The Narrative and Liturgical Gospel Illustrations," in Weitzmann, *Studies*, 247–270. ヴァイツマンの主張に同調するものとしては、R. Deshman, "The Illustrated Gospels," in G. Vikan, ed., *Illuminated Greek Manuscripts from American Collections* (Princeton, 1973), 40–43; S. Tsuji, "Byzantine Lectionary Illustration," in Vikan, *Illuminated Greek Manuscripts*, 34–39.

9 祭礼図像を有する典礼用福音書抄本は以下のとおり。Patmos, The Monastery of St John,

cod. 70; Leningrad, gr. 21; Mount Athos, Lavra, cod. A. 86; Mount Athos, Lavra, Phocas Lectionary; Mount Athos, Iviron, cod. 1; Washington, D. C., Dumbarton Oaks, cod. 1; New York, Pierpont Morgan Library, M 639; Vat. gr. 1156; Mount Athos, Dionysiou, cod. 587; Athens, National Library, cod. 190; Venice, Istituto Ellenico di Bizantini e Postbizantini, gr. 2; Athens, National Library, cod. 68; Paris, B. N. suppl. gr. 27; Mount Athos, Panteleimon, cod. 2; Istanbul, Ecumenical Patriarchate, cod. 8; Pierpont Morgan Library, M. 692; Iviron, cod. 111m. A. W. Carr, "A Group of Provincial Manuscripts from the Twelfth Century," *DOP* 36 (1982), 56, note 102.

10　ヘッドピース中央のメダイヨンにキリストの半身像を描く例は他にもある。Athens, Benaki Museum 34. 3, fol. 1r; Baltimore, Walters Art Gallery, cod. W. 522, fol. 231r; Jerusalem, Taphou 47, fols. 39r, 90v; Kiev 25, fol. 4r, Lavra, B26, fols. 13r, 109r; St. Petersburg, gr. 105, fol. 11r; Oxford, Christ Church, W. gr. 31, fol. 1r; Palermo 4, fols. 4r, 119r; Tretyakov, 2580; Vatopedi, 882, fol. 10r; Vatopedi, 939, fol. 37r; Spiro Loverdo, 4. P. L. Vocotopoulos, "Two Unpublished Illuminated Manuscripts in Athens," in *Byzantine East, Latin West*, 465–467.

11　E. J. Goodspeed, D. W. Riddle and H. R. Willoughby, *The Rockefeller McCormick New Testament*, vol. 3 (Chicago, 1932), passim; E. C. Colwell and H. R. Willoughby, eds., *The Four Gospels of Karahissar*, vol. 2 (Chicago, 1936), passim; K. Weitzmann, "The Psalter Vatopedi 761. Its Place in the Aristocratic Psalter Recension," *Journal of the Walters Art Gallery* 10 (1947), 50–51; Richard, *Inventaire*, 18; *Byzantine Art. An European Art* (Athens, 1964), no. 299; S. Der Nersessian, "A Psalter and New Testament Manuscript at Dumbarton Oaks," *DOP* 19 (1965), 155–183; A. Cutler and A. W. Carr, "The Psalter Benaki 34, 3. An Unpublished Illuminated Manuscript from the Family 2400," *REB* 34 (1976), 281–323; K. Weitzmann, "The Ode Pictures of the Aristocratic Psalter Recension," *DOP* 30 (1976), 74; A. Cutler, "A Psalter from Mār Saba and the Evolution of the Byzantine David Cycle," *Journal of Jewish Art* 6 (1979), 42; Galavaris, *The Illustrations of the Prefaces*, 76–77, 141; A. W. Carr, "A Group of Provincial Manuscripts from the Twelfth Century," *DOP* 36 (1982), 39–81; H. Buchthal, "An Unknown Byzantine Manuscript of the Thirteenth Century," in *Art of the Mediterranean World A. D. 100–1400* (Washington, D. C., 1983), 150–156; A. Cutler, *The Aristocratic Psalters in Byzantium* (Paris, 1984), nos. 29, 46–48; A. W. Carr, *Byzantine Illumination 1150–1250: the Study of a Provincial Tradition* (Chicago-London, 1987), nos. 64, 245–246; J. Lowden, "Observations on illustrated Byzantine Psalters," *AB* 70 (1988), 242–260; C. N. Constantinides and R. Browning, *Dated Greek Manuscripts from Cyprus to the Year 1570* (Nicosia, 1993), 363–366. この他の文献については365–366頁参照。

12　使徒言行録と使徒書簡の巻頭挿絵に、類似する挿絵を有する写本は以下のとおり。the J. Paul Getty Museum Ms. Ludwig II 4; 83. MB. 68, fol. 134v. R. Nelson, "Theoktistos and Associates in Twelfth-Century Constantinople: An Illustrated New Testament of A. D. 1133," *J. Paul Getty Museum Journal* 15 (1987), 53–78.

13　この写本は完全な新約聖書写本であったが、現在は一部がEgerton 3145として切り離されている。D. Buckton, ed., *Byzantium. Treasures of Byzantine Art and Culture from British Collections* (London, 1994), 136–137.

14　ルカの類似例は以下参照。A. Zakharova, "The Trebizond Lectionary (Cod. Gr. 21 and 21a) in Russian National Library, Saint Petersburg and Byzantine Art after the Macedonian Renaissance," *ΔΧΑΕ* 29 (2008), 59–68.

15　*Handwörterbuch des deutschen Aberglaubens*, 8 (Berlin, 1936/37), 749–754.

16　J.-M. Prieur, *La Croix dans la littérature chrétienne des premiers siècles* (Bern, 2006), 173; Clement of Alexandria, *Stromateis* I, 24.

17　Prieur, *La Croix*, 177; Clement of Alexandria, *Stromateis* V, 6.

18　J. Lowden, "The Transmission of 'Visual Knowledge' in Byzantium through Illuminated Manuscripts:

Approaches and Conjectures," in C. Holmes and J. Waring, eds., *Literacy, Education and Manuscript Transmission in Byzantium and Beyond* (Leiden, 2002), 59–80.

第6章

1. H. C. Evans, "Christian Neighbors," in H. C. Evans, ed., *The Glory of Byzantium: Art and Culture of the Middle Byzantine Era, A.D. 843–1261* (New York, 1997), 273–279.
2. J. Turner, ed., *The Dictionary of Art*, vol. 2 (New York, 1996), 430–431, s. v. <Armenia>.
3. J. Turner, ed., *The Dictionary of Art*, vol. 7 (New York, 1996), 823–825, s. v. <Coptic art>.
4. D. C. Parker, *An Introduction to the New Testament Manuscripts and their Texts* (Cambridge, 2008), 66.
5. Parker, *An Introduction to the New Testament Manuscripts*, 66.
6. Parker, *An Introduction to the New Testament Manuscripts*, 331.
7. J. Turner, ed., *The Dictionary of Art*, vol. 9 (New York, 1996), 619–621, s. v. <Early Christian and Byzantine art>.
8. A. Taylor, "Armenian Art and Armenian Identity," in T. Mathews and R. S. Wieck, eds., *Treasures in Heaven: Armenian Illuminated Manuscripts* (New York, 1994), 132–146.
9. P. P. Soucek, "Armenian and Islamic Manuscript Painting," in Mathews, *Treasures in Heaven*, 115–131.
10. A. W. Carr, "Icon-Tact. Byzantium and the Art of Cilician Armenia," in Mathews, *Treasures in Heaven*, 73–102.
11. Taylor, "Armenian Art and Armenian Identity," 132–146; T. F. Mathews, *Armenian Gospel Iconography: the Tradition of the Glajor Gospel* (Washington, D. C., 1991), 76–165. V. ネルセシアンは、アルメニアの「キリストの変容」図像はキリスト養子論を反映しているというマシュースの見解について、まったくの推測にすぎず、アルメニア教会の典礼に照らして立証されたものではないと批判している。V. Nersessian, *Treasures from the Ark. 1700 Years of Armenian Christian Art* (London, 2001), 74.
12. Nersessian, *Treasures from the Ark*, 69; G. Every, *Christian Mythology* (London, 1970), 74–88.
13. Nersessian, *Treasures from the Ark*, 79.
14. Nersessian, *Treasures from the Ark*, 79.
15. S. Der Nersessian, *Miniature Painting in the Armenian Kingdom of Cilicia from the Twelfth to the Fourteenth Century*, 2 vols. (Washington, D. C., 1993). 本書は著者の死後出版された。
16. A. K. Sanjian, *Colophons of Armenian Manuscripts, 1301–1480: A Source for Middle Eastern History* (Cambridge, 1969).
17. S. Der Nersessian, "Deux exemples arméniens de la Vierge de miséricorde," *Revue des études arméniennes* 7 (1970), 187–202; Der Nersessian, *Miniature Painting*, 158–159, fig. 647.
18. Der Nersessian, *Miniature Painting*, 154–155, fig. 640.
19. Der Nersessian, *Miniature Painting*, 160, fig. 650.
20. こうした描き方は、*Meditations on the Life of Christ* を反映するものかもしれない。*Meditations on the Life of Christ* は、ボナヴェントゥラの著作とされてきたが、今日では、ボナヴェントゥラ自身の作ではなく、13世紀後半のフランシスコ会修道士によるものと考えられている。I. Ragusa and R. Green, *Meditations on the Life of Christ: An Illustrated Manuscript of the Fourteenth Century. Paris, B. N., ital. 115* (Princeton, 1961), xxii.
21. Der Nersessian, *Miniature Painting*, 14–15, fig. 26.
22. Nersessian, *Treasures from the Ark*, 71.
23. Der Nersessian, *Miniature Painting*, 37, figs. 106–109.
24. 急降下する天使の図像は、ワシントン、フリア・ギャラリー所蔵の写本中に見られる「ゲッセマネの祈り」にも登場する（cod. 32. 18, 13世紀）。

25 Der Nersessian, *Miniature Painting*, 37, fig. 109.
26 Der Nersessian, *Miniature Painting*, 52, fig. 212. トロス・ロスリンは13世紀第3四半期に活躍した写字生兼画家で、1256年から1268年の間に制作された7写本に彼のサインが残されている。デル・ネルセシアンの関心は類似作例との比較にあり、福音書記者肖像とキリスト伝挿絵の組み合わせに対する考察はなされていない。
27 「マギの礼拝」以外に15の説話場面が散在するが、いずれも余白に描かれるもので、福音書記者肖像と組み合わされる全頁挿絵とは異なっている。
28 祭礼図像と福音書記者肖像の組み合わせについては、ラウデンによる以下の項目を参照。J. Turner, ed., *The Dictionary of Art*, vol. 9 (New York, 1996), 608–610, s. v. <Early Christian and Byzantine Art, Greek Manuscripts>. また、研究論文にC. Meredith, "The Illustration of Codex Ebnerianus: A Study in Liturgical Illustration of the Comnenian Period," *Journal of the Warburg and Courtauld Institutes* 29 (1966), 419–424がある。
29 特殊な図像が形成される契機とその過程について考察する例に、S. Dufrenne, "À propos de la naissance de David dans le Ms. 3 de Dumbarton Oaks," *Travaux et Mémoires* 8 (1981), 125–134 がある。本論文は「ダビデ誕生」の図像に描かれた3人の女官と彼女たちが手にするささげ物について検討している。デュフレンヌは、特殊な図像や定型からの逸脱は突然変異のごとく生じるものではなく、また何の土台もないところから生じるものでもないという前提に立ち、比較作例を提示することによって図像形成の過程を裏付ける方法を取っている。一方、福音書記者と組み合わされた「マギの礼拝」挿絵については、メレディスがカタログ化した写本群（注28参照）と比較できるかもしれない。ところが、「降誕」ではなく「マギの礼拝」が選択されている点、画面が不自然な形に2分割される点において、本写本はメレディスの写本グループとの比較の内におさまらない、特異な例であるといえる。そこでここでは、類似作例との比較による方法ではなく、むしろ挿絵の独自性と制作者の意図の解読に焦点を当てる方法を試みた。
30 本来別々の独立した場面として描かれていた「降誕」と「マギの礼拝」がひとつの場面として表されるようになる過程については、ラフォンテーヌ・ドゾーニュが検討している。J. Lafontaine-Dosogne, "The Iconography of the Cycle of the Infancy of Christ," in P. A. Underwood, ed., *The Kariye Djami IV. Studies in the Art of the Kariye Djami* (Princeton, 1975), 220–222.
31 Karapet Berkretsiの福音書（15世紀末）には、画面を2分割し、上段（全体のおよそ4分の3を占める）に「マギの礼拝」、下段左にマタイ、右に羊飼いが描かれる構図が見られる（Dublin, Trinity College, Ms. 10992, fol. 2r.）。構図は類似しているものの、選択された場面（産湯、羊飼い）が異なっている。V. Nersessian, *The Bible in the Armenian Tradition* (London, 2001), 52.
32 マギの3つの贈り物の予型は、旧約の記述中に見られる。神はモーセに没薬と乳香を材料として聖別の油と聖なる香を作るよう命じた（出エジプト記30：22–38）。黄金は契約の櫃を作る材料に用いられた（同25：10–16）。またイザヤはシェバの人々が主のもとに黄金と乳香を携えて来ることを預言した（イザヤ60：6）。
33 *PG* 7 (1): 870; A. Rousseau et L. Doutreleau, tr., Irénée de Lyon, *Contre les hérésies III*, Sources chrétiennes 211 (Paris, 1974), 107.
34 Cyril of Alexandria, *De adoratione in spiritu et veritate*, *PG* 68: 621, 648.
35 Nersessian, *Treasures from the Ark*, 70.
36 *PG* 36: 125; P. Gallay, Grégoire de Nazianze, *Discours 27–31*. Sources chrétiennes 250 (Paris, 1978), 261.
37 *PG* 36: 130; Grégoire de Nazianze, *Discours 27–31*, 269–275.
38 ナジアンゾスのグレゴリオスの説教集アルメニア語訳写本は150以上現存する。5世紀

後半、遅くとも500年頃にはアルメニア語への翻訳が開始された。グレゴリオスはアルメニア文化に最も影響を与えたギリシア教父の1人と言われている。G. Lafontaine and B. Coulie, *La version arménienne des Discours de Grégoire de Nazianze. Tradition manuscrite et histoire du text* (Louvain, 1983).

39　Mathews, *Armenian Gospel Iconography*, 181.

40　Der Nersessian, *Miniature Painting*, 110–111, fig. 436.

41　梯子のイコノグラフィーについては以下参照。C. Heck, *L'échelle céleste dans l'art du Moyen âge: une image de la quête du ciel* (Paris, 1997).

42　Der Nersessian, *Miniature Painting*, 111.

43　A. S. Atiya, ed., *The Coptic Encyclopedia*, vol. 1, 241–243, s. v. <Art, Byzantine Influence of Coptic>.

44　ルロワのカタログは、コプト語が1974年、シリア語が1964年の出版と大変古く、脚注にあげられている先行研究も限られている。J. Leroy, *Les manuscrits syriaques à peintures conservés dans les bibliothèques d'Europe et d'Orient* (Paris, 1964); J. Leroy, *Les manuscrits coptes et coptes-arabes illustrés* (Paris, 1974).

45　J. Weitzmann-Fiedler, "Ein Evangelientyp mit Aposteln als Begleitfiguren," in *Adolph Goldschmidt zu seinem 70. Geburtstag* (Berlin, 1935), 33; M. Cramer, *Koptische Buchmalerei. Illuminationen in Manuskripten des christlich-koptischen Ägypten vom 4. bis 19. Jahrhundert* (Recklinghausen, 1964), pls. V, X, XII, XIII; Leroy, *Les manuscrits coptes*, 148–155, pls. 101–104. この他の文献についてはLeroy, *Les manuscrits coptes*, 153, notes 1–6 参照。

46　Atiya, *The Coptic Encyclopedia*, vol. 5, 1616–1620, s. v. <Michael the Archangel, Saint>.

47　『パウロの黙示録』は、ナグ・ハマディで発見されたコプト語写本に見られる。Metzger, *The Canon*, 187.

　　また、11 Ṭūbah（ユリウス暦1月6日）は、キリストの洗礼が記念される日で、その翌日12 Ṭūbahにはミカエルが記念される。ミカエルは死者のたましいを天へと迎え入れる役割を担っており、コプト教会の信徒は、この日先祖の墓参りをする習慣があったことが知られている。*The Coptic Encyclopedia*, 1616–1620.

48　H. Belting, *Das Illuminierte Buch in der spätbyzantinischen Gesellschaft* (Heidelberg, 1970), 58–59, fig. 26; H. Belting, "Stilzwang und Stilwahl in einem byzantinischen Evangeliar in Cambridge," *Zeitschrift für Kunstgeschichte* 38 (Munich, 1975), 238, fig. 14.

49　Leroy, *Les manuscrits syriaques*, 383–389, pl. 137, figs. 1–2. 類似する図像はカッパドキアのビザンティン聖堂（Karanlik church in Göreme）と、写本挿絵（Protaton, cod. 11、12世紀の制作）に見られる。後者については以下参照。S. M. Pelekanidis, et al., *The Treasures of Mount Athos*, vol. 1 (Athens, 1973), 389, figs. 2, 3.

50　Leroy, *Les manuscrits syriaques*, 302–313, pl. 81, figs. 3. 参考文献についてはp. 310, notes 1–3 参照。

51　Leroy, *Les manuscrits syriaques*, 261–267, pls. 65–66. 参考文献についてはp. 261, note 8 参照。

52　一瀬英昭「ニコラオス・カバシラス聖体礼儀註解解説」上智大学中世思想研究所編訳監修『中世思想原典集成三　後期ギリシア教父・ビザンティン思想』（平凡社、1992）、901.

53　*PG*150: 420; ニコラオス・カバシラス「聖体礼儀註解」一瀬英昭訳『中世思想原典集成三』、901.

54　シリア教会にはネストリウス派、ヤコブ派、マロン派がある。エデッサを拠点とするネストリウス派の典礼は、ビザンティンのバシリオスの典礼とヨアンニス・クリュソストモスの典礼に基づく。ヤコブ派の聖ヤコブの典礼のシリア語訳は、ギリシア語訳と非常に近い。K. Parry, et al., eds., *The Blackwell Dictionary of Eastern Christianity* (Oxford, 1999), 427–476, s. v. <Syrian Liturgy>; B. D. Spinks, "Eastern Christian Liturgical Traditions. Oriental Orthodox," in Parry, *The Blackwell Companion*, 339–367.

55 T. Velmans, *Le tétraévangile de la Laurentienne, Florence, Laur. VI. 23* (Paris, 1971); S. Tsuji, "The Headpiece Miniatures and Genealogy Pictures in Paris. gr. 74," *DOP* 29 (1975), passim; F. D'Aiuto, ed., *I Vangeli dei popoli: la parola e l'immagine del Cristo nelle culture e nella storia* (Rome, 2000), 252–256, fig. 56. この他の文献については、*I Vangeli dei popoli*, 256 参照。

56 H. Omont, *Évangiles avec peintures byzantines du XIe siècle*, 2 vols. (Paris, 1908); S. Der Nersessian, "Recherches sur les miniatures du Parisinus Graecus 74," *JÖB* 21 (1972), 109–117; Tsuji, "The Headpiece Miniatures," 165–203; *Byzance. L'art byzantin dans les collections publiques française* (Paris, 1992), no. 265.

57 S. Der Nersessian, "Two Slavonic Parallels for the Greek Tetraevangelia, Paris, 74," *AB* 9 (1926–27), 223–274; L. Zhivkova, *Das Tetraevangeliar des Zaren Ivan Alexandar* (Recklinghausen, 1977); A. Dzhurova, *1000 godini bulgarska rukopisna kniga. Ornament i miniatiura* (Sofia, 1981), figs. 179–187; E. Dimitrova, *The Gospels of Tsar Ivan Alexander* (London, 1994). この他の参考文献については、Dimitrova, p. 64 参照。

58 Velmans, *Le tétraévangile*, figs. 4, 126, 180, 267.

59 メダイヨン中に人物を描き、それをヘッドピースに組み込む例としては他に、以下の作例がある。Moscow Historical Museum, gr. 9; Dionysiou Monastery, cod. 587; Pierpont Morgan Library 639. Tsuji, "The Headpiece Miniatures," 170–171.

60 6枚の翼を持つ天使は、セラフィムとケルビムを合成したタイプであるという。Tsuji, "The Headpiece Miniatures," 181.

61 こうしたキリスト三態の図像はテオドロス詩編 (London, B. L., add. 19352) と比較される。Tsuji, "The Headpiece Miniatures," 182.

62 デル・ネルセシアンは、ヨハネヘッドピースのキリスト三態の並列を、福音書冒頭と結びつくものとしている。Der Nersessian, "Recherches sur les miniatures du Parisinus Graecus 74," 113.

63 Zhivkova, *Das Tetraevangeliar*, colour plate XLVIII, fig. 276.

64 Vat. gr. 756については以下参照。H. Buchthal, *Miniature Painting in the Latin Kingdom of Jerusalem* (Oxford, 1957), 26, pls. 40, 142; G. Galavaris, *The Illustrations of the Prefaces in Byzantine Gospels* (Vienna, 1979), 106, figs. 83, 84; Carr, "Gospel Frontispieces from the Comnenian Period," 4; *I Vangeli dei popoli*, 248–252, fig. 55. この他の文献についてはp. 252 参照。Vat. lat. 5974については以下参照。Buchthal, *Miniature Painting*, 25–33, 143, pls. 34, 39–48; *I Vangeli dei popoli*, 272–274, fig. 63. この他の文献についてはp. 274 参照。

65 Buchthal, *Miniature Painting*, pl. 142; A. Grabar, "Une pyxide en ivoire à Dumbarton Oaks. Quelques notes sur l'art profane pendant les derniers siècles de l'empire byzantin," *DOP* 14 (1960), 121–146, figs. 32, 33; H. Buchthal, "An Illuminated Byzantine Gospel Book in the National Gallery of Victoria, Melbourne," in *Special Bulletin of the National Gallery of Victoria* (Melbourne, 1961), figs. 2, 4; I. Furlan, *Codici greci illustrati della Biblioteca Marciana* (Milan, 1978), fig. 45; Galavaris, *The Illustrations of the Prefaces*, 101, figs. 79–80; Carr, "Gospel Frontispieces from the Comnenian Period," passim, fig. 3.

66 Spatharakis, *Corpus*, vol. 2 (Leiden, 1981), fig. 308.

67 K. Weitzmann, *Die byzantinische Buchmalerei des 9. und 10. Jahrhunderts. Nachdruck der Ausgabe Berlin 1935* (Vienna, 1996), 24, figs. 179, 180; P. Schweinfurth, "Das goldene Evangelienbuch Heinrichs III. und Byzanz," *Zeitschrift für Kunstgeschichte* 10 (1941–42), 40–66, fig. 4; O. Pächt, "The 'Avignon Diptych' and its Eastern Ancestry," in M. Meiss ed., *De artibus opuscula XL. Essays in Honor of E. Panofsky* (New York, 1961), 402–421, fig. 8; Galavaris, *The Illustrations of the Prefaces*, fig. 88; S. M. Pelekanidis et al., *The Treasures of Mount Athos*, vol. 3 (Athens, 1979), 231–232, fig. 46; Carr, "Gospel Frontispieces from the Comnenian Period," passim.

第 7 章

1 J. Turner, ed., *The Dictionary of Art*, vol. 20 (New York, 1996), 326-349, s. v. <Manuscript>.
2 K. Wessel, ed., *Reallexikon zur byzantinischen Kunst*, vol. 2 (Stuttgart ,1971), s. v. <Evangelistensymbole>, 508-516.
3 R. Nelson, *The Iconography of Preface and Miniature in the Byzantine Gospel Book* (New York, 1980).
4 C. Morel, tr., Gregory I Pope, *Homélies sur Ezéchiel*, Sources chrétiennes 327 (Paris, 1986), 149, 151.
5 Nelson, *The Iconography of Preface and Miniature*, 15.
6 Galavaris, *The Illustrations of the Prefaces*, 47-49.
7 J. Rosenthal and P. McGurk, "Author Symbol and Word: the Inspired Evangelists in Judith of Flanders's Anglo Saxon Gospel Books," in S. L'Engle and G. B. Guest, eds., *Tributes to Jonathan J. G. Alexander. The Making and Meaning of Illuminated Medieval and Renaissance Manuscripts, Art and Architecture* (London, 2006), 185-202.
8 C. Nordenfalk, "Der inspirierte Evangelist," *Wiener Jahrbuch für Kunstgeschichte* 36 (1983), 175-190.
9 W. Köhler, *Die karolingischen Miniaturen, vol.1: Die Schule von Tours, part 1: Die Ornamentik* (Berlin, 1930), 250-255, 396-401; W. Köhler, *Die karolingischen Miniaturen, vol. 1: Die Schule von Tours, part 2: Die Bilder* (Berlin, 1933), 27-64, 220-231; P. E. Schramm and F. Mütherich, *Denkmale der deutschen könige und Kaiser* (München, 1962), 129-130; H. L. Kessler, *The Illustrated Bibles from Tours* (Princeton, 1977), passim; R. G. Calkins, *Illuminated Books of the Middle Ages* (London, 1983), 96-118; F. Avril, et al., *Metz enluminée autour de la Bible de Charles le Chauve: trésors manuscrits des églises messiness* (Metz, 1989), pls. A-F; D. Ganz, "Mass Production of Early Medieval Manuscripts: the Carolingian Bibles from Tours," in R. Gameson, ed., *The Early Medieval Bible. Its Production, Decoration, and Use* (Cambridge, 1994), 53-62; P. E. Dutton and H. L. Kessler, *The Poetry and Paintings of the First Bible of Charles the Bald* (Ann Arbor, 1997); A. -O. Poilpré, "Charles le Chauve trônant et la Maiestas Domini. Réflexion à propos de trois manuscrits," *Histoire de l'art* 55 (2004), 45-54; M. -P. Laffitte and C. Denoël, *Trésors carolingiens: livres manuscrits de Charlemagne à Charles le Chauve* (Paris, 2007), cat. 13, 103-105.

　『ヴィヴィアンの聖書』では、いつ、どこで、誰のために作られた写本なのかということが、巻末に付けられた詩に記されている。ところが、巻末の300行を越える詩と、挿絵との関係は体系的に研究されることがなかった。ダットンによれば、パレオグラフィー研究者でラテン語学者のトラウベが1886年に詩の校訂を行ったが、読み間違いが散見される。ダットンは校訂をやり直し、英訳するとともに、詩に照らしながら挿絵の検討を行っている。

　800-853年に制作されたトゥール派の写本（46の聖書と18の福音書写本、うち挿絵つきは『バンベルク』、『グランドゥヴァル』、『ヴィヴィアン』の3写本のみ）は驚くほど一律のコディコロジカルな特徴を共有している。ガンツの概算によれば、トゥールの工房では50年以上にわたって年間2冊のペースで聖書写本が制作されていた。

10 ゲーデによれば、『ヴィヴィアンの聖書』のマイエスタス・ドミニは、『グランドゥヴァルの聖書』（London, B. L., add. 10546, fol. 352v）のマイエスタス・ドミニの構図を参照している。『ヴィヴィアンの聖書』は、さらに『サン・パオロの聖書』のマイエスタス・ドミニによって引き継がれた。J. Gaehde, "The Touronian Sources of the Bible of San Paolo fuori le mura," *Frühmittelalterliche Studien* 5 (1971), 359-400. ただし、いずれもモデルをそのまま借用するよりは、構図に変更を加えている。たとえば、『グランドゥヴァルの聖書』の光背はアーモンド型であったが、『ヴィヴィアンの聖書』は、光背を8の字（2つの円を上下に重ねた形）に変更している。光背の左右にスペースを確保し、そこにシン

ボルを配している。一方『サン・パオロの聖書』は、シンボルを菱形の外に出して、福音書記者により近いところに配置している。

11 Kessler, *The Illustrated Bibles from Tours*, 36–42.

12 ケスラーによれば、ダニエル書（7：2-3）、イザヤ書（6：1以下）にはマイエスタス・ドミニにかかわる記述があるものの、エレミヤ書にそのような記述は見られない。さらにケスラーは、聖書を「命の泉」にたとえるアルクィンの著述に依拠し、イザヤ書（12：3, 33, 21）、エレミヤ書（2：13）、エゼキエル書（67：1-12）に「命の泉」への言及があることを指摘している。ただし、ダニエル書に直接の言及は見られない。そのためケスラーは、マイエスタス・ドミニの構図中に預言者像が含まれる意味について、完全に解き明かすことができないとしている。

しかしながら、預言者像が含まれた意味は、タイポロジーにあると筆者は考える。タイポロジーとは、旧約のできごとが、来たるべき新約のできごとを予型しているとする解釈で、もともとユダヤ教、グノーシスに対抗して、新約・旧約の間の一致と調和を示すために考え出された。

『ヴィヴィアンの聖書』のマイエスタス・ドミニに含まれるイザヤ、エレミヤ、エゼキエル、ダニエルの各預言書中には、それぞれキリストの生涯のタイポロジーが含まれている。「見よ、おとめが身ごもって、男の子を産み、その名をインマヌエルと呼ぶ」（イザヤ7：14）は、マタイ1：23において繰り返される。「ラマで声が聞こえる。苦悩に満ちて嘆き、泣く声が。ラケルが息子たちのゆえに泣いている」（エレミヤ31：15）は、幼児虐殺（マタイ2：18）を予示するものと解釈される。「山から人手によらず切り出された石が、鉄、青銅、陶土、銀、金を打つ」（ダニエル2：45）。偶像を打ち砕くこの石は、すなわちキリストを予兆するものと解釈される。エゼキエル書の「枯れた骨の復活」（37：1以下）は、キリストによる死者の復活の予型である。旧約の預言者がタイポロジーを体現するものとして、キリストの生涯を記録した福音書記者らとともに描かれたとしても不思議ではない。

こうした解釈について、何もイザヤ、エレミヤ、エゼキエル、ダニエルに限らず、旧約の預言者は多かれ少なかれキリストについて預言しているのではないか、という反論があるかもしれない。旧約聖書には16の預言書が含まれている。それらは4大預言書と12小預言書に分けられる。4大預言書を形成するのは、『ヴィヴィアン』のマイエスタス・ドミニに含まれるイザヤ、エレミヤ、エゼキエル、ダニエルの4人である。つまり新約の四福音書記者に対応するものとして、4大預言者らがここに組み合わされたと考えられる。

13 J. O'Reilly, "Patristic and Insular Traditions of the Evangelists. Exegesis and Iconography," in A. M. Luiselli Fadda and E. O. Carragain, eds. *Le Isole Britanniche e Roma in Età Romanobarbarica* (Rome, 1998), 49-94. オライリーは、ヴェルクマイスター、メイヤー、ケスラーらの見解を紹介している。O. K. Werckmeister, *Irisch-northumbrische Buchmalerei des 8 Jahrhunderts und monastische Spiritualität* (Berlin, 1967), 153–167; H. Meyer, "Zur Symbolik Frühmittelalterlicher Majestasbilder," *Das Münster. Zeitschrift für christliche Kunst und Kunstwissenschaft* 14 (1961), 74. H. Kessler, *The Illustrated Bibles from Tours* (Princeton, 1977), 52.

14 Gaehde, "The Touronian Sources of the Bible of San Paolo fuori le mura,"; J. Gaehde, "The Pictorial Sources of the Illustrations to the Book of Kings, Proverbs, Judith and Maccabees in the Carolingian Bible of San Paolo fuori le mura in Rome," *Frühmittelalterliche Studien* 9 (1975), 359–389; L. Nees, "Problems of Form and Function in Early Medieval Illustrated Bibles from Northwest Europe," in J. Williams, ed., *Imaging the Early Medieval Bible* (University Park, 1999), 121–177, fig. 13.

ゲーデによれば、『サン・パオロの聖書』の福音書記者の肖像は、『デュフィーの福音書』（Paris, B. N., lat. 9385）を参照しているという。その他の類例としては、『ル・マ

ンの福音書』があげられている。Gaehde, "The Touronian Sources of the Bible of San Paolo fuori le mura," 359–400.

　　ニーズによれば、『サン・パオロの聖書』は『ヴィヴィアンの聖書』から数十年を経た後、870年頃に制作された。『サン・パオロの聖書』の挿絵数24は、『ヴィヴィアンの聖書』（8挿絵）の3倍に増やされた。

15　Gaehde, "The Touronian Sources of the Bible of San Paolo fuori le mura," 359.
16　Nees, "Problems of Form and Function," 146.
17　Nees, "Problems of Form and Function," 146.
18　O. Pächt, *Book Illumination in the Middle Ages* (London, 1986), 36, fig. 36; J. Lowden, "The Beginnings of Biblical Illustration," in J. Williams, ed., *Imaging the Early Medieval Bible* (University Park, 1999), 43–45, fig. 21.
19　Pächt, *Book Illumination*, 179–182, pl. X; B. Bishoff, *Manuscripts and Libraries in the Age of Charlemagne* (Cambridge, 1994), 65, 79, 80, 82, 84, 85.
20　J. Hubert, J. Porcher and W. Volbach, *L'empire carolingien* (Paris, 1968), fig. 108; W. Köhler, *Buchmalerei des frühen Mittelalters. Fragmente und Entwürfe aus dem Nachlass* (München, 1972), 165; *Trésors de la Bibliothèque de l'Arsenal* (Paris, 1980), 133–134, cat. 263; W. Köhler and F. Mütherich, *Die karolingischen Miniaturen, Bd. 2. Die Hofschule Karls des Kahlen* (Berlin, 1982), 144–156; J. Hubert, J. Porcher and W. Volbach, *L'empire carolingien* (Paris, 1968), fig. 108; W. C. M. Wüsterfeld, et al., eds., *The Utrecht Psalter in Medieval Art: Picturing the Psalms of David* (Westrenen, 1996).
21　Hubert, *L'empire carolingien*, fig. 107.
22　洗礼堂の八角形は、キリストの復活を象徴する数字の8に由来する。キリストはサバトの翌日すなわち8日目に復活された。7日間からなる1週間のサイクルはこの世の時間であり、8日目はこの世を越えたところを表す。J. Daniélou, *The Bible and the Liturgy* (Notre Dame, 1956), 35–37.
23　H. M. Riley, *Christian Initiation. A Comparative Study of the Interpretation of the Baptismal Liturgy in the Mystagogical Writings of Cyril of Jerusalem, John Chrysostom, Theodore of Mopsuestia and Ambrose of Milan* (Washington, 1974), 262; P. Harkins, *tr.*, St. John Chrysostom, *Baptismal Instructions*, Ancient Christian Writers 31 (London, 1963), 170.

　　この他、洗礼の儀礼については以下参照。B. D. Spinks, *Early and Medieval Rituals and Theologies of Baptism* (Aldershot, 2006). 楽園の川について、あるいは楽園をシンボライズするものとしての洗礼堂については、ダニエルーが論じている。J. Daniélou, *From Shadows to Reality: Studies in the Biblical Typology of the Fathers* (London, 1960), 23–26; Daniélou, *The Bible and the Liturgy*, 35–37.

24　Daniélou, *From Shadows*, 25; Ambrose, *de Paradiso*, 3; C. Mazzo, *Il giardino piantato a Oriente: De paradiso* (Torino, 1981), 69–78.
25　Daniélou, *From Shadows*, 25; Cyril of Jerusalem, *Procatechesis*, *PG* 33: 357 A.
26　*PG* 46: 417 C, 420 C.
27　E. Bonnard, tr., Saint Jérôme, *Commentaire sur S. Matthieu*, Sources chrétiennes 242 (Paris, 1977), 63. ヒエロニムスによれば、エデンの園から流れ出す4つの川（創世記2：8–14）、契約の箱とそれを担ぐために箱の両側に2つずつ付けられた4つの金環（出エジプト37：1-5）は、それぞれ教会と4つの福音書を予兆するものであるという。
28　G. Alexander, "A Little Known Gospel Book of the Later 11th Century from Exeter," *Burlington Magazine* 108 (1966), 6–16; C. M. Kauffmann, *Romanesque Manuscripts, 1066–1190* (London, 1975), 54; F. Avril and P. D. Stirnemann, *Manuscrits enluminés d'origine insulaire, VIIe – XXe siècle* (Paris, 1987), 19–20; R. Gameson, *The Manuscripts of Early Norman England (c. 1066–1130)* (Oxford, 1999), 147. アレクサンダーは、ノルマンディ公国によるイングランド征服が芸術活動にどの

ような影響を及ぼしたかという問題提起を行い、『エクセターの福音書』は、征服以降広く展開した新しいロマネスク様式よりは、征服以前のアングロ・サクソンの挿絵に多く依拠していると結論づけている。アレクサンダーによれば、『エクセターの福音書』の挿絵は『レオフリックの福音書』(Oxford, Bodleian Library, Ms. Auct. D. II. 16) と様式が類似しており、『レオフリックの福音書』写本挿絵を模倣したものであるという。『レオフリックの福音書』は1040年頃に制作されたもので、主教レオフリック（在位1050-1072年）によりエクセター大聖堂に寄贈された。カウフマンによれば、『エクセターの福音書』の人体表現は、オットー朝からロマネスクの様式へと展開していく過渡期の一段階を示すものであるという。挿絵枠はアングロ・サクソンの装飾を継承するものの、アカントスなどにノルマンの装飾要素を取り込んでいる。

29 Avril, *Manuscrits enluminés*, 19–20.

30 Kauffmann, *Romanesque Manuscripts*, 65; G. Zarnecki, et al., eds., *English Romanesque Art 1066–1200* (London, 1984), 97, cat. 22; R. A. B. Mynors, *Catalogue of the Manuscripts of Hereford Cathedral Library* (Woodbridge, 1993), 14; W. C. M. Wüsterfeld, et al., eds., *The Utrecht Psalter in Medieval Art: Picturing the Psalms of David* (Westrenen, 1996), 144, 161; R. Thomson, "Books and Learning at Gloucester Abbey in the Twelfth and Thirteenth Centuries," in J. P. Carley and C. G. C. Tite, eds., *Books and Collectors, 1200–1700* (London, 1997), 3–26; P. Bouet, *Manuscrits et enluminures dans le monde normand (Xe – XVe siècles)* (Caen, 1999), 151–166.

　　ツェロスは、1110-1120年頃にカンタベリーで制作された写本と『モスタイン福音書』を比較した上で、制作地をカンタベリーとしている。一方、トムソンは『モスタイン福音書』をパレオグラフィーの見地から分析することによって写字生を同定、同じ写字生が制作した他の写本との比較を行い、同写本はイングランドのグロスター修道院で制作されたものと結論づけている。

　　ヴュスターフェルトは、『ユトレヒト詩編』のモノグラフにおいて、写本をコディコロジー、パレオグラフィー、イコノグラフィーの視点から記述し、ビザンティン詩編写本、西洋中世の詩編写本との比較を行った。イングランドで制作された詩編写本や福音書写本には、『ユトレヒト詩編』を参照した痕跡が認められるという。『モスタイン福音書』のルカの肖像は、『ユトレヒト詩編』第44篇の挿絵に類似していることが指摘されている。

31 Hubert, *L'empire carolingien*, fig. 286.

32 New York, Public Library, *The Pierpont Morgan Library* (1933–34), cat. 29; D. Tselos, "Unique Portraits of the Evangelists in an English Gospel-Book of the Twelfth Century," *AB* 34 (1952), 257–277.

33 Zarnecki, *English Romanesque Art*, 97.

34 M. Gómez-Moreno, *Catálogo monumental de España: provincia de León* (Madrid, 1926), figs. 80–88; J. Williams, *Early Spanish Manuscript Illumination* (London, 1977), 44; S. Verástegui, *Iconografía del siglo X en el reino de Pamplona-Nájera* (Pamplona, 1984), 195; M. Mentré, *La peinture mozarabe: un art chrétien hispanique autour de l'an 1000* (Paris, 1995), 200, figs. 123–125; J. Williams, "The Bible in Spain," in J. Williams, ed., *Imaging the Early Medieval Bible* (University Park, 1999), 182–185.

35 Williams, *Early Spanish Manuscript Illumination*, 44.

36 *Reallexikon zur byzantinischen Kunst*, vol. 1 (Stuttgart, 1966), 1054, s. v. <Christussymbole>; *ODB*, vol. 2 (Oxford, 1991), 1171, s. v. <Lamb of God>; *ODB*, vol. 3 (Oxford, 1991), 2126, s. v. <Trullo, Council in>.

37 M. Richard, *Inventaire des manuscrits grecs du British Museum* (Paris, 1952), 19; A. Turyn, *Dated Greek Manuscripts of the Thirteenth and Fourteenth Centuries in the Libraries of Great Britain* (Washington, D. C., 1980), 91–92; G. Kakavas, "The Evangelist Portraits in the Gospel Book, B. L. Add. 11838,"

(unpublished MA dissertation, Courtauld Institute of Art, 1983).

38 F. Mütherich und K. Dachs, *Das Evangeliar Ottos III: Clm 4453 der Bayerischen Staatsbibliothek München* (Munich, 2001).

39 F. Dressler, "Geschichte der Handschrift," in Mütherich und Dachs, *Das Evangeliar Ottos III*, 11–18; F. Mütherich und K. Dachs, "Beschreibung der Handschrift," in Mütherich und Dachs, *Das Evangeliar Ottos III*, 23–26.

40 F. Mütherich, "Zur Forschungsgeschichte," in Mütherich und Dachs, *Das Evangeliar Ottos III*, 19.

41 F. Mütherich, "Zur Forschungsgeschichte," 19. 肖像をハインリヒ2世とする説もある。F. Fuchs und U. Kuder, "Das Liller Evangelistar, eine <reichenauische> Bilderhandschrift der salischen Zeit," *Frühmittelalterliche Studien* 32 (1998), 365–399; U. Kuder, "Die Ottonen in der ottonischen Buchmalerei," in G. Althoff und E. Schubert, eds., *Herrschaftsrepräsentation im ottonischen Sachsen. Vorträge und Forschungen*, Band XLVI (Sigmaringen, 1998), 137–224.

42 Dressler, "Geschichte der Handschrift," 11.

43 Dressler, "Geschichte der Handschrift," 12.

44 Mütherich und Dachs, "Beschreibung der Handschrift," 23–25.

45 1つの挿絵中に複数場面が含まれる場合もあるため、テーマ別に数えると、マタイ、マルコ、ルカ、ヨハネの場面数は、それぞれ12、8、9、15となる。

　　マタイ福音書の12場面：受胎告知、羊飼いへのお告げ、マリアとヨセフの結婚、降誕、マギの礼拝、幼児虐殺、洗礼、悪魔の誘惑を退ける、山上の説教、指導者の娘とイエスの服に触れる女、12人の弟子を選ぶ、ペトロに鍵を渡す。

　　マルコ福音書の8場面：重い皮膚病を患っている人を癒すイエスと清めのささげものをする人、突風を静める、悪霊を追いだす、ヘロデ王の宴会と洗礼者ヨハネの断頭、キリストの変容、子どもを祝福する、盲人を癒す、神殿から商人を追いだす。

　　ルカ福音書の9場面：ペトロのしゅうとめと多くの病人を癒す、ナインの町でやもめの息子を生き返らせる、ファリサイ派の人の家に入るイエスと香油でイエスの足をぬぐう女、五千人に食べ物を与える、善いサマリア人、実のならないいちじくの木、腰の曲がった婦人を癒す、エルサレムのために嘆く、やもめの献金。

　　ヨハネ福音書の15場面：ラザロを生き返らせる、エルサレム入城、洗足、ゲッセマネの祈り、ユダの裏切り、ペトロの否認、イエスを尋問する大祭司、ピラトの前のイエスと連行されるイエス、磔刑、十字架降架、埋葬、空の墓、マグダラのマリアに現れるイエス、弟子たちに現れるイエス、トマスの不信。

46 Mütherich, "Zur Forschungsgeschichte," 19–21; W. Messerer, "Literaturbericht. Ottonische Buchmalerei um 970–1070, im Gebiet deutscher Sprache," *Zeitschrift für Kunstgeschichte* 26 (1963), 62–76.

47 G. Leidinger, *Das sogenannte Evangeliarum Kaiser Ottos III* (München, 1912).

48 H. Mayr-Harting, *Ottonian Book Illumination. An Historical Study*, 2 vols. (London, 1991).

49 Mütherich, "Zur Forschungsgeschichte," 20.

50 F. Mütherich, et al., *Das Evangeliar Ottos III. Clm 4453 der Bayerischen Staatsbibliothek München* (Frankfurt, 1978).

51 P. E. Schramm, *Die deutschen Kaiser und Könige in Bildern ihrer Zeit 751–1190* (Munich, 1983), 77–91, 198–210.

52 S. Weinfurter, "Sakralkönigtum und Herrschaftsbegründung um die Jahrtausendwende," in H. Altrichter, ed., *Bilder erzählen Geschichte* (Rombach, 1995), 47–103; J. Ott, *Krone und Krönung. Die Verheissung und Verleihung von Kronen in der Kunst von der Spätantike bis um 1200 und die geistige Auslegung der Krone* (Mainz, 1998), 37–45; Mütherich, "Ausstattung und Schmuck der Handschrift," 33; Hoffmann, "Das Herrscherbild im <Evangeliar Ottos III.> (clm 4453)," *Frühmittelalterliche Studien*

7 (1973), 324–325; R. Kahsnitz, "Herrscherbilder der Ottonen," in M. Kramp, ed., *Krönungen. Könige in Aachen. Geschichte und Mythos* (Mainz, 2000), 283–293; S. Patzold, "Omnis anima potestatibus sublimioribus subdita sit. Zum Herrscherbild im Aachener Otto-Evangeliar," *Frühmittelalterliche Studien* 35 (2001), 243–272.

53 Mütherich, "Ausstattung und Schmuck der Handschrift," 33; Hoffmann, "Das Herrscherbild im <Evangeliar Ottos III.> (clm 4453)," 324–341.

54 Mütherich, "Ausstattung und Schmuck der Handschrift," 32; Hoffmann, "Das Herrscherbild im <Evangeliar Ottos III.> (clm 4453)," 337.

55 H. Keller, "Herrscherbild und Herrschaftslegitimation. Zur Deutung der ottonischen Denkmäler," *Frühmittelalterliche studien* 19 (1985), 297–299.

56 Mütherich, "Ausstattung und Schmuck der Handschrift," 46.

57 ミュタリッヒはこれを、キリストの生涯に関する新しい関心が芽生えてきたことの反映とみなしている。Mütherich, "Ausstattung und Schmuck der Handschrift," 48.

58 A. von Euw, et al., *Vor dem Jahr 1000. Abendländische Buchkunst zur Zeit der Kaiserin Theophanu* (Köln, 1991), 107.

59 C. Tolnay, "The <Visionary> Evangelists of the Reichenau School," *Burlington Magazine* 69 (1936), 257–263.

60 W. Weisbach, "Les images des évangélistes dans <l'évangéliaire d'Othon III> et leurs rapports avec l'antiquité," *Gazette des Beaux-Arts* 21 (1939), 131–152.

61 W. R. Hovey, "The <Visionary> Evangelists of the Reichenau School," *Burlington Magazine* 70 (1937), 257–263.

62 トルネイ説とヴァイスバッハ説は、いずれもシュヴァルツェンスキによる中世美術文献解題の中でとりあげられている。H. Swarzenski, "Recent Literature, Chiefly Periodical, on Medieval Minor Arts," *AB* 24 (1942), 292.

63 B. Bischoff, "Das biblische Thema der Reichenauer <Visionären Evangelisten>," in *Liturgie. Gestalt und Vollzug. Festschrift für Joseph Pascher* (Munich, 1963), 25–32.

64 H. Schrade, "Zu den Evangelistenbildern des Münchener Otto-Evangeliars," *Beiträge zur schwäbischen Kunstgeschichte. Festschrift zum 60. Geburtstag von Werner Fleischhauer* (Konstanz, 1964), 9–34.

65 K. Hoffmann, "Die Evangelistenbilder des Münchener Otto-Evangeliars (CLM 4453)," *Zeitschrift des Deutschen Vereins für Kunstwissenschaft* 20 (1966), 17–46.

66 ホフマンは、サンタポリナーレ・イン・クラッセ聖堂のアプシスをあげていながら、筆者が以下に提示するような「キリストの変容」との連関については言及していない。

67 H. Mayr-Harting, *Ottonian Book Illumination. An Historical Study* (London, 1999²), 25–29.

68 Mütherich, "Ausstattung und Schmuck der Handschrift," 40.

69 Mütherich, "Ausstattung und Schmuck der Handschrift," 41–42.

70 Parker, *An Introduction to the New Testament Manuscripts*, 81.

71 J. Lowden, "Manuscript Illumination in Byzantium, 1261–1557," in H. C. Evans, ed., *Byzantium: Faith and Power* (New York, 2004), 259–269.

72 Parker, *An Introduction to the New Testament Manuscripts*, 60.

73 A. Grabar, "L'asymétrie des relations de Byzance et de l'Occident dans le domaine des arts au moyen âge," in I. Hutter, ed., *Byzanz und der Westen. Studien zur Kunst des europäischen Mittelalters* (Wien, 1984), 9–24.

74 Grabar, "L'asymétrie des relations," 24.

結論

1. I. Ševčenko, *Byzantium and the Slavs in Letters and Culture.* Renovatio 1 (Cambridge, Massachusetts, 1991), 3.

おわりに

1. J. Lowden, *The Jaharis Gospel Lectionary. The Story of a Byzantine Book* (New York, 2009).

掲載図版出典・所蔵先一覧

第 1 章

図1-1　Mount Athos, Vatopedi, cod. 937, fol. 14r: Matthew.　Photo after S. M. Pelekanidis, *The Treasures of Mount Athos*, vol. 4 (Athens, 1991), fig. 248.

図1-2　Mount Athos, Vatopedi, cod. 937, fol. 131v: Mark.　Photo after Pelekanidis, *The Treasures of Mount Athos*, fig. 261.

図1-3　Mount Athos, Vatopedi, cod. 937, fol. 203v: Luke.　Photo after Pelekanidis, *The Treasures of Mount Athos*, fig. 263.

図1-4　Mount Athos, Vatopedi, cod. 937, fol. 322v: John.　Photo after Pelekanidis, *The Treasures of Mount Athos*, fig. 267.

図1-5　Athens, National Library, cod. 151, fol. 3v: Matthew.　Photo after I. Spatharakis, *The Left-Handed Evangelist. A Contribution to Palaeologan Iconography* (London, 1988), fig. 65.

図1-6　Athens, National Library, cod. 151, fol. 88v: Mark.　Photo after Spatharakis, *The Left-Handed Evangelist*, fig. 19.

図1-7　Athens, National Library, cod. 151, fol. 143v: Luke.　Photo after Spatharakis, *The Left-Handed Evangelist*, fig. 93.

図1-8　Athens, National Library, cod. 151, fol. 233v: John.　Photo after Spatharakis, *The Left-Handed Evangelist*, fig. 112.

図1-9　Patmos, Holy Monastery of St John the Theologian, cod. 82, fol. 11v: Matthew.　Photo after Spatharakis, *The Left-Handed Evangelist*, fig. 81.

図1-10　Patmos, Holy Monastery of St John the Theologian, cod. 82, fol. 96v: Mark.　Photo after Spatharakis, *The Left-Handed Evangelist*, fig. 20.

図1-11　Patmos, Holy Monastery of St John the Theologian, cod. 82, fol. 150v: Luke.　Photo after Spatharakis, *The Left-Handed Evangelist*, fig. 33.

図1-12　Patmos, Holy Monastery of St John the Theologian, cod. 82, fol. 238v: John.　Photo after Spatharakis, *The Left-Handed Evangelist*, fig. 121.

第 2 章

図2-1　London, British Library, add. 39594, fol. 3v: Matthew.　Photo: British Library, London.

図2-2　London, British Library, add. 39594, fol. 59v: Mark.　Photo: British Library, London.

図2-3　London, British Library, add. 39594, fol. 97v: Luke.　Photo: British Library, London.

図2-4　London, British Library, add. 39594, fol. 162v: John.　Photo: British Library, London.

図2-5　London, British Library, Burney 19, fols. 101v, 102r: Luke.　Photo after D. Buckton, ed., *Byzantium. Treasures of Byzantine Art and Culture from British Collections* (London, 1994), fig. 176.

図2-6　London, British Library, add. 4949, fol. 13v: Matthew.　Photo: British Library, London.

図2-7　London, British Library, add. 4949, fol. 80v: Mark.　Photo: British Library, London.

図2-8　London, British Library, add. 4949, fol. 125v: Luke.　Photo: British Library, London.

図2-9　London, British Library, add. 4949, fol. 201v: John.　Photo: British Library, London.

図2-10　London, British Library, Burney 20, fol. 6v: Matthew.　Photo: Conway Library, Courtauld Institute of Art.

図2-11　London, British Library, Burney 20, fol. 90v: Mark.　Photo: Conway Library, Courtauld

図2-12　London, British Library, Burney 20, fol. 142v: Luke.　Photo: Conway Library, Courtauld Institute of Art.

図2-13　London, British Library, Burney 20, fol. 226v: John.　Photo: British Library, London.

図2-14　London, British Library, add. 39591, fol. IIIv: Matthew.　Photo after Buckton, *Byzantium*. fig. 210.

図2-15　London, British Library, add. 39591, fol. 44v: Mark.　Photo: British Library, London.

図2-16　London, British Library, add. 39591, fol. 74v: Luke.　Photo: British Library, London.

図2-17　London, British Library, add. 39591, fol. 124v: John.　Photo: Conway Library, Courtauld Institute of Art.

図2-18　London, British Library, add. 22506, fol. 5v: Matthew.　Photo: Slide Library, Courtauld Institute of Art.

図2-19　London, British Library, add. 22506, fol. 87v: Mark.　Photo: British Library, London.

図2-20　London, British Library, add. 22506, fol. 138v: Luke.　Photo: British Library, London.

図2-21　London, British Library, add. 22506, fol. 219v: John.　Photo: British Library, London.

図2-22　Mount Athos, Stavronikita, cod. 43, fol. 11r: Mark.　Photo after Buchthal, "Notes on Some Early Palaeologan Miniatures," fig. 4.

図2-23　Los Angels, The Paul Getty Museum, Ms. 65, fol. 13v: Matthew.　Photo after Evans, *Byzantium*, cat. 163.

図2-24　Los Angels, The Paul Getty Museum, Ms. 65, fol. 103v: Mark.　Photo after Evans, *Byzantium*, cat. 163.

図2-25　Los Angels, The Paul Getty Museum, Ms. 65, fol. 159v: Luke.　Photo after Evans, *Byzantium*, cat. 163.

図2-26　Los Angels, The Paul Getty Museum, Ms. 65, fol. 248v: John.　Photo after Evans, *Byzantium*, cat. 163.

第3章

図3-1　London, British Library, Harley 1810, fol. 26r.　Photo after Carr, *Byzantine Illumination*, 6G1.

図3-2　London, British Library, Harley 1810, fol. 61r.　Photo after Carr, *Byzantine Illumination*, 6F8.

図3-3　London, British Library, Harley 1810, fol. 83r.　Photo after Carr, *Byzantine Illumination*, 6G12.

図3-4　London, British Library, Harley 1810, fol. 95r.　Photo after Carr, *Byzantine Illumination*, 6F7.

図3-5　London, British Library, Harley 1810, fol. 107v.　Photo after Carr, *Byzantine Illumination*, 6F5.

図3-6　London, British Library, Harley 1810, fol. 135v.　Photo after Carr, *Byzantine Illumination*, 6F9.

図3-7　London, British Library, Harley 1810, fol. 142r.　Photo after Carr, *Byzantine Illumination*, 6F10.

図3-8　London, British Library, Harley 1810, fol. 146v.　Photo after Carr, *Byzantine Illumination*, 6F11.

図3-9　London, British Library, Harley 1810, fol. 174r.　Photo after Carr, *Byzantine Illumination*, 6F6.

図3-10　London, British Library, Harley 1810, fol. 202r.　Photo after Carr, *Byzantine Illumination*, 7A1.

図3-11　London, British Library, Harley 1810, fol. 205v.　Photo after Carr, *Byzantine Illumination*, 7A2.

図3-12　London, British Library, Harley 1810, fol. 206v.　Photo after Carr, *Byzantine Illumination*, 7A3.

図3-13　London, British Library, Harley 1810, fol. 230r.　Photo after Carr, *Byzantine Illumination*, 6F12.

図3-14　London, British Library, Harley 1810, fol. 239r.　Photo after Carr, *Byzantine Illumination*, 7A4.

図3-15　London, British Library, Harley 1810, fol. 243r.　Photo after Carr, *Byzantine Illumination*, 7A5.

図3-16　London, British Library, Harley 1810, fol. 246r.　Photo after Carr, *Byzantine Illumination*, 7A6.

図3-17　London, British Library, Harley 1810, fol. 261v.　Photo after Carr, *Byzantine Illumination*, 7A7.

図3-18　Kiev, The National Academy of Sciences of Ukraine, A 25, fol. 1v: Immanuel.　Photo after Carr,

Byzantine Illumination, 12A1.

図3-19　Kiev, The National Academy of Sciences of Ukraine, A 25, fol. 2r: The Virgin Hodegetria. Photo after Carr, *Byzantine Illumination*, 12A2.

図3-20　Vienna, Nationalbibliothek, theol. gr. 154, fol. 88r.　Photo after Buberl, *Beschreibendes Verzeichnis*, Taf X.

図3-21　Mytilene, no. 9, fol. 7r: Matthew's headpiece.　Photo after P. L. Vocotopoulos, "The Headpieces of a Gospel Book in the So-called Nicaea Group," *ΔXAE* IV 9 (1979), pl. 33.

図3-22　Mytilene, no. 9, fol. 96r: Mark's headpiece.　Photo after Vocotopoulos, "The Headpieces of a Gospel Book," pl. 34.

図3-23　Mytilene, no. 9, fol. 151r: Luke's headpiece.　Photo after Vocotopoulos, "The Headpieces of a Gospel Book," pl. 35.

図3-24　Mytilene, no. 9, fol. 243r: John's headpiece.　Photo after Vocotopoulos, "The Headpieces of a Gospel Book," pl. 36.

図3-25　Mytilene, no. 9, fol. 8v: the Tree of Jesse. Photo after Vocotopoulos, "L'évangile illustré de Mytilene," *Studenica et l'art byzantin autour de l'année 1200* (Beograd, 1988), fig. 6.

図3-26　Venice, Biblioteca Nazionale Marciana, book cover.　Photo after Evans, *The Glory of Byzantium*, cat. 41.

図3-27　Venice, San Marco, Staurotheque.　Photo after Evans, *The Glory of Byzantium*, cat. 37.

図3-28　London, British Library, add. 39603, fol. 1v.　Photo after Buckton, *Byzantium*, fig. 179.

図3-29　Menologion of Basl II, Vatican, Biblioteca Apostolica Vaticana, gr. 1613, p. 142. Photo after J. Lowden, *Early Christian and Byzantine Art* (London, 1997), fig. 161.

図3-30　Vatican, Biblioteca Apostolica Vaticana, Vat. gr. 1156, fol. 69r.

図3-31　Paris, B. N., gr. 510, fol. Bv.　Photo: Conway Library, Courtauld Institute of Art.

図3-32　Paris, B. N., gr. 510, fol. Cr.　Photo: Conway Library, Courtauld Institute of Art.

第4章

図4-1　Palermo, Cappella Palatina.　Photo after Lowden, *Early Christian and Byzantine Art*, fig. 182.

図4-2　Mistra, La Métropole, Hetoimasia.　Photo after M. Chatzidakis, *Mistra. La cité médiévale et la forteresse* (Athens, 1987), fig. 25.

図4-3　Paris, B. N., gr. 510, fol. 355r: Council.　Photo after H. J. Sieben, *Konzilsdarstellungen, Konzilsvorstellungen* (Würzburg, 1990), fig. 1.

図4-4　Vatican, Biblioteca Apostolica Vaticana, Vat. gr. 1613, fol. 108r: Council.　Photo after Sieben, *Konzilsdarstellungen*, fig. 2.

図4-5　Icon of Saints Sergios and Bacchos.　Photo after Piatnitsky, *Sinai*, S63.

図4-6　Icon of Saints Athanasius and Cyril.　Photo after Piatnitsky, *Sinai*, B131.

第5章

図5-1　London, British Library, Egerton 2163, fol. 1v: Christ and the four Evangelists.　Photo after Galavaris, *The Illustrations of the Prefaces*, fig. 59.

図5-2　London, British Library, add. 37008, fol. 1v: John.　Photo: Slide Library, Courtauld Institute of Art.

図5-3　London, British Library, add. 11836, fol. 5r: Christ Pantokrator.　Photo after Galavaris, *The Illustrations of the Prefaces*, fig. 61.

図5-4　London, British Library, add. 11836, fol. 124v: the bust of the Apostles.　Photo after Carr,

図5-5　London, British Library, add. 11836, fol. 304r: Odes.　Photo after Carr, *Byzantine Illumination*, 2A11.

図5-6　London, British Library, add. 28815, fol. 76v: Luke.　Photo: Conway Library, Courtauld Institute of Art.

図5-7　London, British Library, add. 28815, fol. 126v: John.　Photo: Conway Library, Courtauld Institute of Art.

図5-8　London, British Library, add. 28815, fols. 162v and 163r: Luke and the initial.　Photo after Buckton, *Byzantium*, fig. 147.

図5-9　Vatican, Biblioteca Apostolica Vaticana, Vat. gr. 1153, fol. 54v: Haggai.　Photo after Lowden, *Early Christian and Byzantine Art*, fig. 245.

第6章

図6-1　Venice, Congregazione Armena Mechitarista, 1925, fol. 10r: Canon Table.　Photo after Evans, *The Glory of Byzantium*, fig. 240.

図6-2　Jerusalem, Armenian Patriarchate, cod. 1973, fol. 8v: the Nativity.　Photo after Der Nersessian, *Miniature Painting*, fig. 598.

図6-3　Jerusalem, Armenian Patriarchate, cod. 1973, fol. 114r: the Entry into Jerusalem.　Photo after Der Nersessian, *Miniature Painting*, fig. 599.

図6-4　Jerusalem, Armenian Patriarchate, cod. 1973, fol. 258v, the Descent from the Cross.　Photo after Der Nersessian, *Miniature Painting*, fig. 650.

図6-5　Erevan, Matenadaran, cod. 311, fol. 83r: the first page of the Gospel of Mark.　Photo after Der Nersessian, *Miniature Painting*, fig. 26.

図6-6　New Julfa, Monastery of the Holy Savior 546/25, fol. 13v: Matthew.　Photo after Der Nersessian, *Miniature Painting*, fig. 106.

図6-7　New Julfa, Monastery of the Holy Savior 546/25, fol. 97v: Mark.　Photo after Der Nersessian, *Miniature Painting*, fig. 107.

図6-8　New Julfa, Monastery of the Holy Savior 546/25, fol. 151v: Luke.　Photo after Der Nersessian, *Miniature Painting*, fig. 108.

図6-9　New Julfa, Monastery of the Holy Savior 546/25, fol. 241v: John.　Photo after Der Nersessian, *Miniature Painting*, fig. 109.

図6-10　Jerusalem, Armenian Patriarchate, cod. 251, fol. 15v: Matthew and the Nativity.　Photo after Der Nersessian, *Miniature Painting*, fig. 212.

図6-11　Gniezno, Archiwum Archidiecezjalne, the L'viv Gospels, fol. 327r: the Tree of Life.　Photo after Evans, *The Glory of Byzantium*, fig. 242.

図6-12　Erevan, Matenadaran, cod. 9422, fol. 249r: the first page of the Gospel of John.　Photo after Der Nersessian, *Miniature Painting*, fig. 436.

図6-13　Vatican, Biblioteca Apostolica Vaticana, Copto 9, fol. 22r: Matthew.　Photo after Leroy, *Les manuscrits coptes*, pl. 101.

図6-14　Vatican, Biblioteca Apostolica Vaticana, Copto 9, fol. 146r: Mark.　Photo after Leroy, *Les manuscrits coptes*, pl. 102.

図6-15　Vatican, Biblioteca Apostolica Vaticana, Copto 9, fol. 236v: Luke.　Photo after Leroy, *Les manuscrits coptes*, pl. 103.

図6-16　Vatican, Biblioteca Apostolica Vaticana, Copto 9, fol. 388v: John.　Photo after Leroy, *Les manuscrits coptes*, pl. 104.

図6-17　London, British Library, Or. 3372, fol. 4v: the Nativity and the Baptism.　Photo after Leroy, *Les manuscrits syriaques*, pl. 65.

図6-18　London, British Library, Or. 3372, fol. 5r: the Entry into Jerusalem and the four Evangelists.　Photo after Leroy, *Les manuscrits syriaques*, pl. 66.

図6-19　Florence, Biblioteca Medicea Laurenziana, Plut. VI 23, fol. 15v.　Photo after Lowden, *Early Christian and Byzantine Art*, fig. 175.

図6-20　London, British Library, add. 39627, fol. 273v: magic square.　Photo after E. Dimitrova, *The Gospels of Tsar Ivan Alexander* (London, 1994), title page.

図6-21　London, British Library, add. 39627, fol. 6r: Matthew's headpiece.　Photo after Dimitrova, *The Gospels of Tsar Ivan Alexander*, fig. 14.

図6-22　London, British Library, add. 39627, fol. 88r: Mark's headpiece.　Photo after Dimitrova, *The Gospels of Tsar Ivan Alexander*, fig. 30.

図6-23　London, British Library, add. 39627, fol. 137r: Luke's headpiece.　Photo after Dimitrova, *The Gospels of Tsar Ivan Alexander*, fig. 13.

図6-24　London, British Library, add. 39627, fol. 213r: John's headpiece.　Photo after Dimitrova, *The Gospels of Tsar Ivan Alexander*, frontispiece.

図6-25　London, British Library, add. 39627, fol. 86v: the portrait of Ivan Alexander.　Photo after Dimitrova, *The Gospels of Tsar Ivan Alexander*, fig. 31.

図6-26　London, British Library, add. 39627, fol. 134v: the portrait of Ivan Alexander.　Photo after Dimitrova, *The Gospels of Tsar Ivan Alexander*, fig. 32.

図6-27　London, British Library, add. 39627, fol. 272v: the portrait of Ivan Alexander.　Photo after L. Shivkova, *Das Tetraevangeliar des Zaren Ivan Alexandar* (Recklinghausen, 1977), pl. V.

図6-28　Vatican, Biblioteca Apostolica Vaticana, Vat. gr. 756, fols. 11v, 12r: the four Evangelists and Christ.　Photo after Buchthal, *Miniature Painting*, pl. 142.

図6-29　Venice, Biblioteca Marciana, gr. Z 540, fol. 12v: the four Evangelists and Christ.　Photo after Biblioteca Marciana, *Collezioni veneziane di codici greci* (Venice, 1993), cat. 64.

第7章

図7-1　London, British Library Cotton Ms. Nero D. IV, the Book of Lindisfarne, fol. 211r: John.　Photo after C. Nordenfalk, *Celtic and Anglo-Saxon Painting. Book Illumination in British Isles 600–800* (New York, 1995), fig. 21.

図7-2　Paris, B. N., lat. 1, fol. 329v: the Majestas Domini.　Photo after J. E. Gaehde, *Carolingian Painting* (London, 1977), fig. 23.

図7-3　Oxford, Bodleian Library, E. D. Clarke 10, fol. 2v: the Majestas Domini.　Photo after Galavaris, *The Illustrations of the Prefaces*, fig. 53.

図7-4　S. Paolo fuori le mura, Bible, fol. 287v: John.　Photo after L. Nees, "Problems of Form and Function in Early Medieval Illustrated Bibles from Northwest Europe," in J. Williams, ed., *Imaging the Early Medieval Bible* (University Park, 1999), fig. 13.

図7-5　Paris, B. N., lat. 8850, Soissons Gospels, fol. 180v: John.　Photo after O. Pächt, *Book Illumination in the Middle Ages* (London, 1986), pl. X.

図7-6　Pars, B. N., Arsenal 1171, fol. 17v: Matthew.　Photo after Horst, *The Utrecht Psalter*, cat. 21.

図7-7　Grado, the Baptistery.　Photo by the author.

図7-8　Paris, B. N., lat. 14782, fol. 16v: Matthew.　Photo after C. M. Kauffmann, *Romanesque Manuscripts, 1066–1190* (London, 1975), fig. 3.

図7-9　New York, Pierpont Morgan Library, M 777, fol. 37v: Luke.　Photo after Kauffmann,

図7-10　León, Biblioteca de la Catedral, cod. 6, fol. 212: Luke.　Photo after Williams, "The Bible in Spain," in *Imaging the Early Medieval Bible*, fig. 1.

図7-11　London, British Library, add. 11838, fol. 12v: Matthew.　Photo: British Library, London.

図7-12　Munich, Bayerische Staatsbibl., clm. 4453, fols. 23v and 24r: Otto III.　Photo after H. Mayr-Harting, *Ottonian Book Illumination* (London, 1999), pls. xx, xxi.

図7-13　Paris, B. N., Copte 13, fol. 2v: Christ.　Photo after Leroy, *Les manuscrits coptes*, pl. 42; Freer Gallery of Art, no. 55, 11, a single folio: the four Evangelists.　Photo after Leroy, *Les manuscrits coptes*, pl. 43.

図7-14　Munich, Bayerische Staatsbibl., clm. 4453, fol. 25v: Matthew.　Photo after F. Mütherich und K. Dachs, *Das Evangeliar Ottos III: Clm 4453 der Bayerischen Staatsbibliothek München* (Munich, 2001), fig. 16.

図7-15　Munich, Bayerische Staatsbibl., clm. 4453, fol. 94v: Mark.　Photo: Conway Library, Courtauld Institute of Art.

図7-16　Munich, Bayerische Staatsbibl., clm. 4453, fol. 139v: Luke.　Photo: Conway Library, Courtauld Institute of Art.

図7-17　Munich, Bayerische Staatsbibl., clm. 4453, fol. 206v: John.　Photo: Conway Library, Courtauld Institute of Art.

図7-18　Munich, Bayerische Staatsbibl., clm. 4453, fol. 113r: the Transfiguration.　Photo: Conway Library, Courtauld Institute of Art.

図7-19　Daphni, the Transfiguration.　Photo after Lowden, *Early Christian and Byzantine Art*, fig. 157.

図7-20　Kastoria, Hagios Nikolas tou Kasnitzi, the Transfiguration.　Photo after M. Chatzidakis, ed., *Kastoria* (Athens, 1985), fig. 15.

図7-21　Paris, B. N., gr. 1242, fol. 92v: Theological Works of John VI Cantacuzenos, the Transfiguration. Photo after R. Cormack, *Byzantine Art* (Oxford, 2000), fig. 113.

図7-22　Rome, San Zeno, Christ and angels.　Photo after F. Schlechter, *Die Mosaiken der Kirche Santa Prassede in Rom* (Mainz, 1992), Abb. 48.

図7-23　Amiens Cathedral.　Photo after M. Camille, *Gothic Art. Visions and Revelations of the Medieval World* (London, 1996), fig. 4.

図7-24　Daphni, Christ Pantokrator.　Photo after Lowden, *Early Christian and Byzantine Art*, fig. 153.

主要参考文献一覧

M. Acheimastou-Potamianou, "The Virgin ἨΑληθινή: A Palaiologan Icon from the Gerokomeiou Monastery in Patras," in C. Moss and K. Kiefer, eds., *Byzantine East, Latin West. Art-Historical Studies in Honor of Kurt Weitzmann* (Princeton, 1995), 471–476.

S. Agémian, *Manuscrits arméniens enluminés du Catholicossat de Cilicie* (Antelias, 1991).

K. Aland, *Kurzgefaßte Liste der griechischen Handschriften des Neuen Testaments* (Berlin, New York, 1994²).

J. Alexander, "A Little Known Gospel Book of the Later 11th Century from Exeter," *Burlington Magazine* 108 (1966), 6–16.

J. Alexander, *Insular Manuscripts, Sixth to the Ninth Century. A Survey of Manuscripts Illuminated in the British Isles* 1 (London, 1978).

G. V. Alibegashvili, *Miniatures des manuscrits géorgiens des 11e-début 13e siècles* (Tbilisi, 1973).

J. Allenbach, et al., *Biblia Patristica: Index des citations et allusions bibliques dans la littérature patristique* (Paris, 1975–2000).

P. R. Amidon, tr., *The Panarion of Epiphanius of Salamis* (Oxford, 1990).

J. Anderson, "A Manuscript of the Despote Andronicus Ducas," *REB* 37 (1979), 229–238.

J. Anderson, "A Twelfth-Century Leaf from the Byzantine Courtly Circle in the Freer Gallery of Art (Freer 33.12)," *Gesta* 35 (1996), 142–148.

J. Anderson, "Cod. Vat. gr. 463 and an Eleventh-Century Byzantine Painting Centre," *DOP* 32 (1978), 175–196.

J. Anderson, "The Date and Purpose of the Barberini Psalter," *CA* 31 (1983), 35–67.

J. Anderson, "The Illustrated Sermons of James the Monk: Their Dates, Order and Place in the History of Byzantine Art," *Viator* 22 (1991), 69–120.

J. Anderson, "The Illustration of Cod. Sinai. gr. 339," *AB* 61 (1979), 167–185.

J. Anderson, "The Past Reanimated in Byzantine Illumination," in C. Moss and K. Kiefer, eds., *Byzantine East, Latin West. Art Historical Studies in Honor of Kurt Weitzmann* (Princeton, 1995), 319–324.

J. Anderson, "The Seraglio Octateuch and the Kokkinobaphos Master," *DOP* 36 (1982), 83–114.

J. Anderson, *The New York Cruciform Lectionary*. Monographs on the Fine Arts 48 (University Park, 1992).

A. Artawazd, *Grand Catalogue des manuscrits arméniens des collections particulières d'Europe* (Paris, 1950).

J. Assfalg, *Georgische Handschriften*. Verzeichnis der orientalischen Handschriften in Deutschland 3 (Wiesbaden, 1963).

C. Astruc, "L'inventaire dressé en septembre 1200 du trésor et de la bibliothèque de Patmos. Édition diplomatique," *Travaux et Mémoires* 8 (1981), 15–30.

B. Atsalos, "Sur quelques termes relatifs à la reliure des manuscrits grecs," in K. Treu ed., *Studia Codicologica* (Berlin, 1977), 15–42.

T. Avner, "The Recovery of an illustrated Byzantine Manuscript of the Early Twelfth Century," *Byzantion* 54 (1984), 5–25.

F. Avril and P. D. Stirnemann, *Manuscrits enluminés d'origine insulaire, VIIe-XXe siècle* (Paris, 1987).

F. Avril, *Metz enluminée autour de la Bible de Charles le Chauve: trésors manuscrits des églises messines* (Metz, 1989).

G. Babić, "Les croix à cryptogrammes peintes dans les églises Serbes des XIIIe et XIVe siècles," *Byzance et les Slaves, Études de civilisation. Mélanges Ivan Dujcev* (Paris, 1979), 1–13.

J. F. Baldovin, *The Urban Character of Christian Worship: the Origins, Development and Meaning of Stational Liturgy*. Orientalia Christiana Analecta 228 (Rome, 1987).

E. Baras, et al., *La reliure médiévale* (Paris, 1978).

C. Barber, "In the Presence of the Text: a Note on Writing, Speaking and Performing in the Theodore Psalter," in I .James, ed., *Art and Text in Byzantine Culture* (Cambridge, 2007), 83–99.

C. Barber, ed., *Theodore Psalter: Electronic Facsimile* (London, 2000).

R. Barbour, *Greek Literary Hands, A. D. 400–1600. Oxford Palaeographical Handbooks* (Oxford, 1981).

D. Barbu, *Manuscrise bizantine în colecții din România* (București, 1984).

R. Baumstark, ed., *Rom und Byzanz. Schatzkammerstücke aus bayerischen Sammlungen* (exhibition catalogue, Munich, 1998).

J. C. Baur and A. Naegle, tr., *Des heiligen Kirchenlehrers Johannes Chrysostomus, Ausgewählte Schriften. Kommentar zu den Briefen des Hl. Paulus an die Galater und Epheser*. Bibliothek der Kirchenväter, vol. 8 (Munich, 1936).

N. H. Baynes and H. Moss, *Byzantium: An Introduction to East Roman Civilization* (Oxford, 1948).

H. G. Beck, *Die Byzantiner und ihr Jenseits: zur Entstehungsgeschichte einer Mentalität*. Sitzungsberichte der Bayerischen Akademie der Wissenschaften. Philosophisch-historische Klasse 1979, Heft 6 (Munich, 1979).

H. G. Beck, *Kirche und theologische Literatur im byzantinischen Reich* (Munich, 1959).

J. Beckwith, *Early Christian and Byzantine Art* (Middlesex, 1979²).

J. Beckwith, *The Art of Constantinople: An Introduction to Byzantine Art 330–1453* (London, 1961).

S. Beissel, *Geschichte der Evangelienbücher. Ergänzungshefte zu den "Stimmen aus Maria-Laach,"* 92–93 (Freiburg, 1906).

H. Belting, "Die Auftraggeber der spätbyzantinischen Bildhandschrift," *Art et société à Byzance sous les Paléologues* (Venice, 1971).

H. Belting, "Stilzwang und Stilwahl in einem byzantinischen Evangeliar in Cambridge," *Zeitschrift für Kunstgeschichte* 38 (1975), 215–244.

H. Belting, *Das Illuminierte Buch in der spätbyzantinischen Gesellschaft*. Heidelberger Akademie der Wissenschaften. Philosophisch-historische Klasse, Abhandlungen (Heidelberg, 1970).

H. Belting and G. Cavallo, *Die Bible des Niketas: Ein Werk der höfischen Buchkunst in Byzanz und sein antikes Vorbild* (Wiesbaden, 1979).

K. Benda and J. Myslivec, "The Illuminations of the Codex Mavrocordatianus," *Byzantinoslavica* 38 (1977), 1–13.

R. Bergeron and E. Ornato, "La lisibilité dans les manuscrits et les imprimés de la fin du Moyen âge," *Scrittura e Civiltà* 14 (1990), 151–198.

M. Bernabò, *Il fisiologo di Smirne: le miniature del perduto codice B. 8 della Biblioteca della scuola evangelica di Smirne* (Florence, 1998).

M. Bernabò, "Gli Ottateuchi bizantini e la ricerca delle origini dell'illustrazione biblica," *Byzantinistica* s. II, 3 (2001), 25–46.

M. Bernabò, "Teatro a Bisanzio: le fonti figurative dal VI all'XI secolo e le miniature del Salterio Chludov," *Bizantinistica: Rivista di studi bizantini e slavi* s. II 6 (2004), 57–85.

G. C. Berthold, tr., Maximus Confessor, *Selected Writings* (London, 1985).

Biblioteca Nazionale di Palermo, *Mostra di manoscritti* (exhibition catalogue, Palermo, 1951).

Bibliothèque nationale, *Byzance et la France médiévale: manuscrits à peintures du IIe au XVIe siècle* (Paris, 1958).

K. Bierbrauer, *Die vorkarolingischen und karolingischen Handschriften der Bayerischen Staatsbibliothek*, vol. 1 (Wiesbaden, 1990).

K. Bierbrauer, et al., *Studien zur mittelalterlichen Kunst 800–1250: Festschrift für Florentine Mütherich zum 70. Geburtstag* (Munich, 1985).

B. Bischoff, *Manuscripts and Libraries in the Age of Charlemagne* (Cambridge, 1994).

E. Bischoff, *Mystik und Magie der Zahlen* (Wiesbaden, 1920, rep. 1992).

R. P. Blake and S. Der Nersessian, "The Gospels of Bert'ay: an Old-Georgian Manuscript of the Tenth Century," *Byzantion* 16 (1942–43), 226–285.

P. Bloch und H. Schnitzler, *Die ottonische kölner Malerschule*, 2 vols. (Düsseldorf, 1967–70).

E. Bonnard, tr., Saint Jérôme, *Commentaire sur S. Matthieu*, Sources chrétiennes 242 (Paris, 1977).

H. Bordier, *Description des peintures et autres ornements contenus dans les manuscrits grecs de la Bibliothèque nationale* (Paris, 1883).

R. Bornert, *Les Commentaires byzantins de la Divine Liturgie du VIIe au XVe siècle.* Archives de l'orient chrétien 9 (Paris, 1966).

E. Borsook, *Messages in Mosaic. The Royal Programmes of Norman Sicily 1130–1187* (Oxford, 1990).

A. Boud'hors, ed., *Pages chrétiennes d'Egypte. Les manuscrits des Coptes* (Paris, 2004).

S. Brock, tr., Ephraem, *Hymns on Paradise* (Crestwood, 1990).

P. Brown, "A More Glorious House," *New York Review of Books* (May, 1997), 19–24.

P. Brown, *The World of Late Antiquity: from Marcus Aurelius to Muhammad* (London, 1971).

L. L. Brownrigg, ed., *Making the Medieval Book: Techniques of Production* (London, 1995).

L. Brubaker, "Every Cliché in the Book: the Linguistic Turn and the Text-Image Discourse in Byzantine Manuscripts," in L. James, ed., *Art and Text in Byzantine Culture* (Cambridge, 2007), 58–82.

L. Brubaker, "Pictures are Good to Think with: Looking at, with, and through Byzantium," in P. Odorico, et al., eds., *L'Écriture de la mémoire: la littérarité de l'historiographie* (Paris, 2006), 221–240.

L. Brubaker, "Politics, Patronage and Art in Ninth Century Byzantium. The Homilies of Gregory of Nazianzus in Paris (B. N. gr. 510)," *DOP* 39 (1985), 1–13.

L. Brubaker, "Text and Picture in Manuscripts: What's Rhetoric Got to Do with it?" in E. Jeffreys, ed., *Rhetoric in Byzantium* (Aldershot, 2003), 255–272.

L. Brubaker, "The Bristol Psalter," in Ch. Entwistle, ed., *Through a Glass Brightly. Studies in Byzantine and Medieval Art and Archaeology* (Oxford, 2003), 127–141.

L. Brubaker, "Originality in Byzantine Illumination," in A. R. Littlewood, *Originality in Byzantine Literature, Art and Music* (Oxford, 1995), 147–165.

L. Brubaker, "Perception and Conception: Art, Theory and Culture in Ninth-Century Byzantium," *Word and Image* 5. 1 (1989), 19–32.

L. Brubaker, "The Relationship of Text and Image in the Byzantine Manuscripts of Cosmas Indicopleustes," *BZ* 70 (1977), 42–57.

L. Brubaker, "The Sacred Image," in R. Ousterhout and L. Brubaker, eds., *The Sacred Image East and West* (Urbana, 1995), 1–24.

L. Brubaker, *Vision and Meaning in Ninth-Century Byzantium. Image as Exegesis in the Homilies of Gregory of Nazianzus.* Cambridge Studies in Palaeography and Codicology 6 (Cambridge, 1999).

P. Buberl, *Die Miniaturenhandschriften der Nationalbibliothek in Athen* (Vienna, 1917).

P. Buberl and H. Gerstinger, *Beschreibendes Verzeichnis der illuminierten Handschriften in Österreich. Die byzantinischen Handschriften IV. Die Handshriften des X. - XVIII. Jahrhunderts* (Leipzig, 1938).

H. Buchthal and O. Kurz, *A Hand List of Illuminated Oriental Christian Manuscripts.* Studies of the Warburg Institute 12 (London, 1942).

H. Buchthal, "A Byzantine Miniature of the Fourth Evangelist and its Relatives," *DOP* 15 (1961), 129–139.

H. Buchthal, "A Greek New Testament Manuscript in the Escorial Library: its Miniatures and its Binding," in I. Hutter, ed., *Byzanz und der Westen. Studien zur Kunst des Europäischen Mittelalters.* Österreichische Akademie der Wissenschaften. Philosophisch-historische Klasse, Sitzungsberichte 432 (Vienna, 1984), 85–98.

H. Buchthal, "A School of Miniature Painting in Norman Sicily," in *Art of the Mediterranean World, A. D. 100 to 1400* (Washington, D. C., 1983), 59–87.

H. Buchthal, "An Illuminated Byzantine Gospel Book in the National Gallery of Victoria, Melbourne," *Special Bulletin of the National Gallery of Victoria* (Melbourne, 1961), 1–13.

H. Buchthal, "An Unknown Byzantine Manuscript of the Thirteenth Century," in *Art of the Mediterranean World, A.D. 100 to 1400* (Washington, D.C., 1983), 150–156.

H. Buchthal, "Illuminations from an Early Palaeologan Scriptorium," *JÖB* 21 (1972), 47–55.

H. Buchthal, "Notes on Some Early Palaeologan Miniatures," in A. Rosenauer, ed., *Kunsthistorische Forschungen: Otto Pächt zu seinem 70. Geburtstag* (Salzburg, 1972), 36–43.

H. Buchthal, "Studies in Byzantine Illumination of the Thirteenth Century," *Jahrbuch der Berliner Museen* 25 (1983), 27–102.

H. Buchthal, "The Painting of the Syrian Jacobites in its Relation to Byzantine and Islamic Art," *Syria* 20 (1939), 136–150.

H. Buchthal, "Toward a History of Palaeologan Illumination," in K. Weitzmann, et al., *The Place of Book Illumination in Byzantine Art* (Princeton, 1975), 143–177.

H. Buchthal and H. Belting, *Patronage in Thirteenth-Century Constantinople: An Atelier of Late Byzantine Book Illumination and Calligraphy*. DOS 16 (Washington, D.C., 1978).

H. Buchthal, *Codex Parisinus Graecus 139* (Hamburg, 1933).

H. Buchthal, *Miniature Painting in the Latin Kingdom of Jerusalem* (Oxford, 1957).

H. Buchthal, *The Miniatures of the Paris Psalter: a Study in Middle Byzantine Painting*. Studies of the Warburg Institute 2 (London, 1938).

H. Buchthal, *The "Musterbuch" of Wolfenbüttel and its Position in the Art of the Thirteenth Century* (Vienna, 1979).

D. Buckton, ed., *Byzantium. Treasures of Byzantine Art and Culture from British Collections* (exhibition catalogue, London, 1994).

B. Burtea, "Eine äthiopische magische Rolle und ihre Illustrationen," *Mitteilungen zur Christlichen Archäologie* 10 (2004), 9–20.

H. Buschhausen, "Kopien des Vani-Evangeliars. Byzantinischer Kunstexport und Kopistentum in der Buchmalerei der späten Komnenenzeit," *CA* 39 (1991), 133–152.

H. Buschhausen, *Die illuminierten armenischen Handschriften der Mechitharisten-Congregation in Wien* (Vienna, 1976).

Byzance. L'art byzantin dans les collections publiques françaises (exhibition catalogue, Paris, 1992).

Byzantine Art, An European Art (exhibition catalogue, Athens, 1964).

Byzantium at Princeton: Byzantine Art and Archaeology at Princeton University: Catalogue of an Exhibition at Firestone Library (Princeton, 1986).

W. Cahn, *Romanesque Manuscripts: The Twelfth Century*, 2 vols. A Survey of Manuscripts Illuminated in France (London, 1996).

R. G. Calkins, *Illuminated Books of the Middle Ages* (London, 1983).

P. Canart, "L'ornamentazione nei manoscritti greci del Rinascimento: un criterio d'attribuzione da sfruttare?" *Rivista di studi bizantini e neoellenici* 42 (2005), 203–222.

A. Cameron, "The Language of Images: the Rise of Icons and Christian Representation," in D. Wood, ed., *The Church and the Arts* (Oxford, 1992), 1–42.

A. Cameron, *Continuity and Change in Sixth-Century Byzantium* (London, 1981).

G. Cames, *Byzance et la peinture romane de Germanie: apports de l'art grec posticonoclaste à l'enluminure et à la fresque ottoniennes et romanes de Germanie dans les thèmes de majesté et les évangiles* (Paris, 1966).

M. Camille, "Seeing and Reading: Some Visual Implications of Medieval Literacy and Illiteracy," *Art History* 8 (1985), 26–49.

A. W. Carr, "A Group of Provincial Manuscripts from the Twelfth Century," *DOP* 36 (1982), 39–81.

A. W. Carr, "Chicago 2400 and the Byzantine Acts Cycle," *Byzantine Studies* 3 (1976), 1–29.
A. W. Carr, "Gospel Frontispieces from the Comnenian Period," *Gesta* 21 (1982), 3–20.
A. W. Carr, "Icon-Tact. Byzantium and the Art of Cilician Armenia," in T. Mathews, ed., *Treasures in Heaven. Armenian Illuminated Manuscripts* (exhibition catalogue, New York, 1994), 73–102.
A. W. Carr, "Oxford, Barocci 29 and Manuscript Illumination in Epiros," in E. Chrysos, ed., Πρακτικά Διεθνούς Συμποσίου για το Δεσποτάτο της Ηπείρου (Athens, 1992), 567–575.
A. W. Carr, "Thoughts on the Production of Provincial Illuminated Books in the Twelfth and Thirteenth Centuries," in G. Cavallo, et al., eds., *Scritture, libri e testi nelle aree provinciali di Bisanzio*, vol. 2 (Spoleto, 1991), 661–688.
A. W. Carr, "Two Illuminated Manuscripts at the Monastery of Saint Neophytos: Issues of their Cypriot Attribution," in A. M. Bryer and G. S. Georghallides, eds., *The Sweet Land of Cyprus* (Nicosia, 1993), 281–318.
A. W. Carr, "Two Manuscripts by Joasaph in the United States," *AB* 63 (1981), 182–190.
W. Carr, *Byzantine Illumination, 1150–1250: the Study of a Provincial Tradition* (Chicago, 1987).
W. Carr, *Cyprus and the Devotional Arts of Byzantium in the Era of the Crusades* (Aldershot, 2004).
F. Cassingena-Trévedy, tr., Ephraem, *Hymnes sur la nativité*, Sources chrétiennes 459 (Paris, 2001).
Catalogo della mostra di manoscritti e documenti bizantini disposta dalla Biblioteca Apostolica Vaticana (Rome, 1936).
G. Cavallo, *Codex purpureus Rossanensis, Museo dell'Arcivescovado, Rossano, Calabro* (Rome, 1987).
G. Cavallo, *Ricerche sulla maiuscola biblica* (Florence, 1967).
E. Cerulli, "I manoscritti etiopici della Chester Beatty Library in Dublino," *Atti della accademia nazionale dei Lincei. Accademia nazionale dei Lincei. Classe di scienze morali, storiche, critiche e filologiche Memorie*. ser. 8, vol. II, fasc. 6 (Rome, 1965), 277–324.
M. Chanashean, *Armenian Miniature Paintings of the Monastic Library at San Lazzaro* (Venice, 1966).
A. Marava-Chatzinicolaou, and C. Toufexi-Paschou, *Catalogue of the Illuminated Byzantine Manuscripts of the National Library of Greece*, 3 vols. (Athens, 1978–97).
C. Chazelle, *The Crucified God in the Carolingian Era* (Cambridge, 2001).
K. Clausberg, *Die Wiener Genesis: eine kunstwissenschaftliche Bilderbuchgeschichte* (Frankfurt, 1984).
Codici bizantini di origine provinciale alla Biblioteca Vaticana: Catalogo della mostra (Vatican, 1988).
A. S. Cohen, *The Uta Codex. Art, Philosophy, and Reform in Eleventh-Century Germany* (University Park, 2000).
E. C. Colwell, and H. R. Willoughby, eds., *The Four Gospels of Karahissar*, 2 vols. (Chicago, 1936).
C. N. Constantinides and R. Browning, *Dated Greek Manuscripts from Cyprus to the Year 1570*. DOS 30 (Nicosia, 1993).
E. Constantinides, "The Tetraevangelion, Manuscript 93 of the Athens National Libary," *ΔΧΑΕ* 4, 9 (1977–79), 185–215.
R. Cormack, " 'A Gentleman's Book': Attitudes of Robert Curzon," in R. Cormack and E. Jeffreys, eds., *Through the Looking Glass: Byzantium through British Eyes* (Aldershot, 2000).
K. Corrigan, "Constantine's problems: the Making of the Heavenly Ladder of John Climacus, Vat. gr. 394," *Word and Image* 12. 1 (1996), 61–93.
K. Corrigan, *Visual Polemics in the ninth-century Byzantine Psalters* (Cambridge, 1992).
J. A. Cotsonis, *Byzantine Figural Processional Crosses*. Dumbarton Oaks Byzantine Collection Publications 10 (Washington, D. C., 1994).
V. Cottas, *L'Influence du drame "Christos Paschon" sur l'art chrétien d'Orient* (Paris, 1931).
M. Cramer, *Koptische Buchmalerei. Illuminationen in Manuskripten des christlich-koptischen Ägypten vom 4. bis 19. Jahrhundert*. Beiträge zur Kunst des christlichen Ostens 2 (Recklinghausen, 1964).

F. L. Cross, ed., *St Cyril of Jerusalem's Lectures on the Christian Sacraments: the Procatechesis and the Five Mystagogical Catecheses* (London, 1951).

R. Curzon, *Visits to Monasteries in the Levant* (London, 1865).

A. Cutler and A. W. Carr, "The Psalter Benaki 34. 3, An Unpublished Illuminated Manuscript from the Family 2400," *REB* 34 (1976), 281–323.

Cum picturis Ystoriatum. Codici devozionali e liturgici della Biblioteca Palatina (exhibition catalogue, Parma, 2001).

A. Cutler, "A Palaeologan Evangelistary in the Gennadius Library," *JÖB* 24 (1975), 257–263.

A. Cutler, "A Psalter from Mar Saba and the Evolution of the Byzantine David Cycle," *Journal of Jewish Art* 6 (1979), 39–63.

A. Cutler, "Art in Byzantine Society: Motive Forces of Byzantine Patronage," *XVI. CIEB, I. 2* (Vienna, 1981), 759–787.

A. Cutler, "The Dumbarton Oaks Psalter and New Testament. The Iconography of the Moscow Leaf," *DOP* 37 (1983), 35–46.

A. Cutler, "The Spencer Psalter: A Thirteenth Century Byzantine Manuscript in the New York Public Library," *CA* 23 (1974), 129–150.

A. Cutler and J.-M. Spieser, *Byzance médiévale 700–1204* (Paris, 1996).

A. Cutler, et al., eds., *Byzantium 330–1453* (London, 2008).

A. Cutler, *Imagery and Ideology in Byzantine Art* (Aldershot, 1992).

A. Cutler, *The Aristocratic Psalters in Byzantium*. Bibliothèque des cahiers archéologiques 13 (Paris, 1984).

F. D'Aiuto, "Il libro dei Vangeli fra Bisanzio e l'Oriente: riflessioni per l'età mediobizantina," in P. Cherubini, ed., *Forme e modelli della tradizione manoscritta della Bibbia* (Vatican, 2005), 309–345.

F. D'Aiuto, "Note ai manoscritti del Menologio imperiale," *Rivista di studi bizantini e neoellenici* 39 (2002), 189–214.

F. D'Aiuto, et al., *I Vangeli dei popoli: la parola e l'immagine del Cristo nelle culture e nella storia* (exhibition catalogue, Rome, 2000).

O. Dalton, *Byzantine Art and Archeology* (Oxford, 1911).

O. Dalton, *East Christian Art: a Survey of the Monuments* (Oxford, 1925).

J. Daniélou, *From Shadows to Reality: Studies in the Biblical Typology of the Fathers* (London, 1960).

J. Daniélou, *The Bible and the Liturgy* (Notre Dame, 1956).

P. D. Day, *Eastern Christian Liturgies: the Armenian, Coptic, Ethiopian, and Syrian Rites* (Shannon, 1972).

F. W. Deichmann, *Ravenna. Hauptstadt des spätantiken Abendlandes*, 3 vols. (Wiesbaden, 1969–89).

A. Delatte, *Les manuscrits à miniatures et à ornements des bibliothèques d'Athènes* (Paris, 1926).

C. Delvoye, *L'art byzantin*. Collection Art et paysages 27 (Arthaud, 1967).

O. Demus, "Die Entstehung des Paläologenstils in der Malerei," *XI CIEB* (1958), 1–63.

O. Demus, *Byzantine Art and the West*. The Wrightsman Lectures 3 (London, 1970).

O. Demus, *The Mosaics of Norman Sicily* (London, 1950).

A. Derbes, "Images East and West: the Ascent of the Cross," in R. Ousterhout and L. Brubaker, eds., *The Sacred Image East and West* (Urbana, 1995), 110–131.

R. Deshman, "The Illustrated Gospels," in G. Vikan, ed., *Illuminated Greek Manuscripts from American Collections* (Princeton, 1973), 40–43.

Dictionnaire d'archéologie chrétienne et de liturgie (Paris, 1907–53).

C. Diehl, "Le trésor et la bibliothèque de Patmos au commencement du 13e siècle," *BZ* 1 (1892), 488–525.

C. Diehl, *La peinture byzantine* (Paris, 1933).

E. Dimitrova, *The Gospels of Tsar Ivan Alexander* (London, 1994).

D. C. Dirk, *Miniatures de l'octateuque grec de Smyrne* (Leiden, 1909).

L. M. -Dolezal, *The Middle Byzantine Lectionary: Textual and Pictorial Expression of Liturgical Ritual* (PhD dissertation, University of Chicago, 1991).

F. Dölger, *ΙΧΘΥΣ. Das Fisch-symbol in frühchristlicher Zeit* (Rome, 1910).

F. Dölger, *Mönchsland Athos* (Munich, 1943).

F. Dornseiff, *Das Alphabet in Mystik und Magie* (Berlin, 1925).

L. Doumato, "Patriarch Michael the Great. Iconoclast or Art Patron?" *CA* 49 (2001), 29–38.

G. Duby, *Le temps des cathédrales: l'art et la société, 980–1420* (Paris, 1976).

S. Dufrenne, "De la Création à la Chute dans deux manuscrits byzantins," *Magistro et amico: amici discipulique* (Krakow, 2000), 400–404.

S. Dufrenne, "Problèmes des ateliers de miniaturistes byzantins," *JÖB* 31/2 (1981), 445–470.

S. Dufrenne, et al., *Der Serbische Psalter: Faksimile-Ausgabe des Cod. Slav. 4 der Bayerischen Staatsbibliothek München* (Wiesbaden, 1978).

S. Dufrenne, *L'illustration des psautiers grecs du moyen âge*. Bibliothèque des cahiers archéologiques 1 (Paris, 1966).

S. Dufrenne, *Tableaux synoptiques de 15 psautiers médiévaux à illustrations intégrales issues du texte* (Paris, 1978).

L. Durnovo, *Miniatures arméniennes* (Erevan, 1969).

P. E. Dutton and H. L. Kessler, *The Poetry and Paintings of the First Bible of Charles the Bald* (Ann Arbor, 1997).

F. Dvornik, "Preambles to the Schism of Michael Cerularius," in *Photian and Byzantine Ecclesiastical Studies* (London, 1974), 155–169.

A. Dzhurova, *Tomichov Psaltir*, 2 vols. Monumenta Slavico-Byzantina et mediaevalia Europensia 1 (Sofia, 1990).

A. Dzhurova, *1000 godini bulgarska rukopisna kniga. Ornament i miniatiura* (Bulgarian Manuscripts. A Thousand Year Old Ornaments and Miniatures) (Sofia, 1981).

A. Dzhurova, *Byzantinische Miniaturen. Schätze der Buchmalerei vom 4. bis zum 19. Jahrhundert* (Darmstadt, 2002).

A. Dzhurova, *L'enluminure de l'Evangéliaire grec No. 17 de la Bibliothèque Zosimaia de Jannina* (Ioannina, 2005).

J. Ebersolt, *La miniature byzantine* (Paris, 1926).

G. Egger, et al., *Kunst der Ostkirche: Ikonen, Handschriften, Kultgeräte* (exhibition catalogue, Vienna, 1977).

F. C. Endres, *Das Mysterium der Zahl: Zahlensymbolik im Kulturvergleich* (Cologne, 1986).

R. Etzeoglo, "Bibliographical Activities at Mistra during the Thirteenth and Fourteenth Centuries," *ΔΧΑΕ* 4, 26 (2005), 181–192.

A. von Euw and J. M. Plotzek, *Die Handschriften der Sammlung Ludwig*, 4 vols. (Köln, 1979–85).

A. von Euw, et al., *Vor dem Jahr 1000. Abendländische Buchkunst zur Zeit der Kaiserin Theophanu* (Köln, 1991).

H. C. Evans, "Armenian Art Looks West," in T. Mathews, ed., *Treasures in Heaven. Armenian Illuminated Manuscripts* (exhibition catalogue, New York, 1994), 103–114.

H. C. Evans, ed., *Byzantium: Faith and Power (1261–1557)* (exhibition catalogue, New York, 2004).

H. C. Evans and W. D. Wixom, eds., *The Glory of Byzantium. Art and Culture of the Middle Byzantine Era, A. D. 843–1261* (exhibition catalogue, New York, 1997).

H. C. Evans, *Trésors du Monastère de Sainte-Catherine, Mont Sinaï, Égypte* (Martigny, 2004).

M. Evangelatou, "Word and Image in the Sacra Parallela (Codex Parisinus Graecus 923)," *DOP* 62 (2008), 113–197.

C. Federici and F. Pascalicchio, "A Census of Medieval Bookbindings: Early Examples," in M. Maniaci and P. F. Munafò, eds., *Ancient and Medieval Book Materials and Techniques*, vol. 2 (Vatican, 1993), 201–237.

C. Federici and K. Houlis, et al., *Legature Bizantine Vaticane* (Rome, 1988).

W. J. Ferrar, *The Proof of the Gospel being the Demonstratio Evangelica of Eusebius of Caesarea*, 2 vols. (London,

1920).

F. Finck, *Verzeichnis der armenischen Handschriften der königlichen Universitätsbibliothek zu Tübingen.* Systematisch-alphabetischer Hauptkatalog der königlichen Universitätsbibliothek zu Tübingen (Tübingen, 1907).

B. Flusin, "Les cérémonies de l'exaltation de la Croix à Constantinople au XIe siècle d'après le Dresdensis A 104," in J. Durand and B. Flusin, eds., *Byzance et les reliques du Christ* (Paris, 2004), 61–89.

M. Frantz, "Byzantine Illuminated Ornament. A Study in Chronology," *AB* 16 (1934), 43–76.

A. M. Friend, Jr., "The Portraits of the Evangelists in Greek and Latin Manuscripts," *Art Studies* 5 (1927), 115–147.

A. M. Friend, Jr., "The Portraits of the Evangelists in Greek and Latin Manuscripts, part II," *Art Studies* 7 (1929), 3–29.

A. Frolow, "Le culte de la relique de la Vraie Croix a la fin du VIe et au début du VIIe siècles," *Byzantinoslavica* 22 (1961), 320–339.

A. Frolow, *La relique de la Vraie Croix: recherches sur le développement d'un culte.* Archives de l'orient chrétien 7 (Paris, 1961).

A. Frolow, *Les reliquaires de la Vraie Croix* (Paris, 1965).

I. Furlan, "Les manuscrits grecs enluminés de la Biblioteca Marciana de Venise," in C. Rizzardi, ed., *Venezia e Bisanzio. Aspetti della cultura artistica bizantina da Ravenna a Venezia* (V–XIV secolo) (Venice, 2005), 581–609.

I. Furlan, *Codici greci illustrati della Biblioteca Marciana.* Studi sull'arte paleocristiana e bizantina (Milan, 1988).

J. Gaehde, "The Pictorial Sources of the Illustrations to the Book of Kings, Proverbs, Judith and Maccabees in the Carolingian Bible of San Paolo fuori le mura in Rome," *Frühmittelalterliche Studien* 9 (1975), 359–389.

J. Gaehde, "The Touronian Sources of the Bible of San Paolo fuori le mura," *Frühmittelalterliche Studien* 5 (1971), 359–400.

J. Gaehde and F. Mütherich, *Carolingian Painting* (London, 1977).

G. Galavaris, "A Constantinopolitan Lectionary in the Great Lavra on Mount Athos 'Embellished' by the Wallachian Voevods," in M. Restlé, ed., *Festschrift für Klaus Wessel zum 70. Geburtstag-in memoriam.* Münchener Arbeiten zur Kunstgeschichte und Archäologie 2 (Munich, 1988), 117–123.

G. Galavaris, " 'Christ the King.' A Miniature in a Byzantine Gospels and its Significance," *JÖB* 21 (1972), 119–124.

G. Galavaris, *Bread and the Liturgy. The Symbolism of Early Christian and Byzantine Bread Stamps* (Madison, 1970).

G. Galavaris, *The Illustrations of the Liturgical Homilies of Gregory Nazianzenus.* Studies in Manuscript Illumination 6 (Princeton, 1969).

G. Galavaris, *The Illustrations of the Prefaces in Byzantine Gospels.* Byzantina Vindobonensia 11 (Vienna, 1979).

H. Gamble, *Books and Readers in the Early Church* (London, 1995).

R. Gameson, ed., *The Early Medieval Bible. Its Production, Decoration, and Use* (Cambridge, 1994).

R. Gameson, *The Manuscripts of Early Norman England (c. 1066–1130)* (Oxford, 1999).

D. Ganz, "Mass Production of Early Medieval Manuscripts: the Carolingian Bible from Tours," in R. Gameson, ed., *The Early Medieval Bible. Its Production, Decoration, and Use* (Cambridge, 1994), 53–62.

V. Gardthausen, *Griechische Palaeographie* (Leipzig, 1879).

Z. Gavrilović, "The Gospels of Jakov of Serres (London, B. L. Add. Ms. 39626). The Family of Branković and the Monastery of St. Paul, Mount Athos," in R. Cormack and E. Jeffreys, eds., *Through the Looking Glass: Byzantium through British Eyes* (Aldershot, 2000), 135–144.

D. J. Geanakoplos, *Interaction of the "Sibling" Byzantine and Western Cultures in the Middle Ages and Italian Renaissance 330–1600* (New Heaven, 1976).

O. Gebhardt, *Evangeliorum codex graecus purpureus Rossanensis* (Leipzig, 1880).

S. Gentile, *Oriente cristiano e santità. Figure e storie di santi tra Bisanzio e l'Occidente* (Venice, 1998).

H. Gerstinger, *Die griechische Buchmalerei* (Vienna, 1926).

H. Gerstinger, *Die Wiener Genesis: Farbenlichtdruckfaksimile der griechischen Bilderbibel aus dem 6. Jahrhundert n. Chr., cod. vindob. theol. graec. 31*, 2 vols. (Vienna, 1931).

E. H. Gifford, tr., *Eusebii Pamphili, Evangelicae Praeparationis*, 5 vols. (Oxford, 1903).

M. Gómez-Moreno, *Catálogo monumental de España: provincia de Léon* (Madrid, 1926).

E. J. Goodspeed, D. W. Riddle and H. R. Willoughby, *The Rockefeller McCormick New Testament* (Chicago, 1932).

A. Grabar, "L'asymétrie des relations de Byzance et de l'Occident dans le domaine des arts au Moyen âge," in I. Hutter, ed., *Byzanz und der Westen: Studien zur Kunst des europäischen Mittelalters* (Vienna, 1984), 9–24.

A. Grabar, "Une pyxide en ivoire à Dumbarton Oaks. Quelques notes sur l'art profane pendant les derniers siècles de l'empire byzantin," *DOP* 14 (1960), 121–146.

A. Grabar, *La peinture religieuse en Bulgarie* (Paris, 1928).

A. Grabar, *L'illustration du manuscrit de Skylitzès de la Bibliothèque nationale de Madrid*. Bibliothèque de l'Institut hellénique d'études byzantines et post-byzantines de Venise 10 (Venice, 1979).

A. Grabar, *Les manuscrits grecs enluminés de provenance italienne, IXe-XIe siècle*. Bibliothèque des cahiers archéologiques 8 (Paris, 1972).

A. Grabar, *Les peintures de l'Évangéliaire de Sinope* (Paris, 1948).

A. Grabar, *Miniatures byzantines de la Bibliothèque nationale* (Paris, 1939).

G. Grassi, "In margine al <Corpus degli oggetti bizantini in Italia>: il Vangelo miniato dell'Istituto Ellenico di Venezia," in A. Iacobini, ed., *Bisanzio, la Grecia e l'Italia* (Rome, 2003), 103–118.

B. A. van Groningen, *Short Manual of Greek Palaeography* (Leiden, 1940).

V. Grumel, *Le Patriarcat Byzantin. Les regestes des actes du patriarcat de Constantinople*, Fasc. III (Paris, 1947), 1–16.

R. Hamann-MacLean, "Der Berliner Codex Graecus Quarto 66 und seine nächsten Verwandten als Beispiele des Stilwandels im frühen 13. Jahrhundert," in *Studien zur Buchmalerei und Goldschmiedekunst des Mittelalters. Festschrift für K. H. Usener zum 60. Geburtstag* (Marburg, 1967), 225–250.

E. Hammerschmidt, *Äthiopische Handschriften vom Tānāsee*. Verzeichnis der orientalischen Handschriften in Deutschland 20/1 (Wiesbaden, 1973).

E. Hammerschmidt, *Illuminierte Äthiopische Handschriften*. Verzeichnis der orientalischen Handschriften in Deutschland 15 (Wiesbaden, 1968).

I. Hänsel, "Die Miniaturmalerei einer Paduaner Schule im Ducento," *JÖB* 2 (1952), 105–148.

P. Harkins, tr., St. John Chrysostom, *Baptismal Instructions*, Ancient Christian Writers 31 (London, 1963).

A. Haseloff, *Codex purpureus Rossanensis: Die Miniaturen der griechischen Evangelien-Handschrift in Rossano* (Berlin, 1898).

W. Hatch, *Greek and Syrian Miniatures in Jerusalem*. The Mediaeval Academy of America 6 (Cambridge, Massachusetts, 1931).

W. Hatch, *Facsimiles and Descriptions of Minuscule Manuscripts of the New Testament* (Cambridge, 1951).

C. Havice, *The Hamilton Psalter in Berlin, Kupferstichkabinett 78. A. 9.* (PhD dissertation, Pennsylvania State University, 1978).

C. Heck, *L'échelle céleste dans l'art du Moyen âge: une image de la quête du ciel* (Paris, 1997).

J. L. Heiberg, "Ein griechisches Evangeliar," *BZ* 20 (1911), 498–508.

M. Hengel, *The Four Gospels and the One Gospel of Jesus Christ: An Investigation of the Collection and Origin of the Canonical Gospels* (Harrisburg, 2000).

R. Henry, tr., Photius, *Bibliotheca*, 9 vols. Collection byzantine (Paris, 1959–91).

J. Herrin, *The Formation of Christendom* (Princeton, 1987).

P. Hetherington, "Byzantine Enamels on a Venetian Book-Cover," *CA* 27 (1978), 117–145.

P. Hetherington, "Studying the Byzantine Staurothèque at Esztergom," in *Enamels, Crowns, Relics and Icons* (Farnham, 2008), 1–18.

W. M. Hinkle, "A Mounted Evangelist in a Twelfth Century Gospel Book at Sées," *Aachener Kunstblätter* 44 (1973), 193–210.

W. Hörandner, "Ergänzendes zu den byzantinischen Carmina Figurata. Akrosticha im Cod. Laur. Plut. VII 8," in *Syndesmos. Studi in onore di Rosario Anastasi*, II (Catania, 1994), 189–202.

W. Hörandner, "Visuelle poesie in Byzanz," *JÖB* 40 (1990), 1–42.

K. van der Horst, *Illuminated and Decorated Medieval Manuscripts in the University Library, Utrecht: An Illustrated Catalogue* (Cambridge, 1989).

K. Houlis, "A Research on Structural Elements of Byzantine Bookbindings," in M. Maniaci and P. F. Munafò, eds., *Ancient and Medieval Book Materials and Techniques*, vol. 2 (Vatican, 1993), 239–268.

P. Huber, *Athos: Leben, Glaube, Kunst* (Zürich, 1969).

P. Huber, *Bild und Botschaft: Byzantinische Miniaturen zum Alten und Neuen Testament* (Zürich, 1973).

P. Huber, *Hiob, Dulder oder Rebell?: byzantinische Miniaturen zum Buch Hiob in Patmos, Rom, Venedig, Sinai, Jerusalem und Athos* (Düsseldorf, 1986).

J. Hubert, J. Porcher and W. Volbach, *L'empire carolingien* (Paris, 1968).

J. Huizinga, *The Autumn of the Middle Ages* (repr. Chicago, 1996).

H. Hunger, "Paläographie," in H. -G. Nesselrath, ed., *Einleitung in die griechische Philologie* (Stuttgart-Leipzig, 1997), 26–44.

H. Hunger, ed., *Katalog der griechischen Handschriften der österreichischen Nationalbibliothek T. 3/2, Codices theologici 101–200* (Vienna, 1984).

H. Hunger, *Schreiben und Lesen in Byzanz: Die byzantinische Buchkultur* (Munich, 1989).

L. A. Hunt, "Christian-Muslim Relations in Painting in Egypt of the Twelfth to Mid-Thirteenth Centuries: Sources of Wallpainting at Deir es-Suriani and the Illustration of the New Testament Ms. Paris, Copte-Arabe 1/Cairo, Bibl. 94," in *Byzantium, Eastern Christendom and Islam, vol. 1: Art at the Crossroads of the Medieval Mediterranean* (London, 1998), 205–281.

L. A. Hunt, "Leaves from an Illustrated Syriac Lectionary of the Seventh/Thirteenth Century," in D. Thomas, ed., *Syrian Christians under Islam* (Leiden, 2001), 185–202.

L. A. Hunt, "The Commissioning of a Late Twelfth Century Gospel Book: The Frontispieces of Ms. Paris, Bibl. Nat. Copte 13," in *Byzantium, Eastern Christendom and Islam*, vol. 1 (London, 1998), 115–157.

L. A. Hunt, "The Syriac Buchanan Bible in Cambridge: Book Illumination in Syria, Cilicia and Jerusalem of the Later Twelfth Century," *Orientalia Christiana Periodica* 57 (1991), 331–369.

P. Hunt, "The Wisdom Iconography of Light. The Genesis, Meaning and Iconographic Realization of a Symbol," *Byzantinoslavica* 67 (2009), 55–118.

J. M. Hussey and P. A. McNulty, tr., Nicholas Cabasilas, *A Commentary on the Divine Liturgy* (London, 1960).

J. M. Hussey, *The Orthodox Church in the Byzantine Empire*. Oxford History of the Christian Church (Oxford, 1986).

I. Hutter, "Decorative Systems in Byzantine Manuscripts, and the Scribe as Artist: Evidence from Manuscripts in Oxford," *Word and Image* 12. 1 (1996), 4–22.

I. Hutter, "La décoration et la mise en page des manuscrits grecs de l'Italie méridionale: quelques observations," in A. Jacob, et al., eds., *Histoire et culture dans l'Italie byzantine. Acquis et nouvelles recherches*

(Rome, 2006), 69–93.

I. Hutter, "Le copiste du Métaphraste: on a Centre for Manuscript Production in Eleventh-Century Constantinople," in G. Prato, ed., *I manoscritti greci tra riflessione e dibattito* 2 (Florence, 2000), 535–586.

I. Hutter, *Corpus der byzantinischen Miniaturenhandschriften. Oxford, Bodleian Library*, 3 vols. (Stuttgart, 1977–82).

I. Hutter, ed., *Byzanz und der Westen. Studien zur Kunst des Europäischen Mittelalters*. Österreichische Akademie der Wissenschaften. Philosophisch-historische Klasse, Sitzungsberichte 432 (Vienna, 1984).

A. Iacobini, "Libri per i monaci. Segni e immagini di committenza monastica nel mondo Bizantino," *Rivista di studi bizantini e neoellenici* 43 (2006), 3–19.

A. Iacobini and L. Perria, "Un Vangelo della Rinascenza macedone al Monte Athos. Nuove ipotesi sullo Stavronikita 43 e il suo scriba," *Rivista di studi bizantini e neoellenici* 37 (2000), 73–98.

A. Iacobini and E. Zanini, eds., *Arte profana e arte sacra a Bisanzio* (Rome, 1995).

A. Iacobini, *Il Vangelo di Dionisio: un manoscritto bizantino da Constantinopoli a Messina* (Rome, 1998).

Il menologio di Basilio II: Cod. Vaticano greco 1613. Biblioteca Apostolica Vaticana. Codices e Vaticanis selecti phototypice expressi 8 (Turin, 1907).

R. Janin, "Les processions religieuses à Byzance," *REB* 24 (1966), 69–88.

L. James, *Art and Text in Byzantine Culture* (Cambridge, 2007).

E. Jeffreys, ed., *The Oxford Handbook of Byzantine Studies* (Oxford, 2008).

S. N. Kadas, "The Vatopedi Manuscript 932. On the Occasion of a Miniature Recovery," *ΔXAE* 4, 26 (2005), 141–148.

R. Kahsnitz, "'Matheus ex ore Christi scripsit': zum Bild der Berufung und Inspiration der Evangelisten," in *Byzantine East, Latin West* (Princeton, 1995), 169–176.

G. Kakavas, "The Evangelist Portraits in the Gospel Book, B. L. Add. 11838," (MA dissertation, Courtauld Institute of Art, 1983).

K. K. Kalaidzhieva, ed., *Bŭlgarska rŭkopisna Kniga X – XVIII v* (Sofia, 1976).

C. Kannengiesser, *Handbook of Patristic Exegesis* (Leiden, 2003).

A. Karakatsanis, ed., *Treasures of Mount Athos* (exhibition catalogue, Thessaloniki, 1997).

C. M. Kauffmann, *Romanesque Manuscripts, 1066–1190*. A Survey of Manuscripts Illuminated in the British Isles 3 (London, 1975).

A. P. Kazhdan and A. W. Epstein, *Change in Byzantine Culture in the Eleventh and Twelfth Centuries*. The Transformation of the Classical Heritage 7 (Berkeley, 1985).

A. P. Kazhdan, "Innovation in Byzantium," in A. R. Littlewood, *Originality in Byzantine Literature, Art and Music* (Oxford, 1995), 1–14.

H. L. Kessler, "The Word Made Flesh in Early Decorated Bibles," in J. Spier, et al., eds., *Picturing the Bible. The Earliest Christian Art* (New Haven, 2007), 140–168.

H. L. Kessler, "Paris, gr. 102: a Rare Illustrated Acts of the Apostles," *DOP* 27 (1973), 211–216.

H. L. Kessler, *The Illustrated Bibles from Tours. Studies in Manuscript Illumination* 7 (Princeton, 1977).

E. Kitzinger, "Reflections on the Feast Cycle in Byzantine Art," *CA* 36 (1988), 51–73.

E. Kitzinger, *The Art of Byzantium and the Medieval West: Selected Studies* (London, 1976).

E. Kitzinger, *The Mosaics of St Mary's of the Admiral in Palermo*. DOS 27 (Washington, D. C., 1990).

T. Klauser, "Das Ciborium in der älteren christlichen Buchmalerei," *Nachrichten der Akademie der Wissenschaften in Göttingen* (1961), 191–207.

E. Klemm, "Die Kanontafeln der armenischen Handschrift Cod. 697 im Wiener Mechitaristenkloster," *Zeitschrift für Kunstgeschichte* 35 (1972), 69–99.

H. A. Klein, *Byzanz, der Westen und das 'Wahre' Kreuz. Die Geschichte einer Reliquie und ihrer künstlerischen Fassung in Byzanz und im Abendland* (Wiesbaden, 2004).

H. A. Klein, "Eastern Objects and Western Desires: Relics and Reliquaries between Byzantine and the West," *DOP* 58 (2004), 283–314.

W. Klingshirn and L. Safran, eds., *The Early Christian Book* (Washington, D. C., 2007).

W. Köhler, "Byzantine Art in the West," *DOP* 1 (1941), 61–87.

W. Köhler, *Buchmalerei des frühen Mittelalters Fragmente und Entwürfe aus dem Nachlass* (Munich, 1972).

W. Köhler, *Die karolingischen Miniaturen, Bd. 1: Die Schule von Tours, part 1: Die Ornamentik* (Berlin, 1930).

W. Köhler, *Die karolingischen Miniaturen, Bd. 1: Die Schule von Tours, part 2: Die Bilder* (Berlin, 1933).

W. Köhler, *Die karolingischen Miniaturen, Bd. 5: Die Hofschule Karls des Kahlen* (Berlin, 1982).

A. D. Kominis, et al., *Patmos: die Schätze des Klosters* (Athens, 1988).

E. Korkhmazian, et al., *Armenian Miniatures of the 13th and 14th centuries from the Matenadaran Collection* (Leningrad, 1984).

K. Krause, *Die Illustrierten Homilien des Johannes Chrysostomos in Byzanz* (Wiesbaden, 2004).

J. Kubiski, "The Medieval 'Home Office': Evangelist Portraits in the Mount Athos Gospel Book, Stavronikita Monastery, Ms. 43," *Studies in Iconography* 22 (2001), 21–53.

C. A. Kucharek, *The Byzantine-Slav Liturgy of St John Chrysostom: its Origin and Evolution* (Allendale, 1971).

O. Kurz, "Three Armenian Miniatures in the Fitzwilliam Museum, Cambridge," *Mélanges Eugène Tisserant 2, Studi e Testi* 232 (Rome, 1964), 271–279.

M. P. Laffitte and C. Denoël, *Trésors carolingiens: livres manuscrits de Charlemagne à Charles le Chauve* (Paris, 2007).

L'arche éthiopienne: art chrétien d'éthiopie (exhibition catalogue, Paris, 2000).

K. Lake, tr., Eusebius of Caesarea, *The Ecclesiastical History*, 2 vols. The Loeb Classical Library (London, 1926–32).

J. Lassus, *L'illustration byzantine du Livre des Rois, Vaticanus Graecus 333* (Paris, 1973).

V. Laurent, *Le corpus des sceaux de l'empire Byzantin, tome V: L'église* (Paris, 1963).

V. Laurent, "Le titre de patriarche oecuménique et la signature patriarcale," *REB* 6 (1948), 5–26.

V. Lazarev, *Storia della pittura bizantina* (Turin, 1967).

Le miniature della Topografia Cristiana di Cosma Indicopleuste: Codice Vaticano Greco 699. Biblioteca Apostolica Vaticana. Codices e Vaticanis selecti phototypice expressi 10 (Milan, 1908).

T. S. Lea, *Materials for the Study of the Apostolic Gnosis* 2 vols. (Oxford, 1919–1922).

J. -C. Lechner, "Quelques remarques sur le rapport entre texte et image dans le psautier Athonis Pantocratoris 61," *Arte medievale* NS1 (2002), 25–34.

E. Leesti, "A Late Thirteenth-Century Greek Gospel Book in Toronto and its Relative in Oxford," *Byzantion* 59 (1989), 128–136.

G. Leidinger, *Das Sogenannte Evangeliarum Kaiser Ottos III. Miniaturen aus Handschriften der Kgl. Hof-und Staatsbibliothek in München* (Munich, 1912).

S. Lerou, "L'usage des reliques du Christ par les empereurs aux XIe et XIIe siècles: le Saint Bois et les Saintes Pierres," in J. Durand and B. Flusin, eds., *Byzance et les reliques du Christ* (Paris, 2004), 159–182.

J. Leroy, "Recherches sur la tradition iconographique des canons d'Eusèbe en Éthiopie," *CA* 12 (1962), 173–204.

J. Leroy, "Un feuillet du manuscrit copte 13 de la Bibliothèque Nationale de Paris égaré à Washington," in *Mélanges d'histoire des religions offerts à H. -Ch. Puech* (Paris, 1974), 437–446.

J. Leroy, *La pittura etiopica durante il Medioevo e sotto la dinastia di Gondar* (Milan, 1964).

J. Leroy, *Les manuscrits coptes et coptes-arabes illustrés*. Bibliothèque archéologique et historique 96 (Paris, 1974).

J. Leroy, *Les manuscrits syriaques à peintures conservés dans les bibliothèques d'Europe et d'Orient*. Bibliothèque archéologique et historique 77 (Paris, 1964).

J. Leroy, *Les types de réglure des manuscrits grecs* (Paris, 1976).
Lexikon des gesamten Buchwesens (Stuttgart, 1987–⟨2012⟩).
H. D. L. Vervliet, ed, *Liber Librorum. The Book through Five Thousand Years: a Survey* (London, 1972).
V. Likhacheva, *Byzantine Miniature: Masterpieces of Byzantine miniature of IXth-XVth centuries in Soviet Collections* (Moscow, 1977).
Livres d'Arménie: collections de la Bibliothèque nationale de France (Paris, 2007).
K. Linardou, "The Kokkinobaphos Manuscripts Revisited: The Internal Evidence of Books," *Scriptorium* 61 (2007), 384–407.
W. Loerke, "Incipits and Author Portraits in Greek Gospel Books: Some Observations," in *Byzantine East, Latin West* (Princeton, 1995), 377–381.
J. Lowden, "Book Production," in E. Jeffreys, et al., eds., *The Oxford Handbook of Byzantine Studies* (Oxford, 2008), 462–472.
J. Lowden, "Byzantium Perceived through Illuminated Manuscripts: Now and Then," R. Cormack and E. Jeffreys, eds., *Through the Looking Glass. Byzantium through British Eyes* (London, 2000), 85–106.
J. Lowden, "Luxury and Liturgy: the Function of Books," in R. Morris, ed., *Church and People in Byzantium* (Birmingham, 1990), 263–279.
J. Lowden, "Manuscript Illumination in Byzantium, 1261–1557," H. C. Evans, ed., *Byzantium: Faith and Power (1261–1557)* (New York, 2004), 259–269.
J. Lowden, "Observations on illustrated Byzantine Psalters," *AB* 70 (1988), 242–260.
J. Lowden and R. Nelson, "The Palaeologina Group: Additional Manuscripts and New Questions," *DOP* 45 (1991), 59–68.
J. Lowden, "Review of Kurt Weitzmann and George Galavaris, *The Monastery of Saint Catherine at Mount Sinai: the Illuminated Greek Manuscripts, vol. 1, From the Ninth to the Twelfth Century*," *Burlington Magazine* 133 (1991), 714.
J. Lowden, "Some Forged Byzantine Miniatures," in E. Georgoula, ed., *Studies in Memory of Laskarinas Boura* (Athens, 1994), 165–167.
J. Lowden, "The Beginnings of Biblical Illustration," in J. Williams, ed., *Imaging the Early Medieval Bible* (University Park, 1999), 9–59.
J. Lowden, "The Luxury Book as Diplomatic Gift," in J. Shepard and S. Franklin, eds., *Byzantine Diplomacy*. Society for the Promotion of Byzantine Studies 1 (Aldershot, 1992), 249–260.
J. Lowden, "The Transmission of 'Visual Knowledge' in Byzantium through Illuminated Manuscripts: Approaches and Conjectures," in C. Holmes and J. Waring, eds., *Literacy, Education and Manuscript Transmission in Byzantium and Beyond* (Leiden, 2002), 59–80.
J. Lowden, *Early Christian and Byzantine Art* (London, 1997).
J. Lowden, *Illuminated Prophet Books: a Study of Byzantine Manuscripts of the Major and Minor Prophets* (University Park, 1988).
J. Lowden, *The Making of the Bibles Moralisées*, 2 vols. (University Park, 2000).
J. Lowden, *The Octateuchs. A Study in Byzantine Manuscript Illustration* (University Park, 1992).
E. Maayan-Fanar, "The Fragmentary Body: the Place of Human Limbs in Byzantine Illuminated Initials," *Byzantion* 76 (2006), 241–263.
E. Maayan-Fanar, "The Scribe as Artist in the Chrysostom Manuscript in Venice: Reconstruction," *Scriptorium* 59 (2005), 119–131.
F. Macler, *Documents d'art armeniens: De arte illustrandi* (Paris, 1924).
F. Macler, *Miniatures arméniennes: vies du Christ, peintures ornementales <Xe au XVIIe siècle>* (Paris, 1913).
S. P. Madigan, "The Decoration of Arundel 547: Some Observations about 'Metropolitan' and 'Provincial' Book Illumination in Tenth-Century Byzantium," *Byzantion* 57 (1987), 336–359.

P. Magdalino, "L'église du Phare et les reliques de la Passion à Constantinople (VIIe/VIIIe-XIIIe siècle)," in J. Durand and B. Flusin, eds., *Byzance et les reliques du Christ* (Paris, 2004), 15–30.

H. Maguire, "Byzantine Art History in the Second Half of the Twentieth Century," in A. Laiou and H. Maguire, eds., *Byzantium. A World Civilization* (Washington, D. C., 1992), 119–155.

H. Maguire, "The Depiction of Sorrow in Middle Byzantine Art," *DOP* 31 (1977), 123–174.

H. Maguire, "Truth and Convention in Byzantine Descriptions of Works of Art," in *Rhetoric, Nature and Magic in Byzantine Art* (Aldershot, 1998).

H. Maguire, "Two Modes of Narration in Byzantine Art," in *Byzantine East, Latin West* (Princeton, 1995), 385–391.

H. Maguire, ed., *Byzantine Court Culture from 829 to 1204* (Washington, D. C., 1997).

A. W. Mair, tr., *Oppian, Colluthus, Tryphiodorus*. The Loeb Classical Library (London, 1928).

C. Mango, "The Availability of Books in the Byzantine Empire, AD 750–850," *Byzantine Books and Bookmen*. Dumbarton Oaks Colloquium 1971 (Washington, D. C., 1975), 29–45.

C. Mango and E. J. W. Hawkins, "The Hermitage of St Neophytos and its Wall Paintings," *DOP* 20 (1966), 162–163.

C. Mango, *Byzantium: The Empire of New Rome* (London, 1980).

C. Mango, *The Art of the Byzantine Empire 312–1453*. Sources and Documents in the History of Art Series (New Jersey, 1972).

J. R. Martin, *The Illustration of the Heavenly Ladder of John Climacus*. Studies in Manuscript Illumination 5 (Princeton, 1954).

J. Mateos, *Le typicon de la Grand Église*. Orientalia Christiana Analecta 165–166 (1962–63).

T. Mathews and A. K. Sanjian, *Armenian Gospel Iconography: the Tradition of the Glajor Gospel*. DOS 29 (Washington, D. C., 1991).

T. Mathews, "Exegesis as Model of Gospel Iconography," *Abstract Papers. Twelfth Annual Byzantine Studies Conference* (Pennsylvania, 1986), 64–65.

T. Mathews, "The Byzantine Use of the Title Pantocrator," *Orientalia Christiana Periodica* 44 (1978), 442–462.

T. Mathews, "The Early Armenian Iconographic Program of the Ejmiacin Gospel (Erevan Matenadaran Ms. 2374, olim 229)," in T. Mathews, et al., *East of Byzantium: Syria and Armenia in the Formative Period* (Washington, D. C., 1982), 199–215.

T. Mathews, "The Transformation Symbolism in Byzantine Architecture and the Meaning of the Pantokrator in the Dome," in R. Morris, ed., *Church and People in Byzantium* (Birmingham, 1990), 191–214.

T. Mathews, ed., *Treasures in Heaven. Armenian Illuminated Manuscripts* (exhibition catalogue, New York, 1994).

G. Matthiae, "Sulle origini della pittura paleologa," *Rivista dell'Istituto Nazionale d'Archeologia e Storia dell'Art* 18 (1971), 101–179.

K. Maxwell, "Another Lectionary of the 'Atelier' of the Palaiologina, Vat. Gr. 352," *DOP* 37 (1983), 47–54.

K. Maxwell, "Paris, Bibliothèque Nationale de France, Codex Grec 54: Modus Operandi of Scribes and Artists in a Palaiologan Gospel Book," *DOP* 54 (2000), 117–138.

H. Mayr-Harting, "Charlemagne as a Patron of Art," in D. Wood., ed., *The Church and the Arts*. Studies in Church History 28 (Oxford, 1992), 43–77.

H. Mayr-Harting, *Ottonian Book Illumination. An Historical Study*, 2 vols. (London, 1991).

O. Mazal, "Medieval Bookbinding," in *Liber Librorum* (London, 1972), 314–338.

O. Mazal, ed., *Byzanz und das Abendland: Ausstellung der Handschriften und Inkunabelsammlung der österreichischen Nationalbibliothek* (Graz, 1981).

O. Mazal, ed., *Matthias Corvinus und die Bildung der Renaissance* (Vienna, 1994).

C. Mazzo, *Il giardino piantato a Oriente: De Paradiso* (Turin, 1981).
A. M. McCann, *Roman Sarcophagi in the Metropolitan Museum of Art* (New York, 1978).
J. A. McGuckin, *Standing in God's Holy Fire. The Byzantine Tradition.* Traditions of Christian Spirituality Series (London, 2001).
G. K. Mckay, "Christ's Polymorphism in Jerusalem, Taphou 14: An Examination of Text and Image," *Apocrypha* 14 (2003), 177–191.
G. K. Mckay, *Imaging the Divine: A Study of the Representation of the Ancient of Days in Byzantine Manuscripts* (PhD dissertation, University of Virginia, 1997).
S. Mckendrick, "The Gospel of Czar Ivan Alexander," in H. C. Evans, ed., *Byzantium: Faith and Power (1261–1557)* (exhibition catalogue, New York, 2004), 56–57.
E. P. McLachlan, "The Pembroke College New Testament and a Group of Unusual English Evangelist-Symbols," *Gesta* 14/1 (1975), 3–18.
M. Mentré, *La peinture mozarabe: un art chrétien hispanique autour de l'an 1000* (Paris, 1995).
C. Meredith, "The Illustration of Codex Ebnerianus: A Study in Liturgical Illustration of the Comnenian Period," *Journal of the Warburg and Courtauld Institutes* 29 (1966), 419–424.
S. Mergiali-Sahas, "An Ultimate Wealth for Inauspicious Times: Holy Relics in Rescue of Manuel II Palaeologus' Reign," *Byzantion* 76 (2006), 264–275.
S. Mergiali-Sahas, "Byzantine Emperors and Holy Relics. Use and Misuse of Sanctity and Authority," in *JÖB* 51 (2001), 41–60.
B. M. Metzger, *Manuscripts of the Greek Bible. An Introduction to Greek Palaeography* (New York, 1981).
B. M. Metzger, *The Canon of the New Testament* (Oxford, 1987).
B. M. Metzger, *The Early Versions of the New Testament: their Origin, Transmission, and Limitations* (Oxford, 1977).
B. M. Metzger, *The Text of the New Testament: its Transmission, Corruption, and Restoration* (Oxford, 1968).
J. Meyendorff, *Byzantine Theology: Historical Trends and Doctrinal Themes* (New York, 1974).
J. Meyendorff, *The Byzantine Legacy in the Orthodox Church* (New York, 1982).
P. Meyendorff, tr., *St Germanus of Constantinople, on the Divine Liturgy* (New York, 1984).
W. Michel, "Die Inschriften der Limburger Staurothek," *Archiv für Mittelrheinische Kirchengeschichte* 28 (1976), 23–43.
E. Minoni, *Bibliothecae Divi Marci Venetiarum codices Graeci manuscripti* I (Rome, 1981).
A. Mitsani, "The Illustrated Gospelbook of Basil Meleniotes (Caesaria, 1226)," *ΔXAE* 4, 26 (2005), 149–164.
J. Monfrin, et al., *Mise en page et mise en texte du livre manuscrit* (Paris, 1990).
C. Morel, tr., Grégoire le Grand, *Homélies sur Ézéchiel*, Sources chrétiennes 327 (Paris, 1986).
J. Morgan, *A Check List of Coptic Manuscripts in the Pierpont Morgan Library* (New York, 1919).
A. Muñoz, "Miniature byzantine nella biblioteca Queriniana di Brescia," *Biblioteca Ambrosiana. Miscellanea Ceriani: Raccolta di scritti originali per onorare la memoria di M. A. M. Ceriani* (Milan, 1910).
A. Muñoz, *I codici greci miniati delle minori biblioteche di Roma* (Florence, 1905).
A. Muñoz, *Il codice purpureo di Rossano e il frammento sinopense* (Rome, 1907).
C. Mutafian, *Le Royaume arménien de Cilicie, XIIe-XIVe siècle* (Paris, 1993).
F. Mütherich, "Die verschiedenen Bedeutungsschichten in der frühmittelalterlichen Psalterillustration," *Frühmittelalterliche Studien* 6 (1972), 232–244.
D. Muzerelle, "La facture du livre médiéval," in L. Holtz, et al., *Le livre au Moyen âge* (Paris, 1988), 64–68.
Muzeul National de Arta Romania, *Miniatura și ornamentul manuscriselor din colecția de artă medievală românească* (Bucharest, 1996).
R. A. B. Mynors, *Catalogue of the Manuscripts of Hereford Cathedral Library* (Woodbridge, 1993).

L. Nees, "A Fifth-Century Book Cover and the Origin of the Four Evangelist Symbols Page in the Book of Durrow," *Gesta* 17/1 (1978), 3–8.

L. Nees, "An Illuminated Byzantine Psalter at Harvard University," *DOP* 29 (1975), 205–224.

L. Nees, "Problems of Form and Function in Early Medieval Illustrated Bibles from Northwest Europe," in J. Williams, ed., *Imaging the Early Medieval Bible* (University Park, 1999), 121–177.

L. Nees, "Two Illuminated Syriac Manuscripts in the Harvard College Library," *CA* 29 (1980–81), 123–142.

L. Nees, *The Gundohinus Gospels.* Medieval Academy Books 95 (Cambridge, Mass., 1987).

R. Nelson, "A Thirteenth-Century Byzantine Miniature in the Vatican Library," *Gesta* 20 (1981), 213–222.

R. Nelson, "Byzantine Miniatures at Oxford: CBM 1 and 2," *Byzantine Studies* 13, no.1 (1986), 79–134.

R. Nelson, "The Italian Appreciation and Appropriation of Illuminated Byzantine Manuscripts, ca. 1200–1450," *DOP* 49 (1995), 209–235.

R. Nelson, "The Later Impact of a Group of Twelfth-Century Manuscripts," *Abstract Papers. Third Annual Byzantine Studies Conference* (New York, 1977), 60–61.

R. Nelson, "The Manuscripts of Antonios Malakes and the Collecting and Appreciation of Illuminated Books in the Early Palaeologan Period," *JÖB* 36 (1986), 229–254.

R. Nelson, "The Size of the Sheet in Byzantine Illuminated Manuscripts," *Abstracts of Papers. Ninth Annual Byzantine Studies Conference* (Durham, 1983), 23.

R. Nelson, "Theoktistos and Associates in Twelfth-Century Constantinople: An Illustrated New Testament of A. D. 1133," *J. Paul Getty Museum Journal* 15 (1987), 53–78.

R. Nelson, *The Iconography of Preface and Miniature in the Byzantine Gospel Book.* Monographs on Archaeology and the Fine Arts 36 (New York, 1980).

R. Nelson, *Theodore Hagiopetrites. A Late Byzantine Scribe and Illuminator.* Veröffentlichungen der Kommission für Byzantinistik 4 (Vienna, 1991).

S. Der Nersessian, "A Psalter and New Testament Manuscript at Dumbarton Oaks," *DOP* 19 (1965), 155–183.

S. Der Nersessian, "An Armenian Gospel of the Fifteenth Century," *The Boston Public Library Quarterly* 2 (1950), 3–20.

S. Der Nersessian, "An Illustrated Armenian Gospel of the Fourteenth Century and Check List of Armenian Manuscripts in the Case Memorial Library," *The Hartford Seminary Foundation Bulletin* 19 (1955), 1–7.

S. Der Nersessian, "Deux exemples arméniens de la Vierge de miséricorde," *Revue des études arméniennes* 7 (1970), 187–202.

S. Der Nersessian, "Recherches sur les miniatures du Parisinus Graecus 74," *JÖB* 21 (1972), 109–117.

S. Der Nersessian, "The Illustrations of the Homilies of Gregory of Nazianzus. Paris. gr. 510. A Study of the Connections between Text and Images," *DOP* 16 (1962), 195–228.

S. Der Nersessian, "Two Slavonic Parallels for the Greek Tetraevangelia, Paris, 74," *AB* 9 (1926–27), 223–274.

S. Der Nersessian, "Un évangile cilicien du 13e siècle," *Revue des études arméniennes* 4 (1967), 103–119.

S. Der Nersessian, *Armenian Manuscripts in the Freer Gallery of Art* (Washington, D. C., 1963).

S. Der Nersessian, *Armenian Manuscripts in the Walters Art Gallery* (Baltimore, 1973).

S. Der Nersessian, *L'illustration des psautiers grecs du moyen âge: Londres, add. 19352.* Bibliothèque des cahiers archéologiques 5 (Paris, 1970).

S. Der Nersessian, *Manuscrits arméniens illustrés des XIIe, XIIIe et XIVe siècles de la Bibliothèque des Pères Mekhitharistes* (Paris, 1936).

S. Der Nersessian, *Miniature Painting in the Armenian Kingdom of Cilicia from the Twelfth to the Fourteenth*

Century. DOS 31, 2 vols. (Washington, D. C., 1993).

S. Der Nersessian, *Miniatures arméniennes d'Ispahan* (Brussels, 1986).

S. Der Nersessian, *The Chester Beatty Library: a catalogue of the Armenian manuscripts*, 2 vols. (Dublin, 1958).

V. Nersessian, *Armenian Illuminated Gospel-Books* (London, 1987).

V. Nersessian, *The Bible in the Armenian Tradition* (London, 2001).

V. Nersessian, *Treasures from the Ark. 1700 Years of Armenian Christian Art* (exhibition catalogue, London, 2001).

H. L. Nickel, "Das Illuminierte byzantinische Tetraevangeliar in Gotha (MEMB. I. 78)," *Beiträge zur byzantinischen und osteuropäischen Kunst des Mittelalters. Berliner byzantinistische Arbeiten* 46 (Berlin, 1977), 61–68.

C. Nordenfalk, "An Illustrated Diatessaron," *AB* 50 (1968), 119–140.

C. Nordenfalk, "Der inspirierte Evangelist," *Wiener Jahrbuch für Kunstgeschichte* 36 (1983), 175–190.

C. Nordenfalk, "The Apostolic Canon Tables," *Gazette des Beaux-Arts* 62 (1963), 17–34.

C. Nordenfalk, *Die spätantiken Kanontafeln. Kunstgeschichtliche Studien über die eusebianische Evangelien-Konkordanz in den vier ersten Jahrhunderten ihrer Geschichte* (Göteborg, 1938).

P. J. Nordhagen, *The Codex Amiatinus and the Byzantine Element in the Northumbrian Renaissance* (Jarrow, 1977).

W. Nyssen, *Das Zeugnis des Bildes im Frühen Byzanz.* Sophia: Quellen östlicher Theologie 2 (Freiburg, 1962).

H. Omont, ed., *Évangiles avec peintures byzantines du XIe siècle*, 2 vols. (Paris, 1908).

H. Omont, *Facsimilés des miniatures des plus anciens manuscrits grecs de la Bibliothèque nationale du VIe au IXe siècle* (Paris, 1902).

G. d'Onofrio, "La teologia della croce in epoca carolingia," in B. Ulianich, ed., *La croce. Iconografia e interpretazione (secoli I - inizio XVI)* (Napoli, 2007), 271–319.

J. O'Reilly, "Patristic and Insular Traditions of the Evangelists. Exegesis and Iconography," in A. M. Luiselli Fadda and E. O. Carragain, eds. *Le Isole Britanniche e Roma in Età Romanobarbarica* (Rome, 1998), 49–94.

Österreichische Nationalbibliothek, *Buchkunst des Morgenlandes* (Vienna, 1953).

T. Ouspensky, *L'Octateuque de la Bibliothèque du Sérail à Constantinople* (Sofia, 1907).

O. Pächt, "The 'Avignon Diptych' and its Eastern Ancestry," in M. Meiss ed., *De artibus opuscula XL. Essays in Honor of Erwin Panofsky* (New York, 1961), 402–421.

O. Pächt, *Book Illumination in the Middle Ages* (London, 1986).

A. C. Palau, "Manoscritti Epiroti a Londra (British Library) ed a Oxford (Magdalen College)," *Codices Manuscripti* 20/21 (Decembre, 1997), 3–37.

G. M. Parássoglou, "A Book Illuminator in Byzantine Egypt," *Byzantion* 44 (1974), 362–366.

C. Paschou, "Les peintures dans un tétraévangile de la Bibliothèque Nationale de Paris: le grec 115 (Xe siècle)," *CA* 22 (1972), 61–86.

T. S. Pattie, *Manuscripts of the Bible: Greek Bibles in the British Library* (London, 1995).

S. M. Pelekanides, et al., *The Treasures of Mount Athos: Illuminated Manuscripts*, 4 vols. (Athens, 1973–91).

M. Perrin, tr., Rabanus Maurus, *Louanges de la sainte croix* (Paris, 1988).

M. Perrin, *Rabani Mauri. In Honorem sanctae Crucis* (Turnhout, 1997).

S. Perović, *Zakaria Akhtamartski, Eusebius' Letter and Canon Tables and Armenian Pahpanak or Hmayil Prayer Scroll from the Mimara Museum* (Zagreb, 2008).

O. Z. Pevny, ed., *Perceptions of Byzantium and Its Neighbors: 843–1261* (New York, 2000).

Y. Piatnitsky, et al., *Sinai, Byzantium, Russia. Orthodox Art from the Sixth to the Twentieth Century* (St. Petersburg, 2000).

A. Piédagnel, tr., Jean Chrysostome, *Trois catéchèses baptismales*, Sources chrétiennes 366 (Paris, 1990).

E. Piltz, "Drei illuminierte Tetraevangelia in schwedischem Besitz," *Byzantinoslavica* 48 (1987), 203–209.

A.-O. Poilpré, "Charles le Chauve trônant et la Maiestas Domini. Réflexion à propos de trois manuscrits," *Histoire de l'art* 55 (2004), 45–54.

O. Popova, *Les miniatures russes du XIe au XVe siècle* (Leningrad, 1975).

O. Povstenko, *The Cathedral of St. Sophia in Kiev.* Ukrainian Academy of Arts and Sciences in the United States (New York, 1954).

J.-M. Prieur, *La croix dans la littérature chrétienne des premiers siècles* (Bern, 2006).

G. Prinzing and A. Schmidt, eds., *Das Lemberger Evangeliar. Eine wiederentdeckte armenische Bilderhandschrift des 12. Jahrhunderts.* Sprachen und Kulturen des christlichen Orients 2 (Wiesbaden, 1997).

J. Prolović, "Die Miniaturen des sogenannten Dovolja-Tetraevangeliars (Belgrad, NBS, R.S. 638)," *JÖB* 45 (1995), 283–306.

V. Pucko, "Die Miniaturen aus dem Tetraevangelium des Jahres 1067 vom Sinai (Leningrad. gr. 291)," *Byzantinoslavica* 42 (1981), 31–38.

A. Quandt and A. Wallert, "The Technical Study of a Later Thirteenth-Century Byzantine Marginal Psalter from the Walters Art Gallery," A. Roy and P. Smith, eds., *Painting Techniques: History, Materials, and Studio Practice* (London, 1998).

I. Ragusa and R. Green, *Meditations on the Life of Christ: An Illustrated Manuscript of the Fourteenth Century. Paris, B. N., ital. 115* (Princeton, 1961).

I. Rapti, "Un Melismos arménien et la politique de l'image de Lewon II (1271–1289)," *CA* 50 (2002), 161–174.

I. Rapti, "Gloses prophétiques sur l'évangile: À propos de quelques manuscrits arméniens enluminés en Cilicie dans les années 1260," *DOP* 58 (2004), 119–154.

J. Rauch, "Die Limburger Staurothek. Ihre Herkunft und ihre Schicksale," *Das Münster* 8 (1955), 201–218.

J. Reeve, ed., *Sacred Books of the Three Faiths: Judaism, Christianity, Islam* (exhibition catalogue, London, 2007).

B. von Regemorter, "La reliure des manuscrits grecs," *Scriptorium* 8 (1954), 3–23.

M. Richard, *Inventaire des manuscrits grecs du British Museum* (Paris, 1952).

H. M. Riley, *Christian Initiation. A Comparative Study of the Interpretation of the Baptismal Liturgy in the Mystagogical Writings of Cyril of Jerusalem, John Chrysostom, Theodore of Mopsuestia and Ambrose of Milan* (Washington, D.C., 1974).

C. Rizzardi, ed., *Il Mausoleo di Galla Placidia a Ravenna.* Mirabilia Italiae 4 (Modena, 1996).

E. Rosenbaum, "The Evangelist Portraits of the Ada School and Their Models," *AB* 38 (1956), 81–90.

J. Rosenthal and P. McGurk, "Author Symbol and Word: the Inspired Evangelists in Judith of Flanders's Anglo-Saxon Gospel Books," in S. L'Engle and G. B. Guest, eds., *Tribute to Jonathan J. G. Alexander. The Making and Meaning of Illuminated Medieval and Renaissance Manuscripts, Art and Architecture* (London, 2006), 185–202.

A. Rousseau, tr., Irénée de Lyon, *Contre les hérésies*, Sources chrétiennes 210–211 (Paris, 1974).

A. Rousseau, tr., Irénée de Lyon, *Contre les hérésies*, Sources chrétiennes 263–264 (Paris, 1979).

L. Safran, ed., *Heaven on Earth: Art and the Church in Byzantium* (University Park, 1998).

D. Sahas, *Icon and Logos: Sources in Eighth-Century Iconoclasm* (Tronto, 1986).

A. Saminsky, "Illuminated Manuscripts from Antioch," in C. Hourihane, ed., *Interactions: Artistic Interchange between the Eastern and Western Worlds in the Medieval Period* (Princeton, 2007), 188–208.

A. Saminsky, "The Message of the Greek Four Gospels from Kiev and the Problem of the 'Decorative Style' Group," *XVIII CIEB* (Moscow, 1991), 253–261.

A. K. Sanjian, *Colophons of Armenian Manuscripts, 1301–1480. A Source for Middle Eastern History.* Harvard Armenian Texts and Studies 2 (Cambridge, Massachusetts, 1969).

W. Schmitt, *Kommentar zum ersten Buch von Pseudo-Oppians Kynegetika* (Münster, 1969).

P. E. Schramm and F. Mütherich, *Denkmale der deutschen Könige und Kaiser* (Munich, 1962).

P. Schreiner and A. von Euw, eds., *Kunst im Zeitalter der Kaiserin Theophanu. Akten des internationalen Colloquium veranstaltet vom Schnütgen Museum* (Köln, 1993).

H. J. Schulz, *Die byzantinische Liturgie: Glaubenszeugnis und Symbolgestalt*. Sophia 5 (Trier, 1980²).

P. Schweinfurth, "Das goldene Evangelienbuch Heinrichs III. und Byzanz," *Zeitschrift für Kunstgeschichte* 10 (1941–42), 40–66.

S. zu Schweinsberg, "Kunstgeschichtliche Probleme der Limburger Staurothek," *Das Münster* 8 (1955), 219–234.

M.-C. Sepière, *L'image d'un dieu souffrant (IXe-Xe siècles)* (Paris, 1994).

I. Ševčenko, "The Illuminators of the Menologium of Basil II," *DOP* 16 (1962), 243–276.

I. Ševčenko, *Byzantium and the Slavs in Letters and Culture*. Renovatio 1 (Cambridge, Massachusetts, 1991).

I. Ševčenko, *Ideology, Letters and Culture in the Byzantine World* (London, 1982).

N. P. Ševčenko, "Spiritual Progression in the Canon Tables of the Melbourne Gospels," in J. Burke et al., eds., *Byzantine Narrative. Papers in Honour of Roger Scott* (Melbourne, 2006), 334–343.

N. P. Ševčenko, "The Cave of the Apocalypse," *ETAIPEIA BYZANTINΩN KAI METABYZANTINΩN MEΛETΩN ΔIΠTYXΩN ΠAPAΦYΛΛA* 2 (1989), 169–180.

N. P. Ševčenko, "The Mother of God in Illuminated Manuscripts," in M. Vassilaki, ed., *Mother of God. Representations of the Virgin in Byzantine Art* (Athens, 2000), 155–165.

N. P. Ševčenko, *Illustrated Manuscripts of the Metaphrastian Menologion*. Studies in Medieval Manuscript Illumination. A Chicago Visual Library Text-Fiche 54 (Chicago, 1990).

N. P. Ševčenko and C. Moss, eds., *Medieval Cyprus: Studies in Art, Architecture, and History in Memory of D. Mouriki* (Princeton, 1999).

P. Sevrugian, *Der Rossano-Codex und die Sinope-Fragmente: Miniaturen und Theologie* (Worms, 1990).

M. Shchepkina, *Miniatiury Khludovskoi Psaltyri: grecheskii illustrirovannyi kodeks IX veka* (Moscow, 1977).

H. J. Sieben, *Konzilsdarstellungen, Konzilsvorstellungen* (Würzburg, 1990).

H. L. N. Simmons, tr., *Symeon of Thessalonike, Treatise on Prayer*. The Archbishop Iakovos Library of Ecclesiastical and Historical Sources 9 (Brookline, Massachusettes, 1984).

Slavonic Manuscripts from the British Museum and Library (London, 1978).

E. Smirnova, "À propos du problem de collaboration de miniaturistes dans le travail des manuscrits," *ΔXAE* 4, 29 (2008), 49–58

R. Sörries, *Christlich-Antike Buchmalerei im Überblick* (Wiesbaden, 1993).

R. Sörries, *Die syrische Bibel von Paris. Paris, B. N., syr. 341: eine frühchristliche Bilderhandschrift aus dem 6. Jahrhundert* (Wiesbaden, 1991).

P. P. Soucek, "Armenian and Islamic Manuscript Painting," in T. Mathews, ed., *Treasures in Heaven. Armenian Illuminated Manuscripts* (exhibition catalogue, New York, 1994), 115–131.

I. Spatharakis, "An Illuminated Manuscript from the Nicaean Era," *CA* 28 (1979), 137–141.

I. Spatharakis, "An Unusual Iconographic Type of the Seated Evangelist," *ΔXAE* 5, 10 (1980/81), 137–146.

I. Spatharakis, "Observations on a Few Illuminations in Ps.-Oppian's Cynegetica Manuscript at Venice," *Studies in Byzantine Manuscript Illumination and Iconography* (1996), 168–192.

I. Spatharakis, "The Portraits and the Date of the Codex Par. Gr. 510," in *Studies in Byzantine Manuscript Illumination and Iconography* (London, 1996), 1–12.

I. Spatharakis, "The Working Methods of the Artist of Ps.-Oppian's Cynegetica," *ΔIΠTYXA* 4 (1986/87), 28–48.

I. Spatharakis and G. Bartholf, "An Eleventh Century Illuminated Manuscript on Amorgos," *BZ* 96 (2003), 218–221.

I. Spatharakis, *Corpus of Dated Illuminated Greek Manuscripts to the Year 1453*, 2 vols. (Leiden, 1981).

I. Spatharakis. *The Left-Handed Evangelist. A Contribution to Palaeologan Iconography* (London, 1988).

I. Spatharakis, *The Portrait in Byzantine Illuminated Manuscripts.* Byzantina Neerlandica, fasc. 6 (Leiden, 1976).

L. Speciale, ed., *Uomini, libri e immagini. Per una storia del libro illustrato dal tardo Antico al Medioevo* (Naples, 2000).

B. D. Spinks, "Eastern Christian Liturgical Traditions. Oriental Orthodox," in K. Parry, ed., *The Blackwell Companion to Eastern Christianity* (Oxford, 2010), 339–367.

B. D. Spinks, *Early and Medieval Rituals and Theologies of Baptism* (Aldershot, 2006).

Splendori di Bisanzio: testimonianze e riflessi d'arte e cultura bizantina nelle chiese d'Italia (exhibition catalogue, Milan, 1990).

F. Steenbock, *Der kirchliche Prachteinband im frühen Mittelalter von den Anfängen bis zum Beginn der Gotik* (Berlin, 1965).

H. Stern, *Le Calendrier de 354. Étude sur son texte et sur ses illustrations.* Bibliothèque archéologique et historique 55 (Paris, 1953).

R. Stichel, *Studien zum Verhältnis von Text und Bild spät-und nachbyzantinischer Vergänglichkeitsdarstellungen: Die Anfangsminiaturen von Psalterhandschriften des 14. Jahrhunderts.* Byzantina Vindobonensia 5 (Vienna, 1971).

C. Stiegemann, ed., *Byzanz. Das Licht aus dem Osten. Kult und Alltag im Byzantinischen Reich vom 4. bis. 15. Jarhundert* (Mainz, 2001).

M. Stone, "The Manuscript Library of the Armenian Patriarchate in Jerusalem," *Israel Exploration Journal* 19 (1969), 20–43.

J. Strzygowski, *Der Bilderkreis des griechischen Physiologus, des Kosmas Indikopleustes und Oktateuch: nach Handschriften der Bibliothek zu Smyrna.* Byzantinisches Archiv 2 (Leipzig, 1899).

J. H. Stubblebine, "Byzantine Influence in Thirteenth-Century Italian Panel Painting," *DOP* 20 (1966), 85–101.

G. Stuhlfauth, "A Greek Psalter with Byzantine Miniatures," *AB* 15 (1933), 311–326.

J. A. Szirmai, *The Archaeology of Medieval Bookbinding* (Aldershot, 1999).

R. Taft, "Church and Liturgy in Byzantium: The Formation of the Byzantine Synthesis," *Liturgy, Architecture, and Art in Byzantine World. XVIII CIEB* (St. Petersburg, 1995), 13–29.

R. Taft, "How Liturgies Grow: the Evolution of the Byzantine <Divine Liturgy>," *Orientalia Christiana Periodica* 43 (1977), 355–378.

R. Taft, "The Liturgy of the Great Church: an Initial Synthesis of Structure and Interpretation on the Eve of Iconoclasm," *DOP* 34/35 (1980/81), 45–75.

R. Taft, *The Byzantine Rite. A Short History.* American Essays in Liturgy Series (Collegeville, 1992).

A. Taylor, "Armenian Art and Armenian Identity," in T. Mathews, ed., *Treasures in Heaven. Armenian Illuminated Manuscripts* (exhibition catalogue, New York, 1994), 132–146.

E. Temple, *Anglo-Saxon Manuscripts, 900–1066.* A Survey of Manuscripts Illuminated in the British Isles 2 (London, 1976).

R. Thomson, "Books and Learning at Gloucester Abbey in the Twelfth and Thirteenth Centuries," in J. P. Carley and C. G. C. Tite, eds., *Books and Collectors, 1200–1700* (London, 1997), 3–26.

The British Library's Summary Catalogue of Greek Manuscripts, vol. 1 (London, 1999).

The Glory of the Page. Medieval and Renaissance Illuminated Manuscripts from Glasgow University Library (London, 1987).

The J. Paul Getty Museum, Handbook of the Collections (Malibu, 1986).

D. V. Thompson, *The Materials of Medieval Painting* (London, 1936).

E. M. Thompson, *An Introduction to Greek and Latin Palaeography* (Oxford, 1912, repr. 2000).

J. J. Tikkanen, *Studien über die Farbengebung in der mittelalterlichen Buchmalerei*. Commentationes humanarum litterarum, v. 1 (Helsingfors, 1933).

F. Tinnefeld, "Michael I. Kerullarios, Patriarch von Konstantinopel (1043–1058). Kritische Überlegungen zu einer Biographie." *JÖB* 39 (1989), 95–127.

N. Trahoulias, *The Greek Alexander Romance, Venice Hellenic Institute Codex gr.* 5 (Athens, 1997).

L. Travaini, "La croce sulle monete da Costantino alla fine del medioevo," in B. Ulianich, ed., *La Croce. Iconografia e interpretazione* (Napoli, 2007), 7–40.

Treasures of Early Irish Art. 1500 B. C. to 1500 A. D. (New York, 1977).

Trésors de la Bibliothèque de L'Arsenal (Paris, 1980).

D. Tselos, "Unique Portraits of the Evangelists in an English Gospel-Book of the Twelfth Century," *AB* 34 (1952), 257–277.

S. Tsuji, "Byzantine Lectionary Illustration," in G. Vikan, ed., *Illuminated Greek Manuscripts from American Collections* (Princeton, 1973), 34–39.

S. Tsuji, "The Headpiece Miniatures and Genealogy Pictures in Paris. gr. 74," *DOP* 29 (1975), 165–203.

E. G. Turner, *The Typology of the Early Codex* (Philadelphia, 1977).

A. Turyn, *Dated Greek Manuscripts of the Thirteenth and Fourteenth Centuries in the Libraries of Great Britain*. DOS 17 (Washington, D. C., 1980).

B. Ulianich, ed., *La croce. Iconografia e interpretazione* (secoli I - inizio XVI) (Napoli, 2007).

P. Underwood, "The Fountain of Life in Manuscripts of the Gospels," *DOP* 5 (1950), 41–138.

T. Velmans, "L'arbre de Jessé en orient chrétien," *ΔXAE* 4, 26 (2005), 125–140.

T. Velmans, "La couverture de l'Évangile dit de Morozov et l'évolution de la reliure byzantine," *CA* 28 (1979), 115–136.

T. Velmans, "Les miniatures inédites d'un manuscrit arménien de la région du Vaspourakan (XIVe siècle)," *CA* 38 (1990), 123–158.

T. Velmans, et al., *Rayonnement de Byzance*. Grandes saisons de l'art chrétien 2 (Paris, 1999).

T. Velmans, *Le Tétraévangile de la Laurentienne, Florence, Laur. VI. 23*. Bibliothèque des cahiers archéologiques VI (Paris, 1971).

Venetiae quasi alterum Byzantium. Collezioni veneziane di codici greci: dalle raccolte della Biblioteca Nazionale Marciana (Venice, 1993).

S. Verátegui, *Iconografía del siglo X en el reino de Pamplona-Nájera* (Pamplona, 1984).

D. Verkerk, *Early Medieval Bible Illumination and the Ashburnham Pentateuch* (Cambridge, 2004).

G. Vikan, "A Group of Forged Byzantine Miniatures," *Aachener Kunstblätter* 48 (1978–79), 53–70.

G. Vikan, "Art, Medicine, and Magic in Early Byzantium," *DOP* 38 (1984), 65–86.

G. Vikan, *Gifts from the Byzantine Court* (exhibition catalogue, Washington, D. C., 1980).

G. Vikan, ed., *Illuminated Greek Manuscripts from American Collections* (exhibition catalogue, Princeton, 1973).

J. Villette, *La Résurrection du Christ dans l'art chrétien du IIe au VIIe siècle*. (Paris, 1957).

P. L. Vocotopoulos, "Fresques datées du XIe siècle à Corfu," *CA* 21 (1971), 151–180.

P. L. Vocotopoulos, "I manoscritti bizantini illustrati della Moni Limonos di Lesbo," in A. Iacobini, ed., *Bisanzio, la Grecia e l'Italia* (Rome, 2003), 33–44.

P. L. Vocotopoulos, "The Headpieces of a Gospel Book in the so-called Nicaea Group," (in Greek) *ΔXAE* 4, 9 (1979), 133–141.

P. L. Vocotopoulos, "Two Unpublished Illuminated Manuscripts in Athens," in *Byzantine East, Latin West* (Princeton, 1995), 465–467.

W. F. Volbach, *La Stauroteca di Monopoli* (Rome, 1969).

E. De Wald, *The Illustrations in the Manuscripts of the Septuagint, III. Psalms and Odes 1, Vaticanus graecus 1927* (Princeton, 1941).

E. De Wald, *The Illustrations in the Manuscripts of the Septuagint, III. Psalms and Odes 2, Vaticanus graecus 752* (Princeton, 1942).

C. Walter, "Biographical Scenes of the Three Hierarchs," *REB* 36 (1978), 233–260.

C. Walter, "Further Notes on the Deesis," *REB* 28 (1970), 161–187.

C. Walter, "Liturgy and the Illustration of Gregory of Nazianzen's Homilies. An Essay in Iconographical Methodology," *REB* 29 (1971), 183–212.

C. Walter, "The Date and Content of the Dionysiou Lectionary," in *Pictures as Language: How the Byzantines Exploited them* (London, 2000), 132–152.

C. Walter, "The London September Metaphrast Additional 11870," *Zograf* 12 (1981), 11–24.

C. Walter, "The Portrait of Jakov of Serres in London. Additional 39626," in *Pictures as Language. How the Byzantines Exploited them* (London, 2000), 66–88.

C. Walter, "The Victorious Cross in Byzantine Tradition," in B. Ulianich, *La croce. Iconografia e interpretazione (secoli I - inizio XVI)* (Napoli, 2007), 41–48.

C. Walter, "Two Notes on the Deesis," *REB* 26 (1968), 311–336.

L. Wamser, ed., *Die Welt von Byzanz–Europas östliches Erbe. Glanz, Krisen und Fortleben einer tausendjährigen Kultur* (Munich, 2004).

W. Weisbach, "Die Darstellung der Inspiration auf mittelalterlichen Evangelistenbildern," *Rivista di archeologia cristiana* 16 (1939), 101–127.

W. Weisbach, "Les images des évangelistes dans l'Évangéliaire d'Othon III et leurs rapports avec l'antiquité," *Gazette des Beaux-Arts* 21 (1939), 131–152.

K. Weitzmann, "Byzantine Miniature and Icon Painting in the Eleventh Century," in H. L. Kessler, ed., *Studies in Classical and Byzantine Manuscript Illumination* (Chicago, 1971), 271–313.

K. Weitzmann, "Eine Pariser-Psalter-Kopie des 13. Jahrhunderts auf dem Sinai," *JÖB* 6 (1957), 125–143.

K. Weitzmann, "The Narrative and Liturgical Gospel Illustrations," in H. L. Kessler, ed., *Studies in Classical and Byzantine Manuscript Illumination* (Chicago, 1971), 247–270.

K. Weitzmann, "The Ode Pictures of the Aristocratic Psalter Recension," *DOP* 30 (1976), 65–84.

K. Weitzmann, "The Psalter Vatopedi 761. Its Place in the Aristocratic Psalter Recension," *Journal of the Walters Art Gallery* 10 (1947), 50–51.

K. Weitzmann, "Zur byzantinischen Quelle des Wolfenbüttler Musterbuches," *Festschrift H. R. Hahnloser zum 60. Geburtstag 1959* (Basel, 1961), 223–250.

K. Weitzmann, *Age of Spirituality: Late Antique and Early Christian Art, Third to Seventh Century* (exhibition catalogue, New York, 1979).

K. Weitzmann, *Aus den Bibliotheken des Athos: illustrierte Handschriften aus mittel- und spätbyzantinischer Zeit* (Hamburg, 1963).

K. Weitzmann, *Byzantine Liturgical Psalters and Gospels* (London, 1980).

K. Weitzmann, *Die byzantinische Buchmalerei des 9. und 10. Jahrhunderts. Nachdruck der Ausgabe Berlin 1935.* Österreichische Akademie der Wissenschaften. Philosophisch-historische Klasse 243–44 (Vienna, 1996).

K. Weitzmann, *Greek Mythology in Byzantine Art* (Princeton, 1984^2).

K. Weitzmann, *Illustrations in Roll and Codex: a Study of the Origin and Method of Text Illustration.* Studies in Manuscript Illumination 2 (Princeton, 1970^2).

K. Weitzmann, *Late Antique and Early Christian Book Illumination* (London, 1977).

K. Weitzmann, *Studies in Classical and Byzantine Manuscript Illumination* (Chicago, 1971).

K. Weitzmann and H. L. Kessler, *The Illustrations in the Manuscripts of the Septuagint 1. The Cotton Genesis: British Library, Codex Cotton Otho B. VI* (Princeton, 1986).

K. Weitzmann, *The Joshua Roll: A Work of the Macedonian Renaissance* (Princeton, 1948).

K. Weitzmann, *The Miniatures of the Sacra Parallela, Parisinus Graecus 923.* Studies in Manuscript Illumination 8 (Princeton, 1979).

K. Weitzmann and M. Bernabò, *The Illustrations in the Manuscripts of the Septuagint 2. The Byzantine Octateuchs*, 2 vols. (Princeton, 1999).

K. Weitzmann and G. Galavaris, *The Monastery of Saint Catherine at Mount Sinai: the Illuminated Greek Manuscripts* (Princeton, 1991).

K. Weitzmann, et al., *Icons* (New York, 1980).

K. Weitzmann, et al., *The Place of Book Illumination in Byzantine Art* (Princeton, 1975).

J. Weitzmann-Fiedler, "Ein Evangelientyp mit Aposteln als Begleitfiguren," in *Adolph Goldschmidt zu seinem 70. Geburtstag* (Berlin, 1935), 30–34.

E. Wellesz, *The Vienna Genesis* (Faber, 1960).

F. Williams, tr., *The Panarion of Epiphanius of Salamis.* 2 vols. Nag Hammadi Studies 35–36 (Leiden, 1987).

J. Williams, "Meyer Schapiro in Silos: Pursuing an Iconography of Style," *AB* 85 (2003), 442–468.

J. Williams, "The Bible in Spain," in J. Williams, ed., *Imaging the Early Medieval Bible* (University Park, 1999).

J. Williams, *Early Spanish Manuscript Illumination* (London, 1977).

H. R. Willoughby, et al., *The Elizabeth Day McCormick Apocalypse* (Chicago, 1940).

J. M. Wilm, "Die Wiederherstellung der Limburger Staurothek," *Das Münster* 8 (1955), 234–240.

N. G. Wilson, "The Libraries of the Byzantine World," *Greek, Roman and Byzantine Studies* 8 (1967), 53–80.

F. Wisse, "Language Mysticism in the Nag Hammadi Texts and in Early Coptic Monasticism I: Cryptography," *Enchoria* 9 (1979), 101–120.

G. Woolfenden, "Eastern Christian Liturgical Traditions," in K. Parry, ed., *The Blackwell Companion to Eastern Christianity* (Oxford, 2010), 319–338.

A. Worm, "Das Helmarshausener Evangeliar in Gnesen. Bildprogramm und Ikonographie," *Zeitschrift des deutschen vereins für Kunstwissenschaft* 56–57 (2002–2003), 48–114.

D. H. Wright, "The Canon Tables of the Codex Beneventanus and Related Decoration," *DOP* 33 (1979), 135–155.

D. H. Wright, "The Date and Arrangement of the Illustrations in the Rabbula Gospels," *DOP* 27 (1973), 197–208.

W. C. M. Wüsterfeld, et al., eds., *The Utrecht Psalter in Medieval Art: Picturing the Psalms of David* (Westrenen, 1996).

A. Xyngopoulos, *L'Evangile de Melnic. Le ms No. 2645 de la Bibliothèque Nationale d'Athènes* (in Greek) (Thessaloniki, 1975).

A. Xyngopoulos, *Les miniatures du roman d'Alexandre le Grand dans le codex de l'Institut hellénique de Venise.* Bibliothèque de l'Institut hellénique d'études byzantines et post-byzantines de Venise 2 (Athens, 1966).

N. Yalouris, "Eine ungewöhnliche Propheten-Apostel-Darstellung," in *Byzantine East, Latin West* (Princeton, 1995), 203–208.

E. Yota, "Un tétraévangile byzantin peu connu: le suppl. gr. 914 de la Bibliothèque nationale de Paris," *ΔΧΑΕ* 4, 26 (2005), 165–180.

E. Yota, *Le tétraévangile Harley 1810 de la British Library. Contribution à l'étude de l'illustration des tétraévangiles du Xe au XIIIe siècle* (PhD dissertation, University of Freiburg, 2001).

A. Zakharova, "The Trebizond Lectionary (Cod. Gr. 21 and 21a) in Russian National Library, Saint Petersburg and Byzantine Art after the Macedonian Renaissance," *ΔΧΑΕ* 29 (2008), 59–68.

G. Zarnecki, et al., eds., *English Romanesque Art 1066–1200* (London, 1984).

B. Zeitler, "The Distorting Mirror: Reflections on the Queen Melisende Psalter (London, B. L., Egerton 1139)," in R. Cormack and E. Jeffreys, eds., *Through the Looking Glass. Byzantium through British Eyes.* Society

for the Promotion of Byzantine Studies 7 (Aldershot, 2000), 69–81.
L. Zhivkova, *Das Tetraevangeliar des Zaren Ivan Alexandar* (Recklinghausen, 1977).

Abbreviations
AB   Art Bulletin
BZ   Byzantinische Zeitschrift
CA   Cahiers Archéologiques
CIEB   Congrès international d'études Byzantines
DOP   Dumbarton Oaks Papers
DOS   Dumbarton Oaks Studies
ΔXAE   Δελτίον της Χριστιανικής Αρχαιολογικής Εταιρείας
JÖB   Jahrbuch der Österreichischen Byzantinistik
ODB   Oxford Dictionary of Byzantium
PG   J. P. Migne, Patrologiae cursus completus. Series Graeca
RBK   Reallexikon zur byzantinischen Kunst
REB   Revue des Études Byzantines

■索引

*人名は原則として姓・名の順に配列した。ただし、名から表記したものや、名のみの表記もある。
*写本は所蔵者ごとに分類の上、配列した。そのため、本文には登場しない所蔵者名が一部含まれている。

人名

あ行
アタナシオス　*111, 124, 128, 226*
アッタレイアテス，ミカエル　*56*
荒木高子　*6, 7, 208, 209*
アルクィン　*170, 239*
アルフォンソ3世（アストゥリアス王）　*170*
アレクシオス（聖）　*116*
アンブロシウス（聖）　*177, 195*
イレナエウス　*88, 111, 124, 153, 154, 172, 190, 216, 219*
イヴァン・アレクサンダル（大帝）　*163, 165*
エウケリウス（主教）　*190*
エウセビオス　*42, 43, 47, 59, 152, 200*
エピファニオス　*172, 216*
オットー2世　*186*
オットー3世　*170, 184-186, 188-194*

か行
カッシオドルス　*169*
カバシラス　*121, 122, 231, 236*
キュリロス　*106, 128, 153, 177*
グレゴリウス1世（ローマ教皇）　*172*
グレゴリオス（ナジアンゾスの）　*31, 79, 93, 114, 154, 216, 219, 228, 235, 236*
グレゴリオス（ニュッサの）　*177*
ケラメウス，テオファネス（ロッサーノ主教）　*111*
ゲルマノス（総主教）　*121, 122, 135*
ケラリオス，ミカエル（総主教）　*113, 227*
ゴッホ　*5, 6, 208, 209*
コンスタンティヌス1世（皇帝）　*14, 224*

さ行
シメオン（テッサロニキの）　*102, 121, 225*
シャルル・マーニュ　*170, 177, 186*
シャルル禿頭王　*170, 174*
セルギオス（聖）　*128*

た行
タティアノス　*147*
テオドシウス1世（皇帝）　*15*
テオドロス（モプスエスティアの）　*121*

テレンティアヌス　*207*

な行
偽ディオニュシオス　*121*

は行
ハインリッヒ3世　*187, 188*
バシリオス2世（皇帝）　*109, 110, 114, 120*
パスカル1世（教皇）　*189*
バッコス（聖）　*128*
ヒエロニムス　*172-174, 177, 190, 240*
ヒラリウス　*111, 226*
フォティオス（総主教）　*115, 229*
ベアトゥス　*171*
ヘラクレイオス（皇帝）　*14*
ボイラス，エウスタティオス　*56*
ボニファティウス　*170*

ま行
マクシモス（聖）　*121, 122*
マルキオン　*124*
メサリテス，ニコラオス　*125*

や行
ユスティニアヌス（皇帝）　*14, 119*
ヨアンニス・クリュソストモス　*88, 120, 130, 177, 216, 226, 236*
ヨアンニス（ダマスカスの）　*88, 116, 122*

ら行
ライド，コリン　*208, 209*
ロスリン，トロス　*152, 235*

地名・国名

あ行
アイルランド　*170*
アキレイア　*177*
アラブ　*107, 156*
アルメニア　*116, 145-148, 150, 151, 155, 157, 205, 234, 235*
イベリア　*108*
イングランド　*170, 240, 241*

ウィンチェスター　170
ヴェネツィア　108, 148, 167, 226
エクセター　170, 178, 241
エジプト　111, 156
エチオピア　145, 205
エデッサ　56, 147, 236
エフェソス　73
エルサレム　25, 69, 81, 107, 110, 147, 160, 177, 224, 225, 242
オヴィエド　171

か行
カイサリア　43, 73
カラブリア　111
カンタベリー　170, 241
キエフ・ルーシ　145, 146
キプロス　31, 78, 205, 211, 226
キリキア　146-148
グラード　177
グルジア　145, 146
ケルン　187, 188

さ行
シャンティイ　186
小アジア　124
シリア　146, 147, 217, 232
スミルナ　55
セルジューク・トルコ　14

た行
ダマスカス　88, 116, 122
テッサロニキ　55, 102, 121, 174, 205, 225, 226
トゥール　170, 174, 238
トゥルッロ　182
トリーア　170, 185

な行
ノーサンブリア　170

は行
ハイデルベルク　171
パドヴァ　171
パトモス（島）　35, 56, 73, 132, 135, 172, 215
パルミラ　189
パレスチナ　7, 31, 78, 211
ビザンティウム　13, 20, 28, 29, 32, 56, 69, 107, 116, 120, 128, 137, 145-151, 158, 159, 162, 167-169, 183, 195, 196, 199-203, 205, 207, 230, 232
フィレンツェ　147, 162, 163
フェニキア　146
プラハ　171
ブリテン島　170
ペルシア　15, 107, 146
ポレチュ　177
ボローニャ　171

ま行
ミュンヘン　205
メッツ　170
モンテカッシーノ　170

や行
ヨーク　170

ら行
ライヒェナウ　170, 184, 185, 188
ラオディキア　124
リエバナ　171
リヨン　88, 153, 190, 219
レーゲンスブルク　185
レオン　171
レスボス島　98
ロルシュ　170

所蔵者名・写本名

あ行
アーヘン大聖堂宝物館　185
　『アーヘン福音書』（『リウタール福音書』）　185, 186
アテネ国立図書館　27, 34, 35, 89
　ギリシア語写本93番　89
　ギリシア語写本151番　34
アトス山ヴァトペディ修道院　225
　ギリシア語写本937/8番　32, 33, 215
　ギリシア語写本954番　33
アトス山スタヴロニキタ修道院　72
　ギリシア語写本43番　70
アトス山ディオニシウ修道院
　『ディオニシウ・レクショナリー』　30
アルメニア教会総主教座　149, 152
　アルメニア語写本251番　152, 248
　アルメニア語写本1973番　149, 248

索引

ヴァティカン聖使徒図書館　*18, 110, 112, 127, 141, 157, 158, 165, 166, 188, 229*
　『ヴァティカン詩編』　*30*
　『ヴァティカン・レクショナリー』（ギリシア語写本1156番）　*30, 112, 233, 247*
　ギリシア語写本756番　*166, 237, 249*
　ギリシア語写本1153番　*141, 248*
　『ゲラシウス典礼書』　*190*
　『コデックス・ヴァティカヌス』　*44*
　コプト語写本9番　*157, 158, 165*
　『バシリオス2世のメノロギオン』　*109, 110, 114*
　『バルベリーニ写本』　*188*
　『ヨシュア画巻』　*30*
　『列王書写本』　*30*
ウィーン国立図書館　*93*
　ギリシア語写本154番　*93, 220, 247*
　『ビブル・モラリゼ』　*19*
ウォルターズ・アート・ギャラリー
　ギリシア語写本532番　*28*
ウクライナ国立科学アカデミー　*84*
　ギリシア語写本25番　*84*
エヒテルナッハ修道院　*170*
エペルネー市立図書館
　『エッボ福音書』　*179*
エル・エスコリアル修道院
　『ハインリッヒ3世の福音書』　*187, 188*
オックスフォード大学ボドレイアン図書館　*25, 174, 216, 217, 229*
　『エブネリアヌス新約聖書』　*31*
　E.D.Clarke10番　*174, 249*

か行

カリフォルニア大学ロサンゼルス校図書館
　『グラジョール福音書』　*30, 211*
グニエズノ大主教区公文書館　*155*
　アルメニア語写本　*155*
ゲルマン国立博物館（ニュールンベルク）
　『エヒテルナッハのアウレウス写本』　*187*
コーパス・クリスティ・カレッジ（ケンブリッジ）　*176*
　『アウグスティヌスの福音書』　*176*

さ行

サン・パオロ・フォリ・レ・ムーラ大聖堂（ローマ）　*175*
　『サン・パオロの聖書』　*170, 175, 176, 179, 238–240*

シカゴ大学図書館
　『マコーミック黙示録』　*30*
　『ロックフェラー・マコーミック新約聖書』　*99*
シリア正教会主教区館（マルディン）
　シリア語写本　*159*
聖救世主修道院（ニュージュルファ）　*150, 151*
　アルメニア語写本546/25番　*150, 151*
聖マルコ大聖堂宝物館　*108*
聖マルコ図書館（ヴェネツィア）　*108, 167*
　ギリシア語写本Z540番　*166, 167, 249*

た行

大英図書館
　add. 4949　*66, 67, 216, 245*
　adds. 4950–4951　*40*
　adds. 5111–5112　*38, 40, 216*
　add. 7141　*43*　　　add. 7170　*159*
　add. 10068　*130*
　add. 11836　*137–139, 221, 224, 247, 248*
　add. 11837　*137*
　add. 11838　*45, 183, 216, 241, 250, 261*
　add. 14637　*130*　　add. 14638　*130*
　add. 14774　*43*　　　add. 16183　*42*
　add. 16184　*137*　　add. 17211　*130, 215*
　add. 17469　*137*　　add. 17982　*42, 216*
　add. 18211　*41, 216*　add. 21260　*132, 133*
　add. 22506　*66, 70, 71, 73, 216, 217, 246*
　add. 24373　*53, 54, 216*　add. 24376　*41, 53, 216, 218*
　add. 25881　*130*　　add. 27300　*130*
　add. 28815　*137, 138, 140, 143, 248*
　add. 29731　*132*　　add. 31919　*130, 215*
　add. 35123　*130, 215*　add. 36752　*41*
　add. 37006　*133*　　add. 37007　*132, 134*
　add. 37008　*132, 134, 247*
　adds. 37485–37486　*40, 216*
　add. 39590　*137*
　add. 39591　*49, 50, 66, 69–71, 216, 246*
　add. 39592　*45, 216*　add. 39593　*49, 51–53, 216*
　add. 39594　*49, 51–53, 216, 245*
　add. 39595　*43, 49–51, 216*
　add. 39596　*45, 49–51, 216*
　add. 39597　*45, 49–51, 216*
　add. 39603　*109, 247*　add. 39604　*132*
　Arundel 547　*132, 133, 263*
　Burney 18　*137*
　Burney 19　*44, 45, 56, 57, 59, 60, 217, 245*

Burney 20　　*44, 66, 68, 69, 216, 245, 246*
Burney 21　　*55, 216*　　Burney 408　　*130*
Egerton 2163　　*132, 134, 167, 247*
Egerton 2783　　*38, 216*
Harley 1810　　*38, 77–83, 136, 213, 216, 219, 220, 246, 273*
Harley 5538　　*45, 216*　　Harley 5540　　*43*
Harley 5559　　*41, 216*　　Harley 5567　　*54, 55, 216*
Harley 5647　　*55, 216*　　Harley 5777　　*41, 216*
Harley 5784　　*43, 216*　　Harley 5785　　*132, 133*
Or. 3372　　*159, 249*　　Or. 4714　　*130*
『イヴァン・アレクサンダル大帝の四福音書』　*163*
『グランドゥヴァル聖書』　*189, 238*
『コットン創世記』　*30*
『コデックス・アレクサンドリヌス』　*44*
『テオドロス詩編』　*30, 237*
『リンディスファーンの福音書』　*170*
ダルムシュタット州立大学図書館
　『ヒトダ福音書』　*187*
デュッセルドルフ州立図書館
　『聖フローリンの福音書』　*177*
トリーア州立図書館
　『エグベルティ典礼用福音書抄本』　*188*
トリニティ・カレッジ図書館（ダブリン）
　『ケルズの書』　*170*

は行

ハーヴァード大学図書館
　ギリシア語写本1番　*28*
バイエルン州立図書館　*184, 186, 188, 189, 192*
　『オットー3世の福音書』　*170, 184–186, 188–194*
　『セルビア語詩編』　*30*
　『ハインリッヒ2世の典礼用福音書抄本』　*185*
パトモス島聖ヨハネ修道院　*35, 36*
　ギリシア語写本82番　*34–36*
パリ国立図書館　*18, 101, 114, 115, 127, 162, 174, 176–178, 187, 193, 206, 213*
　『アシュバーナム・ペンタテウク』　*31*
　『ヴィヴィアンの聖書』　*170, 174, 175, 182, 238–240*
　『エクセター大聖堂の福音書』　*170, 178*
　ギリシア語写本74番（フリーズ・ゴスペル）　*101, 102, 136, 162, 163, 213, 220, 223, 224, 237, 266, 271*
　ギリシア語写本1242番　*193, 250*
　『ゴデスカルクの福音書』　*176*
　コプト語写本13番　*187*
　『サクラ・パラレッラ』　*31, 213*
　『サントールの福音書』　*176, 177*
　『シノペ福音書』　*31*
　『ソワソンの福音書』　*170, 176*
　『ナジアンゾスのグレゴリオスの説教集』　*31, 235*
　『パリ詩編』　*30*
バンベルク州立図書館
　『バンベルクの旧約聖書註解』　*188, 191*
　『バンベルクの黙示録』　*186*
　『フラウィウス・ヨセフス写本』　*186*
ピアポント・モーガン図書館　*179*
　ギリシア語写本647番　*28*
　『モスタイン福音書』　*179, 180, 241*
ヒルデスハイム大聖堂宝物館　*191*
　『ベルンヴァルト福音書』　*191*
ラウレンツィアナ図書館（フィレンツェ）　*162, 163*
　『ラブラ福音書』　*31*
　ギリシア語写本23番（フリーズ・ゴスペル）　*162, 163, 223, 249*
プリンストン大学図書館
　ガレット6番　*29*
ポール・ゲッティ美術館　*74, 75*
　ギリシア語写本65番　*74, 75, 246*

ま行

マテナダラン古文書館（エレヴァン）
　アルメニア語写本311番　*150, 248*
　アルメニア語写本9422番　*155, 248*
　『8人の画家の福音書』　*147*
ミティリニ男子高等学校　*98–100, 105*
　ギリシア語写本9番　*99, 100, 247*
メトロポリタン美術館（ニューヨーク）　*207*
　『ジャハリス・レクショナリー』　*30, 207*
メヒタル会修道院（ヴェネツィア）　*148*
　アルメニア語写本1925番　*148, 248*

ら行

レオン大聖堂図書館　*181*
　『レオン大聖堂の聖書』　*171, 180, 181*
ロシア国立図書館（サンクト・ペテルブルク）
　『カラヒサール福音書』　*30, 99, 211*
ロシア国立歴史博物館（モスクワ）
　『クルドフ詩編』　*30*
ロッサーノ大聖堂
　『ロッサーノ福音書』　*31, 211*

聖書関連

あ行

アダム　*88, 177*

アブラハム　*99–102, 104, 105, 111, 124, 142, 148, 164, 190*

アロン　*153*

アンナ　*105*

イエス・キリスト（〜の系図）　*79, 99, 104, 112, 150, 190, 223*

イサク　*104, 105, 111, 164, 190*

イサクの妻　*111*

イザヤ（預言者、〜書）　*5, 6, 88, 100, 102, 139, 142, 164, 174, 190, 191, 221, 235, 239*

インマヌエルのキリスト　*84, 85, 87, 88, 99, 100, 103, 104, 224*

エゼキエル（預言者、〜書）　*124, 142, 171, 172, 174, 239*

「エゼキエルの幻視」　*174*

「エッサイの木」　*98, 105, 106, 138*

エデンの園　*177, 240*

エバ　*148*

エリヤ（預言者）　*193*

「エルサレム入城」　*78, 81, 82, 89, 91, 92, 96, 149, 150, 159–161, 218, 219, 223, 242*

「重い皮膚病の人を癒す奇跡」　*89, 90*

か行

カイアファ　*90*

ガスパール→「マギの礼拝」

ガブリエル（天使）　*80, 104*

神の子羊　*182, 183*

ガラテヤの信徒への手紙　*138*

ガリラヤ　*86, 95, 96*

旧約五大書　*16, 25*

旧約八大書　*16, 19, 23, 211*

キリスト三態　*100–103, 105, 106, 164, 220, 224, 237*

「キリストの産湯」　*149, 152*

「キリストの降誕」　*78, 85, 159*

「キリストの再臨」　*127*

「キリストの昇天」　*78–80, 96, 191*

「キリストの神殿奉献」　*78, 80*

「キリストの洗礼」　*78–80, 83, 158, 178, 236*

「キリストの磔刑」　*108, 142, 148*

「キリストの復活」　*83, 86, 92, 121, 135, 240*

「キリストの変容」　*78, 181, 192, 193, 234, 242, 243*

「キリストの冥府降下」　*78, 81*

契約の箱　*148, 240*

ゲッセマネ　*187, 234, 242*

ケルビム　*172, 327*

「紅海渡渉」　*139*

香油　*85, 87, 90, 91, 242*

さ行

「最後の審判」　*80, 127*

「最後の晩餐」　*78, 79, 89, 92, 222, 223*

ザカリア　*95, 96, 139, 158, 164, 188*

「サマリアの女」　*89, 93, 96*

サムエル　*139*

使徒　*16, 18, 23, 34, 41, 65, 81, 83, 108, 110, 112, 123–125, 127, 128, 137–143, 157, 158, 165, 166, 188, 216, 218, 219, 229, 233*

使徒言行録　*16, 23, 41, 81, 83, 124, 127, 128, 137–143, 216, 233*

使徒書簡　*41, 123, 124, 137–139, 216, 233*

詩編（〜写本、〜註解）　*16, 23, 29–31, 41, 130, 137–139, 161, 171, 176, 177, 190, 215, 216, 225, 237, 241*

シメオン　*80, 81*

十字架　*29, 31, 74, 77, 78, 80, 81, 89, 91–93, 105–116, 121, 133, 142, 143, 148–150, 155, 159, 190, 191, 194, 224–230, 242*

「十字架降架と埋葬」　*78, 81*

「十字架への道」　*89, 92*

「受胎告知」　*78–83, 85, 96, 187, 218, 219, 242*

出エジプト（記）　*88, 139, 153, 235, 240*

頌歌　*41, 137–139*

シロアム　*87*

新約聖書（〜外典、〜写本）　*16, 23, 31, 41, 73, 99, 123–125, 129, 136–138, 140, 143, 144, 172, 197, 201, 211, 216, 217, 233*

ステファノ　*142*

「生命の泉」　*77*

聖母子　*38, 84, 85, 128, 152, 227*

「聖母の眠り」　*78–82, 136, 185, 218–220*

聖霊　*78, 79, 81–83, 90, 122, 127, 133, 136, 142, 155, 156, 218, 219*

「聖霊降臨」（ペンテコステ）　*78, 81–83, 127, 136, 218, 219*

セラフィム　*164, 237*

「洗足」　*78, 82, 83, 85, 87, 96, 223, 242*

「洗礼者ヨハネの証し」　*89*

「洗礼者ヨハネの断頭」　*78–80, 95, 96, 219, 242*

創世記　*30, 111, 155, 177, 240*

「空の墓」　*85–87, 221, 242*

ソロモン　*148*

た行
ダニエル（預言者、～書）　*15, 88, 100, 239*
ダビデ　*99, 100, 102, 104, 105, 110, 142, 235*
「中風の人を癒す奇跡」　*89*
「徴税人のたとえ」　*89, 96*
天使　*34, 86, 95, 96, 100–104, 121, 135, 150, 151, 155–158, 160, 165, 181, 188, 189, 192, 194, 222, 224, 234, 237*
天地創造　*14, 155*
「トマスの不信」　*78, 82, 83, 85, 87, 89, 92, 95, 96, 242*

な行
ニコデモ　*156*
ノア　*124, 148*
「ノリ・メ・タンゲレ」　*85, 86, 221*

は行
パウロ（～の手紙）　*34, 65, 77, 101, 108, 111, 124, 138, 139, 142, 172*
『パウロの黙示録』（外典）　*158, 236*
ハバクク（預言者）　*139*
バルタザール→「マギの礼拝」
『バルナバの書簡』　*155*
「パンと魚の奇跡」　*85, 94, 96, 220*
パントクラトールのキリスト　*77, 100, 102–104, 125–127, 138, 139, 195, 224*
ハンナ　*139*
「日の老いたる者」　*100, 102, 103, 163, 164, 220*
「火の柱」　*143*
ピラト　*89–93, 222, 242*
「不正な管理人のたとえ」　*89, 90*
ベタニア　*85, 87*
ペトロ（～の手紙）　*34, 65, 77, 86, 96, 101, 108, 111, 138, 139, 142, 147, 223, 242*
ヘブライ人への手紙　*189, 190*

ま行
「マギの礼拝」　*96, 152–154, 235, 242*
マタイ（福音書記者、～による福音書）　*23, 32–35, 42, 44, 52, 53, 58, 60, 65–71, 74, 78–80, 82–87, 89, 91, 92, 94–96, 98–106, 111, 123, 125, 133, 135, 138, 140, 147, 148, 150–154, 157, 159, 163–165, 172, 173, 177–179, 183, 185, 187, 188, 190–193, 219–224, 231, 235, 239, 242*
マナ　*190*
マリア（聖母）　*77, 87, 104, 139, 242*

マリア（マグダラの）　*86*
マリア（ラザロの姉妹）　*96*
マルコ（福音書記者、～による福音書）　*23, 28, 30, 32–35, 42, 44, 52, 53, 55, 58, 60, 62, 65, 67–72, 74, 78–80, 82, 83, 85, 86, 89–92, 94–96, 98, 100–103, 105, 108, 123, 133, 135, 138, 140, 150, 151, 157–159, 164, 165, 167, 172, 173, 183, 185, 187, 188, 190, 191, 215, 219, 220–224, 242*
ミカエル（天使）　*157, 158, 165, 236*
メシア　*104*
メルキテール→「マギの礼拝」
「盲目の人を癒す奇跡」　*85, 89*
モーセ　*77, 88, 124, 139, 142, 143, 190, 192, 193, 235*
『黙示録注解』　*171*

や行
ヤコブ（旧約）　*88, 104, 105, 155, 190*
ヤコブ（～の手紙）　*138, 139*
「ヤコブの夢」　*155*
ユダ（～の手紙）　*138, 139, 147*
ユダ（ヤコブの子）　*104*
ユダ（イスカリオテの）　*242*
ヨアキム　*105*
ヨエル　*142*
ヨセフ（アリマタヤの）　*89, 92*
ヨセフ（イエスの父）　*95, 96, 104, 148, 152, 160, 242*
ヨセフ（旧約）　*190*
ヨナ　*139*
ヨハネ（洗礼者）　*78–80, 82, 83, 85, 87, 89, 95, 96, 139, 158, 160, 164, 219, 222, 242*
ヨハネ（福音書記者、～による福音書、～の手紙、～の黙示録）　*23, 28, 33–36, 41, 42, 44, 53, 55, 58, 60, 65, 67–75, 78, 79, 81–83, 85–96, 98, 100–105, 111, 112, 125, 132–141, 147, 151, 153, 155, 157–159, 164–166, 170–173, 175, 176, 178, 183, 185, 187–191, 217–224, 228, 237, 242*
『ヨハネ行伝』（外典）　*73*
ヨブ（記）　*190*

ら行
楽園　*148, 177, 194, 195, 240*
「ラザロの蘇生」　*78, 81, 82, 85, 87, 89, 96, 218, 219, 223*
リベカ　*111*
ルカ（福音書記者、～による福音書）　*23, 28, 33–36, 40, 42, 44, 53, 57, 58, 60–63, 65, 67, 68, 70, 71, 74, 78–83, 85–92, 94–96, 98, 100–105, 124, 133, 138–143, 151, 157–159, 164, 165, 172, 173, 178, 179, 181–183, 185, 187, 188, 190–192, 219–224, 233, 241, 242*

ロゴス　100, 102, 105, 153, 154, 182

その他

あ行

「アーキタイプ」理論　19
アトス山　27, 32, 49, 72, 121, 147, 205, 215, 225, 226
アヒロピイトス　195
アプシス　191, 243
アリウス派　128
アルメニア（〜教会、〜語、〜語写本）　30, 145–150, 152, 153, 155, 157, 161, 162, 168, 201, 234–236
アングロ・サクソン写本　170, 179
アンモニアン・セクション　42, 45, 47–50, 52, 57, 59, 65, 199
イクティス　112, 113
イコノクラスム　14, 31, 32, 120, 146, 183, 201, 220
イコノグラフィー　16, 19, 20, 33, 57, 78, 84, 97, 99, 144–147, 152, 154, 158, 161, 169, 179, 181, 184, 186, 189, 195, 199, 236, 241
イコノスタシス　121, 160, 227, 228
イコン　13, 15, 65, 110, 122, 128, 205, 225, 227, 232
イサウリア朝　14
インシュラー写本　170
ヴェルソ　72, 142, 229
エマイユ　108
オシオス・ダヴィッド　174
オスマン・トルコ　14
オットー（〜朝、〜朝写本）　170, 184, 185, 196, 241

か行

カタコンベ　189
カテナ（註解）　45, 55, 93, 94
カノン　40, 124, 147
カノン・テーブル（対観表）　37, 42, 43, 45, 47, 53, 54, 59, 74, 94–96, 98, 148, 152, 161, 184, 185, 200
カバラ　110
カペー朝　196
カルケドン（〜公会議、〜派）　146, 148
カルデア派　147
カロリング（〜朝、〜朝写本）　170, 176, 179, 186, 189, 192, 196, 216, 230
寄進者　16, 19, 25, 29, 77, 99, 149, 150, 167, 229
キボリウム（円蓋）　72, 73, 217, 218
教会暦　46, 129, 211, 225
キリスト伝サイクル　17, 32, 38, 84, 106, 150, 184–188, 193, 215, 218, 220
グノーシス　110, 239
クリプトグラム（隠し文字）　107, 108, 111, 112, 116, 226–230
グリュフォス　180
クワイヤ　26, 39, 40, 42, 53, 54, 57, 60–63, 66, 68–70, 98, 148
ケファリア　40, 44, 45, 47–50, 53, 55, 57, 59, 62, 63, 65, 69, 165, 199, 216
ゲマトリア　110, 111, 226, 228
ケンタウロス　180
コエルス（天空神ウラノス）　189, 190, 192
コキノバフォス・マスター　31, 64
ゴシック　169, 171, 195
コディコロジー　16, 19, 20, 56, 57, 78, 199, 241
ことばの式　110, 160
コプト（〜語写本）　130, 145, 146, 156–158, 162, 165, 168, 201, 236
コロフォン　26, 29, 57, 149, 223

さ行

冊子体（コデックス）　162
サン・ヴィターレ聖堂　189
サン・ゼノ礼拝堂　189, 194
サンタ・コスタンツァ聖堂　174
サンタ・プラセーデ聖堂　189
サンタポリナーレ・イン・クラッセ聖堂　191, 243
四旬節　89–91, 133
シナイ山聖エカテリニ修道院　128
シナクサリオン　42, 45–48, 51–53, 55, 130, 131, 133, 200, 216
十字架型典礼用福音書抄本　31
十字架用聖遺物容器（スタヴロテーク）　107, 225
十字軍（第4回）　14, 15
受難伝　81, 91–94, 187, 222
小聖入　103, 110, 121
シリア（〜教会、〜語写本）　130, 145–147, 156, 157, 159, 161, 168, 201, 232, 236
信者の聖体礼儀　160
シントロノン　127
真の十字架　107, 108, 110, 115, 116, 224, 225
スラヴ（〜語写本）　145, 161, 162, 168, 201
聖遺物　107–109, 116, 205, 225
聖使徒聖堂　125
聖週間　89
聖人伝　15, 108, 224

聖墳墓　*107, 110, 121, 135, 225*
聖務日課　*139, 171*
ゼウス　*100*
全地公会議　*97*
洗礼堂　*177, 178, 194, 240*
装飾イニシアル　*32*
「空の御座」（エティマシア）　*126, 127*

た行

対観表→カノン・テーブル（対観表）
大聖入　*121, 160*
タイポロジー　*190, 239*
ディアテッサロン　*147*
ティトロイ　*44, 57*
ティピコン（典礼次第）　*109, 110*
デコラティヴ・グループ　*98, 99, 101, 215, 221, 223*
テュポス　*88, 103, 110, 120, 137, 204*
東方正教会　*119*
トゥールーン朝（エジプト）　*156*
ドーム　*70, 71, 125–128, 176, 195*

な行

ナオス　*110, 121, 122, 126–128, 160, 228*
ニカイア公会議　*107, 111*
ニンブス　*153*
ネストリウス派　*106, 128, 147, 236*
ノルマン　*170, 241*

は行

パーチメント→羊皮紙
ハギア・ソフィア大聖堂　*107, 109, 232*
パテナ（聖体皿）　*190, 191*
パピルス　*124*
パリンプセスト　*130, 232*
パレオグラフィー　*56, 57, 78, 99, 238, 241*
パレオロゴス（〜朝、〜朝写本）　*17, 25, 31, 203*
バンベルク大聖堂　*184, 185*
ビフォリウム／ビフォリア　*60–63, 98*
ヒュポテシス（四福音書序文）　*46, 53, 57, 173*
ファーティマ朝（エジプト）　*156*
『フィジオロゴス』　*150*
フォリオ／フォリア　*25, 26, 38–40, 42–45, 47, 50, 57–66, 68–71, 84, 85, 98, 108, 109, 112, 129, 137, 138, 148, 159, 166, 185, 186, 206, 207*
復活祭　*89–92, 133, 135, 222*
プラクサポストロス　*137*

フリーズ・ゴスペル　*29, 31, 101, 147, 161–164, 166*
フルダ修道院　*170*
プロコロス　*34, 35, 73, 101, 132, 151, 157*
プロローグ　*40, 46*
ベーマ　*72, 121, 122, 128, 160*
ペシッタ　*147*
ヘッドピース　*26, 32, 37, 41, 43, 47, 48, 50–52, 54, 55, 57–66, 69, 70, 72, 73, 77, 85, 87, 88, 97–107, 132, 138, 139, 163–165, 174, 199, 200, 216, 221, 224, 233, 237*
ヘレニズム　*13, 14*
ペンデンティヴ　*70, 126, 127*

ま行

マイエスタス・ドミニ　*32, 38, 174, 176, 189, 192, 238, 239*
マケドニア朝　*203*
マジュスキュル　*67, 145*
魔方陣　*163, 166*
マロン派　*147, 236*
マンドルラ　*79, 80, 155, 156, 174, 181, 190, 191, 193*
メダイヨン　*85, 101, 108, 134, 163, 164, 167, 179, 189, 191, 194, 233, 237*
メドゥーサ　*191*
メノロギオン　*25, 31, 42, 45, 46, 48, 51–53, 55, 109, 110, 114, 130, 131, 200, 216*

や行

ヤコブ派　*236*
ユダヤ（〜教、〜人）　*87, 110, 111, 146, 153, 239*
ユリウス暦　*158, 236*
羊皮紙　*28, 29, 37–39, 41, 47, 48, 50–52, 55–57, 59, 64, 66–68, 70, 71, 98, 108, 109, 116, 122, 129, 130, 132, 134, 137, 141, 185, 206, 215, 219*
余白詩編　*29, 31*

ら行

ラテン王国（エルサレムの）　*25, 147*
ラテン・カトリック教会　*147*
ランベス・パレス図書館　*206*
リトゥルギア（奉神礼）　*109, 160*
レクト　*62, 72, 73, 230*
レント→四旬節
ロマネスク（〜写本）　*169, 171, 241*

[著者略歴]

瀧口美香 (たきぐち・みか)

1966年東京生まれ。明治大学商学部准教授。早稲田大学大学院博士課程修了。ロンドン大学コートールド研究所にて博士号取得。ビザンティン美術史専攻。主な著書に "Some Greek Gospel Manuscripts in the British Library: Examples of the Byzantine Book as Holy Receptacle and Bearer of Hidden Meaning," *The Electronic British Library Journal* (2011) がある。また、ビザンティン聖堂を飾るモザイク壁画についての論文「神の国への扉は開かれた──ガッラ・プラキディアのモザイク装飾について」、「聖霊の軌道──オシオス・ルカス修道院カトリコンのモザイク装飾について」、「楽園へとふたたび帰りゆくために──カッペラ・パラティーナのモザイク装飾について」（いずれも『明治大学教養論集』）、シリアの聖堂建築と聖人伝について論じた「神の家を支える柱──カラートセマン　柱上行者シメオンの聖堂について」（『明治大学人文科学研究所紀要』）がある。シリア、ヨルダンの舗床モザイク、クレタ島のフレスコ壁画、セルビア、コソボ、マケドニアの聖堂装飾にも関心を持ち、各国でフィールドワークを行っている。

ビザンティン四福音書写本挿絵の研究

発　行	2012年11月10日　第1版第1刷発行
著　者	瀧口美香
発行者	矢部敬一
発行所	株式会社創元社
	〈本社〉
	〒541-0047　大阪市中央区淡路町4-3-6
	電話 06-6231-9010㈹
	〈東京支店〉
	〒162-0825　東京都新宿区神楽坂4-3　煉瓦塔ビル
	電話 03-3269-1051㈹
	〈ホームページ〉http://www.sogensha.co.jp/
印　刷	㈱太洋社

本書を無断で複写・複製することを禁じます。
乱丁・落丁本はお取り替えいたします。
定価はカバーに表示してあります。
©2012　Printed in Japan　　ISBN978-4-422-14383-5　C3016

JCOPY 〈㈳出版者著作権管理機構 委託出版物〉
本書の無断複写は著作権法上での例外を除き禁じられています。複写される場合は、そのつど事前に、㈳出版者著作権管理機構（電話 03-3513-6969、FAX 03-3513-6979、e-mail: info@jcopy.or.jp）の許諾を得てください。